Quantitative Betriebswirtschaftslehre Band I

Thomas Bonart · Jürgen Bär

Quantitative Betriebswirtschaftslehre Band I

Grundlagen, Operations Research, Statistik

Thomas Bonart
Hochschule Trier
Trier, Deutschland

Jürgen Bär
Hochschule Trier
Trier, Deutschland

ISBN 978-3-658-18393-6   ISBN 978-3-658-18394-3 (eBook)
https://doi.org/10.1007/978-3-658-18394-3

Die Deutsche Nationalbibliothek verzeichnet diese Publikation in der Deutschen Nationalbibliografie; detaillierte bibliografische Daten sind im Internet über http://dnb.d-nb.de abrufbar.

Springer Gabler
© Springer Fachmedien Wiesbaden GmbH 2018

Gedruckt auf säurefreiem und chlorfrei gebleichtem Papier

Springer Gabler ist Teil von Springer Nature
Die eingetragene Gesellschaft ist Springer Fachmedien Wiesbaden GmbH
Die Anschrift der Gesellschaft ist: Abraham-Lincoln-Str. 46, 65189 Wiesbaden, Germany

Vorwort

Das mehrbändige Lehrbuch „Quantitative BWL" ist für Studierende der Wirtschaftswissenschaften und des Wirtschaftsingenieurwesens im Bachelor- und Masterprogramm konzipiert. Es werden die theoretischen quantitativen Grundlagen der betrieblichen Entscheidungen und des marktwirtschaftlichen Umfelds dargestellt. Zu jedem Kapital gibt es Übungsaufgaben mit Lösungshinweisen. Die Lehrbuchreihe kann in Vorlesungen eingesetzt und zum Selbststudium genutzt werden.

Bei der Erstellung des vorliegenden Lehrbuchs haben uns Herr Julian Morgen, Wissenschaftlicher Mitarbeiter an der Universität Trier, und unsere Lektorin vom Springer-Gabler-Verlag, Frau Claudia Hasenbalg, unterstützt. Wir danken ihnen hierfür herzlich.

Fehler und Versäumnisse lassen sich in einem solchen Buch trotz aller Mühe nicht vermeiden. Aufmerksamen Lesern und Leserinnen danken wir für Hinweise auf Unzulänglichkeiten.

Trier, im September 2017

Thomas Bonart
Jürgen Bär

Inhaltsverzeichnis

Einführung in die Quantitative BWL

1

1.1 Symbol- und Variablenverzeichnis

a	Aktion, Koeffizient
A	Person
α	Fixkostenanteil, Punkt
b	Beschränkung
B	Person
β	Punkt
d	Stückdeckungsbeitrag
D	Deckungsbeitrag
D'	Grenzdeckungsbeitrag
Δ	Differenz
e	Einkommensanteil, Kredit
E	Erlös, Einzahlung, Erwartungswert
E'	Grenzerlös
f	Funktion
g	Gewicht
GE	Geldeinheit
h	rel. Häufigkeit
i	Index, Zins
j	Index
k	Stückkosten, Index
k^b	Stückkosten der Branche
k_v	variable Stückkosten
K	Gesamtkosten
K'	Grenzkosten
K_f	Fixkosten
K_v	variable Gesamtkosten

© Springer Fachmedien Wiesbaden GmbH 2018
T. Bonart, J. Bär, *Quantitative Betriebswirtschaftslehre Band I*,
https://doi.org/10.1007/978-3-658-18394-3_1

KW_0 Kapitalwert
m   Index, Merkmalswert
M   Maschine, Merkmal, Menge der Ziele
ME   Mengeneinheit
n   Index, Anzahl
N   Nutzenbeitrag
$\mathbb{N}$ Menge natürlicher Zahlen
p   Preis
p^* Gleichgewichtspreis, optimaler Preis
P   Produkt, Prämie
π Stückgewinn
Π Gewinn
q   individuelle Angebotsmenge, Produktionsfunktion
q^* Gleichgewichtsmenge, optimale Menge
Q   Absatzvolumen, aggregierte Angebotsfunktion
Q^* Gleichgewichtsmenge, aggregiert
$\mathbb{Q}$ Menge rationaler Zahlen
r   Verzinsung
RW   Restwert
$\mathbb{R}$ Menge reeller Zahlen
S   Sicherheitsäquivalent
s_X^2 empirische Varianz
s_X Standardabweichung
t   Periode
T   Zeithorizont
u   ursprünglicher Messwert
$\bar{u}$ Mittelwert von u
U   Nutzen, Nutzenfunktion
$\bar{U}$ Indifferenzkurve, Nutzenniveau
w   Wahrscheinlichkeitswert
W   Wahrscheinlichkeit
x   individuelle Nachfrage, individuelle Nachfragefunktion, Variable in OR-Modellen, risikobehaftete Zahlung
$\bar{x}$ Mittelwert von x
X   Gesamtnachfragemenge, aggregierte Nachfragefunktion, stochastische Variable
y   Schlupfvariable
z   Zustand
Z   Ziel, Zahlung
ZE   Zeiteinheit
zur   zurechenbar

1.2   Methoden und Erkenntnisziele der entscheidungsorientierten BWL

1.2.1   Kausalität und Korrelation

In der empirischen Wissenschaft versucht man, ursächliche Zusammenhänge, sogenannte Kausalitäten, zu entdecken. Ursache-Wirkungs-Zusammenhänge können aber leider nicht beobachtet oder gemessen werden. Lediglich das sachliche, zeitliche und räumliche Zusammentreffen von Ereignissen, die sogenannte Korrelation, ist feststellbar.

Beispiel: Beschreibung und Erklärung
Wenn ein Werfer seine Hand mit einem Ball darin bewegt und sie öffnet, fliegt der Ball zunächst in die Richtung, die ihm gegeben wurde. Das kann sich der Werfer leicht erklären (Selbstversuch). Dann jedoch neigt sich die Bahn nach unten. Es wird vermutlich eine Kraft wirksam, die der Werfer nicht ausübt. Hier bereits hört die unmittelbare Erfahrung des Werfers über die Kausalität, welche die Flugbahn des Balls bestimmt, auf und fängt seine theoretische Spekulation an. So kann er sich jetzt über die Gravitation, die Zentrifugalkraft und über Reibungskräfte Gedanken machen. Die Flugbahn kann aus der Beobachtung heraus beschrieben, aber aus der Beobachtung heraus nicht erklärt werden.

1.2.2   Kausalität und Entscheidung

Wenn man kausale Zusammenhänge darstellen möchte, bedient man sich bestimmter Modelle. Modelle sind zweckmäßige, vereinfachende Abbildungen der Realität, die über Eigenschaften des durch sie beschriebenen Gegenstands verfügen, die als wesentlich empfunden werden. In den Modellen kann man Kausalitäten logisch zeigen. Man kann dann behaupten, dass in der Realität diese Kausalitäten vorliegen. Die Glaubwürdigkeit dieser Behauptung hängt von der Qualität des Modells ab.

Kausales Modell mit Angebots- und Nachfragekurven
Von Einzelpersonen und ihren Entscheidungen geht die Aktivität des Marktsystems aus. Menschen treffen Entscheidungen über nachgefragte und angebotene Gütermengen, über Tauschpreise, Investitionen und Produktionspläne. Sie erforschen und entwickeln neue Produkte, gründen und liquidieren Unternehmen, bestimmen Standorte und Technologien. Sie organisieren den Staat, einigen sich auf Gesetze und auf eine Währung.

Das Entscheidungsverhalten von Personen hängt von vielen Parametern ab, z. B. von verfügbaren Technologien, den Kosten, der Vermögensverteilung, diversen Konsumwünschen, Gewinninteressen, Risiken, dem Wetter, Kapitalmarktinformationen.

Die individuellen Entscheidungen werden vom Markt koordiniert. Zur Analyse der individuellen Entscheidungen und der Koordinationsmechanismen benötigen wir demzufolge ein geeignetes Marktmodell (Abb. 1.1).

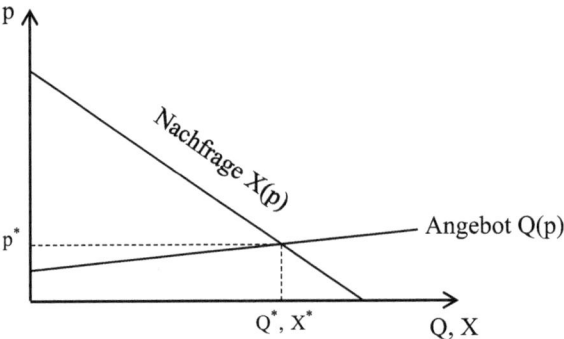

Abb. 1.1 Gleichgewicht auf einem Wettbewerbsmarkt

Q bzw. X stehen für die Angebots- bzw. die Nachfragemengen. Die Funktion Q(p) beschreibt das Verhalten der Anbieter und die Funktion X(p) das Verhalten der Nachfrager in Bezug auf den Preis p. Anbieter und Nachfrager sind Unternehmen (Industrie, Handwerk, Dienstleister, Großhandel, Einzelhandel, Landwirtschaft), private Haushalte und der Staat. Die Angebotsfunktion Q(p) und die Nachfragefunktion X(p) basieren auf der Prämisse geordneten Verhaltens im Markt. Man schätzt sie aus systematischen Verhaltensbeobachtungen. Abweichungen zwischen den Funktionen und den beobachteten Werten erklären sich durch Störgrößen im System.

In dem dargestellten Modell werden bei einem fallenden Preis p weniger Einheiten Q des Produkts angeboten und mehr Einheiten X des Produkts nachgefragt. Bei einem steigenden Preis verhält es sich umgekehrt. Im Schnittpunkt zwischen Angebots- und Nachfragekurve werden das Angebotsverhalten und das Nachfrageverhalten effizient koordiniert: Zu dem stabilen Gleichgewichtspreis p* bieten private Haushalte und Unternehmen die Menge Q* an, die sie in der Summe auch nachfragen: Q* = X*. Für das Funktionieren der Koordination von Angebot und Nachfrage sind freie flexible Preise, hoher Wettbewerb zwischen den Anbietern und Nachfragern, eine gute allgemeine Informationslage und die Verfolgung des Einzelinteresses auf der Grundlage der Spielregeln der Märkte wichtig.

An vielen Stellen in den Wirtschaftswissenschaften werden kausale Modelle verwendet. Wollen wir z. B. die Gewinnentwicklung eines einzelnen Unternehmens, den Verhandlungsprozess zwischen Verursachern und Geschädigten einer Umweltverschmutzung, die Wirkung einer Mietpreisbindung oder die Investitionstätigkeit erklären, dann entziehen sich diese Ursache-Wirkungbeziehungen der unmittelbaren Erfahrung. Wir können zwar eventuell die Entwicklungen beobachten und mit anderen Entwicklungen vergleichen, also Korrelationen untersuchen. Erklärungen, die uns den Verlauf der Entwicklung begründen, sind aber nicht beobachtbar und werden erst von passenden Modellen geliefert.

Wenn viele solcher Modelle in einem logischen Zusammenhang stehen, dann nennt man das eine Theorie.

Aus präzise formulierten Modellen deduziert die Wirtschaftswissenschaft ökonomische Hypothesen. Diese Hypothesen beschreiben einzelne spezifische Ursache-Wirkungs-Verbindungen. Sie können mit dem empirischen Datenmaterial verglichen werden. Gibt es hier eine Übereinstimmung, dann wird die betreffende Hypothese nicht verworfen. Man weiß dann allerdings nichts mit Sicherheit: Die Übereinstimmung ist ein singulärer Fall. Bei der nächsten Überprüfung kann das Ergebnis bereits anders aussehen. Ein Beispiel macht dieses deutlich.

Beispiel: Wahre und falsche Aussagen
Wenn jemand aus einer Theorie heraus die Behauptung deduziert, dass alle Schwäne weiß sind und geht an den Fluss und sieht zwanzig weiße Schwäne, wird dann seine Behauptung als wahr bewiesen? Sicherlich nicht. Der nächste Schwan, den er sieht, könnte nämlich schwarz sein.

Wenn derjenige nun aber tatsächlich einen schwarzen Schwan sieht, es also keine Übereinstimmung zwischen der deduzierten Hypothese und dem empirischen Datenmaterial gibt, dann enthält dieser Widerspruch eine wichtige Information: Die aufgestellte Hypothese ist falsch! Das ist – wissenschaftlich betrachtet – ein gutes Ergebnis. Er hat dann seine Behauptung falsifiziert, d. h. als falsch bewiesen, und muss nun seine Theorie so erweitern und verbessern, dass sie den Widerspruch mit dem empirischen Material erklärt.

Wegen der Komplexität des globalen Marktsystems, seinen vielen Entscheidungsträgern, Gütern, Währungen, Technologien, staatlichen Gesetzen und den unzähligen Einflüssen, die innerhalb und außerhalb des Systems entstehen und hierauf wirken, ist allerdings der Vergleich der Modellaussagen mit empirischen Messungen problematisch. Nur schwer lassen sich die realen Einflussgrößen ausreichend definieren und eingrenzen. Anders als bei Laborversuchen in Naturwissenschaften und Technik können Störgrößen häufig nur unzureichend ausgeschlossen werden. Beobachtungen sind nur selten wiederholbar. Das System verändert sich ständig. Insofern kommt es in den Wirtschaftswissenschaften nur selten vor, dass theoretisch sorgfältig begründete Hypothesen durch den Vergleich mit empirischem Material komplett verworfen werden.

1.2.3   Empirisch und angewandt-normativ

Die Wirtschaftswissenschaften teilen sich in die Betriebs- und die Volkswirtschaftslehre auf. Die Volkswirtschaftslehre verfügt in hohem Maße über kausale Theorien, die Aussagen über die Empirie machen. Anders die Betriebswirtschaftslehre. Hier kennt man einerseits das deskriptive Herangehen, bei dem Objekte definiert und beschrieben werden: Was ist eine Spartenorganisation, was ist ein Akkreditiv und Ähnliches. Andererseits kennt man auch das empirische Arbeiten. Man versucht dann wissenschaftlich exakt, häufig mit Methoden der mathematischen Statistik, kausale Hypothesen aufzustellen und zu falsifizieren.

Gegenüber dem deskriptiven und dem empirischen Ansatz hat aber der normative Ansatz der Entscheidungstheorie die größte Bedeutung in der Betriebswirtschaftslehre. Kausalität und Empirie treten hier in den Hintergrund. Als Planungswissenschaft benötigt die Betriebswirtschaftslehre eine Vorstellung von Optimalität. Da aber die Realität nicht optimal ist – jedenfalls können wir das nicht ohne einen Standard, der sich außerhalb der Realität befindet, bestimmen – ist der Begriff der Optimalität zwangsläufig theoretisch. Der normative Ansatz der Entscheidungstheorie versucht, Regeln optimalen Verhaltens für einzelne Individuen und Institutionen zu entwickeln. Typisch für die BWL ist die folgende normative (vorschreibende) einzelwirtschaftliche Aussage: Entscheide stets so, dass mit den vorhandenen knappen Mitteln optimale Ausprägungen der gesetzten Ziele erreicht werden.

Wenn die Entscheidungstheorie optimale Verhaltensweisen in konkreten Situationen vorgibt, dann hilft sie hierdurch Individuen und Institutionen, sich bewusst zu machen, was der Wettbewerbsmarkt ohnehin fordert: Effizienz. Der Wettbewerbsmarkt belohnt Individuen und Unternehmen, wenn sie ihre Ziele mit möglichst wenig Werteverzehr erreichen.

Als Unternehmen kann man durch einen Prozess beständigen Versuchens und Irrens zur Effizienz gelangen. Allerdings kann es leicht passieren, dass man bei zu vielen Versuchen und Irrtümern zwischenzeitlich aus dem Markt verdrängt wird. Man erreicht das Optimum schneller und sicherer durch die Entscheidungstheorie. Hierdurch erlangt man einen Wettbewerbsvorteil gegenüber den Konkurrenten.

Der Entscheidungstheorie liegt die Situation des Beraters zugrunde. Wird dieser in ein Unternehmen gerufen, dann versucht er zunächst, die häufig diffusen Ziele im Unternehmen transparent zu machen und in ein logisches System zu bringen. Dann übernimmt er diese Ziele, ermittelt Restriktionen und Handlungsmöglichkeiten, wendet eine Entscheidungslogik an und kommt zu einem Ergebnis in Form optimaler Aktionen, welche er jetzt dem Unternehmen präsentiert und empfiehlt. Wichtige Wegbereiter der entscheidungsorientierten Betriebswirtschaftslehre waren die Lehrbücher von E. Heinen (Hrsg.): Industriebetriebslehre, Entscheidungen im Industriebetrieb, 1972, und von G. Bamberg und A. G. Coenenberg: Betriebliche Entscheidungslehre, 1974.

1.2.4 Vorgehensweise

Im Folgenden stellen wir zunächst die Grundlagen der angewandt-normativen Entscheidungslehre dar. Darauf aufbauend behandeln wir verschiedene ökonomische Entscheidungsmodelle in linearen und nichtlinearen Zusammenhängen, mit sich widersprechenden Zielen, unter expliziter Berücksichtigung von Zeit und Zinsen und unter Einbeziehung von Unsicherheit (Risiko).

Mit dem Kapitel zur „Einführung in die quantitative BWL" legen wir die entscheidungstheoretischen Grundlagen für die folgenden Kapitel in diesem Bd. I und den Bänden II und III dieser Lehrbuchreihe.

1.3 Das Grundmodell der Entscheidungslehre

Das optimale Entscheidungsverhalten von Individuen und Institutionen ist Gegenstand der Entscheidungstheorie, die konstitutiver Bestandteil der Betriebswirtschaftslehre ist.

Das Grundmodell der Entscheidungslehre besteht aus den folgenden sechs Elementen:

a) eine Menge konkreter Ziele m, die aus der Praxis übernommen werden,
b) eine Menge denkbarer konkreter Aktionen a,
c) eine Menge rechtlicher, ökonomischer, technischer, kultureller oder psychologischer Restriktionen,
d) eine Menge konkreter Zustände z (Szenarien) der Gegenwart und Zukunft,
e) eine Menge von Handlungskonsequenzen (Prognosen) x als Funktion eines Aktionsplans bei bestimmten gegenwärtigen und erwarteten Zuständen: $x = f(a, z)$,
f) eine Entscheidungslogik, z. B. ein Rechenverfahren.

1.3.1 Ziele im Grundmodell

Ziele begegnen uns in der Praxis als

a) Extremierungsziele (Maxima und Minima),
b) Fixierungsziele (Punkte),
c) Satisfizierungsziele (Schwellen).

Ein Beispiel zu a) lautet: Wähle die Alternative mit dem höchsten Umsatzwachstum!

Die folgende Anweisung beschreibt ein Fixierungsziel: Als Liefertermin wird Donnerstag, 16:30 Uhr vereinbart!

Und ein Satisfizierungsziel wird beispielsweise folgendermaßen ausgedrückt: Unsere Produktivität muss über dem Wettbewerbsniveau liegen!

Häufig werden Extremierungsziele zusammen mit Satisfizierungszielen genannt:

a) Maximiere den Umsatz unter der Bedingung eines bestimmten nicht zu überschreitenden Kostenniveaus.
b) Maximiere den Gewinn unter der Bedingung einer bestimmten nicht zu unterschreitenden Arbeitszufriedenheit und eines bestimmten nicht zu unterschreitenden Umweltstandards.

Für die Aufstellung von Zielen und die Darstellung möglicher Aktionen hat die Entscheidungslehre verschiedene normative Kriterien vorgeschlagen. Generell sollen Ziele die gesamten Bewertungen aufnehmen, während die Aktionen als wertfrei anzusehen sind.

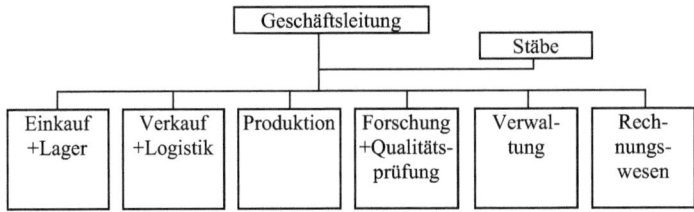

Abb. 1.2 Funktionsorientierte Organisation

Diese Ziel-Mittel-Trennung ist nicht unumstritten, doch in weiten Bereichen der Betriebswirtschaftslehre gängige Praxis.

Folgende Anforderungen sind an ein Zielsystem zu stellen:

a) Ziele sollen vollständig sein, d. h. sie sollen alle Merkmale der Handlungsergebnisse
   bewerten, die nutzenrelevant für den Entscheider sind. Wenn Verkäufer auf die Anweisung „Macht möglichst viel Umsatz" hin durch Reisen und Kundenkontakte die
   Kosten hochtreiben, dann liegt das Versagen in der unvollständigen Zielformulierung.
b) Ziele sollen operational, d. h. eindeutig formuliert und messbar sein. Nur so kann die
   Zielerreichung kontrolliert, Willkür und Beliebigkeit ausgeschlossen werden.
c) Ziele sollen koordinationsgerecht sein. In der Praxis werden Ziele häufig in Teil- und
   Unterziele zerlegt (Dekomposition). Wenn nun Menschen den Teil- und Unterzielen
   folgen, muss sichergestellt sein, dass hierdurch auch das Oberziel erfüllt wird. Damit
   das der Fall ist, müssen Zerlegungen von Zielen auf der Grundlage kausaler Modelle erfolgen. Man benötigt also erst ein Verständnis der Funktionsweise des Systems,
   bevor man darauf basierend ein Zielsystem hierzu gestalten kann.

Die Dekomposition komplexer Ziele und die Erzeugung von Zielsystemen steht im Unternehmen in enger Verbindung mit der Strukturierung des Unternehmensaufbaus in Abteilungen, Unterabteilungen und Arbeitsgruppen. Ziele, die in der Geschäftsleitung vereinbart werden, kann man auf Untereinheiten herunter brechen (top down). Gegebenenfalls
lässt man aber auch die Untereinheiten in einem bestimmten Rahmen selbständig ihre Ziele finden, die dann von der Geschäftsleitung wiederum aufgegriffen und verdichtet werden
(bottom up).

In einer funktional gegliederten Organisation (Abb. 1.2) werden die Organisations-
einheiten nach Tätigkeitsart (Funktionen) gebildet: einkaufen, produzieren, verkaufen,
forschen, investieren, finanzieren, verwalten, leiten, wie sie in Abb. 1.3 dargestellt sind. In
einer funktionalen Organisation erhält jede Abteilung ihre Ziele von der Geschäftsleitung,
die alle Aktivitäten überblickt und koordiniert.

Die funktionsorientierte Organisation verwendet man bei eher kleineren Unternehmen.

Wenn das Unternehmen größer wird und insbesondere die Anzahl der Produkte,
Kunden, Lieferanten, Technologien und Vorgänge zunimmt, dann geht dieser Überblick

PRODUKTBEZOGENE FUNKTIONEN
Beschaffungswirtschaft
    Beschaffungsprogramm und -instrumente, Einkauf, Marktforschung, Beschaffungslogistik
Materialwirtschaft
    innerbetrieblicher Materialtransport, Lagerhaltung, Qualitätsprüfung, Entsorgung
Produktionswirtschaft
    Transformation, Leistungserstellung
Absatzwirtschaft
    Vertrieb (Verkauf, Bereitstellung, Transport), Marktforschung, Werbung

UNTERNEHMENSBEZOGENE FUNKTIONEN
Personalwirtschaft
    Rekrutierung, Aus- und Weiterbildung
Kapitalwirtschaft
    Investition und Finanzierung
Informationswirtschaft
    Rechnungswesen, Informationssysteme
Management (Unternehmensführung)
    Zielbildung
        Grundsätze, Zielhierarchien, Dekomposition von Zielsystemen
    Planung
        kurzfristig (0-1 Jahre), mittelfristig (1-5 Jahre), langfristig (über 5 Jahre)
    Organisation
        Rollenstruktur: Welche Rolle wird von wem erwartet?
        Aufgabenstruktur: Wer soll welche Aufgaben für wen erledigen?
        Hierarchische Struktur: Wer hat welche Macht über wen?
        Kommunikationsstruktur: Wer kommuniziert mit wem wie?
    Steuerung
    Kontrolle

Abb. 1.3 Funktionen im Industrieunternehmen

schnell verloren. Die Geschäftsleitung wäre überfordert, wenn sie dem Unternehmen nicht eine andere Ordnung geben würde.

Deshalb organisiert man nun das ganze Unternehmen um (Abb. 1.4). Man definiert zunächst Produktgruppen und schafft für jede Produktgruppe eine eigene Produktions-, Forschungs- und Verkaufsabteilung. Dann fasst man diese produktbezogenen Abteilungen in einer Produktsparte zusammen. Damit tritt innerhalb der Sparte eine gewisse Spezialisierung auf, was die Kompetenz steigert. Es entstehen Unternehmen im Unternehmen. Die Produktsparte ist für die erfolgreiche Bewirtschaftung der Produktgruppe verantwortlich. Sie formuliert eigene Ziele und Unterziele. Der Vorstand koordiniert die Sparten. Häufig interessiert er sich dann nur noch für die bloßen Finanzdaten.

Unternehmensbezogene Funktionen, die produktgruppenübergreifend sind, werden von sogenannten Zentralbereichen bedient. Die Zentralbereiche sind Dienstleister für die Sparten.

Mitarbeiter in Stäben stehen nicht in „Linie", d. h. in einer ausdifferenzierten Hierarchie. Stabsmitarbeiter haben keine oder sehr wenige Untergebene und damit kaum Per-

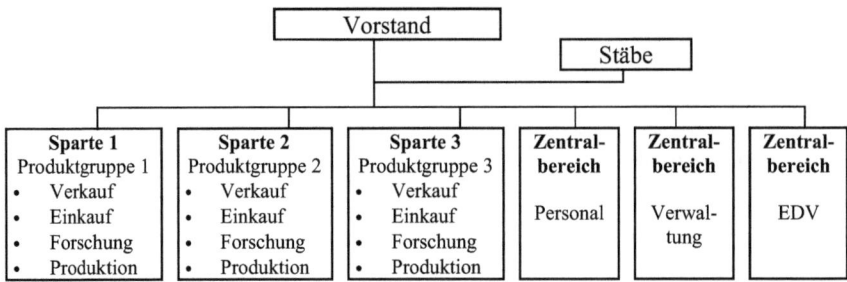

Abb. 1.4 Spartenorganisation

sonalverantwortung. Sie sind häufig sehr gut akademisch ausgebildet, liefern Berichte an den Vorstand und die Spartenleitungen und beraten intern die Führung.

1.3.2 Aktionen im Grundmodell

Die Menge möglicher Aktionen verstehen wir als eine subjektiv wahrgenommene Anzahl von Handlungsmöglichkeiten. Wer optimale Entscheidungen treffen will hat ein Interesse daran, möglichst viele Ideen über mögliche Handlungsalternativen zu entwickeln. Doch die subjektive Vorstellungskraft, gelernte Strukturen und empfundene Verbote begrenzen die Ideenfindung. Will man einen möglichst großen und innovativen Aktionsraum erhalten, dann muss man versuchen, seiner Vorstellungskraft freien Lauf zu lassen (Kreativität). Man stößt dann auf Handlungsalternativen, die einem so zuvor nicht bekannt waren.

Die Handlungsalternativen in einem Entscheidungsmodell müssen das Prinzip der vollkommenen Alternativenstellung erfüllen. Ein Beispiel macht deutlich, was damit gemeint ist:

Beispiel: Prinzip der vollkommenen Alternativenstellung
Wir besitzen ein Guthaben in Höhe von 10.000 € auf einem Sparkonto. Es gibt vier verschiedene Anlagemöglichkeiten:

1) Sparkonto 10.000 € (Nulloption),
2) Beteiligung über 10.000 € an Anlage A,
3) Beteiligung über 5000 € an Anlage B,
4) Beteiligung über 3000 € an Anlage C.

Es sei angenommen, dass A, B und C nicht teilbar sind und jeweils nur einmal realisiert werden können. Weiterhin sei angenommen, dass man beliebige Teilbeträge auf dem Sparkonto belassen kann.

Die vier Anlagemöglichkeiten können in dieser Form in einem Entscheidungsmodell nicht als Handlungsalternativen verwendet werden. Zum einen schließen sich die Anlagemöglichkeiten nicht gegenseitig aus und zum anderen verbleiben bei den Anlagemöglichkeiten 3) und 4) noch Restbeträge, die bislang nicht berücksichtigt werden.

Wenn wir die Handlungsalternativen vollständig formulieren, dann erhalten wir fünf verschiedene Aktionen, die zu beurteilen sind. Alle zeichnen sich dadurch aus, dass der Betrag von 10.000 € vollständig ausgeschöpft wird und sich die Alternativen gegenseitig ausschließen:

Aktion a: 10.000 € auf dem Sparkonto belassen (Nulloption),
Aktion b: 10.000 € in Anlage A,
Aktion c: 5000 € in Anlage B und 5000 € auf dem Sparkonto belassen,
Aktion d: 3000 € in Anlage C und 7000 € auf dem Sparkonto belassen,
Aktion e: 5000 € in Anlage B, 3000 € in Anlage C, 2000 € sparen.

1.3.3   Restriktionen im Grundmodell

Zahlreiche technische, wirtschaftliche, gesetzliche und ethische Restriktionen schränken die Menge möglicher Aktionen ein. Häufig sind deshalb in einem Entscheidungsmodell nur wenige Alternativen zu bewerten.

1.3.4   Informationsstruktur

Personen treffen ihre Entscheidungen auf der Basis von Informationen über Gütermengen, -arten und -qualitäten, Preise, Technologien, Anbieter, Nachfrager, Wettbewerbsverhaltensweisen, Unsicherheiten, Informationsverteilungen u. a. Man kann drei grundlegende Fragen zur Informationsstruktur stellen:

a) Wie viel Informationen hat der Markt?
b) Wer hat welche Informationen?
c) Mit welchem Unsicherheitsgrad sind die Informationen behaftet?

Wir unterscheiden vollkommene und unvollkommene Informationsmengen im Markt. Bei Vollkommenheit liegen im Markt alle denkbaren Informationen vor. Dies schließt das Wissen über die Vergangenheit und die Zukunft mit ein. Natürlich ist das eine unrealistische Annahme, doch erleichtert sie als Startpunkt die Analyse und ermöglicht bereits interessante Ergebnisse. Allerdings sagt die Vollkommenheit der Informationsmenge noch nichts über deren Verteilung auf die Einzelpersonen, privaten Haushalte und Unternehmen aus. Haben diese den gleichen Wissensstand, dann sprechen wir von einer symmetrischen, ansonsten von einer asymmetrischen Informationsverteilung. Bei vollkommener und symmetrisch verteilter Information besitzen alle Akteure ein vollständiges Wissen und damit

Sicherheit über die Konsequenzen aller Entscheidungen. Ist die im Markt insgesamt verfügbare Information zwar vollständig aber asymmetrisch verteilt oder von vornherein nur unvollständig vorhanden, dann herrscht bei einigen oder allen Akteuren Unsicherheit über die Entscheidungskonsequenzen.

Beispiel: Kaufmodelle

Kaufmodelle können dadurch gekennzeichnet sein, dass die individuellen Informationsmengen vor dem Kauf geringer sind als nach dem Kauf, da Personen Erfahrungen mit den neuen Produkten erwerben. Erwartungen, Erfahrungen, Lernen und Enttäuschung sind Begriffe, die Unterschiede zwischen diesen Informationszuständen vor (ex-ante) und nach (ex-post) dem Kauf ausdrücken. Um die Unsicherheit eines Produktkaufs zu verringern, investieren Nachfrager in Aktivitäten wie Suchen, Vergleichen, Testen u. ä. Auch die Anbieter können zur Minderung des subjektiven Unsicherheitsempfindens der Nachfrager beitragen, indem sie z. B. kostenlose Proben zur Verfügung stellen und kulante Gewährleistungspolitiken praktizieren.

Informationen liegen bei Einzelpersonen, privaten Haushalten und Unternehmen mit verschiedenen (subjektiven) Unsicherheitsgraden vor, was sich gut mit Hilfe des Wahrscheinlichkeitsbegriffs darstellen lässt. Hierbei stellt man sich vor, dass ein Zustand z eintritt und Informationen (Signale) aussendet, welche über den Zustand Auskunft geben. Eine Information erreicht einen Empfänger. Bei sicheren Informationen über einen Zustand z kann dieser aufgrund des wahrgenommenen Signals eindeutig auf z schließen. Die Wahrscheinlichkeit des Zustands unter der Bedingung der eingegangenen Information ist dann null oder eins. In Risikosituationen kann man den Zustand nur mit einer Wahrscheinlichkeit benennen, die strikt größer null und strikt kleiner eins ist. Es können dann einem Signal mehrere Zustände z mit Wahrscheinlichkeiten strikt kleiner eins zugeordnet werden (Abb. 1.5).

Von der Sicherheit und dem Risiko grenzt man die Ungewissheit ab. Bei Ungewissheit kann man dem Signal lediglich verschiedene Zustände oder Ereignisse zuordnen. Wahrscheinlichkeiten für diese Zuordnung sind aber nicht bekannt.

Beispiel: Kundenzufriedenheit

Ein Unternehmer schätzt ohne jede Recherche die Zufriedenheit eines Kunden. Ganz sicher ist er sich nicht und behauptet, dass der Kunde zufrieden oder sogar sehr zufrieden ist, ohne dass er diesen beiden Zuständen Wahrscheinlichkeiten zuordnen kann. Somit liegt Ungewissheit vor. Wenn er mehr über die Einstellung seines Kunden erfahren möchte, dann kann er ihm einen Fragebogen zusenden. Die Antworten können unter Umständen einen sicheren Eindruck der Einstellung des Kunden vermitteln (Sicherheit). Wenn jedoch der Kunde beim Ausfüllen des Fragebogens lügt oder nachlässig ist oder die Fragen nicht richtig versteht oder die Fragen nicht wirklich treffgenau formuliert sind, dann können mindestens zwei Zufriedenheitsgrade des Kunden trotz Befragung nur mit bestimmten Wahrscheinlichkeiten angegeben werden, die strikt größer als null und strikt kleiner als eins sind. Es liegt dann eine Risikosituation vor.

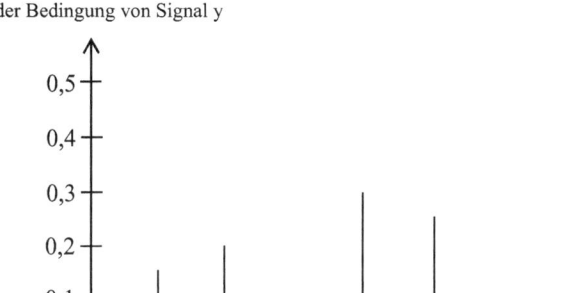

Abb. 1.5 Risiko

1.3.5   Weiterführende Anmerkungen zu Informationen und rationaler Entscheidung

In modernen Analysen des Verhaltens geht man von begrenzter Rationalität und eigennützigem Ex-post-Verhalten aus. Das Konzept der begrenzten Rationalität berücksichtigt die nur unvollkommene Informationsaufnahme und Verarbeitungsfähigkeit von Menschen. Eigennütziges Ex-post-Verhalten bei asymmetrischer Informationsverteilung führt zu Moral-Hazard-Problemen, wie dies in dem nachfolgenden Beispiel deutlich wird.

Beispiel: Moral Hazard
Schließt ein Versicherungsunternehmen mit Fahrradbesitzern Diebstahlversicherungsverträge ab, dann verhalten sich die Versicherungsnehmer nach Abschluss der Verträge, also ex-post, häufig anders als vorher. In diesem opportunistischen Ex-post-Verhalten liegt für die Versicherung ein moralisches Wagnis (moral hazard). Die Versicherten parken ihr Fahrrad in Gegenden ihrer Stadt, die sie vorher wegen des hohen Diebstahlrisikos nicht in Erwägung gezogen hätten. Oder sie schließen das Fahrrad nicht mehr sorgfältig ab. Oder sie verkaufen ihr Fahrrad und melden es als gestohlen. Das Versicherungsunternehmen kann die wirklichen Gründe des Schadeneintritts im Einzelfall häufig nicht erkennen. In diesem Sinne liegt eine asymmetrische Informationsverteilung vor. Zu dem normalen Diebstahlrisiko tritt jetzt also noch ein moralisches Risiko hinzu, da die Versicherten von ihrem Verhalten vor Abschluss des Vertrags zum Nachteil des Versicherungsunternehmens abweichen. Da dieses Phänomen bekannt ist, findet es bereits bei Abschluss des Vertrags durch höhere Prämien, Selbstbeteiligungen und Ausschlussklauseln Berücksichtigung, die aber ihrerseits auch wieder die Neigung zum „Betrug" verstärken können.

1.4   Entscheidung bei Sicherheit: Nichtlineare Gewinnmaximierung

Wir wenden das Grundmodell der Entscheidungslehre zunächst auf Situationen an, in denen die Kostenverläufe nichtlinear sind. Die Entscheidungsoptimierung findet mit Hilfe der Differentialrechnung statt.

1.4.1   Gewinn

Als Zielgröße des Unternehmens verwenden wir den Gewinn. Der Gewinnbegriff ist nicht eindeutig.

a) Man kennt den Jahresüberschuss als Differenz zwischen dem periodisierten Werte-zugang und dem Werteverbrauch. Der Wertezugang oder -verbrauch kann, muss aber nicht zahlungswirksam sein (z. B. Lagerbestandsveränderungen, Abschreibungen). Korrigiert man den Jahresüberschuss um die Einstellungen in das Rücklagenkonto des Unternehmens bzw. um Entnahmen aus dem Rücklagenkonto, sowie um Gewinne oder Verluste, die aus vergangenen Perioden auf die heutige Periode gebucht wurden (Gewinn- und Verlustvorträge), erhält man den Bilanzgewinn.

b) Gewinne kann man aber auch im Sinne der Kostenrechnung als Differenz zwischen Erlösen und Kosten verstehen, wenn der Wertezugang und -verbrauch einerseits auf die Erstellung der betrieblichen Leistung in der Abrechnungsperiode eingeschränkt wird und man andererseits Zusatzkosten, wie z. B. den Unternehmerlohn, kalkulatorische Wagniszuschläge und kalkulatorische Zinsen, mit berücksichtigt.

Betrachten wir mehrere kürzere Perioden (z. B. Jahre), entstehen Probleme der zeitlichen Abgrenzung von Wert- und Zahlungsvorgängen im Unternehmen. So führt die Erhöhung des Lagerbestands zwar zu einem Wertezugang, nicht jedoch zu einer Einzahlung. Wir verweisen hierzu auf einschlägige Darstellungen des Rechnungswesens. Das Abgren-zungsproblem verschwindet bei einer einzigen, sehr langen Periode. Damit werden alle Wertevorgänge im Unternehmen letztlich auch zahlungswirksam: Einem Wertezugang, z. B. durch eine Lagerbestandserhöhung, folgt eine Einzahlung aus dem Verkauf (oder der Liquidation) der erzeugten Güter und einem Werteverzehr, z. B. durch eine Abschreibung, folgt die entsprechende Beschaffungsauszahlung noch in der gleichen (langen) Periode. Wir unterstellen auf den nächsten Seiten eine lange Periode, so dass der Wertezugang sich als Einzahlung und der Werteverzehr als Auszahlung realisiert. Damit klammern wir das Phänomen „Zeit" aus unserer Betrachtung aus.

Wir gehen von einer vollkommenen Informationsmenge aus, wenn nicht explizit auf eine andere Prämisse hingewiesen wird. Die Informationen sind symmetrisch verteilt und sicher.

Trotz aller notwendigen Relativierungen ist der Gewinn die wichtigste Zielvorgabe für das Unternehmen. Das hat folgende Gründe:

a) Moderne Volkswirtschaften sind kapitalistisch organisiert, da sich die Produktionsmittel überwiegend in privatem Eigentum befinden. Es steht den Eigentümern frei, die Produktionsmittel im Rahmen der Rechtsordnung zur Gewinnmaximierung zu verwenden. Von diesem Recht wird häufig Gebrauch gemacht. Die Gewinnmaximierung führt zu einer Bereitstellung von Gütern und zu einer Erzeugung von allgemeinem Einkommen, was zwei wichtige soziale Aufgaben von gewinnmaximierenden, kapitalistischen Unternehmen sind. Es besteht also nicht notwendigerweise ein Gegensatz zwischen der (egoistischen) Gewinnmaximierung und der Erfüllung notwendiger gesellschaftlicher Aufgaben. Es wird sogar von Volkswirten die These vertreten, dass gerade durch konsequente Gewinnmaximierung die Bereitstellung von Gütern und die Erzeugung von allgemeinem Einkommen am besten bewirkt werden kann.

b) Unternehmen konkurrieren im internationalen Wettbewerb. Die Anforderungen an eine soziale, demokratische und ökologisch-nachhaltige Wirtschaft sind in vielen Ländern gering. Dies muss kritisiert werden. Doch setzen diese Länder dadurch niedrige globale Kostenstandards, bei anerkannt guten Absatzleistungen. Diesen Standards kann sich kein Unternehmen, das im internationalen Wettbewerb steht, entziehen.

Neben dem Gewinnziel können alternative Ziele für Unternehmen eine wichtige Rolle spielen. Wir verweisen auf Entwicklungen, bei denen soziale Ziele der Unternehmen, wie z. B. Arbeitszufriedenheit und kulturelle Diversität, unter der Bedingung eines befriedigenden Gewinnniveaus, Bedeutung haben. Der Produktivitätseffekt der Mitbestimmung und Mitwirkung der Arbeitnehmer bei den Unternehmensentscheidungen (Mitbestimmungsmodelle) wird allgemein hoch eingeschätzt. Ökologische Unternehmensphilosophien fordern umweltschonende Produkte und Produktionsweisen, die sich in den Stoffkreislauf der Natur einfügen und die externen Kosten senken.

Da durch soziale, demokratische und ökologische Ziele im Unternehmen in bestimmten Fällen die langfristigen Kosten in der Produktion sinken, die Arbeitsproduktivität steigt und das allgemeine Wirtschaftsumfeld sich verbessert, kann es gewinnmaximierende Unternehmen geben, die gleichzeitig auch alternative Ziele verfolgen und sich im internationalen Wettbewerb auch gegen vermeintliche „Billigproduzenten" hervorragend behaupten. Insofern muss der Gewinn als wichtigste Zielvorgabe nicht notwendigerweise im Gegensatz zu sozialen, demokratischen und ökologischen Zielen stehen.

Die Gewinnfunktion $\Pi(q)$, die wir verwenden, bezieht sich auf ein Einproduktunternehmen oder ein Einproduktprofitcenter in einem Mehrproduktunternehmen (Abb. 1.6). Den Gewinn Π definieren wir als die Differenz zwischen Erlösen und Kosten.

Bezeichnen wir den Produktpreis mit p, die Produktmenge mit q und die Kosten als Funktion der Produktmenge mit K(q), dann lautet die Gewinnfunktion $\Pi(q)$:

$$\Pi(q) = p \cdot q - K(q) \quad \text{mit } p, q \geq 0.$$

Der Marktpreis ist hier ein Parameter (Konstante), was allerdings nur für kleine Unternehmen, deren Marktanteil gering ist und die den Marktpreis deshalb nicht beeinflussen

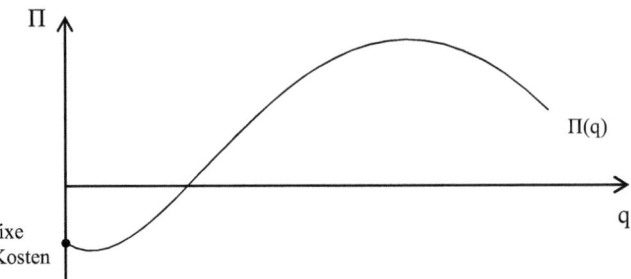

Abb. 1.6 Gewinnfunktion

können, zutrifft. Solch eine Wettbewerbsstruktur bezeichnet man als Polypol. Wenn ein kleines Unternehmen seinen Angebotspreis unter den Marktpreis senkt, dann stürzt sich sofort die große Nachfrage des Gesamtmarktes auf dieses günstige Angebot mit der Folge, dass der Preis wieder steigt. Geht das kleine Unternehmen aber mit seinem Angebotspreis über den Marktpreis, dann verliert es sofort jede Nachfrage. Also hat das einzelne kleine Unternehmen im Polypol keinen Einfluss auf den Marktpreis, der deshalb als Entscheidungsparameter (Konstante) behandelt werden muss.

Ein wichtiger Hinweis ist an dieser Stelle nötig: Das kleine Unternehmen, dass im polypolistischen Wettbewerb zu vielen gleichartigen Anbietern steht, ist ein Spezialfall. Im Allgemeinen ist der Marktpreis p nicht konstant, sondern hängt von der angebotenen Menge q ab:

$$\Pi\,(q) = p(q) \cdot q - K(q) \quad \text{mit } p, q > 0.$$

Die einzelne Absatzmenge q übt in diesem Fall einen mehr oder weniger großen Einfluss auf den Marktpreis aus. Dieses gilt für Unternehmen, die relativ absatzstark sind.

Wir gehen im Folgenden von einem Polypol aus. Die wichtigsten Annahmen des Modells lauten:

1. Die Informationsmenge im Markt ist vollkommen. Sie ist symmetrisch verteilt. Alle Akteure treffen also Entscheidungen bei Sicherheit.
2. Alle Unternehmen sind identisch. Insbesondere sind die Produktionstechnologien und Kostenstrukturen gleich.
3. Die Unternehmen stellen ein homogenes Produkt her.
4. Es besteht volle Teilbarkeit und Beweglichkeit der Produktionsfaktoren und produzierten Güter.
5. Es besteht ein sogenannter atomistischer Markt. Es gibt im Verhältnis zur Marktgröße viele kleine Anbieter, die vielen Nachfragern gegenüber stehen.
6. Auf dem Markt gibt es keine Markteintrittsbarrieren.
7. Es gibt keine Transaktionskosten (z.B. Logistikkosten, Maklergebühren).
8. Alle Güter sind in privatem Eigentum. Das bedeutet, dass die Güter zur Nutzung gegen ein Entgelt erworben werden müssen, andernfalls ist die Nutzung ausgeschlossen.

Außerdem können nicht zwei Individuen oder Unternehmen gleichzeitig dasselbe Gut nutzen. Man sagt, dass bei privaten Gütern das Ausschlussprinzip und die Rivalität gilt.

9. Alles spielt sich in einer einzigen langen Zeitperiode ab. Insbesondere liegen Produktion (Wertvorgang) und Verkauf (Zahlungsvorgang) in der gleichen Periode.

10. Die Reaktionsgeschwindigkeiten der Verhaltensänderungen aller Akteure auf Änderung der Marktdaten sind unendlich groß.

11. Alle Anbieter und alle Nachfrager sind Preisnehmer.

12. Die Konsumenten maximieren ihren Nutzen und die Unternehmen maximieren ihre Gewinne.

1.4.2 Kosten und Kostenfunktion

Zur Erzeugung der Menge q werden sogenannte Produktionsfaktoren beschafft und eingesetzt, also z. B. menschliche Arbeitskraft, Maschinen und Materialien. Unter einer Technologie versteht man das Verfahren, mit dem Produktionsfaktoren in die Menge q des Produktionsguts transformiert werden. Die verwendete Technologie, die Art und Kombination der Produktionsfaktoren und die Faktorpreise bilden Einflussgrößen auf den gesamten Werteverzehr im Unternehmen, die sogenannten Gesamtkosten.

Bei gegebener Technologie, bei gegebenen Faktorpreisen und bei gegebenen Faktorkombinationen hängen die Gesamtkosten K von der erzeugten Menge q ab. K(q) bezeichnet man als Gesamtkostenfunktion.

Indem wir die 1. Ableitung der Gewinnfunktion $\Pi(q) = p \cdot q - K(q)$ bilden und null setzen, erhalten wir die notwendige Bedingung des Gewinnmaximums: $p = K'(q)$.

$K'(q)$ bezeichnet die sogenannte Grenzkostenfunktion. Die Grenzkosten beschreiben die Veränderung der Kosten ΔK pro Mengenveränderung Δq, wenn die Mengenveränderung Δq gegen null läuft. In der Theorie können wir von unendlich kleinen Mengen ausgehen. Praktisch und anschaulich versteht man unter den Grenzkosten die Kostenveränderung bei einer Veränderung der Produktionsmenge um eine Einheit.

Liegen die Grenzkosten oberhalb des Preises, dann hat man mit jedem zusätzlichen Produktstück mehr Kosten, als über den Preis Einnahmen erzielt werden. Die Produktion wird dann besser heruntergefahren. Liegen die Grenzkosten unterhalb des Preises, dann entsteht mit jedem zusätzlichen Stück ein Überschuss, der zum Gewinn beiträgt. Das Unternehmen sollte dann die Produktion steigern. Entsprechen die Grenzkosten genau dem Marktpreis, dann wird mit einem zusätzlichen Stück weder Gewinn noch Verlust erzielt.

Wir unterstellen einmal, dass die Grenzkosten zunächst kleiner sind als der Preis und sich mit jedem hergestellten Stück erhöhen. Die notwendige Bedingung des Gewinnmaximums verlangt, dass genau die Menge q* produziert und verkauft wird, bei der die Grenzkosten $K'(q*)$ des zuletzt hergestellten Stücks dem gegebenen Marktpreis p entsprechen. Steigen die Grenzkosten mit jeder hergestellten Einheit schnell an, ist die optimale

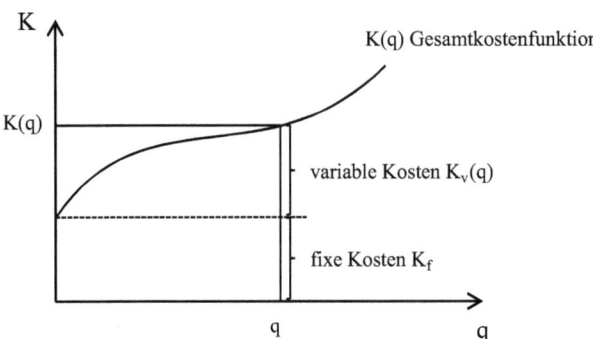

Abb. 1.7 Kostenfunktion

Produktionsmenge klein. Steigen die Grenzkosten aber nur langsam an, liegt die optimale Produktionsmenge entsprechend höher.

Vorstellbar ist auch, dass die Grenzkosten zunächst höher als der Preis sind, mit größerer Stückzahl fallen und dann unterhalb des Preises liegen. Dann erzeugt das Unternehmen mit jedem zusätzlichen Stück bei einem niedrigen Produktionsniveau einen Verlustbeitrag. Erst bei großen Stückzahlen werden Gewinnbeiträge mit jedem zusätzlichen Stück erwirtschaftet.

Bei einem festen Absatzpreis kommt der Kostenfunktion die entscheidende Aufgabe zur Bestimmung der gewinnmaximalen Menge q^* zu. Wir werden uns deshalb nachfolgend mit der Kostenfunktion intensiv beschäftigen.

Kostenfunktionen beschreiben den Werteverzehr in Abhängigkeit von der Menge erzeugter Güter. Es kann diesbezüglich verschiedene lineare und nichtlineare Zusammenhänge geben. Wir gehen anfänglich von einer typischen nichtlinearen Darstellung aus, bei der die Gesamtkosten mit zunehmender Produktionsmenge zunächst steil ansteigen (Abb. 1.7). Mit weiter wachsender Produktionsmenge flacht der Kostenverlauf etwas ab, um anschließend mit zunehmender Rate wieder stärker zu steigen.

Der Verlauf dieser Kostenfunktion ist typisch für Verbrennungsmotoren, aber auch für die menschliche Arbeit, bei der in einer Einübungsphase die Fehlerquote hoch ist, mit weiteren Stückzahlen ein Übungseffekt eintritt, der dann durch eine Ermüdungsphase abgelöst wird.

Im Gegensatz zu den variablen Kostenarten fallen fixe Kosten K_f unabhängig von der Ausbringungsmenge immer in der gleichen Höhe an: Als Beispiele für fixe Kosten dienen Mieten, Lizenzgebühren, Gehälter, Energiekosten für Licht und für die Beheizung der Räume, zeitabhängige Abschreibungen, Zinsen für Kredite, kalkulatorische Zinsen auf das Eigenkapital u. ä.

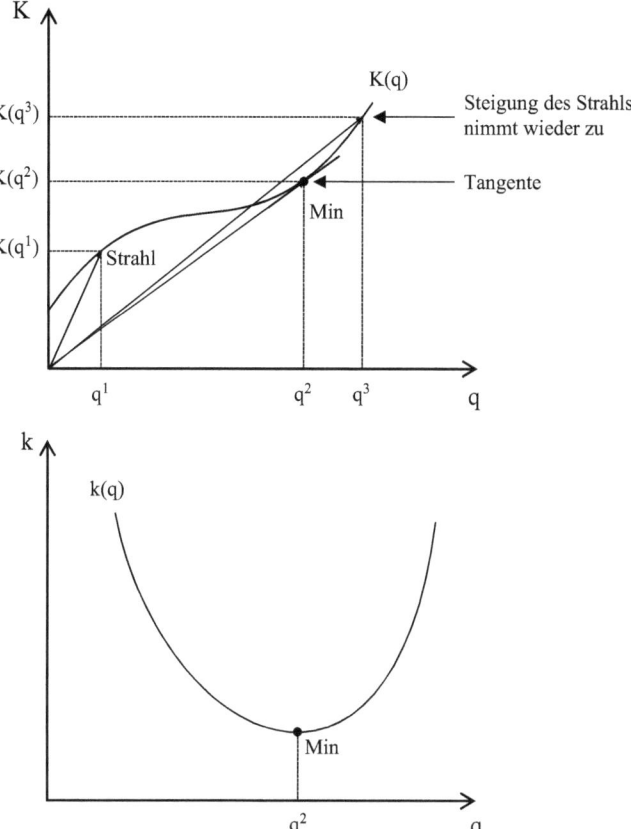

Abb. 1.8 Stückkosten

Der Quotient aus Gesamtkosten und Menge heißt Stückkosten k(q):

$$k(q) = \frac{K(q)}{q} \quad \text{mit } q > 0.$$

Abb. 1.8 zeigt eine Gesamtkostenkurve mit dem dazugehörigen Stückkostenverlauf. Die Stückkosten lassen sich aus den Gesamtkosten graphisch ermitteln, da ihre Beträge identisch mit den Steigungen der eingezeichneten Ursprungsstrahlen sind. Nehmen wir z. B. die Menge q^1. Für q^1 betragen die Gesamtkosten $K(q^1)$. Der Punkt $(q^1, K(q^1))$ liegt auf der Gesamtkostenkurve. Durch diesen Punkt verläuft ein Ursprungsstrahl. Die Steigung des Strahls durch den Punkt $(q^1, K(q^1))$ beträgt $K(q^1)/q^1$, was den Stückkosten der Produktionsmenge q^1 entspricht.

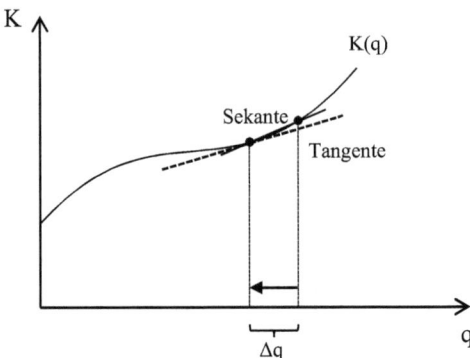

Abb. 1.9 Sekante und Tangente

In gleicher Weise kann man mit den Mengen q^2 und q^3 verfahren. Bei q^2 erkennt man nun sofort, dass der dazugehörige Strahl besonders ist. Er liegt tangential zur Gesamtkostenkurve und besitzt außerdem die geringste Steigung von allen Ursprungsstrahlen, die durch Punkte auf der Gesamtkostenkurve laufen. Bei der Menge q^2 liegt deshalb das Stückkostenminimum.

Die Grenzkosten beschreiben die Veränderung der Kosten ΔK pro Mengenveränderung Δq, wenn die Mengenveränderung Δq gegen null läuft (Abb. 1.9). Graphisch können wir die Grenzkosten durch die Steigung der Tangente an die Gesamtkostenkurve in einem Punkt ermitteln.

Eine Veränderung der Fixkosten um ΔK_f hat zwar einen Einfluss auf die Stückkosten, lässt die Grenzkosten aber vollständig unberührt (Abb. 1.10). Das liegt daran, dass Fixkosten zwar das Kostenniveau, nicht aber den Kostenverlauf bestimmen.

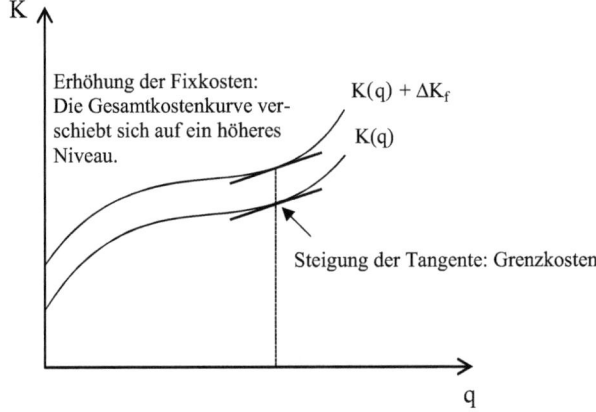

Abb. 1.10 Grenzkosten

Das nachfolgende Beispiel verdeutlicht den Unterschied zwischen den Gesamt-, den Grenz- und den Stückkosten.

Beispiel

Eine Tischlerei stellt pro Tag 20 und im Monat insgesamt 400 Tische her. Die Fixkosten (Personal, Miete, Abschreibung, Heizung u. ä.) betragen monatlich 20.000 € und die variablen Kosten bei 400 Tischen 8000 €. Man überlegt, ob nicht ein weiterer Tisch täglich mit dem Einsatz von Überstunden hergestellt werden sollte.

Die Gesamtkosten für 400 Tische betragen 28.000 €, mit Durchschnittskosten von 70 €/ME. Natürlich wäre es falsch anzunehmen, dass ein weiterer Tisch nun mit zusätzlichen Kosten von 70 €/ME täglich zu Buche schlägt, denn in den 70 €/ME sind fixe Kosten enthalten und die erhöhen sich definitionsgemäß durch die Produktionsausweitung nicht. Man muss vielmehr fragen, welche Kostenarten tatsächlich durch den zusätzlichen Tisch betroffen sind und um welche Beträge diese sich im Einzelnen erhöhen. Die zusätzliche Herstellung eines Tisches pro Tag erhöht die Lohnkosten durch zusätzliche Überstunden und die Materialkosten. Das sind die Grenzkosten, die wir in Beziehung zu den Stückkosten setzen wollen. Die Grenzkosten enthalten keinen durchschnittlichen Fixkostenanteil. Sie schleppen auch nicht Grenzkosten kleinerer Stückzahlen per Durchschnittsbildung mit (wie die variablen Stückkosten). Deshalb fallen sie bei einem Gesamtkostenverlauf gemäß Abb. 1.11 zunächst geringer als die Stückkosten aus. Wenn aber in den abendlichen Überstunden wegen des Stresses und wegen des erhöhten Ausschusses unproduktiver gearbeitet wird als tagsüber, dann können die Grenzkosten über den Durchschnittskosten liegen.

Für die Gesamtkostenfunktion in Abb. 1.11 wurden der Stück- und der Grenzkostenverlauf skizziert:

q^1 und q^2: Die Grenzkosten liegen unter den Stückkosten, da die Steigungen der Tangenten kleiner als die Steigungen der Strahlen sind.

q^3:   Hier sind die Grenzkosten gleich den Stückkosten, da die Steigung der Tangente gleich der Steigung des Strahls ist.

q^4:   In diesem Punkt sind die Stückkosten geringer als die Grenzkosten, da die Steigung des Strahls geringer als die Steigung der Tangente ist.

Mit kleiner aber wachsender Menge q fällt die Stückkostenfunktion zunächst und liegt oberhalb der Grenzkostenfunktion. Im Minimum der Stückkostenfunktion schneidet sie die Grenzkostenfunktion, um dann unterhalb der Grenzkostenfunktion wieder anzusteigen. Für q → 0 gehen die Stückkosten ins Unendliche.

Wenn wir von der Gesamtkostenfunktion die fixen Kosten abziehen, dann erhalten wir die variable Gesamtkostenfunktion $K_v(q)$. Graphisch stellt sich das durch eine Parallelverschiebung der q-Achse nach oben dar, wie in Abb. 1.12 zu sehen ist. Die Skala der Ordinate oberhalb der Stelle 0_v zeigt nur die variablen Kosten an. Die Form der Gesamtkostenkurve bleibt durch diese Transformation unverändert.

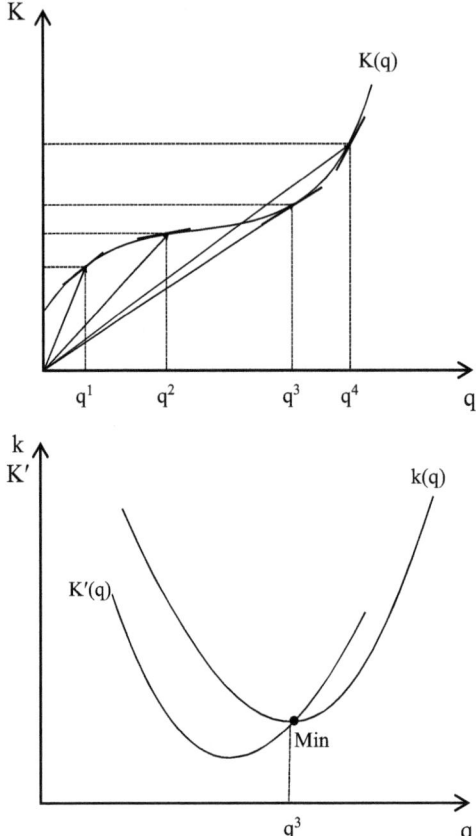

Abb. 1.11 Grenzkosten- und Stückkostenfunktion

Die Steigungen der Strahlen vom neuen Ursprung 0_v durch die Punkte $(q, K_v(q))$ zeigen die variablen Stückkosten an:

$$k_v(q) = \frac{K_v(q)}{q}.$$

Die Steigungen der eingezeichneten Strahlen in Abb. 1.12 und 1.16 kennzeichnen zum einen die Minima der Stückkosten und der variablen Stückkosten, die bei den Mengen q^* bzw. q^{**} erreicht werden. Gleichzeitig stellen die Strahlen aber auch Tangenten dar, die an die Kurven $K(q)$ bzw. $K_v(q)$ angelegt sind. Die Steigungen dieser Strahlen kennzeichnen also auch die Grenzkosten der Mengen q^* und q^{**}. Wir folgern daraus, a) dass die Grenzkostenfunktion $K'(q)$ die variable Stückkostenfunktion $k_v(q)$ in deren Minimum schneidet, und b) dass die Grenzkostenfunktion $K'(q)$ die Stückkostenfunktion $k(q)$ in deren Minimum schneidet.

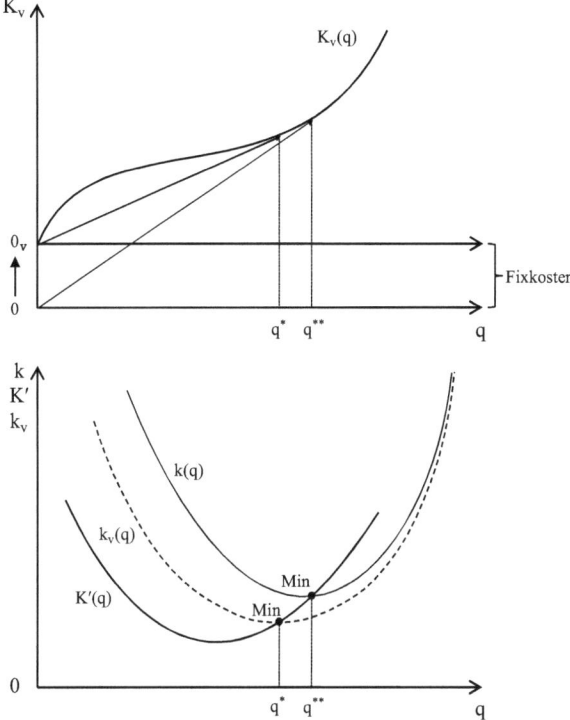

Abb. 1.12 Stückkosten, variable Stückkosten und Grenzkosten

Ein inneres Gewinnmaximum ist dadurch gekennzeichnet, dass die erste Ableitung der Gewinnfunktion für die optimale Produktionsmenge q^* den Wert null annimmt und die zweite Ableitung an der Stelle q^* kleiner ist als null:

$$\text{Max } \Pi(q) = p \cdot q - K(q) \qquad \text{mit } p, q > 0,$$
$$\left. \begin{array}{l} \Pi'(q) = p - K'(q) = 0 \\ \Pi''(q) < 0 \end{array} \right\} \Rightarrow q^*.$$

Mit Hilfe des Kostenmodells (Abb. 1.7 bis 1.12) können wir Preisuntergrenzen, Gewinn und Deckungsbeitrag darstellen und analysieren.

Der Gewinn des Einproduktunternehmens kann folgendermaßen berechnet werden: Man zieht vom Absatzpreis die Stückkosten ab und multipliziert die Differenz mit der Menge (Abb. 1.13): $\Pi(q) = [p - k(q)] \cdot q$.

So wie die Nachfragefunktion das Nachfragerverhalten abbildet, beschreibt die Angebotsfunktion das Anbieterverhalten im Markt. Aus der notwendigen Bedingung für das Gewinnmaximum (1. Ableitung gleich null) leitet sich das Angebot des Unternehmens her.

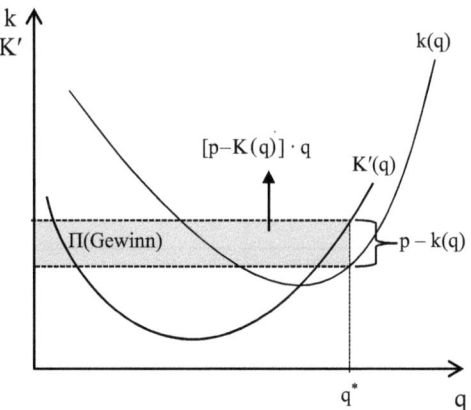

Abb. 1.13 Gewinnmaximum

Wie wir an der notwendigen Bedingung für das Gewinnmaximum erkennen, führt
der steigende Ast der Grenzkostenfunktion die Marktpreise und die optimalen Ange-
botsmengen zusammen: Auf dem steigenden Ast der Grenzkostenfunktion, oberhalb des
Stückkostenminimums, liegen alle gewinnmaximalen Preis-Mengen-Punkte (Abb. 1.13).
Der Gewinnbeitrag eines zusätzlichen Stücks bemisst sich aus der Differenz von Preis
(Grenzerlös) und Grenzkosten. Links von q^* hat das Unternehmen sein Gewinnpotential
noch nicht ausgeschöpft. Es könnte seine Produktion erhöhen und noch Stücke herstellen,
die einen positiven Gewinnbeitrag leisten. Der Preis übersteigt hier nämlich die Grenzkosten (positiver Grenzdeckungsbeitrag). Wird die Produktion zu hoch gefahren, dann gelangt
das Unternehmen in den Bereich, der rechts von q^* liegt. Es stellt dann ein oder mehrere
Stücke her, die einen negativen Gewinnbeitrag leisten und dadurch den Gewinn verringern
oder den Verlust erhöhen. Hier liegt der Preis nämlich unter den Grenzkosten (negativer Grenzdeckungsbeitrag). Wir erkennen hieran, dass der Gewinnbeitrag des einzelnen
zusätzlichen Stücks die Steuergröße für die Produktions- und Verkaufsmenge des Unternehmens ist. Den Gewinnbeitrag des einzelnen zusätzlichen Stücks bezeichnen wir als
Grenzgewinn, marginalen Gewinn oder Grenzdeckungsbeitrag. Nur ein Unternehmen mit
einem Rechnungswesen, welches den Grenzdeckungsbeitrag der einzelnen Produktstücke
ermittelt und den Entscheidern im Unternehmen verfügbar macht, kann die Produktmenge
optimal steuern.

Liegt der Marktpreis über den Stückkosten, kann das Einproduktunternehmen einen
Gewinn erzielen. Fällt der Marktpreis unter die Stückkosten, dann tritt im Einproduktunternehmen ein Verlust ein. Kurzfristig können Unternehmen diese Situation aushalten.
Langfristig allerdings beträgt die optimale Angebotsmenge dann $q^* = 0$ und das Unternehmen verlässt den Markt.

1.4.3 Deckungsbeitrag, Grenzdeckungsbeitrag

Die Analyse des Deckungsbeitrags macht deutlich, wie wichtig das Marginalprinzip und wie gefährlich Versuche einer Durchschnittsbildung der Fixkosten für die Unternehmen sind. Wir stellen uns ein Mehrproduktunternehmen mit einem bestimmten Produktsortiment und bestimmten variablen und fixen Kosten vor. Jedem einzelnen Stück eines Produkts lassen sich Grenzkosten verursachungsgemäß zurechnen. Ziehen wir vom Preis (Grenzerlös) die Grenzkosten ab, dann erhalten wir den Betrag, den das einzelne zusätzliche Stück zur Deckung der fixen Kosten beiträgt. Wir nennen diesen Betrag deshalb Grenzdeckungsbeitrag D' des Produkts oder Deckungsbeitrag des marginalen Stücks:

$$D'(q) = p - K'(q).$$

Der Grenzdeckungsbeitrag beträgt beim polypolistischen Unternehmen im Gleichgewicht null, da gemäß der notwendigen Bedingung für das Gewinnmaximum genau die Menge produziert wird, bei der die Grenzkosten dem Marktpreis entsprechen.

Die Differenz aus Preis und variablen Stückkosten ergibt den Stückdeckungsbeitrag d. Das ist der Beitrag, den ein einzelnes Stück eines Produkts im Mittel für die Deckung der fixen Kosten bereitstellt:

$$d(q) = p - k_v(q).$$

Wollen wir ermitteln, welchen Deckungsbeitrag alle Stücke des Produkts insgesamt erwirtschaften, dann müssen wir den Stückdeckungsbeitrag mit der Anzahl der Stücke multiplizieren. Wir erhalten hierdurch den Produktdeckungsbeitrag:

$$D(q) = [p - k_v(q)] \cdot q.$$

Es gibt Kostenarten, deren Beträge sich zwar nicht mit der Anzahl der Stücke verändern und in diesem Sinne fix sind, die sich aber bei einer Entfernung des Produkts aus dem Sortiment durchaus verringern oder sich bei der Neuaufnahme des Produkts in das Sortiment entsprechend erhöhen.

Ein Chemieunternehmen beispielsweise, das verschiedene Kunststoffgranulate herstellt, kann auf das Personal und die Geräte zur Herstellung, Qualitätsprüfung, Forschung und Entwicklung von Fensterrahmen-PVC verzichten, wenn dieses Produkt eingestellt wird. Entsprechend sind die mit diesen Ressourcen verbundenen Kosten, wie Löhne und Gehälter, Abschreibungen, Mieten und Leasingraten, hinsichtlich der Produktionsmengenentscheidung fix, hinsichtlich der Sortimententscheidung aber variabel.

Auf der Ebene der Sortimentpolitik sind also Anteile der Kosten variabel, die auf der Ebene der Stückmengenentscheidung fix sind. Diese fixen Kosten lassen sich den einzelnen Produkten und Produktgruppen verursachungsgerecht zurechnen (Abb. 1.14).

Insofern gibt es zwei verschiedene Produktdeckungsbeiträge, einmal bestimmt bei einem konstanten Sortiment und einmal bestimmt bei einem variablen Sortiment. Wenn wir

Bezugsobjekt	Ergebnisbeiträge	
marginales Stück eines Produkts	Preis ./. Grenzkosten	Grenzdeckungsbeitrag
beliebiges Stück eines Produkts	Preis ./. variable Stückkosten	Stückdeckungsbeitrag
alle Stücke eines Produkts	Stückdeckungsbeitrag × Menge	Produktdeckungsbeitrag bei konstantem Sortiment (Deckungsbeitrag I)
Produkt im Sortiment	Stückdeckungsbeitrag × Menge ./. dem Produkt zurechenbare fixe Kosten	Produktdeckungsbeitrag bei variablem Sortiment (Deckungsbeitrag II)
Produktgruppe im Sortiment	Summe der Produktdeckungs- beiträge der Produktgruppe	Produktgruppendeckungs- beitrag
Gesamtes Sortiment	Produktdeckungsbeiträge ./. den Produkten zurechen- baren fixen Kosten ./. nicht den Produkten zu- rechenbare fixe Kosten	Unternehmensgewinn

Abb. 1.14 Beispiel einer mehrstufigen Deckungsbeitragsrechnung

die Fixkosten, die durch Sortimentveränderungen variabel werden, von dem Produktdeckungsbeitrag bei konstantem Sortiment (Deckungsbeitrag D I) abziehen, erhalten wir den
Produktdeckungsbeitrag bei variablem Sortiment (Deckungsbeitrag D II).

Die Einstellung der Produktgruppe PVC in unserem Beispiel ermöglicht die Schlie-
ßung dieses gesamten Produktionsbereichs einschließlich der Vorproduktanlagen, der zu-
ständigen Forschungs- und Entwicklungsabteilung, der Lager-, Verpackungs- und Ab-
füllstationen, des betreffenden Verkaufs, der PVC-Werbeabteilung, der Abteilung PVC-
Strategie und Controlling etc.

Es gibt in diesem Sinne keine Kostenarten, die ihrer „Natur" nach fix sind. Vielmehr
determiniert der Entscheidungszusammenhang und der betrachtete Zeithorizont die Kon-
stanz oder Variabilität von Kosten.

1.4.4   Entscheidungen mit Deckungsbeiträgen und Grenzdeckungsbeiträgen

Die Bedeutung des Deckungsbeitrags zeigen folgende Entscheidungszusammenhänge:

a) Bei Kapazitätsengpässen vergleicht man die verschiedenen Deckungsbeiträge II miteinander. Produkte mit großen Deckungsbeiträgen II verbleiben im Sortiment, die
   anderen fallen heraus.
b) Ein Mehrproduktunternehmen mit ausreichender Abdeckung der fixen Kosten durch
   das gesamte Sortiment sollte bei freien Kapazitäten und sinkendem Marktpreis mit

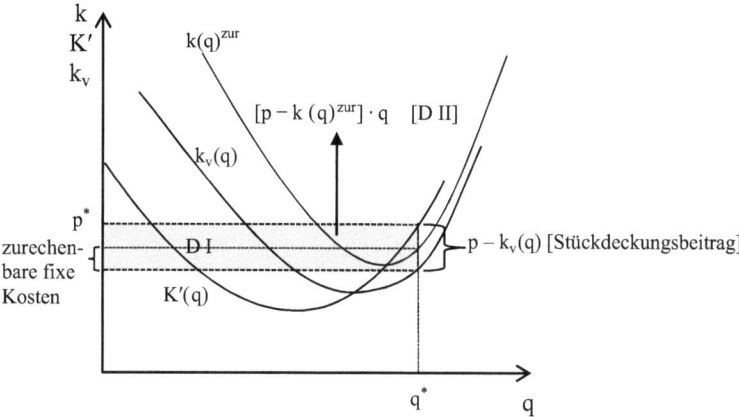

Abb. 1.15 Deckungsbeitrag I und Stückdeckungsbeitrag

einem Produkt solange im Markt bleiben, wie der Marktpreis noch über dem Minimum der variablen Stückkosten liegt (positiver Deckungsbeitrag I, Abb. 1.15).

c) Wenn der Grenzdeckungsbeitrag positiv ist, sollten Aufträge angenommen bzw. die Produktion hochgefahren werden. Ist er aber negativ, dann sollten Aufträge abgelehnt bzw. die Produktion reduziert werden, um sich dem Optimum anzunähern.

Um im Mehrproduktunternehmen die Stückgewinne $\pi(q_i)$ des Produkts i auf Vollkostenbasis zu bestimmen, müssten von den erzielten Produktumsätzen ($p_i \cdot q_i$) die variablen Kosten K_{iv} des Produkts i und fixe Kostenanteile $\alpha_i \cdot K_f$ abgezogen und der verbleibende Rest durch die Anzahl der Stücke des Produkts i dividiert werden:

$$\pi(q_i) = \frac{p_i \cdot q_i - K_{iv} - \alpha \cdot K_f}{q_i} \quad \text{mit } 0 < \alpha < 1.$$

Je nach Umlageverfahren α der fixen Kosten verändert sich der Stückgewinn. Die Fixkostenzuordnung und damit die Ermittlung von Stückgewinnen auf Vollkostenbasis bleiben immer willkürlich. Dienen Stückgewinne als Steuervariablen im Unternehmen, dann führt ihre Verwendung regelmäßig zu Fehlentscheidungen. Man sollte deshalb den Versuch einer Ermittlung und Verwendung von Stückgewinnen im Mehrproduktunternehmen soweit wie möglich unterlassen und stattdessen mit Deckungsbeiträgen arbeiten.

1.4.5 Lineare Gesamtkostenfunktion

In der Praxis sind lineare Gesamtkostenfunktionen von großer Bedeutung. Häufig wird ein linearer Verlauf zumindest in einem relevanten Bereich aus Vereinfachungsgründen unterstellt.

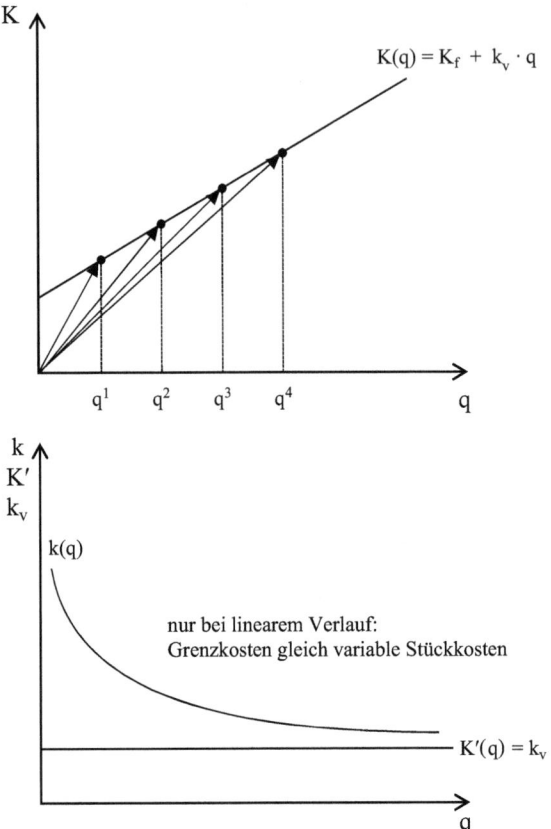

Abb. 1.16 Lineare Gesamtkostenkurve mit Stück- und Grenzkostenkurve

Wir wollen nun anhand einer Grenzwertbetrachtung zeigen, dass die Stückkosten mit zunehmender Menge q gegen die variablen Stückkosten k_v konvergieren:

$$\lim_{q\to\infty} \frac{K(q)}{q} = \lim_{q\to\infty}\left(\frac{K_v(q)}{q} + \frac{K_f}{q}\right) = k_v(q) + \underbrace{\lim_{q\to\infty}\frac{K_f}{q}}_{0} = k_v(q) = k_v.$$

Die Grenzkosten und variablen Stückkosten besitzen bei linearen Gesamtkostenfunktionen den gleichen Wert und entsprechen der konstanten Steigung. Den in Abb. 1.16 dargestellten fallenden Verlauf der Stückkostenfunktion k(q) bezeichnet man als Stückkostendegression. Man erkennt, dass bei linearen Gesamtkostenverläufen die Kosteneffizienz steigt, je mehr man produziert. Dies wird auch als Gesetz der Massenproduktion bezeichnet. Die Stückkostendegression kann Probleme bei der Gewinnmaximierung erzeugen. Liegt der konstante Preis oberhalb der aktuellen Stückkosten, dann wächst der Gewinn des Unternehmens wegen der Stückkostendegression mit steigender Produktionsmenge stetig an. Unternehmen haben deshalb einen Anreiz, immer mehr zu produzieren, bis sie schließlich die Kapazitätsgrenze erreichen.

Wir bezeichnen dieses Optimum an der Kapazitätsgrenze als Randlösung. Hier gilt dann nicht, dass die erste Ableitung der Gewinnfunktion den Wert Null annimmt. Vielmehr könnte der Gewinn bei einer (kostenlosen) Erhöhung der Kapazitätsgrenze noch vergrößert werden, weshalb die erste Ableitung dieser Randlösung größer ist als null. Im Gegensatz dazu sprechen wir von einer inneren Lösung des Maximierungsproblems, wenn diesseits der Kapazitätsgrenze eine Menge q^* existiert, bei der die Gewinnfunktion ein Maximum erreicht. Hier erreicht dann die erste Ableitung den Wert Null und die zweite Ableitung ist kleiner als null.

Wegen der Stückkostendegression erlangen Unternehmen mit linearen Gesamtkostenfunktionen einen ökonomischen Vorteil durch ihre Größe und es findet ein Wettbewerb um möglichst große Kapazitäten statt. Lineare Gesamtkostenfunktionen führen zur Marktkonzentration, zu Oligopolen und Monopolen und sind deshalb nicht vereinbar mit einer polypolistischen Wettbewerbsstruktur.

1.5 Entscheidung bei Sicherheit: Lineare Optimierung

Wir wenden das Grundmodell der Entscheidungslehre im Folgenden auf Situationen an, in denen alle Funktionen linear sind. Die Entscheidungsoptimierung findet mit Hilfe der linearen Algebra statt.

1.5.1 Das Modell

Die lineare Optimierung oder auch lineare Programmierung (LP) wird nachfolgend am sogenannten Maschinenbelegungsproblem gezeigt:

Die Produkte $P_1, P_2, \ldots, P_n$

sollen auf den Maschinen $M_1, M_2, \ldots, M_m$

mit den Verarbeitungszeiten pro Mengeneinheit $a_{11}, a_{12}, \ldots, a_{21}, a_{22}, \ldots, a_{mn}$

und den zeitlichen Maschinenkapazitäten $b_1, b_2, \ldots, b_m$

mit maximalem Deckungsbeitrag produziert werden,

wobei Stückdeckungsbeiträge in Höhe von $d_1, d_2, \ldots, d_n$ anfallen.

Es sind die optimalen Produktmengen $x_1, x_2, \ldots, x_n$ zu bestimmen.

Die Daten dieses Problems können in Form eines Tableaus dargestellt werden:

Maschine	Bearbeitungszeit [Zeiteinheit pro Mengeneinheit] von Produkt			Maschinenkapazität [Zeiteinheit]
	P_1	$\cdots$	P_n	
M_1	a_{11}		a_{1n}	b_1
$\vdots$	$\vdots$	$\ddots$	$\vdots$	$\vdots$
M_m	a_{m1}		a_{mn}	b_m
Stückdeckungsbeitrag	d_1	$\cdots$	d_n	

Algebraisch kann das Problem als ein lineares Programmierungsmodell (LP-Modell) formuliert werden:

$$\text{Max}_x\ D = d_1 x_1 + d_2 x_2 + \cdots + d_n x_n$$

unter den Bedingungen (u. d. B.)

$$
\begin{array}{ccccccc}
a_{11}x_1 & + & a_{12}x_2 & + & \cdots & a_{1n}x_n & \leq & b_1 \\
a_{21}x_1 & + & a_{22}x_2 & + & \cdots & a_{2n}x_n & \leq & b_2 \\
\vdots & + & \vdots & + & \cdots & \vdots & \leq & \vdots \\
a_{m1}x_1 & + & a_{m2}x_2 & + & \cdots & a_{mn}x_n & \leq & b_m \\
\end{array}
$$

$$x_j \geq 0 \quad j = 1, \ldots, n.$$

Man kann die freien Kapazitäten durch sogenannte Schlupfvariablen y darstellen. Damit entsteht aus dem Ungleichungssystem ein Gleichungssystem:

$$\text{Max}_x\ D = d_1 x_1 + d_2 x_2 + \cdots + d_n x_n$$

unter den Bedingungen (u. d. B.)

$$
\begin{array}{cccccccccc}
a_{11}x_1 & + & a_{12}x_2 & + & \cdots & a_{1n}x_n & + & y_1 & & & = & b_1 \\
a_{21}x_1 & + & a_{22}x_2 & + & \cdots & a_{2n}x_n & + & & y_2 & & = & b_2 \\
\vdots & + & \vdots & + & \cdots & \vdots & + & & & \ddots & & \vdots \\
a_{m1}x_1 & + & a_{m2}x_2 & + & \cdots & a_{mn}x_n & + & & & y_m & = & b_m \\
\end{array}
$$

$$x_j \geq 0 \quad j = 1, \ldots, n$$
$$y_i \geq 0 \quad i = 1, \ldots, m.$$

Die Darstellung lässt sich mithilfe der Matrixschreibweise weiter verdichten:

$$\text{Max}_x D = d_1 x_1 + d_2 x_2 + \cdots + d_n x_n \quad \text{u.d.B.}$$

$$\begin{bmatrix} a_{11} & a_{12} & \cdots & a_{1n} & 1 & & & \\ a_{21} & a_{22} & \cdots & a_{2n} & & 1 & & \\ \vdots & \vdots & \ddots & \vdots & & & \ddots & \\ a_{m1} & a_{m2} & \cdots & a_{mn} & & & & 1 \end{bmatrix} \cdot \begin{bmatrix} x_1 \\ x_2 \\ \vdots \\ x_n \\ y_1 \\ y_2 \\ \vdots \\ y_m \end{bmatrix} = \begin{bmatrix} b_1 \\ b_2 \\ \vdots \\ b_m \end{bmatrix}$$

$$x_j \geq 0 \quad j = 1, \ldots, n$$
$$y_i \geq 0 \quad i = 1, \ldots, m.$$

Oder noch kompakter:

$$\text{Max}_x \sum_{j=1}^{n} d_j x_j \quad \text{u.d.B.} \quad \sum_{j=1}^{n} a_{ij} x_j + y_i = b_i \quad i = 1, \ldots, m$$
$$x_j \geq 0 \qquad\qquad j = 1, \ldots, n$$
$$y_i \geq 0 \qquad\qquad i = 1, \ldots, m.$$

Beispiel: Maschinenbelegungsproblem im Presswerk

Die Metall GmbH stellt Blechteile für verschiedene Anwendungen her. Die Bearbeitung der Bleche erfolgt in aufeinanderfolgenden Arbeitsschritten, für die drei Maschinen unterschiedlich lange benötigen. Der Arbeitstag ist begrenzt. Durch Wartungsmaßnahmen und bereits eingeplante Belegungen durch verschiedene Fertigungsaufträge reduzieren sich die verfügbaren Fertigungszeiten der Maschinen weiter.

Es geht nun um einen konkreten Auftrag für die Automobilindustrie und einen Auftrag für die Bauindustrie. Die Kunden fragen an, wie viele Blechteile von der Metall GmbH bis zu einem bestimmten Tag geliefert werden können. Mit den etwas höherwertigen Blechteilen für die Automobilindustrie P_1 erwirbt die Metall GmbH höhere Stückdeckungsbeiträge als mit den Blechteilen für das Baugewerbe P_2. Wie viele Blechteile welcher Produktart sollte das Unternehmen in den maximal verfügbaren Maschinenzeiten produzieren und anbieten, um den Gesamtdeckungsbeitrag zu maximieren?

Zur Bestimmung des optimalen Produktionsprogramms müssen a) die Stückdeckungsbeiträge, b) die auf den Maschinen verfügbaren Kapazitäten, sowie c) die Beanspruchung dieser Kapazitäten zur Produktion der jeweiligen Produkte bekannt sein. In dem Beispiel wird davon ausgegangen, dass die Maschinen M_1, M_2 und M_3 eine Kapazität von 250, bzw. 150, bzw. 660 Zeiteinheiten [ZE] besitzen. Die Herstellung einer Mengeneinheit [ME] von P_1 für die Automobilindustrie beansprucht 2 ZE/ME auf Maschine M_1,

1 ZE/ME auf Maschine M_2, 3 ZE/ME auf Maschine M_3. Die Bearbeitungszeiten von P_2 für das Baugewerbe betragen 1 ZE/ME, 1 ZE/ME und 5 ZE/ME auf den Maschinen M_1, M_2 bzw. M_3. Der Stückdeckungsbeitrag des Blechteils für die Automobilindustrie P_1 beträgt 10 Geldeinheiten pro Mengeneinheit [GE/ME]. Der Stückdeckungsbeitrag des Blechteils für das Baugewerbe P_2 beträgt 8 GE/ME.

Die Lösung des Entscheidungsproblems besteht in der Bestimmung der optimalen Produktionsmengen der beiden Produkte (optimale Aktionen). Hierzu ist der Gesamtdeckungsbeitrag (Ziel) unter Beachtung der Kapazitätsgrenzen (Restriktionen) zu maximieren. In der nachfolgenden Tabelle ist das Entscheidungsproblem zur Bestimmung der optimalen Produktionsmengen der Produkte P_1 und P_2 strukturiert dargestellt.

Maschine	Bearbeitungszeit [ZE/ME]		Maschinenkapazität [ZE]
	P_1	P_2	
M_1	2	1	250
M_2	1	1	150
M_3	3	5	660
Stückdeckungsbeitrag [GE/ME]	10	8	

Nachfolgend wird das Problem in ein formales Modell umgewandelt:

$$\text{Max}_x\, D = 10x_1 + 8x_2$$

x_1	Stückzahl Produkt 1
x_2	Stückzahl Produkt 2
D	Gesamtdeckungsbeitrag

unter den Bedingungen (u. d. B.)

$$
\begin{aligned}
M_1: \quad & 2x_1 + 1x_2 \leq 250 \\
M_2: \quad & 1x_1 + 1x_2 \leq 150 \\
M_3: \quad & 3x_1 + 5x_2 \leq 660 \\
& x_1 \quad\quad\;\; \geq 0 \\
& \quad\quad x_2 \geq 0.
\end{aligned}
$$

Ein Vektor $x \in \mathbb{R}^n$ (reelle Zahlenmenge), der die Restriktionen für M_1, M_2 und M_3 und die Nichtnegativitätsbedingung $x_1 \geq 0$ und $x_2 \geq 0$ erfüllt, heißt „zulässige Lösung" des linearen Programms.

a) Die Menge der zulässigen Lösungen heißt „zulässiger Bereich".

b) Eine zulässige Lösung mit maximalem Zielfunktionswert heißt „optimale Lösung" des linearen Programms.

Um das graphische Lösungsverfahren vorzubereiten, sollen die Restriktionen in einen x_1x_2-Güterraum eingezeichnet werden. Hierzu nehmen wir kurzzeitig an, dass jede Restriktion voll ausgeschöpft ist. Diese Annahme wird gleich wieder fallen gelassen. Es

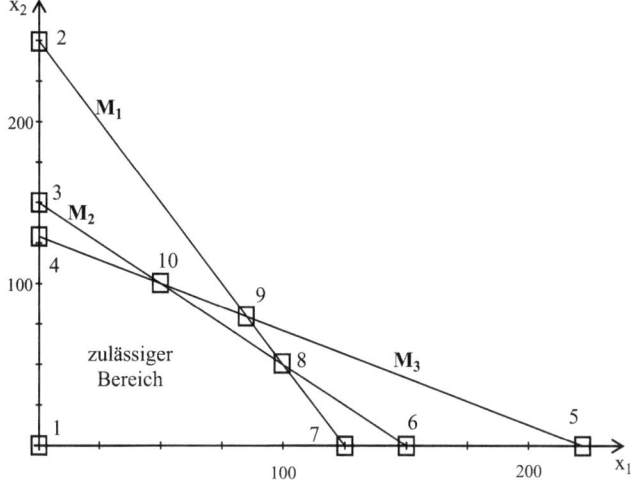

Abb. 1.17 Zulässiger Lösungsraum (Skizze)

kann dann in jeder Restriktion das Gleichheitszeichen gesetzt werden. Um die voll ausgeschöpften Restriktionen zu zeichnen, lösen wir sie nach x_2 auf:

M_1: $2x_1 + 1x_2 = 250 \Leftrightarrow x_2 = 250 - 2x_1$,
M_2: $1x_1 + 1x_2 = 150 \Leftrightarrow x_2 = 150 - x_1$,
M_3: $3x_1 + 5x_2 = 660 \Leftrightarrow x_2 = 132 - \frac{3}{5}x_1$.

Nun zeichnen wir die voll ausgeschöpften Restriktionen in den x_1x_2-Güterraum ein, wie in der Abb. 1.17 zu sehen. Die optimale Lösung befindet sich im zulässigen Bereich, auch „zulässiger Lösungsraum" genannt. Alle Punkte in diesem Bereich sind mit den Restriktionen M_1, M_2 und M_3 und der Nichtnegativitätsbedingung $x_1 \geq 0$, $x_2 \geq 0$ kompatibel.

Es ist jetzt aus dem zulässigen Bereich der Punkt auszuwählen, der die optimale Lösung darstellt. Grob gesagt gilt: Je weiter ein Punkt rechts und oben liegt, desto größer ist der Deckungsbeitrag. Es kann deshalb vermutet werden, dass sich die optimale Lösung in einem der außenliegenden Eckpunkte des zulässigen Bereichs befindet.

Das Lösungsverfahren beginnt mit dem Ursprung (Punkt Nr. 1) und arbeitet dann schrittweise die Eckpunkte des zulässigen Raums ab. Der Nullpunkt ist eine zulässige Lösung, doch wird dort nichts produziert, die Schlupfvariablen entsprechen den Kapazitäten und der Zielwert ist null (Punkt 1 in Abb. 1.17 und 1.18).

Die Punkte 2, 3, 5, 6 und 9 in Abb. 1.17 und 1.18 stellen keine zulässigen Lösungen dar. In Punkt 2 sind die Kapazitäten der Maschinen 2 und 3 nicht ausreichend. Die beiden Schlupfvariablen y_2 und y_3 sind dort negativ. Damit liegt ein Verstoß gegen die Nichtnegativitätsbedingung vor. In Punkt 3 ist eine Schlupfvariable negativ. Auch bei den Punkten 5, 6 und 9 sind eine oder zwei Schlupfvariablen negativ.

Nr.	Basis		Deckungs-beitrag	Kommentar
1	y_1, y_2, y_3	250, 150, 660	0	zulässige Lösung, kein Engpass
2	x_2, y_2, y_3	250, -100, -590	nicht def.	unzulässige Lösung
3	x_2, y_1, y_3	150, 100, -90	nicht def.	unzulässige Lösung
4	x_2, y_1, y_2	132, 118, 18	1056	zulässige Lösung, Engpass bei M_3
5	x_1, y_1, y_2	220, -190, -70	nicht def.	unzulässige Lösung
6	x_1, y_1, y_3	150, -50, 210	nicht def.	unzulässige Lösung
7	x_1, y_2, y_3	125, 25, 285	1250	zulässige Lösung, Engpass bei M_1
8	x_1, x_2, y_3	100, 50, 110	1400	zulässige Lösung, Engpass bei M_1 und M_2
9	x_1, x_2, y_2	85, 80, -15	nicht def.	unzulässige Lösung
10	x_1, x_2, y_1	45, 105, 55	1290	zulässige Lösung, Engpass bei M_2 und M_3

Abb. 1.18 Basislösungen

Im graphischen Lösungsverfahren betrachtet man nur Punkte mit zulässigen Lösungen: Von Punkt 1 kann man also zunächst zu Punkt 4 oder zu Punkt 7 gehen. Von dort kann man die Punkte 8 und 10 untersuchen. Im Folgenden wenden wir uns dem graphischen Lösungsverfahren zu.

1.5.2 Prämissen

Das Entscheidungsmodell beinhaltet zunächst ein Ziel. In unserem Beispiel ist dies der Deckungsbeitrag. Die Zielfunktion ist linear. Die Aktionsvariablen sind in dem Beispiel die Stückzahlen der beiden Produkte, die mit x bezeichnet sind. Dann gehören lineare Restriktionen zu dem Modell. Diese sind in unserem Beispiel technisch bedingt und durch Belastungen pro Stück und Kapazitätsgrenzen dargestellt. Außerdem wird verlangt, dass alle unabhängigen Variablen, also die Stückzahlen, Werte annehmen, die gleich oder größer als null sind. Alle Daten werden als sicher angenommen. Selbst wenn sie in der Realität häufig unsicher sind, z. B. durch Maschinenausfälle und Reparaturzeiten bedingt, stehen sie im Modell zwecks Vereinfachung als sichere Werte. Die Aktionsvariablen sind zu optimieren, indem die Zielvariable unter Einhaltung aller Restriktionen maximiert wird. In dem zweidimensionalen Fall (zwei Produkte) kann man durch ein einfaches graphisches Verfahren die optimale Lösung finden.

1.5.3 Graphisches Lösungsverfahren

Die Zielfunktion wird nach x_2 umgestellt: $x_2 = \frac{D}{8} - \frac{5}{4}x_1$. Die Steigung der Zielfunktion beträgt $-5/4$: Wenn x_1 um 4 wächst und x_2 um 5 fällt, dann bleibt der Deckungsbeitrag gleich. Der Graph der Zielfunktion wird für $D = 0$ mit der Steigung $-5/4$ eingezeichnet (Abb. 1.19) und dann bis an den äußersten Rand des zulässigen Bereichs nach rechts oben parallel verschoben. Die optimale Lösung kann in einem Eckpunkt des zulässigen Bereichs liegen. Das ist unproblematisch. Es kann aber auch sein, dass der Graph der Zielfunktion genau auf einer Restriktion zu liegen kommt. Dann gibt es unendlich viele optimale Lösungen, die zwischen zwei Eckpunkten des zulässigen Bereichs liegen.

In dem konkreten Beispiel kann man aus der Graphik bei exaktem Zeichnen die folgende Lösung ablesen: $x_1 = 100$ ME, $x_2 = 50$ ME (Abb. 1.20). Auf der Maschine 3 gibt es im Optimum eine Leerkapazität von $y_3 = 110$ ZE und der maximale Deckungsbeitrag beträgt $D = 1400$ GE.

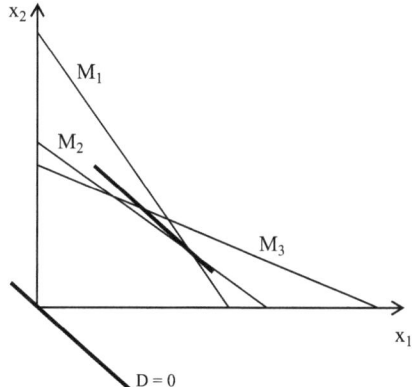

Abb. 1.19 Graphisches Lösungsverfahren

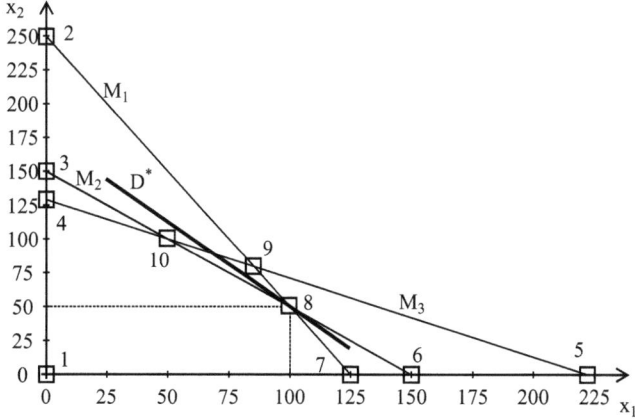

Abb. 1.20 Lösung

1.5.4 Veränderliche Zielkoeffizienten

Wenn der Stückdeckungsbeitrag des Produkts P_1 abnimmt, dann würden wir erwarten, dass mehr Kapazität auf die Herstellung des Produkts P_2 verwendet wird und weniger auf die Herstellung des Produkts P_1. Sehen wir uns zunächst den Effekt an der Zielfunktion an:

$$x_2 = \frac{D}{8} - \frac{10 - \Delta_1}{8}x_1.$$

Wir subtrahieren den kleinen Wert Δ_1 von dem Stückdeckungsbeitrag von Produkt P_1. Das Gefälle der Zielgeraden nimmt ab (Abb. 1.21). Dies hat bei kleinen Veränderungen des Verhältnisses der Stückdeckungsbeiträge i. d. R. keine Auswirkung auf die Lösung. Das liegt daran, dass der Rand des zulässigen Bereichs nicht stetig ist, sondern aus lauter Ecken besteht und die optimale Lösung normalerweise an einem solchen Eckpunkt liegt. Erst wenn die Änderung des Verhältnisses der Stückdeckungsbeiträge eine gewisse Größe überschreitet, springt die optimale Lösung zum nächsten Eckpunkt.

Eine sogenannte Randlösung liegt vor, wenn die optimale Lösung nur die Produktion eines Produkts vorsieht, während das andere eine optimale Stückzahl von null besitzt, wie in Abb. 1.21 dargestellt.

An dem Modell lässt sich auch sehr gut das Konzept der Opportunitätskosten erläutern. Bei Engpässen bedeutet eine Mehrproduktion eines Produkts immer eine Minderproduktion eines anderen Produkts. Wenn man, ausgehend vom Optimum, die Produktionsstückzahl eines Produkts erhöht, dann muss man das andere Produkt in seinem Produktionsumfang reduzieren. Somit gewinnt man einerseits einen zusätzlichen Deckungsbeitrag durch die Mehrproduktion, verliert aber auch wiederum einen Deckungsbeitrag durch die Minderproduktion. Letzteres sind die sogenannten Opportunitätskosten der Mehrproduktion eines Produkts.

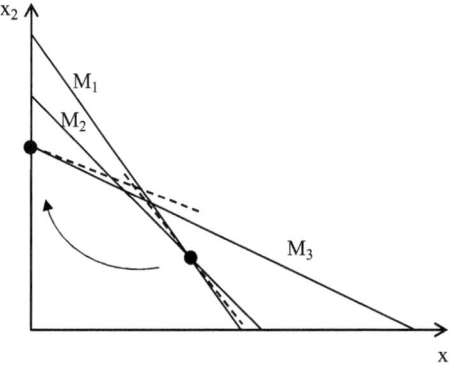

Abb. 1.21 Graphisches Lösungsverfahren

Im Optimum gilt, dass der zusätzliche Deckungsbeitrag, verursacht durch eine Erhöhung der Stückzahl eines Produkts, unter den Opportunitätskosten liegt. Umgekehrt: Solange der zusätzliche Zielbeitrag durch die Mehrproduktion eines Produkts höher ist als die Opportunitätskosten, lohnt sich diese Mehrproduktion und man hat das Optimum noch nicht erreicht.

1.6 Kapitalwert

Wir wenden das Grundmodell der Entscheidungslehre im Folgenden auf Situationen an, in denen die Zeit und damit Zinsen eine wesentliche Bedeutung haben. Die Entscheidungsoptimierung findet mit Hilfe finanzmathematischer Methoden statt.

1.6.1 Zeitpräferenz, Indifferenzkurven und Zins

Wenn eine Person A einer Person B für eine bestimmte Zeitspanne Einkommen zur Verfügung stellt, dann verzichtet Person A auf die Möglichkeit, in der betreffenden Zeitspanne über den verliehenen Geldbetrag zu verfügen. Beispielsweise kann das Einkommen dann nicht für den gewöhnlichen Konsum verwendet werden oder als Reserve für außergewöhnliche Risiken dienen oder einfach die Freiheit ermöglichen, spontan Wünschen nachzugehen. Zudem besteht häufig ein Rückzahlungsrisiko. Man kann sich nicht immer sicher sein, ob der Geldempfänger das geliehene Einkommen vollständig zurückgibt. Es kann auch passieren, dass das allgemeine Preisniveau unerwartet steigt, so dass der Rückzahlungsbetrag an Kaufkraft verliert. Es besteht also auch ein Inflationsrisiko.

Diese Nachteile werden mehr oder weniger stark subjektiv empfunden, je nach Reichtum des Geldgebers und abhängig von seinen Präferenzen. Man würde einen Teil des Einkommens in bestimmten Fällen vielleicht aus Mildtätigkeit ohne Gegenleistung aus der Hand geben. Häufig wird aber nur dann Geld verliehen, wenn der Geldempfänger den beschriebenen subjektiv empfundenen Nachteil des Geldgebers durch einen Zins ausgleicht.

Abb. 1.22 handelt von einer Person A, die in Periode 1 das Einkommen E_1 bezieht. In der Periode 2 bezieht die Person A das Einkommen E_2. Diese Verteilung des Einkommens über die Zeit beschert der Person A den Nutzen U_I. Das Einkommen in der ersten Periode kann die Person A gänzlich für den Konsum verwenden. Sie kann aber auch davon einen Teil e einer Person B zur Verfügung stellen, die verspricht, das Geld in der zweiten Periode an A zurück zu zahlen. A hätte dann in der ersten Periode nur $E_1 - e$ und in der zweiten Periode $E_2 + e$ zur Verfügung.

Wenn die Person A nun auf den Teil e des Einkommens E_1 für eine Periode verzichtet, dann sinkt aus den oben beschriebenen Gründen zunächst ihr Nutzen. Sie wird deshalb nur dann auf e zeitweise verzichten, wenn sie entweder aus Mildtätigkeit handelt oder

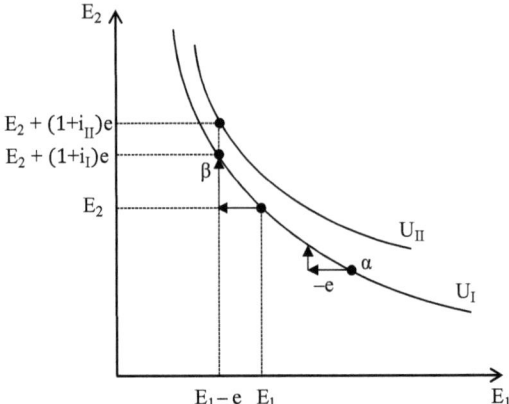

Abb. 1.22 Intertemporäre Einkommensverteilung und Sparen

einen Ausgleich für den Verzicht erhält. Der Zinssatz i_I, den die Person B für den Kredit e bezahlt, ermöglicht diesen Ausgleich (Abb. 1.22).

Indem der Zinssatz i_I auf den Kreditbetrag e aufgeschlagen wird, erhöht man den in der zweiten Periode verfügbaren Geldbetrag für A. Dieser setzt sich nun aus dem Einkommen der zweiten Periode E_2 zuzüglich der Kredittilgung e und dem hierauf anfallenden Zins $i_I \cdot e$ zusammen. Der Zinssatz i_I stellt sicher, dass sich der Nutzen U_I von A durch das Kreditgeschäft nicht verringert. Man kann auch sagen, die Person A ist beim Zinssatz i_I „indifferent" zwischen der Alternative „Kreditvergabe" und der Alternative „zinslose Geldhaltung". Nach der Kreditvergabe nimmt die Person A die folgende Position ein:

$$[(E_1 - e), (E_2 + (1 + i_I)e)] \, .$$

In Abb. 1.22 sind zwei Indifferenzkurven U_I und U_{II} eingezeichnet. Auf einer Indifferenzkurve liegen alle Punkte gleichen Nutzens. Wenn wir mit der Einkommensverteilung (E_1, E_2) in beiden Perioden beginnen, dann zeigt U_I alle Einkommensverteilungen an, die für die Person A subjektiv den gleichen Nutzen haben wie (E_1, E_2). Die Indifferenzkurve U_I ließe sich mithilfe einer Befragung der Person A empirisch ermitteln. Diese bringt erfahrungsgemäß das folgende Ergebnis hervor: Personen präferieren ausgewogene Einkommensverteilungen gegenüber Extremen. Sie haben deshalb konvexe Indifferenzkurven.

Der konvexe Verlauf von U_I erklärt sich dadurch, dass die Person A mit der intertemporären Einkommensverteilung (E_1, E_2) nur dann zunehmende Teile ihres Periodeneinkommens E_1 verleiht, wenn sie auch mit einem zunehmendem Zinssatz kompensiert wird. Anders gesagt: Der in Periode 2 zusätzlich verfügbare Geldbetrag muss in diesem Fall im Vergleich zum Geldverzicht in Periode 1 überproportional steigen, wenn der Nutzen gleich bleiben soll.

Wenn die Person A allerdings eine intertemporäre Einkommensverteilung gemäß Position α hat, dann könnte sie Einkommen auch zu einem negativen Zinssatz verleihen, ohne dass sich ihr Nutzen reduziert (Abb. 1.22). Das liegt daran, dass sie ein hohes Einkommen in der ersten Periode bezieht und ein geringes in der zweiten Periode und bestrebt ist, auch in der zukünftigen Periode einen für sie angemessenen Wohlstand zu haben. Zum Beispiel würde die Person dann selbst bei Nullzinsen und einer Inflation sparen. Wir erinnern uns: Personen präferieren ausgewogene Einkommensverteilungen gegenüber Extremen.

Nehmen wir nun an, dass die intertemporäre Einkommensverteilung β vorliegt. Die Person A könnte das Einkommen der zweiten Periode beleihen, um ihre verfügbare Geldmenge in der ersten Periode zu erhöhen. Sie könnte z. B. einen Tauschpartner suchen, um in der ersten Periode ihren verfügbaren Geldbetrag um e zu erhöhen mit dem Versprechen, in der zweiten Periode $(1 + i_I)$e zurück zu zahlen. Bei einer Einkommensverteilung gemäß Position β in Abb. 1.22 wäre ein solches Geschäft prinzipiell denkbar, ohne dass der Nutzen von A sich reduziert. Hier hat A nämlich in der zweiten Periode ein relativ hohes Einkommen und in der ersten Periode ein ziemlich niedriges. Das beschriebene Geschäft hilft dabei, die verfügbaren Geldbeträge auszugleichen.

Sehen wir uns jetzt wieder die intertemporäre Einkommensverteilung α an. Bei einer Beleihung des zukünftigen Einkommens wäre der Kreditzins bei Indifferenz negativ. In dem Fall hat die Person A nämlich nur ein relativ geringes Einkommen in der zweiten Periode und müsste davon noch etwas abgeben, um ihr Einkommen in der ersten Periode zu steigern. Ein solches „Geschäft" kommt nicht zustande.

Zum Schluss ist noch der Zinssatz i_{II} zu diskutieren. Ausgangspunkt ist wieder die intertemporäre Einkommensverteilung (E_1, E_2). Wenn der Zins auf die Kreditvergabe e höher als i_I ist, z. B. i_{II}, dann steigt durch die Kreditvergabe der Nutzen der Person A. Die Person A kommt auf ein höheres Nutzenniveau, z. B. auf U_{II}. Analog: Wenn der Zins kleiner als i_I ist, dann würde das Nutzenniveau sinken, die Indifferenzkurve läge dann dichter am Ursprung. Die Person A würde freiwillig ein solches „Geschäft" nicht abschließen.

1.6.2 Kontoentwicklung und Endwert

Es soll nun darum gehen, eine Methode zu entwickeln, mit der man den Wert eines Kapitalguts, z. B. eines Unternehmens, aus dem zukünftigen Zahlungsstrom, den dieses Kapitalgut generiert, bestimmen kann. Wir konstruieren hierzu den folgenden Fall:

Beispiel

Eine Privatperson stellt einem Unternehmen in Periode 0 den Geldbetrag Z_0 zur Verfügung. Z_0 ist negativ, da es sich hierbei um eine Auszahlung von dem Konto der Privatperson handelt und wir das Problem aus Sicht der Privatperson beschreiben. Um diese Anfangsauszahlung zu finanzieren, nimmt die Privatperson einen Kredit auf, der sich mit r verzinst. Die Kreditschuld beträgt nach einer Periode: $Z_0 + rZ_0 = (1 + r)Z_0$

Nach zwei Perioden hat sich die Schuld auf folgenden Betrag erhöht:

$$(1 + r)\,Z_0 + r\,(1 + r)\,Z_0 = (1 + r)\,Z_0 \cdot (1 + r) = (1 + r)^2\,Z_0.$$

Nach T Perioden beträgt die Schuld der Privatperson: $(1 + r)^T Z_0$.

Das Unternehmen investiert diesen Geldbetrag Z_0 und verspricht als Gegenleistung, den Periodenüberschuss Z_t an die Privatperson auszuschütten, bei einem Fehlbetrag muss die Privatperson Geld nachschießen. Der Index t kennzeichnet die betreffende Periode: $t = 1 \dots T$.

Mit dem Geld, das die Privatperson in der Periode 0 bereitstellt, kauft das Unternehmen eine Maschine, produziert und verkauft Güter. Das Unternehmen muss hierzu Vorprodukte und Betriebsstoffe beschaffen und diese bezahlen, Arbeiter einstellen und diese entlohnen, Wartung und Instandhaltung leisten und Ähnliches.

Die erhaltenen Überschüsse legt die Privatperson zum Zinssatz r im Kapitalmarkt an. Bei Fehlbeträgen nimmt die Privatperson zum Zinssatz r Kredite auf und gleicht die Verluste des Unternehmens aus.

Wir treffen die folgenden Vereinbarungen:

$Z_t > 0$: Überschuss des Unternehmens in Periode t,
$Z_t < 0$: Fehlbetrag des Unternehmens in Periode t.

Das bedeutet, dass Einzahlungen auf das Konto der Privatperson immer positiv und Auszahlungen von diesem Konto immer negativ gerechnet werden.

Angenommen, die Privatperson erhält am Ende der ersten Periode den Überschuss Z_1. Ihr Kontostand K_1 beträgt am Ende dieser Periode:

$$K_1 = \underbrace{(1 + r)Z_0}_{<0} + Z_1.$$

Sie legt Z_1 für die Dauer der zweiten Periode im Kapitalmarkt zu r an. Nachdem am Ende der zweiten Periode auch der Überschuss Z_2 überwiesen wurde, sieht sie sich den Kontostand K_2 an. Dieser beträgt am Ende der zweiten Periode:

$$K_2 = \underbrace{(1 + r)^2 Z_0}_{<0} + Z_1 + rZ_1 + Z_2 = (1 + r)^2 Z_0 + (1 + r)Z_1 + Z_2.$$

Nachdem am Ende der dritten Periode der Überschuss Z_3 vom Unternehmen überwiesen wurde, erhöht sich der Kontostand auf folgenden Betrag:

$$K_3 = (1 + r)^3 Z_0 + (1 + r)^2 Z_1 + (1 + r)Z_2 + Z_3.$$

Nach T Perioden beträgt der Kontostand der Privatperson:

$$K_T = (1 + r)^T Z_0 + (1 + r)^{T-1} Z_1 + \dots + (1 + r)\,Z_{T-1} + Z_T.$$

Wir bezeichnen K_T als Endwert des Zahlungsstroms. Der Endwert ergibt sich aus der Aufzinsung der Periodenzahlungen.

Treten nicht nur Periodenüberschüsse sondern auch -fehlbeträge auf, dann müssen wir an der Endwertformel keine Änderung vornehmen. Manche Summanden sind dann größer als null (Überschüsse, die auf das Konto der Privatperson fließen) und manche Summanden sind dann kleiner als null (Fehlbeträge, die von der Privatperson finanziert werden müssen).

Ein kleines Zahlenbeispiel verdeutlicht die Endwertberechnung. Gegeben sind die folgenden Daten:

$$Z_0 = -20\,\text{GE}, \; Z_1 = 10\,\text{GE}, \; Z_2 = -5\,\text{GE}, \; Z_3 = 18\,\text{GE},$$

$$r = 4\,\% \text{ pro Jahr [p.a.]}, \; T = 4 \text{ Jahre.}$$

Der Endwert beträgt dann:

$$K_T = (1{,}04)^4 \, (-20\,\text{GE}) + (1{,}04)^3 \, (10\,\text{GE}) + (1{,}04)^2 \, (-5\,\text{GE}) + (1{,}04) \, (18\,\text{GE}) = 1{,}16\,\text{GE.}$$

Das bedeutet, dass die Privatperson am Ende der vier Perioden um 1,16 GE reicher geworden ist. Bemerkenswert ist, dass die Privatperson den Reichtumszuwachs in dem Beispiel erzielt, ohne eigenes Vermögen einzusetzen: Alle Investitionen werden mithilfe von Krediten finanziert, die einschließlich Zinsen durch die Überschüsse aus diesen Investitionen vollständig getilgt werden.

1.6.3 Kapitalwertformel

Wenn wir den Endwert K_T des Zahlungsstroms durch $(1 + r)^T$ teilen, dann erhalten wir den Kapitalwert KW_0:

$$\begin{aligned}
KW_0 &= \frac{K_T}{(1+r)^T} = Z_0 + \frac{(1+r)^{T-1}Z_1}{(1+r)^T} + \frac{(1+r)^{T-2}Z_2}{(1+r)^T} + \ldots + \frac{(1+r)Z_{T-1}}{(1+r)^T} + \frac{Z_T}{(1+r)^T} \\
&= Z_0 + \frac{Z_1}{1+r} + \frac{Z_2}{(1+r)^2} + \ldots + \frac{Z_{T-1}}{(1+r)^{T-1}} + \frac{Z_T}{(1+r)^T}.
\end{aligned}$$

Der Kapitalwert der Zahlungsreihe ist die Summe der auf den heutigen Zeitpunkt abgezinsten Zahlungen der Zahlungsreihe. Die abgezinsten Zahlungen bezeichnet man auch als Barwerte. Der Kapitalwert der Zahlungsreihe ist also die Summe der Barwerte dieser Zahlungsreihe.

Man bezeichnet r als Diskontierungszins. Er ist Teil der ökonomischen Beziehung, die zwischen den Perioden besteht und zeigt an, wie die Entscheidungsperson die zeitliche

Verschiebung von Zahlungen bewertet. Zwei Eigenschaften des Diskontierungszinses fallen unmittelbar auf:

a) Angenommen, der Kapitalwert einer Zahlungsreihe ist positiv. Je höher der Diskontierungszins r gewählt wird, desto geringer ist (in der Regel) dieser Kapitalwert.
b) Zahlungen einer späten Periode werden durch den Diskontierungsfaktor $\frac{1}{(1+r)^t}$ stärker abgewertet als Zahlungen einer frühen Periode.

Der Kapitalwert KW_0 kann positiv, null oder auch negativ sein. Ist $KW_0 < 0$, dann ist der Betrag der Anschaffungsauszahlung Z_0 größer als der Wert des hierdurch bewirkten Zahlungsstromes, was gegen die Investitionsentscheidung spricht. Ist aber $KW_0 > 0$, dann kann dieses als wichtiges Argument für die Investition dienen. Die Investition erhöht dann das Vermögen der Privatperson. Der Kapitalwert gibt an, welchen Vermögenszuwachs die Privatperson dadurch in t_0 erlebt, dass sie Z_0 in das Unternehmen investiert.

Die Kapitalwertformel lautet in kompakter Schreibweise:

$$KW_0 = Z_0 + \sum_{t=1}^{T} \frac{Z_t}{(1+r)^t}.$$

Häufig hat die Investition nach T Perioden noch einen Restwert RW_T (Schrottwert, Liquidationserlös, Systemwert unter der Prämisse der Weiterführung des Unternehmens):

$$KW_0 = Z_0 + \sum_{t=1}^{T} \frac{Z_t}{(1+r)^t} + \frac{RW_T}{(1+r)^T}.$$

Das folgende Beispiel zeigt, wie der Kapitalwert einer Investition in der Praxis berechnet werden kann.

Beispiel
Mit dem Betrag Z_0 kauft das Unternehmen eine Maschine und kann damit ein Produkt produzieren, dass zu einem Preis p im Markt verkauft wird. Zunächst werden für die nächsten 5 Jahre die erzielbaren Jahresdurchschnittspreise p_t, die Jahresabsatzmengen q_t, die variablen Stückkosten $k_{v,t}$, die jährlich anfallenden fixen Kosten $K_{f,t}$ und der Restwert der Maschine zum Ende des fünften Jahres RW_5 prognostiziert. Daraus lässt sich der Periodengewinn π_t zum jeweiligen Jahresende berechnen. Es ist ein Diskontierungszins r festzulegen. Hier könnte das Unternehmen z. B. den für die Risikoklasse der betreffenden Investition geltenden Kapitalmarktzins verwenden. Schließlich kann das Unternehmen aus den Barwerten der jährlichen Gewinnbeiträge den Kapitalwert KW_0 bestimmen.

Jahr t	1	2	3	4	5	Restwert
p_t	8 €/ME	8 €/ME	9 €/ME	12 €/ME	12 €/ME	
q_t	20.000 ME	34.000 ME	40.000 ME	55.000 ME	70.000 ME	
$k_{v,t}$	2,5 €/ME	2,5 €/ME	2,0 €/ME	2,0 €/ME	1,8 €/ME	
$K_{f,t}$	300.000 €	300.000 €	300.000 €	300.000 €	300.000 €	
RW_5						150.000 €
π_t	−190.000 €	−113.000 €	−20.000 €	250.000 €	414.000 €	
$\pi_t/(1+r)^t$	−182.692 €	−104.475 €	−17.780 €	213.701 €	340.278 €	123.289 €

Bei einem Diskontierungszins von 4 % beträgt die Summe der Barwerte der zukünftigen Zahlungen einschließlich des abgezinsten Restwertes 372.321 €. Das wäre der Maximalbetrag, den man für die Maschine ausgeben würde. Wenn man einen Anschaffungspreis von nur 200.000 € aufwenden müsste, dann betrüge der Kapitalwert der gesamten Zahlungsreihe einschließlich der Anschaffungsauszahlung 172.321 €.

In der Bilanz bewertet man Maschinen zu den Anschaffungskosten. Es findet in der Bilanz ein sogenannter Aktivtausch auf der Vermögensseite statt: Man hat 200.000 € weniger in der Kasse oder dem Bankkonto und dafür 200.000 € mehr Anlagevermögen. Dieser Wertansatz ist vergangenheits- und kostenbezogen. Mithilfe des Kapitalwertes aber bewertet man die Maschine mit ihrem zukünftigen abgezinsten Zahlungsstrom. Dieser Wertansatz ist zukunfts- und nutzenbezogen. In dem dargestellten Fall steigt beim Kauf der Maschine der Unternehmenswert um 172.321 €. Dieser Unternehmenswert realisiert sich spätestens beim Verkauf des Unternehmens. Bei Aktiengesellschaften ist dieser Wertzuwachs bereits in Periode 0 im Aktienkurs zu sehen. Das liegt daran, dass Wertpapierkäufer und -verkäufer Aktien auf der Basis ihrer Erwartungen bewerten, die sie über den zukünftigen Dividendenstrom bilden.

1.7 Nutzwertanalyse

Wir wenden das Grundmodell der Entscheidungslehre im Folgenden auf Situationen an, in denen nicht nur ein quantitatives Ziel gegeben ist, sondern unterschiedliche qualitative und quantitative Ziele vorliegen, die sich auch widersprechen können. Die Integration verschiedener qualitativer und quantitativer Ziele in das Entscheidungsmodell wird durch die Nutzwertanalyse erreicht. Dieses Entscheidungsverfahren hat den Vorteil, flexibel der jeweiligen Erfolgsdefinition anpassbar zu sein. Die Nutzwertanalyse ist sehr weit verbreitet. Sie wird verwendet in: Umweltgutachten, Produktbeurteilungen, Sicherheitsbewertungen, Auswahl von Werbeentwürfen, Frühwarnsysteme, Länderrisikomaß, Ratings von Hochschulen, Bewertung von Prüfungsleistungen und Ähnlichem.

Allgemein versteht man unter der Nutzwertanalyse ein Entscheidungsverfahren zur Auswahl einer nutzenmaximalen Maßnahme aus einer Anzahl zulässiger, sich gegenseitig ausschließender Aktionen. Die Auswahl findet auf der Grundlage verschiedener quantitativer und qualitativer Ziele statt, die substitutional sind. Das Verfahren ist folgendermaßen aufgebaut: Zunächst müssen das Entscheidungsproblem vorformuliert und Experten ausgewählt werden. Diese identifizieren die Menge M aller quantitativen und qualitativen Ziele $m_i \in M$, die nutzenrelevant sind (Abb. 1.23 und 1.24). Die Ziele m_i müssen präzise formuliert werden, gegeneinander abgegrenzt und einzeln bewertbar sein. Geht von einem Ziel m_i ein hoher (subjektiver) Nutzeneffekt aus, dann erhält dieses von dem Expertengremium ein hohes Gewicht g_i zugewiesen, bei einem geringen Nutzeneffekt ist das Gewicht entsprechend niedriger. Häufig werden die Gewichte standardisiert: $0 \leq g_i < 1$ und $\sum_i g_i = 1$. Die Experten benennen Maßnahmen, die der Problemlösung dienen könnten. Diese sind zu überprüfen und so umzuformulieren, dass aus der Menge A zulässiger Aktionen $a_j \in A$ eine ergriffen werden muss und die Aktionen sich gegenseitig ausschließen (Prinzip der vollkommenen Alternativenstellung).

Die Maßnahmen werden nun (subjektiv) bewertet, indem man für jede Aktion a_j zunächst die Zielerreichungsgrade der einzelnen Ziele $U(m_i, a_j)$ ermittelt (Abb. 1.24). Anschließend werden die einzelnen Zielerreichungsgrade $U(m_i, a_j)$ mit den jeweils zugehörigen Gewichten g_i multipliziert. Man erhält hierdurch den Nutzenbeitrag, den das Merkmal i bei Wahl der Aktion j liefert: $N_{ij} = g_i \cdot U(m_i, a_j)$. Für jede Aktion j werden die Nutzenbeiträge aufaddiert: $N_j = \sum_i g_i \cdot U(m_i, a_j)$. Der Wert N_j ist ein Maß für den subjektiven Nutzen der Aktion j. Man bezeichnet ihn als Nutzwert der Aktion j.

Aus nutzentheoretischer Sicht sind Bewertungen und Gewichtungen Ausdruck desselben individuellen subjektiven Präferenzsystems.

In rationalen Präferenzsystemen müssen Merkmalsgewichte als Größen angesehen werden, die lineare Austauschbeziehungen zwischen einzelnen Zielerreichungsgraden der Merkmale herstellen. Man kann ein Merkmal zu Lasten eines anderen verbessern. Steigt der Zielerreichungsgrad des einen Merkmals, während der des anderen um den gleichen Betrag fällt, dann entscheidet das Verhältnis der Gewichte beider Merkmale, ob der Nutzwert der Aktion steigt, gleichbleibt oder fällt.

Die Nutzwertanalyse als praktische Variante der mikroökonomischen Nutzentheorie hat eine erhebliche Verbreitung erlebt. Ihr Vorteil liegt in der Möglichkeit, verschiede-

a_j	Maßnahme j
g_i	Gewicht des Ziels i oder des Merkmals i
m_i	Ziel i oder Merkmal i
N_{ij}	Nutzenbeitrag des Merkmals i bei Wahl der Aktion j
N_j	Nutzwert der Aktion j
$U(m_i, a_j)$	Erreichungsgrad des Ziels m_i durch die Aktion a_j

Abb. 1.23 Legende

Merkmal	Gewicht	a_I	a_{II}	a_{III}
m_1	g_1	$U(m_1,a_I)$	$U(m_1,a_{II})$	$U(m_1,a_{III})$
m_2	g_2	$U(m_2,a_I)$	$U(m_2,a_{II})$	$U(m_2,a_{III})$
m_3	g_3	$U(m_3,a_I)$	$U(m_3,a_{II})$	$U(m_3,a_{III})$
	Nutzwert:	N_I	N_{II}	N_{III}

Abb. 1.24 Tableau der Nutzwertanalyse

ne Ziele, die quantitativ und qualitativ definiert sind, auf einen gemeinsamen Nenner zu bringen und so vergleichbar zu machen. Hierdurch kann man einer Entscheidungsalternative mit mehreren nutzenrelevanten Merkmalen einen aggregierten Zielerreichungswert zuweisen.

1.7.1 Beispiel: Die Standortentscheidung

Bei der Standortwahl eines Industrieunternehmens sind die folgenden Standortfaktoren (Ziele) wichtig:

Arbeit

- Verfügbarkeit von unterschiedlichen Qualifikationen,
- Arbeits- und Urlaubszeiten,
- Höhe der Löhne und Gehälter,
- Einkommenssteuern und Sozialversicherungsbeiträge,
- Arbeitsdisziplin,
- Gewerkschaften und Mitbestimmung,

Boden

- Verfügbarkeit von Flächen,
- Preis pro Quadratmeter,
- Kosten der Erschließung,
- Altlasten,
- Verkehrsanbindung,
- Umweltgesetzgebung,

Merkmal (Ziel)	Gewicht (Summe 1)	Alternative a (Benotung)	Alternative b (Benotung)	Alternative c (Benotung)
Arbeit	0,2	0,05	0,2	0,3
Boden	0,1	0,2	0,1	0,2
Kapital	0,2	0,9	0,4	0,4
Absatzmarkt	0,4	0,4	0,8	0,1
Landesqualität	0,1	0,1	0,4	0,6
	Nutzwert:	**0,38**	**0,49**	**0,26**

Abb. 1.25 Tableau Standortentscheidung

Kapital

- Verfügbarkeit von privaten und öffentlichen Krediten,
- Zugang zu Börsen,
- Zinssätze,
- freier Kapitaltransfer ins Ausland und zurück,

Absatzmarkt

- regionale Wettbewerber,
- Nähe der Lieferanten,
- Kosten der Vorprodukte,
- Nähe der Kunden,
- Preise der Absatzprodukte,

Landesqualität

- Vertragssicherheit,
- persönliche Sicherheit,
- Lebensqualität.

Das Tableau in Abb. 1.25 stellt beispielhaft eine Nutzwertanalyse zu einer Standortentscheidung dar. Es soll über die Standortalternativen a, b und c entschieden werden. Die Merkmale werden so gewichtet, wie es der subjektiven Präferenz des Entscheidungsträgers, z. B. der Leitung eines Unternehmens, entspricht. Anschließend und unabhängig von der Gewichtung werden die Alternativen Merkmal für Merkmal bewertet. Zum Schluss werden die Nutzwerte bestimmt. Die Alternative mit dem höchsten Nutzwert ist zu wählen.

Im Ergebnis würde man auf der Grundlage dieser Nutzwertanalyse den Standort B wählen (Abb. 1.25).

1.7.2   Beispiel: Die Rechtsformentscheidung

Unternehmensgründer müssen über die Rechtsform entscheiden. Wenn das Unternehmen sich dann entwickelt, muss die Rechtsform gegebenenfalls geändert werden. Folgende Rechtformen treten häufig auf:

Personengesellschaften

- Einzelunternehmung,
- Offene Handelsgesellschaft – OHG,
- Kommanditgesellschaft – KG,

Kapitalgesellschaften

- Gesellschaft mit beschränkter Haftung – GmbH,
- Aktiengesellschaft – AG.

Personengesellschaften haben ihren Ursprung in der Gesellschaft des bürgerlichen Rechts (BGB § 705 ff). Persönliche Verbundenheit und Mitarbeit der Gesellschaftsmitglieder in der Unternehmung sind hier typische Merkmale.

Kapitalgesellschaften sind analog zum Verein, insbesondere zum Kapitalverein (BGB § 21 ff) strukturiert. Die Gesellschaftsverhältnisse im Kapitalverein gründen sich auf die Kapitalbeteiligung. Nicht die persönliche, sondern die wirschaftliche Beziehung zwischen den Mitgliedern steht im Vordergrund.

Personengesellschaften

a) Einzelunternehmung
Diese ist im Handelsgesetzbuch (HGB) in den Paragraphen 1 bis 104 geregelt. In Deutschland existieren über 2,2 Mio. Einzelunternehmen, das sind 70 % aller Rechtsformen. Die Unternehmung wird durch eine Einzelperson (Einzelkaufmann) rechtlich vertreten. Eine Mindestkapitaleinlage ist gesetzlich nicht vorgesehen. Nicht die Firma wird Träger von Rechten und Pflichten, sondern der Kaufmann selbst. Leitung und Gewinnverwendungsentscheidung liegen beim Kaufmann. Das macht die Einzelunternehmung sehr attraktiv. Allerdings haftet der Einzelkaufmann alleine und mit seinem gesamten Vermögen. Das stellt ein hohes persönliches Risiko dar. Bei einem Wachstum der Gesellschaft können Finanzierungsprobleme auftreten, weil das Privatvermögen den Banken als Sicherheit für Kredite dient. Mit der engen Begrenztheit des Privatvermögens des Inhabers sind auch die Fremdfinanzierungsmöglichkeiten eng begrenzt. Deshalb ist die Selbstfinanzierung, d. h. die Kapitalbeschaffung aus den erwirtschafteten Gewinnen, für diese Gesellschaftsform sehr wichtig. Der Gewinn unterliegt der Einkommenssteuer.

Die starke Personengebundenheit kann Nachfolgeprobleme mit sich führen. Wenn dann wegen Kinderlosigkeit oder weil sich in der nachkommenden Generation kein Interessierter findet das Unternehmen verkauft werden soll, dann gibt es häufig keinen Markt hierfür, weshalb auch erfolgreiche Unternehmen von ihren Inhabern im Alter regelmäßig aufgelöst werden müssen.

b) Die Offene Handelsgesellschaft (OHG)

Bei Finanzierungsengpässen bietet die Aufnahme weiterer Gesellschafter einen Ausweg. Hierdurch kann die Haftungsbasis erweitert werden, man muss aber auch die Leitungsbefugnis teilen. Die sogenannte Offene Handelsgesellschaft wird in §§ 105–160 HGB und den Bestimmungen über die BGB-Gesellschaft in §§ 705–740 BGB geregelt.

Die BGB-Gesellschaft ist der Prototyp der nicht-rechtsfähigen Personengesellschaft. In dem Gesellschaftsvertrag der BGB-Gesellschaft wird deren Zweck festgelegt. Hierbei kann es sich um ein Vermögensinteresse oder um ideelle Interessen handeln. Jeder Gesellschafter (natürliche oder juristische Person) haftet im Außenverhältnis für die Gesellschaftsschulden persönlich und unbeschränkt. Der Gesellschaftsvertrag kann allerdings im Innenverhältnis eine andere Haftungsverteilung vorsehen. Aus der Haftung folgt das Recht auf gleichberechtigte Mitwirkung bei der Leitung der Gesellschaft (§ 709 BGB). Die Gewinn- und Verlustverteilung erfolgt im Grundsatz nach Köpfen. Die BGB-Gesellschaft ist durch Kündigung eines Mitglieds leicht aufzulösen. Durch die kurzlebige, lockere Gestaltung handelt es sich um eine typische Gelegenheitsgesellschaft (z. B. Arbeitsgemeinschaft für Bauprojekte oder Forschungsaufgaben, Kartellvereinigung). Die BGB-Gesellschaft besitzt eine bedeutende Stellung im Wirtschaftsleben.

Ist der Zweck das Betreiben eines Handelsgewerbes und wird dieses in das Handelsregister eingetragen, dann liegt eine OHG vor (§ 2, HGB). Die OHG ist eine Personengesellschaft, gesetzliche Vorschriften zu einer Mindestkapitaleinlage gibt es nicht, jedoch kann der Gesellschaftsvertrag eine Kapitaleinlage regeln (Geldzahlungen, Sacheinlagen wie z. B. Grundstücke, Rechte wie z. B. Patente). Jeder OHG-Gesellschafter haftet unbegrenzt und für alle (Solidarhaftung). Jeder Gesellschafter kann auf die Gesamtschuld der Gesellschaft verklagt werden. Hieraus ergibt sich eine hohe Kreditwürdigkeit, aber auch ein hohes Risiko für den einzelnen Gesellschafter. Vertrauen zwischen den Gesellschaftsmitgliedern ist nötig, was deren Zahl beschränkt.

Gesellschafter sind natürliche Personen oder auch juristische Personen. Jeder hat das Recht zur Einzelgeschäftsführung und die Alleinvertretungsmacht.

Zur Gewinnverteilung stellt das Gesetz fest (§ 121 HGB), dass 4 % Verzinsung auf das Kapital, das der einzelne Gesellschafter bereitstellt, erfolgt, falls der Gewinn dafür ausreicht. Ansonsten ist ein entsprechend niedrigerer Zinssatz zu wählen. Bleibt Gewinn übrig, so ist dieser Rest nach Köpfen zu verteilen. Fällt hingegen ein Verlust an, dann entfällt die Kapitalverzinsung. Der Verlust wird nach Köpfen verteilt. Der Gesellschaftsvertrag kann die Gewinn- und Verlustbeteiligung anders regeln.

Die Rechtsform der OHG kommt häufig bei kleinen und mittleren Unternehmen des Handels und der Industrie vor. Die Gesellschaft löst sich grundsätzlich bei Tod oder Kündigung eines Mitglieds auf. Der Gesellschaftsvertrag kann hierzu etwas anderes regeln.

Sonderformen

Es können juristische Personen oder juristische und natürlich Personen gemischt eine OHG bilden. Bilden z. B. mehrere Gesellschaften in der Rechtsform einer Gesellschaft mit beschränkter Haftung (GmbH) eine OHG, dann haften die juristischen Personen voll für die ausstehenden Schulden, d. h. im Konkursfall mit ihrem gesamten Firmenwert. Ein Durchgriff auf die Privatvermögen der Gesellschafter der GmbH ist nicht vorgesehen, da in der GmbH die Haftung der Gesellschafter auf ihre Einlage beschränkt ist. Somit unterliegt die Rechnungslegung der GmbH-OHG zwar den einfachen Regeln für Personengesellschaften, voll haftende natürliche Personen gibt es aber nicht.

c) Die Kommanditgesellschaft (KG)

Wächst die OHG, dann stößt sie, wie zuvor die Einzelunternehmung, an Finanzierungsgrenzen: Mit der Aufnahme weiterer gleichberechtigter Gesellschafter wird die Leitungsbefugnis verwässert. Man kennt sich nicht mehr so gut, es wird schwieriger, sich zu einigen, man kann sich nicht voll vertrauen und das Risiko steigt, für jemand anderen in die solidarische Haftung genommen zu werden. Dadurch wird die Aufnahme weiterer gleichberechtigter Gesellschafter ab einem gewissen Punkt unmöglich, was die Haftungsbasis begrenzt. Es treten Finanzierungsprobleme auf.

Um an weiteres Eigenkapital zu gelangen ist es naheliegend, eine Gesellschaftsform, die sogenannte Kommanditgesellschaft (KG), mit einem neuen Gesellschaftertyp, dem Kommanditisten, zu wählen. Diese Gesellschaftsform wird im Handelsgesetzbuch in § 161 bis § 177a geregelt. Der Kommanditist ist zwar nicht an der Unternehmensleitung beteiligt, dafür aber auch in seiner Haftung beschränkt (§ 161 HGB). Er haftet nur mit seiner Kapitaleinlage. Die Kommanditisten besitzen Kontrollrechte, insbesondere das Recht zur Einsicht in die Bücher und auf Vorlage der Bilanz. Demgegenüber besitzen die Komplementäre das Recht zur Unternehmensleitung und die Pflicht zur Haftung genau in der Weise, wie zuvor die OHG-Gesellschafter. In der KG gibt es also zwei unterschiedliche Gesellschaftertypen: die Kommanditisten und die Komplementäre.

Die KG ist, wie zuvor das Einzelunternehmen und die OHG, eine Personengesellschaft. Sie ist keine juristische Person. Die KG ist Kaufmann im Sinne des Handelsgesetzbuchs. Das Unternehmen ist bei der Gewerbeaufsicht anzumelden und im Handelsregister einzutragen. Eine Mindestkapitaleinlage ist gesetzlich nicht vorgesehen. Die Rechnungslegung erfolgt nach den Regeln des Handelsgesetzbuchs, Unternehmensdaten müssen nicht öffentlich gemacht werden.

Da die Gesellschafter unterschiedliche Risiken tragen, ist eine Verteilung nach Köpfen ungeeignet: Zunächst erhält jeder 4 % auf seinen Kapitalanteil und der Rest wird nach Gesellschaftsvertrag verteilt.

Der Tod eines Kommanditisten führt nicht zur Auflösung der Gesellschaft. An seine Stelle rücken die Erben. Stirbt der einzige Kommanditist ohne Erben, so bleiben nur noch Komplementäre übrig. Aus der KG wird eine OHG.

Ein Vorteil der KG gegenüber der OHG liegt in der einfacheren Beschaffung von Eigenkapital durch die Aufnahme von Kommanditisten.

Sonderformen

a) Juristische Personen (Gesellschaft mit beschränkter Haftung, Aktiengesellschaft) können die Komplementäre stellen (GmbH & Co. KG, AG & Co. KG). Die Konsequenz ist, dass die Haftung beschränkt ist, aber das Rechnungswesen dennoch den einfachen Regeln für Personengesellschaften folgt.
b) Der Anteil der Kommanditisten kann standardisiert und so per Aktie an Börsen handelbar gemacht werden. Damit besitzt die Kommanditgesellschaft auf Aktie (KGaA) als Personengesellschaft den direkten Zugang zum Aktienmarkt, was die Finanzierung erheblich erleichtert.

Kapitalgesellschaften

a) Die Gesellschaft mit beschränkter Haftung (GmbH)

Die GmbH wird durch das GmbH-Gesetz geregelt. Vorschriften zur Rechnungslegung enthalten auch die Paragraphen 238 bis 342a des Handelsgesetzbuchs.

Die GmbH ist eine Kapitalgesellschaft. Sie besteht, solange ihr Eigenkapital vorhanden ist. Zur Gründung der GmbH muss ein Mindeststammkapital in Höhe von 25.000 € aufgebracht werden. Eine Sonderform ist die sogenannte Unternehmergesellschaft, ebenfalls haftungsbeschränkt, mit einem Mindeststammkapital von nur einem Euro. Die GmbH besitzt die Organe, die sich bekanntermaßen im Verein finden: statt der Vereinskasse das Stammkapital, statt des Kassenberichts die jährliche Rechnungslegung mit Bilanz und Gewinn- und Verlustrechnung, statt der Kassenprüfung die Abschlussprüfung, statt der Mitglieder die Gesellschafter, die einmal jährlich in der Gesellschafterversammlung zusammenkommen, statt des Vereinsvorstands die Geschäftsführung.

Die Geschäftsführung besteht aus einer oder aus mehreren Personen, die per Dienstvertrag beim Unternehmen angestellt sind. Es ist möglich, Gesellschafter zu Geschäftsführern zu berufen. Sie führen die Geschäfte nach Weisung der Gesellschafterversammlung und nach Gesetz und Satzung und besitzen das unbeschränkte Vertretungsrecht gegenüber Dritten.

Die Gesellschafter sind die Eigentümer der GmbH und halten jeweils einen Anteil am Stammkapital. Dieser Anteil ist in der notariell beurkundeten Satzung festgelegt. Die Gesellschafter kommen in der Gesellschafterversammlung zusammen, erhalten die Berichte und Rechenschaftslegungen des Vorstands, berufen und entlassen den Vorstand, entlasten ihn oder verweigern die Entlastung und fassen Beschlüsse in grundsätzlichen Fragen. Gesellschafter dürfen Einsicht in die Bücher nehmen.

Die GmbH haftet nur bis zur Höhe ihres Gesellschaftsvermögens. Insofern ist die Haftung jedes Gesellschafters auf seinen Anteil begrenzt. Eine weitergehende Haftung mit dem Privatvermögen ist grundsätzlich nicht vorgesehen. Ein Verkauf des Gesellschafteranteils erfordert eine Satzungsänderung mit einer erneuten notariellen Beurkundung. Das macht den Wechsel von Gesellschaftern und die Aufnahme neuer Gesellschafter relativ teuer.

GmbHs mit einer Arbeitnehmeranzahl über 500 müssen einen Aufsichtsrat bilden. Dieser überwacht die Geschäftsleitung. Der Aufsichtsrat ist zu einem Drittel (bis 2000 Arbeitnehmer) oder zur Hälfte (ab 2000 Arbeitnehmer) mit Vertretern der Arbeitnehmerschaft besetzt. Der Vorsitzende des Aufsichtsrates kommt i. d. R. von der Kapitalseite (§ 27 Mitbestimmungsgesetz) und hat bei Pattsituationen zwischen Kapitalseite und Arbeitnehmerseite 2 Stimmen.

Als Kapitalgesellschaft und juristische Person unterliegt die GmbH der Körperschaftsteuer.

b) Die Aktiengesellschaft (AG)

Die Aktiengesellschaft ist wie die GmbH eine Kapitalgesellschaft und juristische Person. Sie wird durch das erste Buch des Aktiengesetzes geregelt.

Das Grundkapital der AG beträgt mindestens 50.000 €. Es ist in Aktien mit i. d. R. gleichem Nennwert gestückelt. Aktien sind standardisierte Eigentümeranteile. Pro Aktie hat der Aktionär eine Stimme in der Hauptversammlung. Die Gewinne der AG werden entweder ganz oder teilweise an die Aktionäre ausgeschüttet, indem für jede Aktie der Gewinnanteil, die sogenannte Dividende gezahlt wird.

Die Aktiengesellschaft verschafft sich ihr Eigenkapital durch die Einbehaltung von Gewinnen (Gewinnthesaurierung) und die Ausgabe neuer Aktien (Aktienemission). Jede Aktienemission verwässert den Kurs und das Stimmrecht der Altaktionäre. Deshalb erhalten Altaktionäre mit der Aktienemission ein Bezugsrecht auf die neuen Aktien zu einem Vorzugspreis. Sie können also durch den Kauf neuer Aktien zu einem günstigen Preis der Verwässerung ihres Stimmrechtes und ihres Vermögens entgegenwirken. Das Bezugsrecht ist selbst ein Wertpapier und kann an der Börse verkauft werden.

Aktien sind standardisiert und leicht zu verstehen und können deshalb an Börsen gehandelt und von jedermann gekauft werden. Mit der Börsenzulassung ihrer Aktien haben Aktiengesellschaften Zugang zum globalen Kapital. Damit können sie sich in hervorragender Weise mit Eigenkapital versorgen und zu Unternehmen mit mehreren hunderttausend Mitarbeitern heranwachsen. Allerdings sind Börsenzulassungen und Aktienemissionen mit erheblichen Gebühren und Auflagen verbunden.

Die Aktionäre haben nur selten ein Wissen von den Geschäftsvorgängen in den Unternehmen, die ihnen gehören. Häufig besitzen sie nur ein Finanzinteresse an ihrem Anteil. Deshalb sind ihre Mitwirkungsmöglichkeiten und der Zugang zu Informationen beschränkt. Auf der anderen Seite müssen Aktionäre vor der Vernichtung ihres Vermögens durch Maßnahmen des Vorstands geschützt werden. Das wesentliche Instrument der Aktionäre, sich über die Gesellschaft, an der sie beteiligt sind, zu informieren, ist der Jahresabschluss, bestehend aus der Bilanz, der Gewinn- und Verlustrechnung und dem Anhang. Um einen effektiven Schutz der Aktionäre zu gewährleisten, sind die gesetzlichen Anforderungen an die Aufstellung des Jahresabschlusses sehr streng. So erhalten Aktionäre einen guten, unverstellten Einblick in die Vermögenslage ihres Unternehmens.

Im Gegensatz zur Gesellschafterversammlung der GmbH kann die Hauptversammlung der AG dem Vorstand keine Weisungen erteilen. Allerdings kann der Vorstand die Hauptversammlung auffordern, über bestimmte Fragen der Geschäftsführung abzustimmen.

Die Hauptversammlung hat das Entscheidungsrecht bei grundsätzlichen Angelegenheiten:

- Satzungsänderungen,
- Bestellung und Abberufung des Aufsichtsrates,
- Entlastung des Vorstands und des Aufsichtsrats,
- Verwendung des Bilanzgewinns,
- Bestellung der Abschlussprüfer,
- Bestellung der Prüfer für die Geschäftsführung des Vorstands,
- Auflösung der Gesellschaft.

Die Amtsperiode des Aufsichtsrates beträgt 4 Jahre. Der Aufsichtsrat hat die folgenden Funktionen:

- Er wählt die Mitglieder des Vorstands,
- kontrolliert den Vorstand,
- bestellt die Abschlussprüfer
- und beruft die Hauptversammlungen ein.

Vorstand und Aufsichtsrat haben die Wahl, den Jahresabschluss selbst festzustellen oder ihn der Jahreshauptversammlung zum Beschluss vorzulegen. Der Vorstand ist per Dienstvertrag angestellt. Er leitet das Unternehmen in eigener Verantwortung und vertritt das Unternehmen nach außen.

1.7.3   Nutzwertanalyse und Rechtsform

Wichtige Kriterien (Ziele) bei der Festlegung der Rechtsform sind:

- Finanzierungsmöglichkeiten,
- Leitungsregelungen,
- Haftungsregelungen,
- Transparenz und Kosten des Rechnungswesens,
- Nachfolgeregelungen.

Merkmal (Ziel)	Gewicht (Summe 1)	OHG (Benotung)	GmbH (Benotung)
Finanzierung	0,3	0,3	0,6
Leitung	0,2	0,8	0,3
Haftung	0,3	0,1	1,0
Rechnungslegung	0,1	1,0	0,2
Nachfolgeregelung	0,1	0,3	0,8
Nutzwert:		**0,41**	**0,64**

Abb. 1.26 Tableau zur Rechtsformentscheidung

Natürlich spielen auch steuerliche Aspekte bei der Rechtsformentscheidung eine Rolle, die hier aber nicht behandelt werden können. Das Tableau in Abb. 1.26 stellt die Nutzwertanalyse mit einem beispielhaften Vergleich von OHG und GmbH aus Sicht der Gesellschafter dar.

Auf der Grundlage dieser Nutzwertanalyse würde man sich für die Rechtsform der GmbH entscheiden.

1.7.4 Kritik an der Nutzwertanalyse

An der Nutzwertmethode gibt es berechtigte methodische Kritikpunkte:

- **pauschale Zuweisung:** Ein niedriger Zielerreichungsgrad bei einem Merkmal kann durch einen hohen Zielerreichungsgrad bei einem anderen Merkmal ausgeglichen werden. Durch die Gewichte wird das Tauschverhältnis zwischen den Zielerreichungsgraden bestimmt. In der Praxis werden die Gewichte regelmäßig pauschal ohne weitere Analyse der Tauschverhältnisse zugewiesen. Tatsächlich muss man aber zur Ermittlung der Gewichte die Experten hinsichtlich der Austauschbeziehungen explizit befragen.
- **Substitutionalität:** Merkmalsbewertungen sind aus der Sicht von Entscheidungsträgern nicht immer gegeneinander verrechenbar (substitutional). Häufig möchte man bei bestimmten Merkmalen in jedem Fall ein Mindestniveau erreichen, dass nicht bei noch so herausragend ausgeprägten anderen Merkmalen geopfert werden soll. In solchen Situationen bietet sich die lexikographische Vorgehensweise an, wie sie im nächsten Abschnitt erläutert wird.
- **lineare Aggregation:** Für die lineare Aggregationsregel der Nutzwerte gibt es keinen systematischen Grund. Sie wird lediglich der Einfachheit halber angewendet. Nichtlineare Aggregationsverfahren sind ebenso plausibel.
- **Intervallskalierung:** Der Nutzwertanalyse liegt kein ordinaler Nutzenbegriff zugrunde. Additionen und Subtraktionen von Bewertungen sind zugelassen. Damit müssten Nutzendifferenzen definiert und kardinal aussagefähig sein. Um dieses in der Praxis zu ermöglichen, werden den einzelnen Noten Beschreibungen beigelegt, in der Hoffnung,

dass jeder Experte z. B. unter der Note 2 das gleiche versteht und für jeden Experten der Abstand zwischen der Note 2 und der Note 3 ebenso groß ist wie der Abstand zwischen der Note 3 und der Note 4. Ob tatsächlich alle Experten von den gleichen Abständen zwischen den Noten ausgehen ist allerdings nicht überprüfbar und eine wenig plausible Zweckannahme.

- **Expertenwillkür:** Experten legen die Ziele, Gewichte und Zielerreichungsgrade fest. Durch die Auswahl der Experten unterliegt das Verfahren in einem erheblichen Maß der Subjektivität und auch der Willkür.
- **Mehrfachbewertungen:** Schwierigkeiten verursacht die saubere Abgrenzung der Merkmale (Ziele). Insbesondere quantitative und qualitative Ziele hängen voneinander ab. Durch Überschneidungen kommt es leicht zu Mehrfachbewertungen einzelner Aspekte.

Die Nutzwertanalyse bietet aber auch eindeutige Vorteile:

- **pragmatisch:** Die Methode ist einfach anzuwenden, lässt sich sehr gut der jeweiligen Situation anpassen und führt zu schnellen konkreten Ergebnissen.
- **konstruktiv:** Sie macht subjektive Entscheidungen zwar nicht weniger subjektiv, dafür aber transparent und diskussionsfähig, indem sie die Entscheidungsalternativen in Merkmale, die einzeln bewertet werden, zerlegt. Durch die Bewertung der Einzelmerkmale lassen sich die Bewertungen der Alternativen nachvollziehen und verstehen.
- **nicht nur monetär:** Eine Reduktion der Entscheidungsprobleme auf den quantifizierbaren monetären Teil würde vielen Fragestellungen nicht gerecht.
- **gemeinsamer Nenner:** Die Nutzwertanalyse bringt die verschiedenen Einheiten, in denen die Ziele (Merkmale) gemessen werden, auf einen gemeinsamen Nenner. Dieser gemeinsame Nenner besteht aus den Nutzwerten.
- **Kommunikationsprozess:** Die Nutzwertanalyse strukturiert den Kommunikationsprozess der Entscheidungsträger, führt zu verwertbaren Ergebnissen unter Einbeziehung aller relevanten Aspekte und macht die unvermeidliche Subjektivität in der Entscheidungsfindung transparent und diskussionsfähig (hoher Kommunikationswert). Durch eine Sensitivitätsanalyse mit einem veränderten Expertengremium kann die Stabilität des Entscheidungsergebnisses überprüft werden.

1.7.5   Lexikographische Ordnung

Hier sind die Merkmale nicht mehr substitutional, sondern stehen in einer hierarchischen Ordnung: Es gibt über- und untergeordnete Ziele. Von den Handlungsalternativen werden zunächst die ausgewählt, die das wichtigste Ziel (Oberziel) maximieren. Ist die Auswahl eindeutig, dann beendet dieses den Entscheidungsalgorithmus, man hat die optimale Alternative gefunden. Dabei ist dann unerheblich, wie gut die Handlungsalternativen bei anderen Zielen (Unterziele) abschneiden würden. Da es hier keine Substitutionalität zwischen den Zielen gibt, fallen die Unterziele nicht mehr ins Gewicht. Wenn bei dieser ersten Stufe aber eine Mehrdeutigkeit vorliegt, dann zieht man das zweitwichtigste Ziel heran und überprüft, welche der verbleibenden Alternativen nach dem zweitwichtigsten Ziel optimal sind. Damit grenzt man die Lösungsmenge ein. Besteht auch hier wiederum eine Mehrdeutigkeit, dann geht man nach dem drittwichtigsten Ziel vor, usw., bis man eine optimale Alternative gefunden hat.

Die lexikographische Methode ist eine radikale Antwort auf die Nutzwertanalyse, wenn die Ziele nur eingeschränkt substitutional sind. In der Praxis wird sich ein Mittelweg durchsetzen, bei dem man nicht-substitutionale, also zwingend notwendige, und substitutionale Ziele ermittelt. Man überprüft zunächst, welche der Alternativen die zwingend notwendigen Ziele erfüllen. Hiermit grenzt man die Alternativenmenge ein. Aus der verbleibenden zulässigen Alternativenmenge wird dann mit der Nutzwertanalyse die optimale Lösung mithilfe der substitutionalen Ziele ermittelt. Es ist dann sichergestellt, dass die optimale Entscheidungsalternative Mindestniveaus bei manchen Merkmalen (Satisfizierungsziele) einhält und den Nutzwert maximiert.

1.8 Entscheidung unter Risiko

Wir wenden das Grundmodell der Entscheidungslehre im Folgenden auf Situationen an, in denen die Informationslage unvollkommen ist. Dies führt dazu, dass Entscheidungs- bzw. Handlungsergebnisse nicht mehr sicher angegeben werden können, da sie stochastisch auftreten. Die Entscheidungsoptimierung findet mit Hilfe wahrscheinlichkeitstheoretischer Methoden unter Berücksichtigung der individuellen Risikobewertung statt.

1.8.1 Risikomessung

Manchmal stellt man bei der Wiederholung eines Messvorgangs fest, dass der gemessene Wert nun ein anderer ist. Wenn wir z. B. Befragungen bei Konsumenten durchführen, weil wir wissen möchten, wie viel diese pro Woche für Milchprodukte ausgeben, dann weicht das Befragungsergebnis der zweiten, dritten und vierten Person von dem Befragungsergebnis der ersten Person ab. Oder wir ermitteln im Labor die Stickoxidemissionen eines Dieselmotors. Die Messergebnisse von vorgestern sind nicht die gleichen wie von gestern und von heute. Oder wir entnehmen der laufenden Produktion Proben, die ins Labor geschickt und untersucht werden. Die Messergebnisse variieren. Man kann viele Beispiele von Streuungen von Mess- bzw. Beobachtungs- bzw. Erfahrungswerten aus allen nur denkbaren Lebensbereichen finden.

Die Menge der Messwerte zu einem bestimmten Sachverhalt bezeichnen wir als ursprüngliche Datenmenge oder kurz als Urliste. Um das Ausmaß der Streuung der Messwerte in der Urliste zu bestimmen, könnte man die Differenz zwischen dem maximalen

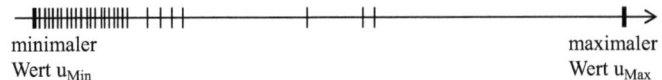

minimaler   maximaler
Wert u_{Min} Wert u_{Max}

Abb. 1.27 Streuung von Messwerten in der Urliste

Wert u_{Max} und dem minimalen Wert u_{Min} verwenden (Abb. 1.27). Hierbei bleibt jedoch
die Verteilung der Ergebnisse auf dem Zahlenstrahl unberücksichtigt: So wäre es denkbar,
dass die Ergebnisses fast alle in der Nähe des minimalen Wertes liegen und der maximale
Wert ein extremer Ausreißer ist.

Um auch die Verteilung zwischen dem minimalen und dem maximalen Wert im Streuungsmaß zu berücksichtigen, könnte man die Abweichungen der Werte vom Mittelwert
berechnen, um dann den Mittelwert der Abweichungen zu bestimmen. Wie man leicht
selbst feststellen kann, ergibt dieses aber immer den Wert Null: Die positiven und die
negativen Abweichungen vom Mittelwert gleichen sich stets aus. Also verwendet man entweder den Durchschnitt der Beträge der Abweichungen vom Mittelwert oder den Durchschnitt der Quadrate der Abweichungen vom Mittelwert. Mit Quadraten kann man leichter
umgehen als mit Beträgen. Das Streuungsmaß der Urwerte u_i ($i = 1 \ldots n$) heißt Varianz
von U und ist wie folgt definiert:

- empirische Varianz $s_U^2 = \frac{1}{n} \sum_{i=1}^n (u_i - \overline{u})^2$ mit dem
- Mittelwert $\overline{u} = \frac{1}{n} \sum_{i=1}^n u_i$.

Die Varianz der Messwerte der Urliste lässt sich aber auch berechnen, indem man zunächst
die relativen Häufigkeiten der unterschiedlichen Messwerte in der Urliste bestimmt. Dieser Weg wird nachfolgend beschrieben.

Beispiel

Die Lebensdauer (in Jahren) von 10 gleichen Bauteilen wurde mit der folgenden Urliste
$u_1, u_2, \ldots, u_i, \ldots, u_n$ erfasst: 1, 0, 0, 1, 3, 0, 0, 3, 2, 0. Die Urliste enthält 10 Messwerte,
aber nur die vier unterschiedlichen Werte $x_1 = 0$, $x_2 = 1$, $x_3 = 2$ und $x_4 = 3$ mit den
dazugehörigen relativen Häufigkeiten $h_1 = 50\,\%$, $h_2 = 20\,\%$, $h_3 = 10\,\%$, $h_4 = 20\,\%$.

Wir können nun die Varianz, den Mittelwert und den sogenannten Erwartungswert aus
der Urliste, aber auch aus der Liste verschiedener Messwerte unter Verwendung der relativen Häufigkeiten bestimmen. Das Ergebnis ist jeweils das gleiche.

Der Mittelwert der Urliste mit insgesamt n Messwerten berechnet sich allgemein folgendermaßen: $\overline{u} = \frac{1}{n} \sum_{i=1}^n u_i$. Aus dem Zahlenbeispiel ergibt sich der Mittelwert

$$\overline{u} = \frac{1}{10}(1 + 0 + 0 + 1 + 3 + 0 + 0 + 3 + 2 + 0) = 1.$$

Bei k unterschiedlichen Messwerten lässt sich der Mittelwert aber auch umschreiben: $\sum_{i=1}^{k} h_i \cdot x_i$. Die relativen Häufigkeiten h_i dienen als Schätzwerte für empirische Wahrscheinlichkeiten w_i. Damit entspricht der Mittelwert dem sogenannten Erwartungswert $E(X) = \sum_{i=1}^{k} w_i \cdot x_i$. Unter Verwendung des Zahlenbeispiels berechnet sich der Erwartungswert folgendermaßen:

$$E(X) = 0{,}50 \cdot 0 + 0{,}20 \cdot 1 + 0{,}10 \cdot 2 + 0{,}20 \cdot 3 = 1.$$

Für die empirische Varianz s_U^2 gilt die folgende Beziehung:

$$s_U^2 = \frac{1}{n} \sum_{i=1}^{n} (u_i - \overline{u})^2 = \sum_{i=1}^{k} w_i \cdot (x_i - E(X))^2 = s_X^2.$$

Die Varianz der Messwerte beträgt 1,4:

$$s_U^2 = 0{,}50 \cdot (0 - 1)^2 + 0{,}20 \cdot (1 - 1)^2 + 0{,}10 \cdot (2 - 1)^2 + 0{,}20 \cdot (3 - 1)^2$$
$$= 0{,}50 \cdot 1 + 0{,}20 \cdot 0 + 0{,}10 \cdot 1 + 0{,}20 \cdot 4 = 1{,}40.$$

Wegen der Quadrierung der Differenzen $(u_i - \overline{u})$ bzw. $(x_i - E(X))$ gehen größere Abweichungen vom Mittelwert bzw. vom Erwartungswert gegenüber kleineren überproportional in das Varianzmaß ein. Der berechnete Varianzwert entspricht damit nicht dem üblichen Eindruck einer mittleren Abweichung. Indem man die Wurzel der Varianz bestimmt erhält man einen Wert, der eher dem subjektiven Eindruck einer mittleren Abweichung entspricht. Man bezeichnet die Wurzel aus der empirischen Varianz als empirische Standardabweichung: $s_X = \sqrt{s_X^2}$. In dem vorliegenden kleinen Zahlenbeispiel beträgt die empirische Standardabweichung 1,18.

Unter Berücksichtigung der Tatsache, dass $\overline{u} = E(X)$ ist, funktioniert der allgemeine Nachweis für die Gleichheit beider Varianzberechnungen folgendermaßen:

$$s_U^2 = \frac{1}{n} \sum_{i}^{n} (u_i - \overline{u})^2 = \sum_{i}^{k} \frac{n_i}{n} (x_i - \overline{u})^2 = \sum_{i}^{k} w_i (x_i - E(X))^2 = s_X^2.$$

Die Herleitung kann ausführlich unter Verwendung einiger Regeln zur Berechnung von Summen und Erwartungswerten gezeigt werden:

$$s_U^2 = \frac{1}{n} \sum_i^n (u_i - \overline{u})^2 = \frac{1}{n} \sum_i^n (u_i^2 - 2u_i\overline{u} + \overline{u}^2)$$

$$= \frac{1}{n} \sum_i^n u_i^2 - 2\overline{u}\frac{1}{n} \sum_i^n u_i + \frac{1}{n} \sum_i^n \overline{u}^2$$

> Das Summenzeichen kann vor die einzelnen Summanden gezogen werden.

$$= \frac{1}{n} \sum_i^n u_i^2 - 2\overline{u}\frac{1}{n} \sum_i^n u_i + \overline{u}^2$$

> $\overline{u}^2$ ist ein Parameter (konstant). Deshalb gilt: $\sum_i^n \overline{u}^2 = n \cdot \overline{u}^2$.

$$= \sum_i^k \frac{n_i}{n}x_i^2 - 2 \sum_i^k \frac{n_i}{n}x_i \cdot \sum_i^k \frac{n_i}{n}x_i + \left(\sum_i^k \frac{n_i}{n}x_i\right)^2$$

> Hier findet der Übergang zu den unterschiedlichen Werten und den relativen Häufigkeiten statt.

$$= \sum_i^k h(x_i)x_i^2 - 2 \sum_i^k h(x_i)x_i \cdot \sum_i^k h(x_i)x_i + \left(\sum_i^k h(x_i)x_i\right)^2$$

$$= \sum_i^k w_i x_i^2 - 2 \sum_i^k w_i x_i \cdot \underbrace{\sum_i^k w_i x_i}_{E(X)} + \underbrace{\left(\sum_i^k w_i x_i\right)^2}_{E(X)^2}$$

> Die relativen Häufigkeiten h_i sind die Schätzwerte für die Wahrscheinlichkeiten w_i.

$$= \sum_i^k [w_i x_i^2 - 2w_i x_i \cdot E(X)] + E(X)^2 = \sum_i^k [w_i x_i^2 - 2w_i x_i \cdot E(X) + w_i E(X)^2]$$

$$= \sum_i^k w_i (x_i - E(X))^2$$

> $E(X)^2 = \sum_i^k w_i \cdot E(X)^2$, da $\sum_i^k w_i \cdot E(X)^2 = E(X)^2 \underbrace{\sum_i^k w_i}_{=1}$

$$= s_X^2.$$

Beispiel

Auf Basis der Urwerte (Abb. 1.28) ergibt sich die folgende Berechnung der Varianz:

$$\overline{u} = \frac{1}{8}(5 + 1 + 3 + 5 + 1 + 5 + 2 + 3) = 3{,}125$$

$$s_U^2 = \frac{1}{8}[(5 - 3{,}125)^2 + (1 - 3{,}125)^2 + (3 - 3{,}125)^2 + (5 - 3{,}125)^2 + (1 - 3{,}125)^2$$
$$+ (5 - 3{,}125)^2 + (2 - 3{,}125)^2 + (3 - 3{,}125)^2] = 2{,}61.$$

Index	Urliste	unterschiedliche Messwerte	Anzahl
i	u_i	x_i	$H(x_i)$
1	5	1	2
2	1	2	1
3	3	3	2
4	5	5	3
5	1		
6	5		
7	2		
8	3		

Abb. 1.28 Urliste und unterschiedliche Messwerte

Auf der Basis von relativen Häufigkeiten berechnet sich die Varianz folgendermaßen:

$$E(X) = \frac{2}{8} \cdot 1 + \frac{1}{8} \cdot 2 + \frac{2}{8} \cdot 3 + \frac{3}{8} \cdot 5 = 3{,}125$$

$$s_X^2 = \frac{2}{8}(1 - 3{,}125)^2 + \frac{1}{8}(2 - 3{,}125)^2 + \frac{2}{8}(3 - 3{,}125)^2 + \frac{3}{8}(5 - 3{,}125)^2 = 2{,}61.$$

1.8.2 Risikobewertung

Strikt von der objektiven Risikomessung ist die subjektive, individuelle Risikobewertung zu trennen. Bereits Bernoulli[1] beschäftigte sich mit Fragen der Risikobewertung. Ein hervorragendes modernes Instrument, um viele Fragen der individuellen, subjektiven Risikobewertung und des daraus folgenden Risikoverhalten zu analysieren, ist die sogenannte Von-Neumann-Morgenstern-Risikonutzenfunktion (Abb. 1.29). Diese wird nachfolgend erläutert.

Wir gehen hierzu von einem Investitionsobjekt aus, das dem Investor zwei mögliche alternative Einzahlungen verspricht: x_1 und x_2 (Lotterie). Mithilfe der Risikonutzenfunktion U(x) lassen sich die Nutzenwerte für x_1 und für x_2 bestimmen: $U(x_1)$ und $U(x_2)$. Die Einzahlungen erfolgen mit den Wahrscheinlichkeiten w bzw. $(1 - w)$. Der Nutzen der Investition berechnet sich gemäß Von Neumann und Morgenstern[2] durch Bestimmung des sogenannten Erwartungsnutzens: $EU(X) = w \cdot U(x_1) + (1 - w) \cdot U(x_2)$.

---

[1] D. Bernoulli (1700–1782).
[2] J. v. Neumann (1903–1957) und O. Morgenstern (1902–1977).

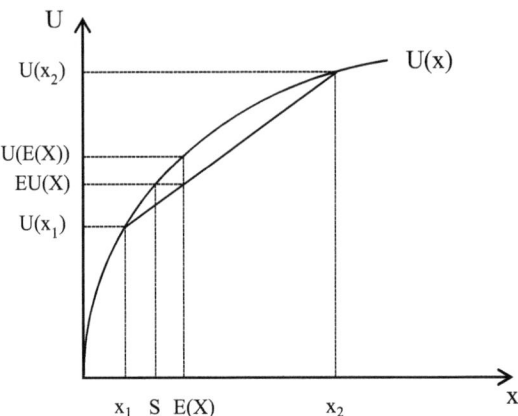

Abb. 1.29 Risikonutzenfunktion

E(X) ist der Erwartungswert der Einzahlungen, U(E(X)) ist der Nutzen einer sicheren Zahlung in Höhe von E(X) und EU(X) ist der individuelle, subjektive Wert der risikobehafteten Investition (Abb. 1.29).

Es werden drei Entscheidungstypen unterschieden: Risikoaverse Personen empfinden das Risiko als unangenehmen. Sollen sie dennoch etwas freiwillig davon tragen, dann muss man sie hierfür entschädigen. Risikofreudige Personen sind dahingegen bereit, etwas dafür zu bezahlen, dass sie ein Risiko eingehen dürfen. Risikoneutrale Personen entscheiden unabhängig von der Streuung der Ergebnisse nur auf der Basis des erwarteten Mittelwertes (Erwartungswert) der Ergebnisse. Die meisten Menschen sind bei kleinen Geldbeträgen risikofreudig (Spiel), verhalten sich bei größeren Beträgen aber risikoscheu, was auch als risikoavers bezeichnet wird.

Bei risikoaversen Personen ist der Nutzen der sicheren Zahlung in Höhe von E(X) stets größer als der Erwartungsnutzen: U(E(X)) > EU(X), da wegen der Streuung der Ergebnisse ein subjektiver und individuell unterschiedlicher Risikoabschlag vom Nutzen stattfindet. Daraus folgt, dass bei risikoaversen Personen die Risikonutzenfunktion konkav ist. Je größer die Krümmung der Funktion ist, desto größer ist auch der Nutzenabschlag, was auf eine größere Risikoaversion hinweist. Deshalb sind die Maße der Risikoaversion auch Krümmungsmaße der Risikonutzenfunktion.

Unter dem sogenannten Sicherheitsäquivalent S (Abb. 1.29) versteht man einen sicheren Geldbetrag, der dem Entscheidungsträger genau so viel Nutzen bringt wie die risikobehaftete Investition. Wenn man den Erwartungsnutzen EU(X) der riskanten Investition bestimmt hat, dann kann man leicht den sicheren Geldbetrag S mit dem gleichen Nutzen ermitteln, indem man vom Erwartungsnutzen horizontal zur Risikonutzenfunktion geht und von dort senkrecht herunter auf die Abszisse.

Beispiele

a) **Kauf einer Aktie**

Ein risikoaverser Investor überlegt, ob er eine Aktie erwerben soll, um diese nach einem Jahr wieder abzustoßen. Es handelt sich hierbei um eine risikobehaftete Investition. Die Unsicherheit kann in Form von zwei alternativen Szenarien abgebildet werden: A) hohe Dividende und hoher Verkaufskurs mit der subjektiven Wahrscheinlichkeit w, B) niedrige Dividende und niedriger Verkaufskurs mit der subjektiven Wahrscheinlichkeit $(1-w)$. Dann ermittelt der Investor das sichere Vermögen (Geldbetrag), das für ihn persönlich subjektiv den gleichen Nutzen hat, wie die risikobehaftete Investition (Lotterie). Dieser nutzengleiche Geldbetrag ist der Höchstpreis (Sicherheitsäquivalent), den er bereit ist, für die Aktie zu zahlen. Bei jedem Kurs unterhalb dieses Höchstpreises hat er im Zeitpunkt des Kaufs einen Vorteil.

b) **Kreditvergabe**

Bei der Kreditvergabe erhält die Bank i. d. R. die Kreditsumme nebst Zinsen zurück. Allerdings ist es auch möglich, dass der Gläubiger nicht die ganze Summe zurückzahlen kann. Wieder können zwei Szenarien mit den jeweiligen Wahrscheinlichkeiten ermittelt werden. Hieraus bestimmt sich der Erwartungsnutzen und das Sicherheitsäquivalent. Das Sicherheitsäquivalent beschreibt den Preis, den ein Factoringunternehmen der Bank für den Verkauf des Kredits maximal bezahlen würde.

c) **Kauf einer Maschine**

Wie wir gesehen haben, ermittelt man den Wert einer Maschine durch die Abzinsung des zukünftigen Zahlungsstroms, den die Maschine generiert. Da jetzt aber dieser Zahlungsstrom unsicher ist, können wir viele Barwerte berechnen, die möglich sind, und diese Barwerte mit subjektiven Eintrittswahrscheinlichkeiten gewichten. Im einfachen Fall nehmen wir wieder zwei Barwerte mit ihren Wahrscheinlichkeiten an (Lotterien). Man kann jetzt den Erwartungsnutzen bestimmen. Das Sicherheitsäquivalent stellt dar, welchen maximalen Preis man bereit ist, für die Maschine zu bezahlen.

1.8.3 Versicherung

Wenn sich ein Versicherungsnehmer (Privatperson oder Unternehmen) gegen ein negatives Ereignis vollständig versichert, das mit einer gewissen Wahrscheinlichkeit eintritt, dann kauft es gegen eine Prämienzahlung Sicherheit ein.

Das Versicherungsunternehmen übernimmt das Schadensrisiko und verlangt für diese Leistung eine Prämie, die dafür sorgt, dass es sich bei diesem Tausch, unter Einbeziehung von Verwaltungskosten und einer notwendigen Verzinsung des Kapitals, nicht schlechter stellt (Abb. 1.30).

Wenn das Versicherungsunternehmen risikoneutral handelt, dann wird die Jahresprämie mindestens so hoch sein wie der jährliche Erwartungswert der Schadenssumme. Je

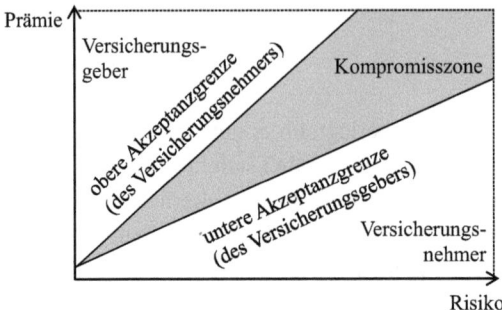

Abb. 1.30 Kompromisszone

risikoaverser die Versicherung ist, desto höher wird ihr Nutzenverlust durch die Übernahme des Risikos sein. Demzufolge wird sie auch eine höhere Prämie berechnen.

Es spricht aber einiges dafür, dass sich die Versicherung bei der Prämienberechnung für ein einzelnes Risiko nur am Erwartungswert orientiert:

Versicherungen übernehmen viele stochastisch unabhängige Risiken. Die Wahrscheinlichkeit, dass eine größere Anzahl Schadensfälle bei stochastischer Unabhängigkeit gleichzeitig eintreten, ist nahe null. Wenn Schadensfälle auftreten, dann gibt es viele andere Versicherungsverträge, bei denen das nicht der Fall ist (Diversifikation). Wenn das Risikomanagement der Versicherung funktioniert, gibt es daher mit einer sehr hohen Wahrscheinlichkeit immer genügend Prämieneinnahmen, um die auftretenden Schadensfälle zu regulieren. Das Risiko, dass der einzelne Vertrag zu dem Gesamtrisiko der gut diversifizierten Versicherung hinzuaddiert, ist so klein und unbedeutend, dass die Versicherung hinsichtlich des einzelnen Vertrages (nahezu) risikoneutral agieren kann.

Die Versicherung muss darauf achten, dass die Risiken auch tatsächlich stochastisch unabhängig bleiben, deshalb muss sie gemeinsame oder verbundene Risiken ausschließen. Bei einer Hausversicherung bedeutet dieses, dass Schäden aufgrund von großflächigen Naturereignissen, Krieg, Explosionen von Atomkraftwerken und ähnlichem nicht versicherbar sind. Auch können Versicherungen keine Schäden absichern, deren Eintrittswahrscheinlichkeiten nicht berechenbar sind.

Beispiel

Der Eigentümer eines Gebäudes im Wert von 400.000 € überlegt, ob er dieses versichert. Es werden zwei Zustände betrachtet: „Schaden durch Gesamtverlust" und „kein Schaden". Der Schaden tritt mit einer Wahrscheinlichkeit von 10 % ein. Die Versicherung agiert risikoneutral, Verwaltungskosten und Kapitalzinsen werden nicht betrachtet. Die Daten lassen sich als Tabelle darstellen:

Aus Sicht der Versicherung (Versicherungsgeber)	Zustand 1 Schaden	Zustand 2 Kein Schaden
	$w = 0{,}1$	$w = 0{,}9$
Aktion a1: keine Versicherung	$0 €$	$0 €$
Aktion a2: Versicherung	$P - 400.000 €$	P

Das Problem kann als stochastischer Entscheidungsbaum strukturiert werden, wie in der Abb. 1.31 gezeigt. Rechtecke stehen hier für Entscheidungssituationen. Sie werden als Entscheidungsknoten bezeichnet. Aus ihnen kommen Kanten (Pfeile), die die Entscheidungsalternativen darstellen. Kreise stehen für Zufallsknoten. Aus ihnen kommen Kanten, die die Reaktion der stochastischen Umwelt widergeben. An den Kanten werden alle Zahlungen und Wahrscheinlichkeiten notiert, die mit der jeweiligen Entscheidung bzw. der Reaktion verbunden sind.

Der Entscheidungsablauf zum Auffinden der Mindestprämie $P_{mindest}$ aus der Sicht des Versicherungsunternehmens ist folgender:

$$\text{Für } P_{mindest} \text{ gilt: } EU(X_{a1}) = EU(X_{a2}) \quad \text{bzw.} \quad a1 \sim a2.$$

Das Symbol $\sim$ bedeutet hier „Indifferenz". $P_{mindest}$ erfüllt also die Bedingung, dass der Versicherungsgeber zwischen a1 und a2 indifferent ist.

Unter der Annahme der Risikoneutralität des Versicherungsgebers kann statt des Erwartungsnutzens der Erwartungswert der Zahlungen verwendet werden:

$$P_{mindest}: \ E(X_{a1}) = E(X_{a2}).$$

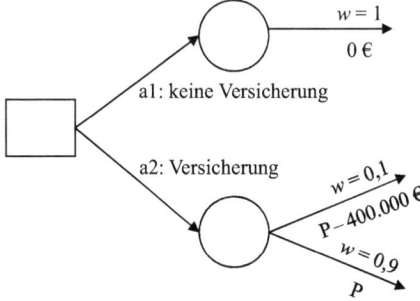

Abb. 1.31 Stochastischer Entscheidungsbaum (Versicherungsgeber)

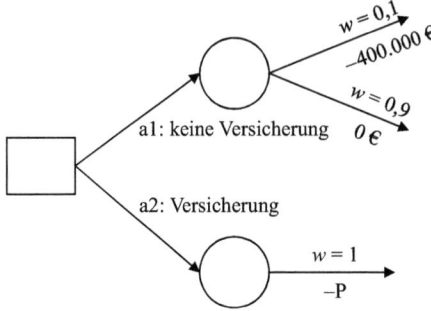

Abb. 1.32 Stochastischer Entscheidungsbaum (Versicherungsnehmer)

Jetzt können wir die gegebenen Daten einsetzen und die Mindestprämie ausrechnen:

$$0\,\text{€} \cdot 0{,}1 + 0\,\text{€} \cdot 0{,}9 = (P_{\text{mindest}} - 400.000\,\text{€}) \cdot 0{,}1 + P_{\text{mindest}} \cdot 0{,}9$$
$$P_{\text{mindest}} = 40.000\,\text{€}.$$

Wenn wir Risikoneutralität für den Versicherungsnehmer annehmen, dann können wir dessen Höchstprämie analog berechnen:

Aus Sicht des Versicherten (Versicherungsnehmer)	**Zustand 1** Schaden	**Zustand 2** Kein Schaden
	$w = 0{,}1$	$w = 0{,}9$
Aktion a1: keine Versicherung	$-400.000\,\text{€}$	$0\,\text{€}$
Aktion a2: Versicherung	$-P$	$-P$

Auch hierzu kann man analog den einstufigen stochastischen Entscheidungsbaum konstruieren (Abb. 1.32).

Die Höchstprämie, die der Versicherungsnehmer maximal bereit ist zu zahlen, muss die Bedingung erfüllen, dass der Nutzen des Nicht-Abschlusses der Versicherung so hoch ist wie der Nutzen des Versicherungsabschlusses bzw. dass bei $P_{\text{höchst}}$ Indifferenz zwischen den Entscheidungsalternativen besteht:

$$EU(X_{a1}) = EU(X_{a2}) \quad \text{bzw.} \quad a1 \sim a2.$$

Unter der Annahme der Risikoneutralität des Versicherungsunternehmens kann statt des Erwartungsnutzens der Erwartungswert der Zahlungen verwendet werden:

$$E(X_{a1}) = E(X_{a2}).$$

Jetzt können wir die gegebenen Daten einsetzten und die Höchstprämie ausrechnen:

$$-400.000\,€ \cdot 0,1 + 0\,€ \cdot 0,9 = -P_{höchst} \cdot 0,1 - P_{höchst} \cdot 0,9$$
$$P_{höchst} = 40.000\,€.$$

Wenn beide Seiten risikoneutral sind und von den gleichen Daten ausgehen, dann gibt es genau eine Prämie, zu der eine Einigung möglich ist. Es verschlechtert sich keiner, aber es verbessert sich auch keiner. Bei realen Versicherungsverhandlungen treten jedoch die folgenden Unterschiede zwischen beiden Seiten auf:

(1) Die Versicherung ist risikoneutral, der Versicherungsnehmer aber risikoaversiv.
(2) Die Versicherung hat eine große Menge an empirischem Datenmaterial über Schadenshäufigkeiten und Schadenssummen zur Verfügung. Deshalb kennt die Versicherung die richtigen Eintrittswahrscheinlichkeiten und Schadenshöhen, während der Versicherungsnehmer von falschen Werten ausgeht.
(3) Suggestive Werbung lässt den Versicherungsnehmer die Schadenswahrscheinlichkeiten und Schadenshöhen zu hoch einschätzen.

Durch diese Unterschiede ist in der Praxis die Höchstprämie $P_{höchst}$ des Versicherungsnehmers höher als die Mindestprämie $P_{mindest}$ des Versicherungsunternehmens. Es kommt zu einem freiwilligen Tausch von Sicherheit gegen Prämienzahlung. Beide Seiten erhöhen ihren Nutzen.

1.9 Aufgaben

1. Aufgabe
Sind die Aussagen im Sinne von Kapitel 1 richtig oder falsch?

(1) Die Entscheidungslehre versteht sich als empirische Wissenschaft.
(2) Eine normative Wissenschaft entwickelt „Soll"-Aussagen.
(3) Ursache und Wirkung von Preissteigerungen lassen sich erklären.
(4) Ursache und Wirkung von Preissteigerungen lassen sich beobachten.
(5) Betriebswirtschaftliche Entscheidungen wirken nur in die Zukunft.
(6) Empirische Hypothesen lassen sich durch wiederholte Experimente und Beobachtungen als wahr beweisen.
(7) Die Entscheidungstheorie ist eine normative Wissenschaft.
(8) Der Unternehmensberater geht angewandt-normativ vor.
(9) Unter einer Korrelation versteht man den ursächlichen Zusammenhang zwischen zwei Beobachtungen.
(10) Theorien beantworten Fragen nach Ursache und Wirkung.

2. Aufgabe

Aus welchen Bausteinen besteht das Grundmodell der Entscheidungslehre?

3. Aufgabe

Nennen Sie drei produktbezogene Funktionen (Leistungsfunktionen) und drei unternehmensbezogene Funktionen (Lenkungs- bzw. Leitungsfunktionen).

4. Aufgabe

Sind die Aussagen im Sinne von Kapitel 1 richtig oder falsch?

(1) Ziele müssen definiert sein, um Restriktionen zu optimieren.
(2) „Maximiere den Umsatz!" und „Maximiere den Gewinn!" bedingen sich gegenseitig.
(3) „Maximiere den Gewinn!" ist ein Fixierungsziel.
(4) Wenn die produktbezogenen fixen Kosten steigen, dann sinkt der Deckungsbeitrag I.
(5) Mit der Nutzwertanalyse werden konkurrierende Ziele auf einen Nenner gebracht.

5. Aufgabe

Ein Investor hat 50,– € Vermögen und möchte dieses in Aktien vom Typ A (Kurs 30,– €), Aktien vom Typ B (Kurs 20,– €), oder in A und B anlegen. Er kann auch jeden Betrag seines Vermögens auf ein Sparbuch S einzahlen, wofür er 2 % Zinsen erhält. Ist gemäß des Prinzips der vollständigen Alternativenstellung die Menge der Aktionen nachfolgend korrekt beschrieben? Wenn es Fehler gibt, bitte benennen.

a1: $1 \times A$
a2: $1 \times B$
a3: $2 \times B$
a4: 50,– € sparen
a5: $1 \times A$ und $1 \times B$
a6: $2 \times B$ und 10,– € sparen
a7: $1 \times B$ und 30,– € sparen

6. Aufgabe

Gegeben sind die folgenden Gesamtkostenfunktionen. Zeichnen Sie die dazugehörigen Stück- und Grenzkostenfunktionen in die jeweiligen leeren Diagramme ein. Verwenden Sie für die Konstruktion der Kurven als Hilfsmittel Strahlen und Tangenten. Beschriften Sie die Achsen korrekt.

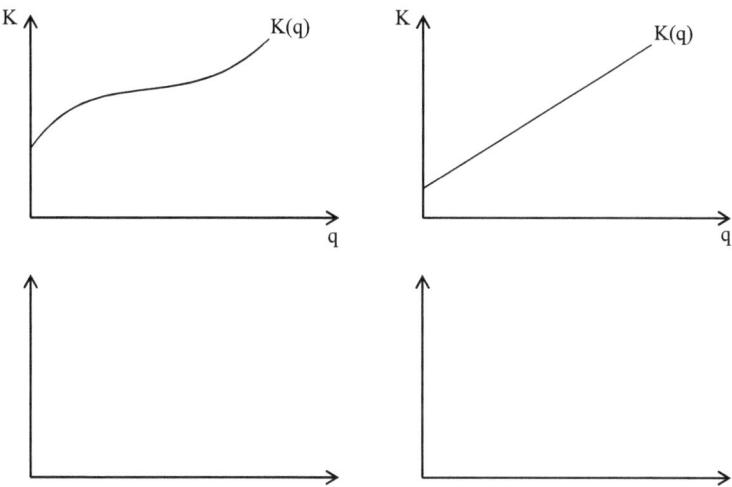

7. Aufgabe

a) Der Preis des Absatzguts beträgt 4 GE/ME und die Gesamtkostenfunktion lautet K(q) = 20 + 0,5q. Die Menge sei q = 30 ME. Geben Sie die folgenden Größen an: Umsatz, fixe Kosten, variable Gesamtkosten, Grenzkosten, Gesamtdeckungsbeitrag, Grenzdeckungsbeitrag.

b) Der Preis des Absatzguts beträgt 4 GE/ME und die Gesamtkostenfunktion lautet K(q) = 20 + 0,5q. Wir unterstellen die Gewinnfunktion eines Polpolunternehmens. Welche Menge q ist gewinnmaximal?

8. Aufgabe

Sie überlegen, einen Auftrag über 20 Großfuttermischer zu 11.000 €/ME anzunehmen, mit dem Ihre Firma einen Monat beschäftigt wäre. Andernfalls macht die Firma einen Monat Betriebsferien. Festlöhne für die 5 Arbeiter belaufen sich auf 10.000 € pro Monat. Jeder Arbeiter erhält für jeden hergestellten Großfuttermischer einen einmaligen Lohnzuschlag von 45 €/ME. Für die Angestellte (Teilzeitstelle) in der Verwaltung fallen 1200 € pro Monat Gehalt an. Es werden lt. Planung 10.000 €/ME Materialkosten pro Mischer entstehen. Pro Monat berechnen Sie sich ein festes Unternehmergehalt in Höhe von 5000 €. Die Rechnung für Strom, Gas und Wasser beläuft sich auftragsunabhängig auf 2000 € pro Monat. Für die Herstellung eines Großfuttermischers kommen für Strom, Gas und Wasser noch 150 €/ME hinzu. Sie haben für 400.000 € Kredit aufgenommen, der sich mit 0,5 % pro Monat verzinst. Berechnen Sie den Gesamtdeckungsbeitrag I für den gesamten Auftrag. Zu welchem Mindestpreis würden Sie einen weiteren Großfuttermischer verkaufen?

9. Aufgabe

Gegeben ist die folgende Zielfunktion eines Einproduktunternehmens: Max $\Pi(q)$ = $p \cdot q - K(q)$. Das (innere) Gewinnmaximum existiert. Welche Aussagen sind richtig?

(1) Wenn die Kosten minimal sind, dann ist der Grenzdeckungsbeitrag gleich null.

(2) Wenn der Umsatz maximal ist, dann ist der Grenzdeckungsbeitrag gleich null.

(3) Wenn der Grenzdeckungsbeitrag gleich null ist, dann ist die Produktionsmenge maximal.

(4) Wenn die Produktionsmenge optimal ist, dann ist der Grenzdeckungsbeitrag gleich null.

(5) Wenn der Gewinn maximal ist, dann ist der Grenzdeckungsbeitrag gleich null.

(6) Wenn die Grenzkosten gleich null sind, dann ist der Gewinn maximal.

(7) Wenn der Grenzdeckungsbeitrag gleich null ist, dann ist der Gewinn optimal.

10. Aufgabe

In einem Produktionsbetrieb stehen drei Maschinen M1, M2, M3, die Rohlinge zu Fertigprodukten bearbeiten. Auf den Maschinen können zwei verschiedene Produkte, Nr. 1 und Nr. 2, hergestellt werden. Nr. 1 besitzt einen Deckungsbeitrag von 80 GE pro Stück und Nr. 2 einen Deckungsbeitrag von 30 GE pro Stück. Jede Maschine hat eine maximale Kapazität in Minuten [min] pro Woche von 2400. Ein Stück des Produkts Nr. 1 benötigt auf M1 20 min, auf M2 30 min und auf M3 40 min. Ein Stück des Produkts Nr. 2 belastet M1 mit 40 min, M2 mit 30 min und M3 mit 10 min. Es wird der Deckungsbeitrag maximiert.

Finden Sie die optimale Stückanzahl der Produkte graphisch. Bitte sauber und maßstabsgetreu zeichnen! Beschriften Sie alle Achsen, Geraden und Punkte. Zeigen Sie deutlich in Ihrer Zeichnung, wie Sie die Zielfunktion konstruieren!

11. Aufgabe

Sie haben die Aufgabe, die optimalen Produktionsmengen x_1 und x_2 der Güter 1 und 2 zu planen. Mit dem ersten Gut erzielen Sie einen Deckungsbeitrag von 1 € pro Stück und mit dem zweiten Gut von 1,5 € pro Stück. Es stehen Ihnen drei Maschinen mit einer zeitlichen Kapazität von 120 (1. Maschine) bzw. 80 (2. Maschine) bzw. 60 (3. Maschine) Minuten zur Verfügung. Ein Stück des ersten Guts benötigt zu seiner Herstellung auf der ersten, auf der zweiten und auf der dritten Maschine jeweils 1 min Bearbeitungszeit. Ein Stück des zweiten Guts wird auf der ersten Maschine zwei Minuten und auf der zweiten Maschine eine Minute bearbeitet. Die dritte Maschine wird für das zweite Gut nicht benötigt.

a) Stellen Sie das Problem durch Ungleichungen, Zielfunktion und Nichtnegativitätsbedingung algebraisch dar.

b) Wie viel Stück kann man maximal herstellen, wenn man nur das Produkt 1 erzeugt?

c) Wie viel Leerkapazität hat man auf Maschine M2 und M3, wenn man eine maximale Menge des Produkts 2 herstellt und nichts vom Produkt 1?

d) Bestimmen Sie die optimale Stückanzahl der Produkte graphisch. Bitte sauber und maßstabsgetreu zeichnen! Beschriften Sie alle Achsen, Geraden und Punkte. Zeigen Sie deutlich in Ihrer Zeichnung, wie Sie die Zielfunktion konstruieren!

e) Sind die folgenden Aussagen richtig?

Die Steigung der Zielfunktion ist gleich …

(1) … dem Verhältnis der Grenzkosten,

(2) … dem Verhältnis der Absatzpreise,

(3) … dem Verhältnis der Stückdeckungsbeiträge,

(4) … dem Verhältnis der Gewinne pro Stück,

(5) … dem Verhältnis der Umsätze pro Stück.

12. Aufgabe

Berechnen Sie den Kapitalwert.

- Anschaffungsauszahlung: -4 GE,
- Prognostizierte Einzahlung in der ersten Periode: 5 GE,
- Prognostizierte Auszahlung in der ersten Periode: -10 GE,
- Prognostizierte Einzahlung in der zweiten Periode: 6 GE,
- Prognostizierte Auszahlung in der zweiten Periode: -3 GE,
- Prognostizierter Restwert der Anlage am Ende der zweiten Periode: 2 GE,
- Risikofreier Diskontierungssatz: 3 %,
- Risikoaufschlag: 8 %.

13. Aufgabe

Sie haben 250.000 € in der Kasse liegen und überlegen, ob Sie dafür eine Maschine kaufen. Der Anschaffungspreis der Maschine würde ebenfalls 250.000 € betragen. Für das erste Jahr prognostizieren Sie einen Umsatz in Höhe von 40.000 € und Gesamtkosten von 30.000 €. Für das zweite Jahr erwarten Sie einen Umsatz von 90.000 € und Gesamtkosten von 50.000 €. Im dritten Jahr soll der Umsatz 160.000 € bei Gesamtkosten von 100.000 € betragen. Im dritten Jahr hat die Maschine noch einen Wert von 150.000 €. Der Zins beträgt 5 %. Um welchen Betrag würde der Wert Ihres Unternehmens steigen oder fallen, falls Sie die Maschine kauften? Wie viel würden Sie maximal für die Maschine bezahlen?

14. Aufgabe

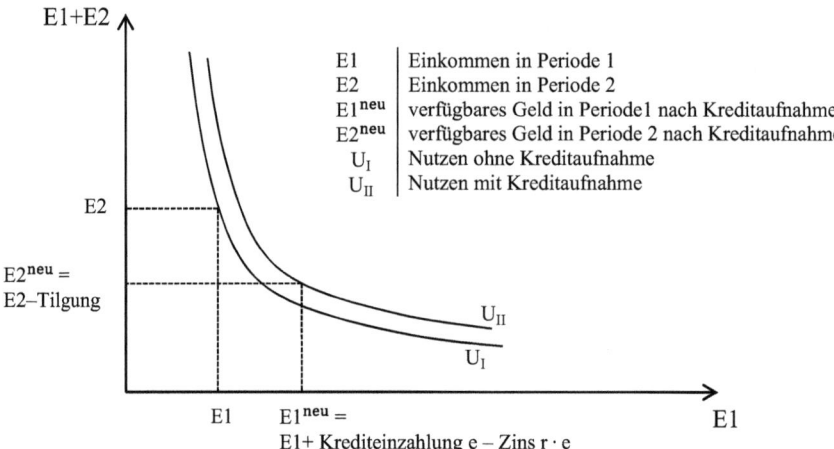

Sie konstruieren ein einfaches zweiperiodisches Modell: Heute haben Sie wenig Einkommen. In der zweiten Periode liegt Ihr Einkommen höher. Deshalb nehmen Sie heute einen Kredit auf. Der Kreditbetrag e wird zu 100 % ausgezahlt, so dass Sie heute mehr Geld haben. Den Kredit zahlen Sie in der zweiten Periode zurück. Der Nutzen erhöht sich bei diesem Geschäft. Das Diagramm stellt die Situation dar, doch haben sich eventuell gravierende Fehler eingeschlichen (keine Zeichnungsungenauigkeiten, sondern echte Fehler). Bitte markieren Sie die Fehler und erläutern Sie diese kurz.

15. Aufgabe

Welche der unten genannten Begriffe und Aussagen gehören typisch zu dem Begriff „OHG"? Bitte markieren Sie diese!

Mindestkapitalvorschrift (A), jeder Gesellschafter haftet für die Verbindlichkeiten der Gesellschaft als Gesamtschuldner (B), Haftung mit Privatvermögen (C), natürliche Person (D), Komplementäre (E), Tod eines Gesellschafters führt nach Gesetz zur Auflösung der Gesellschaft (F), Kapitalgesellschaft (G), Eigenkapitalfinanzierung über die Börse (H), umfangreiche Rechnungslegungsvorschriften (I), Mindestbeschäftigtenanzahl nach Gesetz (J), maximal 3 Gesellschafter (K), juristische Person (L), Dividende (M), Aufsichtsrat (N), Einzelunternehmung (O), Ursprung im Vereinsrecht (P), Grund- bzw. Stammkapital (Q), Körperschaftsteuer (R), Einkommensteuer (S), Trennung von Eigentum und Geschäftsführung (T).

16. Aufgabe

Es wird eine Nutzwertanalyse für die Alternativen a, b und c erstellt. Werden die Nutzwerte korrekt berechnet?

Merkmal	Gewicht von a	Note von a	Gewicht von b	Note von b	Gewicht von c	Note von c
M_1	g_{a1}	U_{a1}	g_{b1}	U_{b1}	g_{c1}	U_{c1}
M_2	g_{a2}	U_{a2}	g_{b2}	U_{b2}	g_{c2}	U_{c2}
M_3	g_{a3}	U_{a3}	g_{b3}	U_{b3}	g_{c3}	U_{c3}

$$\text{Nutzwert von a:} \quad g_{a1} \cdot U_{a1} + g_{a2} \cdot U_{a2} + g_{a3} \cdot U_{a3}$$
$$\text{Nutzwert von b:} \quad g_{b1} \cdot U_{b1} + g_{b2} \cdot U_{b2} + g_{b3} \cdot U_{b3}$$
$$\text{Nutzwert von c:} \quad g_{c1} \cdot U_{c1} + g_{c2} \cdot U_{c2} + g_{c3} \cdot U_{c3}$$

17. Aufgabe

a) Welches „Problem" löst die Formel der Varianz?
b) Erläutern Sie gründlich und überzeugend die „Konstruktion" der Formel der Varianz. Gehen Sie hierbei vom Problem aus, das durch die Varianz gelöst wird.

18. Aufgabe

Es werden vier Zustände z_i, $i = 1, 2, 3, 4$, unterschieden. Für jeden Zustand ist eine subjektive Eintrittswahrscheinlichkeit w_i bekannt. Der prognostizierte Absatz q für das nächste Jahr wird folgendermaßen angegeben:

z	1	2	3	4
w	0,2	0,3	0,4	0,1
q	5	55	105	155

Berechnen Sie den Erwartungswert und die Varianz des Absatzes.

19. Aufgabe

Daten können unter Sicherheit, Risiko oder Ungewissheit vorliegen. Erläutern Sie dieses bitte kurz und systematisch.

20. Aufgabe

Der Kapitalwert der Fertigungsanlage beträgt 160 Mio. €, wenn die Zukunft sich günstig entwickelt, andernfalls nur 20 Mio. € (Szenarien). Der guten Prognose gibt der Investor ein subjektives Gewicht von 40 %. Seine Risikoneigung wird korrekt durch die nachfolgende Von-Neumann-Morgenstern-Risikonutzenfunktion abgebildet.

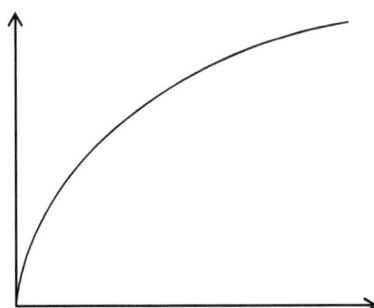

a) Beschriften Sie die Achsen und die Kurve. Zeichnen Sie die Szenarien maßstabsgetreu und sehr genau ein. Kennzeichnen Sie alle Punkte korrekt.

b) Sind die beiden folgenden Behauptungen korrekt?
   (1) Die Von-Neumann-Morgenstern-Risikonutzenfunktion verbindet alle Punkte mit gleichem Nutzen.
   (2) Der Erwartungswert des risikobehafteten Kapitalwertes ist bei Risikoaversion stets größer als das Sicherheitsäquivalent.

c) Ermitteln Sie rechnerisch bzw. graphisch folgende Werte: Erwartungswert des Kapitalwertes, persönliches Sicherheitsäquivalent des Investors, persönliche Mindest-Risikoprämie des Investors, Maximalpreis, den der Investor für die Fertigungsanlage bereit wären zu zahlen.

21. Aufgabe

Zustand z:	z_1	z_2
W'keit von z:	$w_1 = 0{,}5$	$w_2 = 0{,}5$
Lotterien		
a_1	$-50\,€$	$70\,€$
a_2	$0\,€$	$50\,€$
a_3	$70\,€$	$-50\,€$
a_4	$-10\,€$	$80\,€$
a_5	$-20\,€$	$120\,€$
a_6	$-30\,€$	$170\,€$

Gegeben sind die Lotterien a_1 bis a_6 mit den Einzahlungen $(+)$ auf Ihr Konto, mit den Auszahlungen $(-)$ von Ihrem Konto und mit den subjektiven Wahrscheinlichkeiten w dieser Zahlungen. Die Teilnahme an einer Lotterie kostet $15\,€$.

a) Berechnen Sie die Erwartungswerte der Zahlungen der Lotterien.

b) Angenommen, Sie sind sehr stark risikoscheu. In welcher Rangfolge würden Sie die Lotterien a_1 bis a_6 vermutlich anordnen? Verwenden Sie die Symbole $\prec, \succ, \sim$.
   Beispiel: $a_1 \prec a_2$, $a_2 \sim a_3$, $a_3 \succ a_4$ etc. (a_1 ist schlechter als a_2, a_2 ist so gut wie a_3 und a_3 ist besser als a_4, etc.).

c) Angenommen, Sie sind risikoneutral. Welche Rangfolge wählen Sie dann?

22. Aufgabe

Welche Behauptungen sind richtig, welche falsch?

(1) Investoren auf dem Aktienmarkt sind risikofreudig, da sie sonst das Risiko des Aktienkaufs nicht übernehmen würden.

(2) Investoren sind dann risikoneutral, wenn sie sich bei ihren Entscheidungen ausschließlich am Erwartungswert orientieren.

(3) Risikoaversion bedeutet, dass Investitionsobjekte überhöhtes Risiko besitzen.

(4) Häufiges Risikomaß ist der Erwartungswert der Einzahlungen.

(5) In Ungewissheitssituationen können wir uns bei unseren Entscheidungen nur auf Erwartungswerte verlassen.

(6) Ein risikoscheuer Investor mit den Alternativen „Sparbuch" und „Aktienkauf" bringt sein Geld immer auf das Sparbuch, da er dort sichere Zinsen erhält.

(7) Entscheidungssituationen werden dann als sicher betrachtet, wenn der Entscheidungsträger risikoneutral ist.

(8) Derzeitige Zustände sind immer sicher, zukünftige Zustände können sicher oder unsicher sein.

(9) Die Varianz der Einzahlungen ist ein Maß für die subjektive Bewertung von Risiko.

(10) Für eine risikoneutrale Person spielt die Streuung der Einzahlungen keine Rolle.

23. Aufgabe

Bitte tragen Sie in den freien Platz die richtigen Wörter oder Zahlen ein.

„Wenn der Werbeplan A realisiert wird und man in der Planung von Sicherheit ausgeht und man mit einer Wahrscheinlichkeit von 35 % einen Umsatz in Höhe von 1 Mio. € vorhersagt, dann glaubt man auch, dass mit einer Wahrscheinlichkeit von ...(1)...% ein Umsatz in Höhe von ...(2)... Mio. € eintritt. Leider sind solche Zahlen häufig ungewiss, weshalb man in der Praxis kein/keine/keinen ...(3)... angeben kann."

„...(4)... und ...(5)... Daten kann man in eine Rangfolge bringen. Bei ...(6)... Daten kennt man den Faktor, um den das eine größer als das andere ist."

24. Aufgabe

Ein Transportgut soll versichert werden. Die Konditionen sind wie folgt: Die Versicherung leistet im Schadensfall den Wert des Transportguts: 180.000 €. Tritt kein Schaden ein, dann ist die Versicherungsleistung null. Zwei Zustände sind möglich: Totalverlust des Guts mit der Wahrscheinlichkeit $w_1 = 0,01$ oder Schadensfreiheit mit der Gegenwahrscheinlichkeit w_2. Die Prämie beträgt P.

a) Stellen Sie das Entscheidungsproblem aus Sicht der Versicherung übersichtlich als Tabelle mit Aktionen, Zuständen, Wahrscheinlichkeiten und Ergebnissen dar.

b) Stellen Sie das Problem als stochastischen Entscheidungsbaum dar.

c) Für Verwaltungskosten im Zusammenhang mit dem Abschluss des Versicherungsvertrages kalkuliert das Versicherungsunternehmen nun einen fixen Betrag von 50.000 €

in die Prämie P mit ein. Berechnen Sie die Mindest-Prämie P*, die ein risikoneutrales Versicherungsunternehmen verlangt.

25. Aufgabe

Bitte aus der nachfolgenden Liste Begriffe in den Lückentext eintragen. Begriffe können mehrfach verwendet werden oder gar nicht.

Opportunitätskosten, empirisch, variable Kosten, fixe Kostenanteile, Deckungsbeitrag, normativ, nominal, Umsatz, Sicherheitsäquivalent, Zins(en), Gewinn, Häufigkeit, Kapitalwert, Risikoprämie, Nutzwert, Erwartungswert, Deckungsbeitrag, stochastisch unabhängig, tiefer, höher, Ereignis(se), Wahrscheinlichkeit(en), Versicherungsprämie, diversifizieren, Risikoaversion, einschließen, ausschließen, Sicherheitsäquivalent, zahlungsunfähig, risikoneutral, Häufigkeit, risikoscheu, Rückversicherung, Risikoprämie, Risiko.

„Unter der ...(1)... BWL versteht man, dass man Korrelationen in der Wirtschaft zwischen verschiedenen gemessenen Größen findet und auf dieser Grundlage Kausalitäten behauptet. Demgegenüber möchte man manchmal einen Auftraggeber beraten und ihm optimale Handlungen empfehlen. Dies gehört dann in den Bereich der ...(2)... BWL."

„Bei freien Kapazitäten sollte man dann Aufträge annehmen, wenn der ...(3)... des Auftrags positiv ist. Man erreicht das Gewinnmaximum nicht, wenn man ...(4)... in den Mindestpreis hineinkalkuliert."

„Wenn der Preis, den man für eine Maschine bezahlen muss, kleiner ist als der/die/das ...(5)... des zukünftigen Zahlungsstroms, dann erhöht der Kauf der Maschine den Wert des Unternehmens." „Wenn eine Einzahlung auf mein Konto sich um ein Jahr verschiebt, dann kostet mich das den/die/das ...(6)... " „Wenn ich mich für etwas entscheide, z. B. zu studieren, und deshalb etwas anderes nicht machen kann, z. B. für Geld zu arbeiten, dann treten sogenannte ...(7)... auf." „Wenn der Kurs der Aktie größer ist als der/die/das ...(8)..., dann ist die Aktie dem risikoscheuen Investor zu teuer."

„Beim Abschluss einer Versicherung findet ein Tausch von ...(9)... gegen Geld statt. Unter Risiko versteht man den möglichen Eintritt verschiedener ...(10)..., die mit Wahrscheinlichkeiten gewichtet werden können. Wenn der Versicherungsnehmer die Schadenswahrscheinlichkeit ...(11)... einschätzt, oder ein(e) größere(s) ...(12)... besitzt als der Versicherungsgeber, dann kann es zum Vertragsabschluss kommen. Außerdem kann der Versicherungsgeber häufig Risiko besser ...(13)... als der Versicherungsnehmer. Das bedeutet, dass er das Risiko des Einzelvertrages mit vielen anderen ...(14)... Risiken mischt. Bei großen Risiken kann ein Erstversicherer sich bei einer Rückversicherung zusätzlich absichern und so das Risiko weiterreichen. Wenn Einzelrisiken voneinander abhängig sind, dann muss die Versicherung diese im Vertrag ...(15)..., da dann kein Risikoausgleich mehr stattfindet und die Versicherung ...(16)... werden kann. Da für eine ...(17)... Person oder Institution die Übernahme von Risiko mit einem Nachteil verbunden ist, muss der Versicherungsnehmer der Versicherung einen Ausgleich bezahlen, der/die/das so genannte ...(18)... "

1.10 Lösungshinweise

1. Aufgabe
Richtige Aussagen: (2), (3), (5), (7), (8), (10), falsche Aussagen: (1), (4), (6), (9).

2. Aufgabe
Menge konkreter Ziele, Menge denkbarer Aktionen, Menge von Restriktionen, Menge von Umweltzuständen, ggf. mit Eintrittswahrscheinlichkeiten, Handlungskonsequenzen als Funktion von Aktionen und Zuständen, Entscheidungslogik.

3. Aufgabe
Leistungsfunktionen (produktbezogene Funktionen): Beschaffungswirtschaft, Materialwirtschaft, Produktionswirtschaft.

Lenkungsfunktionen (unternehmensbezogene Funktionen): Personalwirtschaft, Kapitalwirtschaft, Informationswirtschaft.

4. Aufgabe
Richtige Aussage: (5), falsche Aussagen: (1), (2), (3), (4).

5. Aufgabe
Bei den Aktionen a1, a2 und a3 bleibt jeweils ein Restbetrag von 20 € bzw. 30 € bzw. 10 € ungenutzt. Das Prinzip der vollständigen Alternativenstellung wird hier nicht eingehalten.

6. Aufgabe

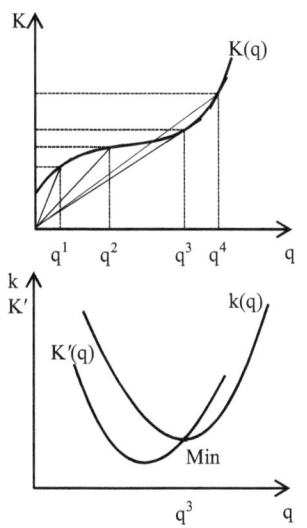
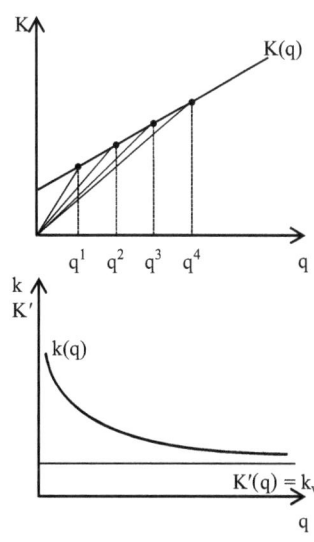

7. Aufgabe

a) Umsatz: 120 GE, fixe Kosten: 20 GE, variable Kosten: 15 GE, Grenzkosten: 0,5 GE/ME, Gesamtdeckungsbeitrag: 105 GE, Grenzdeckungsbeitrag 3,5 GE/ME.

b) Weil $K'(q) = 0{,}5\,GE/ME < 4\,GE/ME$ für alle q gibt es kein inneres Maximum. Vielmehr wird bis zur Kapazitätsgrenze produziert (Randlösung).

8. Aufgabe

Gesamtdeckungsbeitrag: $(p - k_v) \cdot q = (11.000\,€ - 10.375\,€) \cdot 20 = 12.500\,€$
Mindestpreis: $10.375\,€$

9. Aufgabe
Richtige Aussagen: (4), (5), falsche Aussagen: (1), (2), (3), (6), (7).

10. Aufgabe

Maschine	Bearbeitungszeit von Produkt...		Maschinenkapazität
	Nr. 1 [ZE/ME]	Nr. 2 [ZE/ME]	[in Minuten]
M1	20	40	2400
M2	30	30	2400
M3	40	10	2400
Stückdeckungsbeitrag	80 GE/ME	30 GE/ME	

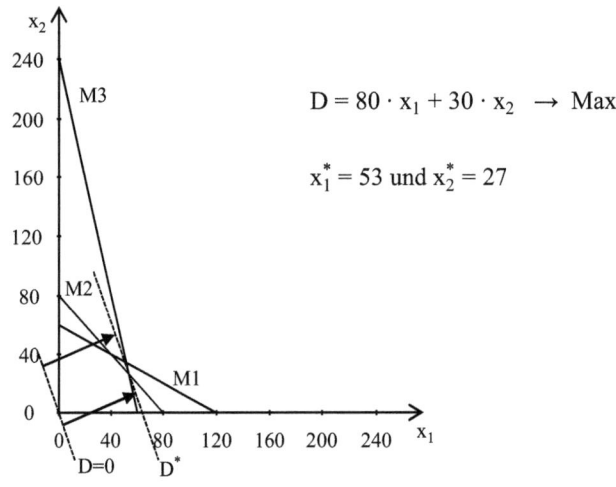

$D = 80 \cdot x_1 + 30 \cdot x_2 \;\rightarrow\; Max$

$x_1^* = 53$ und $x_2^* = 27$

11. Aufgabe

a)

$$
\begin{array}{rcccl}
x_1 & + & 2x_2 & \leq & 120 \\
x_1 & + & x_2 & \leq & 80 \\
x_1 & & & \leq & 60 \\
x_1 & & & \geq & 0 \\
& & x_2 & \geq & 0 \\
x_1 & + & \frac{3}{2}x_2 & = & D \quad \longrightarrow \quad \text{Max}
\end{array}
$$

b) Die maximale Stückzahl von Produkt 1 beträgt 60.

c) Die maximale Stückzahl von Produkt 2 beträgt 60. Hierdurch entstehen freie Kapazitäten von 20 Minuten auf Maschine 2 und 60 Minuten auf Maschine 3.

d)

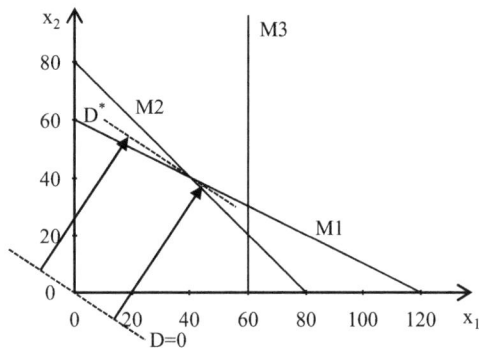

Die Zielfunktion wird nach x_2 umgestellt und für $D = 0$ eingezeichnet: $x_2 = -2/3 \cdot x_1$
Die Steigung der Zielfunktion ist also $-2/3$.
Die optimale Lösung lautet:

$$x_1^* = 40, \ x_2^* = 40.$$

e) Richtige Aussage: (3), falsche Aussagen: (1), (2), (4), (5).

12. Aufgabe

$$
KW_0 = -4\,GE + \frac{5\,GE}{1,11} - \frac{10\,GE}{1,11} + \frac{6\,GE}{(1,11)^2} - \frac{3\,GE}{(1,11)^2} + \frac{2\,GE}{(1,11)^2}
$$

$$
KW_0 = -4,446\,GE
$$

13. Aufgabe

$$
KW_0 = -250.000\,€ + \frac{10.000\,€}{1,05} + \frac{40.000\,€}{(1,05)^2} + \frac{60.000\,€}{(1,05)^3} + \frac{150.000\,€}{(1,05)^3}
$$

$$
KW_0 = -22.789,12\,€
$$

Der Wert des Unternehmens würde um 22.789,12 € sinken. Der maximale Preis beträgt 227.210,88 €. Hier wäre der Kapitalwert null und der Unternehmer indifferent zwischen einer Anschaffung der Maschine und der Nulloption.

14. Aufgabe

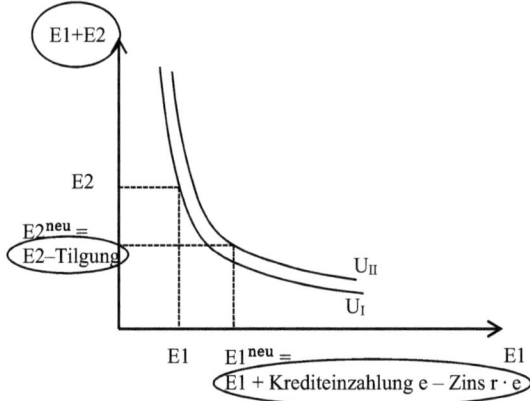

(1) Die Ordinatenbezeichnung ist falsch, da sie die Summe der beiden Einkommen E1 und E2 angibt, statt nur E2, was richtig wäre.

(2) $E1^{neu}$ und $E2^{neu}$ sind falsch berechnet: Der Zins $r \cdot e$ muss von E2 subtrahiert werden und nicht von E1.

15. Aufgabe

(B), (C), (F), (S).

16. Aufgabe

Die Berechnung wäre nur dann korrekt, wenn $g_{a1} = g_{b1} = g_{c1} = g_{M1}$, analog für M_2 und M_3. Es werden nämlich nur die Merkmale gewichtet. Die korrekte Berechnung lautet:

$$\text{Nutzwert von a:} \quad g_{M1}U_{b1} \quad + \quad g_{M2}U_{b2} \quad + \quad g_{M3}U_{b3}$$
$$\text{Nutzwert von b:} \quad g_{M1}U_{a1} \quad + \quad g_{M2}U_{a2} \quad + \quad g_{M3}U_{a3}$$
$$\text{Nutzwert von c:} \quad g_{M1}U_{c1} \quad + \quad g_{M2}U_{c2} \quad + \quad g_{M3}U_{c3}.$$

17. Aufgabe

a) Die Varianz ist ein Maß für die Streuung. Um die Streuung zu messen, scheint es naheliegend, die durchschnittliche Abweichung der Messwerte von ihrem Mittelwert anzugeben.

b) Da sich die positiven und negativen Abweichungen vom Mittelwert gegenseitig aufheben, werden die Abweichungen vor der Aufsummierung quadriert. Erst dann wird durch die Anzahl der Messwerte geteilt. Im Ergebnis hat man dann den Durchschnitt der quadrierten Abweichungen der Messwerte von ihrem Mittelwert.

18. Aufgabe

$$E_q = 0{,}2 \cdot 5 + 0{,}3 \cdot 55 + 0{,}4 \cdot 105 + 0{,}1 \cdot 155 = 75$$

$$s_q^2 = 0{,}2 \cdot (5 - 75)^2 + 0{,}3 \cdot (55 - 75)^2 + 0{,}4 \cdot (105 - 75)^2 + 0{,}1 \cdot (155 - 75)^2 = 2100$$

19. Aufgabe

Sicherheit: Unterschiedliche Handlungsergebnisse sind vorstellbar. Aber nur ein Ergebnis bekommt die Wahrscheinlichkeit von eins zugewiesen. Entsprechend besitzen die anderen Handlungsergebnisse Eintrittswahrscheinlichkeiten von null.

Risiko: Mehrere Handlungsergebnisse können eintreten. Die Eintrittswahrscheinlichkeiten sind bekannt und mindestens zwei Ereignisse besitzen Eintrittswahrscheinlichkeiten die strikt größer als null und strikt kleiner als eins sind.

Ungewissheit: Mehrere Handlungsergebnisse können eintreten. Allerdings sind die Eintrittswahrscheinlichkeiten unbekannt.

20. Aufgabe

a)

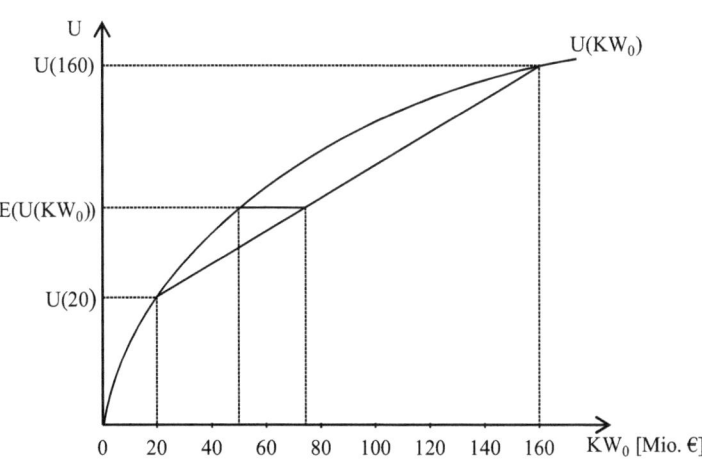

b) Richtige Aussage: (2), falsche Aussage: (1).
c) Erwartungswert der Einzahlungen: 76, Sicherheitsäquivalent: 52, Risikoprämie: 24, maximaler Preis: 52.

21. Aufgabe

a)

Lotterie	Erwartungswert
a_1	10 €
a_2	25 €
a_3	10 €
a_4	35 €
a_5	50 €
a_6	70 €

b) $a_2 \succ a_4 \succ a_5 \succ a_6 \succ a_1 \smile a_3$.

c) Die Rangfolge richtete sich bei Risikoneutralität lediglich nach der Höhe der Erwartungswerte der Lotterien. Ein höherer Erwartungswert wird gegenüber einem niedrigeren bevorzugt.

22. Aufgabe

Richtige Aussagen: (2), (10), falsche Aussagen: (1), (3), (4), (5), (6), (7), (8), (9).

23. Aufgabe

(1) 65 %, (2) 1 Mio., (3) Wahrscheinlichkeiten, (4) ordinale, (5) kardinale, (6) kardinalen.

24. Aufgabe

a)

Aus Sicht der Versicherung (Versicherungsgeber)	Zustand 1 (Schaden) $w_1 = 0{,}01$	Zustand 2 (kein Schaden) $w_2 = 0{,}99$
Aktion a1: keine Versicherung	0	0
Aktion a2: Versicherung	P – 180.000 €	P

b)

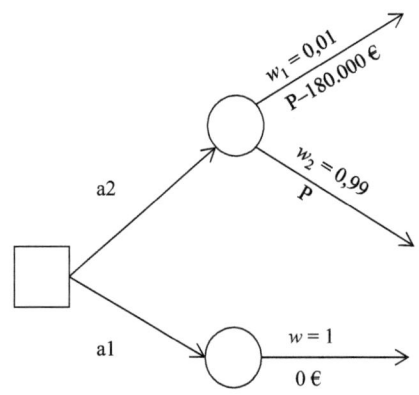

$$P_{mindest}: EU(X_{a1}) = EU(X_{a2}) \text{ bzw. a1} \sim \text{a2}$$

Annahme der Risikoneutralität des Versicherungsgebers!

$$P_{mindest}: E(X_{a1}) = E(X_{a2})$$

$$0 \text{€} \cdot 0{,}01 + 0 \text{€} \cdot 0{,}99 = (P_{mindest} - 180.000 \text{€}) \cdot 0{,}01 + P_{mindest} \cdot 0{,}99 - 50.000 \text{€}$$

$$P_{mindest} = 51.800 \text{€}$$

25. Aufgabe

(1) empirischen, (2) normativen, (3) Deckungsbeitrag, (4) fixe Kostenanteile, (5) Kapital-wert, (6) Zinsen, (7) Opportunitätskosten, (8) Sicherheitsäquivalent, (9) Risiko, (10) Er-eignisse, (11) höher, (12) Risikoaversion, (13) diversifizieren, (14) stochastisch unabhän-gigen, (15) ausschließen, (16) zahlungsunfähig, (17) risikoscheue, (18) Risikoprämie.

Operations Research

2

2.1 Symbol- und Variablenverzeichnis

a	Aktion, Koeffizient, Spielwert
α	Auszahlungsbetrag
b	Beschränkung
BV	Basisvariable
β	Auszahlungsbetrag
d	Stückdeckungsbeitrag
D	Deckungsbeitrag, Vorgangsdauer
δ	Auszahlungsbetrag
F	Ausfallwahrscheinlichkeit
FAZ	frühestmögliche Anfangszeit
FEZ	frühestmögliche Endzeit
GE	Geldeinheit
γ	Auszahlungsbetrag
i	Index, Zeile, Vorgänger
j	Index, Spalte, Nachfolger
λ	Skalar
K	Gesamtkosten, Komponente
m	Index
M	Maschine
ME	Mengeneinheit
min	Minuten
n	Index
NBV	Nichtbasisvariable

© Springer Fachmedien Wiesbaden GmbH 2018
T. Bonart, J. Bär, *Quantitative Betriebswirtschaftslehre Band I*,
https://doi.org/10.1007/978-3-658-18394-3_2

NNB Nichtnegativitätsbedingung
P   Produkt
PZ   Pufferzeit
Par   parallel
R   Zuverlässigkeit (Reliability)
Rg   Rang
$\mathbb{R}$ Menge reeller Zahlen
S   Systemfunktion
SAZ   spätestmögliche Anfangszeit
Ser   seriell
SEZ   spätest mögliche Endzeit
t   Periode, Zeitspanne
u   Mietpreis
v   Schlupfvariable
V   Vorgänger
w Wahrscheinlichkeitswert
W Wahrscheinlichkeit
x   Variable in LP-Modellen, Boolesche Variable, Spieler, Strategie
y   Schlupfvariable, Spieler, Strategie
Z   Ziel, Substruktur
ZE   Zeiteinheit
ZF   Zielfunktion

2.2 Methoden und Erkenntnisziele

Die Unternehmensforschung (Operations Research) verfolgt das Ziel, mathematische Methoden bereit zu stellen, mit denen optimale Lösungen von Entscheidungsproblemen bestimmt werden können. In der linearen Programmierung wird davon ausgegangen, dass sich das Ziel und die Restriktionen des Entscheidungsproblems als lineare Funktionen von zu bestimmenden Entscheidungsvariablen formulieren lassen.

In dem folgenden Abschnitt wird mit dem von G. Dantzig[1] entwickelten Simplex-Algorithmus ein Verfahren zur Lösung eines linearen Entscheidungsproblems unter Sicherheit behandelt. Es folgen dann weitere Entscheidungs- und Planungstechniken: Die Netzplantechnik zur optimalen Terminierung von Prozessabläufen, stochastische Entscheidungsbäume zur Planung von mehrstufigen Entscheidungsabläufen bei einer stochastisch reagierenden Umgebung, Blockdiagramme und Systemfunktionen zur stochastischen Planung von Fertigungssystemen mit Ausfällen und Redundanzen sowie Ansätze der Spieltheorie zur Entscheidung bei Unsicherheit.

---

[1] G. Dantzig (1914–2005).

2.3   Das Maschinenbelegungsproblem

Ausgangspunkt ist ein spezielles Maschinenbelegungsproblem, bei dem Material von mehreren Maschinen bearbeitet und zu Produkten geformt wird. Es werden Blechteile für die Automobilindustrie (Produkt P1) und für das Baugewerbe (Produkt P2) hergestellt. In Abschn. 1.5 in diesem Band wird das Problem beschrieben (Presswerk). Jedes hergestellte Stück belastet jede Maschine mit einer bestimmten Bearbeitungszeit. Die verfügbaren Maschinenzeiten sind begrenzt. Mit jedem Stück eines Produkts erwirbt man einen festen Stückdeckungsbeitrag. Die Frage ist, wie viele Stücke der verschiedenen Produkte man erzeugen sollte, um den Gesamtdeckungsbeitrag zu maximieren.

In der nachfolgenden Tabelle ist das Entscheidungsproblem zur Bestimmung der optimalen Produktionsmengen der Produkte P_1 und P_2 strukturiert dargestellt.

Maschine	Bearbeitungszeit [ZE/ME]		Maschinenkapazität [ZE]
	P_1	P_2	
M_1	2	1	250
M_2	1	1	150
M_3	3	5	660
Stückdeckungsbeitrag [GE/ME]	10	8	

Das Problem kann in der folgenden Weise mathematisch formuliert werden:

$$\text{Max}_x\, D = 10x_1 + 8x_2$$

x_1 | Stückzahl Produkt 1
x_2 | Stückzahl Produkt 2
D | Gesamtdeckungsbeitrag

unter den Bedingungen (u. d. B.)

$$
\begin{array}{rrrcr}
\text{I.} & 2x_1 & + \;\; 1x_2 & \leq & 250 \\
\text{II.} & 1x_1 & + \;\; 1x_2 & \leq & 150 \\
\text{III.} & 3x_1 & + \;\; 5x_2 & \leq & 660 \\
\text{IV.} & x_1 & & \geq & 0 \\
\text{V.} & & x_2 & \geq & 0.
\end{array}
$$

Das Problem besteht also aus einer Zielfunktion und fünf Nebenbedingungen. Die Zeilen I, II und III beschreiben die Zeitverbräuche der einzelnen Stücke und die verfügbaren Maschinenzeiten der drei Maschinen M_1, M_2 und M_3. Die Zeilen IV und V enthalten die Nichtnegativitätsbedingung (NNB). Der Begrenzungsvektor (Spaltenvektor) enthält die Zeitrestriktionen 250, 150 und 660 ZE der Maschinen.

2.3.1 Erste Lösungsschritte

Ein erster Schritt zur Berechnung des optimalen Produktionsprogramms könnte darin bestehen, die Produktionsmengen zu bestimmen, bei denen die Kapazitäten sämtlicher Produktionsmittel vollständig ausgeschöpft sind. Das aus den Kapazitätsbedingungen resultierende Gleichungssystem lautet dann:

$$
\begin{aligned}
2x_1 &+ 1x_2 &= 250 \\
1x_1 &+ 1x_2 &= 150 \\
3x_1 &+ 5x_2 &= 660.
\end{aligned}
$$

Dieses besitzt jedoch keine Lösung, da der Rang der Koeffizientenmatrix kleiner als der Rang der erweiterten Koeffizientenmatrix ist:

$$
\mathrm{Rg} \begin{bmatrix} 2 & 1 \\ 1 & 1 \\ 3 & 5 \end{bmatrix} = 2 < \mathrm{Rg} \begin{bmatrix} 2 & 1 & 250 \\ 1 & 1 & 150 \\ 3 & 5 & 660 \end{bmatrix} = 3.
$$

Somit können die Produktionsmengen nicht so festgelegt werden, dass sämtliche Kapazitäten voll ausgelastet sind.

Da die Kapazitätsbedingungen nicht als Gleichungen, sondern als Ungleichungen vorliegen, können die Methoden der linearen Algebra nicht ohne weiteres zur Lösung verwendet werden. Durch das Einführen von Schlupfvariablen (freie Fertigungszeiten) können die Ungleichungen jedoch in Gleichungen überführt werden.

Das Gleichungssystem mit den nichtnegativen Schlupfvariablen y_1, y_2 und y_3 lautet:

$$
\begin{aligned}
2x_1 &+ 1x_2 &+ y_1 & & & = 250 \\
1x_1 &+ 1x_2 & &+ y_2 & & = 150 \\
3x_1 &+ 5x_2 & & &+ y_3 & = 660.
\end{aligned}
$$

Das Gleichungssystem ist nun lösbar, da der Rang der Koeffizientenmatrix dem Rang der erweiterten Koeffizientenmatrix entspricht. Der Rang ist jeweils 3. Damit spannen die Spaltenvektoren der Koeffizientenmatrix einen dreidimensionalen Raum auf. Alle Punkte in diesem Raum lassen sich durch drei Vektoren darstellen, wenn diese linear unabhängig sind. Man bezeichnet diese drei Vektoren als Basis des Vektorraums. Allerdings existieren hier unendlich viele Lösungen, da die Anzahl der Variablen inklusive der Schlupfvariablen 5 beträgt und damit größer ist als der Rang der Koeffizientenmatrix:

$$
\mathrm{Rg} \begin{bmatrix} 2 & 1 & 1 & & \\ 1 & 1 & & 1 & \\ 3 & 5 & & & 1 \end{bmatrix} = \mathrm{Rg} \begin{bmatrix} 2 & 1 & 1 & & & 250 \\ 1 & 1 & & 1 & & 150 \\ 3 & 5 & & & 1 & 660 \end{bmatrix} = 3 < 2 + 3.
$$

Durch Hinzunahme der Zielfunktion lässt sich im Allgemeinen eine eindeutige Lösung ermitteln. Die graphische Darstellung des Entscheidungsproblems und des Lösungsverfahrens findet sich in Abschn. 1.5 dieses Bandes. Nachfolgend wird das Problem algebraisch
mithilfe des Simplex-Algorithmus gelöst.

2.3.2 Simplex-Algorithmus als Lösungsverfahren

In diesem Abschnitt wird im Kontext des Maschinenbelegungsproblems der Simplex-
Algorithmus behandelt. Der Idee des Algorithmus liegen folgende Eigenschaften der optimalen Lösung zugrunde, falls diese existiert:

- Die optimale Lösung liegt auf dem Rand des Zulässigkeitsbereichs.
- Mindestens eine Ecklösung ist optimal.
- Es können in besonderen Fällen zwei oder mehr Ecklösungen und deren Konvexkom-
  binationen optimal sein (unendlich viele Lösungen).

Die Bestimmung optimaler Lösungen wird durch die Analyse der Eckpunkte des zulässigen Lösungsraums bewerkstelligt. Die Suche nach dem optimalen Eckpunkt erfolgt dabei
systematisch, indem ausgehend von einem zulässigen Eckpunkt in jedem Schritt sichergestellt wird, dass der jeweils folgende Eckpunkt

- zulässig bleibt und
- sich der Zielfunktionswert gegenüber dem unmittelbar vorherigen Eckpunkt nicht verschlechtert.

Beispiel: Maschinenbelegungsproblem/Presswerk
Das lineare Programm lautet folgendermaßen:

$$
\begin{aligned}
\text{Max}_x \, D \; &= \; 10x_1 \; + \; 8x_2 \\
\text{u. d. B.} \quad \text{I.} \quad 2x_1 \; &+ \; 1x_2 \; + \; y_1 \qquad\qquad\qquad\quad = \; 250 \\
\text{II.} \quad 1x_1 \; &+ \; 1x_2 \qquad\quad + \; y_2 \qquad\qquad = \; 150 \\
\text{III.} \quad 3x_1 \; &+ \; 5x_2 \qquad\qquad\qquad + \; y_3 \; = \; 660
\end{aligned}
$$

NNB: $x_1, x_2, y_1, y_2, y_3 \geq 0$.

Start: Erste kanonische Form[2]
Eine erste Ecke des Zulässigkeitsbereichs und damit einen Startpunkt des Algorithmus
erhält man, in dem man die Variablen x_1 und x_2 auf null setzt und das sich ergebende

---

[2] Ein lineares Gleichungssystem mit m Gleichungen heißt kanonisch, wenn die Koeffizientenmatrix
die m Einheitsvektoren des $\mathbb{R}^m$ enthält.

Gleichungssystem löst. Man beginnt den Algorithmus in diesem Fall im Nullpunkt des zulässigen Bereichs.

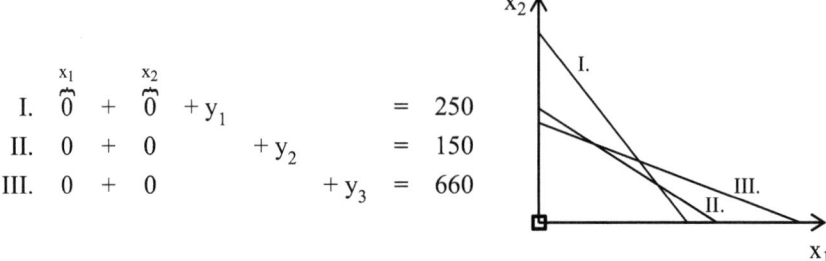

$$
\begin{array}{lllllll}
 & x_1 & & x_2 & & & \\
\text{I.} & 0 & + & 0 & + y_1 & & = & 250 \\
\text{II.} & 0 & + & 0 & & + y_2 & = & 150 \\
\text{III.} & 0 & + & 0 & & & + y_3 & = & 660
\end{array}
$$

Das Gleichungssystem liegt in kanonischer Form vor. Die letzten drei Spalten bilden die Standardbasis des Vektorraums (Einheitsvektoren). Die zugehörigen Variablen, hier y_1, y_2 und y_3, werden als Basisvariablen bezeichnet. Setzt man die Werte der Nichtbasisvariablen x_1 und x_2 gleich null, so lassen sich die Basisvariablen y_1, y_2 und y_3 direkt aus dem Begrenzungsvektor ablesen.

- Nicht-Basisvariablen: $(x_1, x_2) = (0, 0)$.
- Basisvariablen: $(y_1, y_2, y_3) = (250, 150, 660)$.

Diese Lösung ist zulässig, da die Entscheidungs- und Schlupfvariablen nichtnegativ sind. Da die Produktionsmengen x_1 und x_2 für die beiden Produkte P1 und P2 null sind, ergibt sich auch ein Gesamtdeckungsbeitrag von null. Die Schlupfvariablen geben die Restkapazitäten auf den Maschinen M_1, M_2 und M_3 an. Diese Restkapazitäten gleichen den verfügbaren Maschinenlaufzeiten in Höhe von 250, 150 bzw. 660 ZE.

Da die Stückdeckungsbeiträge der Bleche positiv sind, ist die Lösung $(x_1, x_2) = (0, 0)$ nicht optimal. Die Zielfunktion kann verbessert werden. Es gilt die folgende Regel:

Wenn die Nicht-Basisvariablen in der Zielfunktion positive Koeffizienten aufweisen, dann kann die Zielfunktion verbessert werden.

Erste Iteration: Basistausch

Der zulässige Bereich ist wie ein Berg, dessen Gipfel man im Nebel nicht sehen kann, auf den man aber auf möglichst kurzem Weg gelangen will. Deshalb guckt man an jeder Kreuzung und an jedem Abzweig wenige Meter um sich und geht den Weg entlang, der am steilsten nach oben zu führen scheint. Das kann zwar letztlich ungünstig sein, es könnte ja wieder kräftig nach unten gehen oder man stößt an eine unüberwindliche Barriere. Doch angesichts des Mangels an einer besseren Regel und wegen des ehrgeizigen Ziels macht das Vorgehen Sinn.

Wenn der Algorithmus beginnt, dann ist das Endergebnis, also i. d. R. ein Eckpunkt, der das Ziel maximiert, unbekannt. Ausgehend vom Nullpunkt kann der Algorithmus nach oben (Ordinate) oder nach rechts (Abszisse) gehen, um den nächsten Eckpunkt zu berechnen. Es wird die Regel des steilsten Anstiegs der Zielfunktion angewendet: Der Stückdeckungsbeitrag von Produkt 1 ist im Maschinenbelegungsproblem größer als der Stückdeckungsbeitrag von Produkt 2. Also wird als nächstes der Eckpunkt berechnet, der in x_1-Richtung liegt (größter Anstieg). Damit wird x_1 zu einer Basisvariablen. Die x_1-Spalte nennen wir Pivot-Spalte. Die Variable x_2 bleibt Nicht-Basisvariable ($x_2 = 0$).

$$
\begin{array}{llllllllll}
\text{I.} & 2x_1 & + & \overbrace{0}^{x_2} & + & y_1 & & & = & 250 \\
\text{II.} & 1x_1 & + & 0 & & & + & y_2 & & = & 150 \\
\text{III.} & 3x_1 & + & 0 & & & & & + & y_3 & = & 660.
\end{array}
$$

Da x_1 Basisvariable wird, muss im Gegenzug eine Variable die Basis verlassen und zu einer Nicht-Basisvariablen werden. Zur Erinnerung: Ein dreidimensionaler Raum wird durch genau drei linear unabhängige Vektoren aufgespannt. Welche Variable nun den Wert Null annimmt und damit nicht in der Basis bleibt, ergibt sich aus einer Engpassbetrachtung. Bei $x_1 = 125$ bildet die Maschine M_1 den Engpass der Produktion:

$$
\begin{array}{llllll}
\text{I.} & x_1 & \leq & 250/2 & = & 125 & \leftarrow \\
\text{II.} & x_1 & \leq & 150/1 & = & 150 \\
\text{III.} & x_1 & \leq & 660/3 & = & 220.
\end{array}
$$

Wenn $x_1 = 125\,\text{ME}$ Bleche für die Automobilindustrie produziert werden, dann werden hierfür auf Maschine M_1 $2 \cdot 125 = 250$ Zeiteinheiten benötigt. Maschine M_1 ist damit voll ausgelastet, d.h. die freie Kapazität beträgt $y_1 = 0$. Damit ist y_1 die Variable, die zu null wird und im Austausch mit x_1 aus der Basis fällt. y_1 wird also die neue Nicht-Basisvariable. Die Zeile 1 heißt Pivot-Zeile. Im Schnittpunkt der Pivot-Zeile und der Pivot-Spalte liegt das sogenannte Pivot-Element. Dies ist der Koeffizient 2.

Die Basisvariablen im zweiten Eckpunkt lauten somit: $x_1, y_2,$ und y_3:

$$
\begin{array}{llllllllll}
\text{I.} & 2 \cdot \overbrace{125}^{x_1} & + & \overbrace{0}^{x_2} & + & \overbrace{0}^{y_1} & & & = & 250 \\
\text{II.} & 1 \cdot 125 & + & 0 & & & + & y_2 & & = & 150 \\
\text{III.} & 3 \cdot 125 & + & 0 & & & & & + & y_3 & = & 660.
\end{array}
$$

Durch die Produktion von 125 Blechen für die Automobilindustrie entsteht ein Gesamtdeckungsbeitrag in Höhe von $D = 10 \cdot 125 + 4 \cdot 0 = 1250\,\text{GE}$. Zur Herstellung dieser 125 Bleche wird die verfügbare Kapazität von 250 ZE auf Maschine M_1 komplett ausgeschöpft. Auf Maschine M_2 werden 125 ZE und auf der dritten Maschine $3 \cdot 125 = 375\,\text{ZE}$ durch die Produktion beansprucht. Es verbleiben somit Restkapazitäten von 25 ZE auf Maschine M_2 und 285 ZE auf Maschine M_3. Diese zweite Basislösung ist zulässig aber nicht optimal, wie anschließend gezeigt wird.

Neue kanonische Form

Es sind die äquivalenten Zeilenumformungen auf Basis des Gauß-Algorithmus für die erste Iteration durchzuführen. Ziel ist es, die neue kanonische Form zu erlangen. Dies ist aus zwei Gründen wichtig. Zum einen wird hieraus ersichtlich, ob die aktuelle Basislösung optimal ist. Zum anderen ist die dann vorliegende Form Ausgangspunkt zur ggf. notwendigen Durchführung eines weiteren Iterationsschritts.

Der Ausgangspunkt ist das ursprüngliche System:

$$
\begin{array}{llllllll}
\text{I.} & 2x_1 & + & 1x_2 & + & y_1 & & & = & 250 \\
\text{II.} & 1x_1 & + & 1x_2 & & & + & y_2 & & = & 150 \\
\text{III.} & 3x_1 & + & 5x_2 & & & & & + & y_3 & = & 660.
\end{array}
$$

Es sind durch lineare Zeilenoperationen in den Spalten 1, 4 und 5 Einheitsvektoren zu erzeugen. Dazu dividiert man die erste Gleichung durch 2 (Pivot-Element):

$$
\begin{array}{llllllllll}
\text{I.} & \boxed{2}x_1 & + & 1x_2 & + & y_1 & & & = & 250 & a) \; : 2 \\
\text{II.} & 1x_1 & + & 1x_2 & & & + & y_2 & & = & 150 & \\
\text{III.} & 3x_1 & + & 5x_2 & & & & & + & y_3 & = & 660 &
\end{array}
$$

Anschließend subtrahiert man die erste Gleichung von der zweiten und das Dreifache der ersten Gleichung von der dritten:

$$
\begin{array}{lllllllll}
\text{I.} & x_1 & + & \frac{1}{2}x_2 & + & \frac{1}{2}y_1 & & & = & 125 & \\
\text{II.} & 1x_1 & + & 1x_2 & & & + & y_2 & & = & 150 & b) \; \text{II} - 1 \cdot \text{I} \\
\text{III.} & 3x_1 & + & 5x_2 & & & & & + & y_3 & = & 660 & c) \; \text{III} - 3 \cdot \text{I}
\end{array}
$$

So ergibt sich die neue kanonische Form des Gleichungssystems:

$$
\begin{array}{lllllll}
 & & \overset{0}{} & & \overset{0}{} & & \\
\text{I.} & x_1 & + \frac{1}{2}x_2 & + \frac{1}{2}y_1 & & & = & 125 \\
\text{II.} & 0 & + \frac{1}{2}x_2 & - \frac{1}{2}y_1 & + y_2 & & = & 25 \\
\text{III.} & 0 & + \frac{7}{2}x_2 & - \frac{3}{2}y_1 & & + y_3 & = & 285
\end{array}
$$

Die Werte der Nicht-Basisvariablen werden null gesetzt: $(x_2, y_1) = (0, 0)$. Aus der kanonischen Form lassen sich die Werte der Basisvariablen $(x_1, y_2, y_3) = (125, 25, 285)$

direkt ablesen. Die Werte sind jeweils nichtnegativ, d. h. es handelt sich um eine zulässige Basislösung.

Optimalitätsprüfung

Es ist zu prüfen, ob bereits die optimale Lösung vorliegt oder aber der Zielfunktionswert steigt, wenn man eine der Nicht-Basisvariablen x_2 oder y_1 in die Basis aufnimmt. Um diese Frage beantworten zu können, muss die Zielfunktion als Funktion der Nichtbasisvariablen x_2 und y_1 formuliert werden.

Die Zielfunktion lautet bislang:

$$\text{Max}_x\, D = 10x_1 + 8x_2.$$

Wir nehmen die Gleichung der Pivot-Zeile ...

$$\text{I.} \quad 2x_1 \;+\; x_2 \;+\; y_1 \;=\; 250$$

... und stellen sie nach x_1 um:

$$x_1 \;=\; -\tfrac{1}{2}x_2 \;-\; \tfrac{1}{2}y_1 \;+\; 125.$$

Durch Einsetzen dieses Ausdrucks in die Zielfunktion wird die Nichtbasisvariable x_1 durch die Basisvariable x_2 und y_1 ausgetauscht:

$$\text{Max}_x\, D = 3x_2 - 5y_1 + 1250. \tag{2.1}$$

Diese Darstellung der Zielfunktion zeigt, dass der Gesamtdeckungsbeitrag durch die Produktion von P2 (Bleche für das Baugewerbe) weiter gesteigert werden kann. Grund hierfür ist einerseits der Stückdeckungsbeitrag von P2 in Höhe von 8 GE/ME. Andererseits verdrängt die Produktion von P2 einen Teil der Produktion von P1 (Bleche für die Automobilindustrie), da auf Maschine M_1 eine Engpasssituation vorliegt. Die mit der Verdrängung der Produktion resultierenden Opportunitätskosten reduzieren die Steigerung des Deckungsbeitrags. Durch den vorgenommenen Austausch der Basisvariablen durch die Nicht-Basisvariable kann der Gesamteffekt an der Zielfunktion abgelesen werden. Der Gesamtdeckungsbeitrag steigt unter Berücksichtigung der Opportunitätskosten um 3 GE pro ME von P2 (Bleche für das Baugewerbe).

Die gewonnene Lösung ist noch nicht optimal, da mindestens eine Nicht-Basisvariable in der Zielfunktion einen positiven Koeffizienten aufweist, d. h. durch die Aufnahme dieser Variable in die Basis würde der Zielfunktionswert weiter steigen. Um zu dem Bild des Berges im Nebel zurück zu kommen: Solange es unmittelbar um einen herum noch nach oben geht, hat man den Gipfel nicht erreicht. Demnach ist die gewonnene Basislösung noch nicht optimal.

Zweite Iteration: Basistausch

Aus der ersten Iteration ergibt sich das folgende Entscheidungsproblem:

$$
\begin{array}{rllllllll}
\text{Max}_x\, D & = & 3x_2 & - & 5y_1 & + & 1250 \\
\text{u. d. B.} & \text{I.} & x_1 & + & \tfrac{1}{2}x_2 & + & \tfrac{1}{2}y_1 & & & & = & 125 \\
& \text{II.} & 0 & + & \tfrac{1}{2}x_2 & - & \tfrac{1}{2}y_1 & + & y_2 & & = & 25 \\
& \text{III.} & 0 & + & \tfrac{7}{2}x_2 & - & \tfrac{3}{2}y_1 & & & + & y_3 & = & 285
\end{array}
$$

NNB: $x_1, x_2, y_1, y_2, y_3 \geq 0$.

Die Basisvariablen der zweiten Ecklösung sind x_1, y_2 und y_3. Der Koeffizient der Nicht-Basisvariablen y_1 in der Zielfunktion ist negativ, der Koeffizient der Nicht-Basisvariablen x_2 aber positiv. Also ist x_2 die Variable, die in die Basis aufzunehmen ist. Spalte 2 wird zur Pivot-Spalte. Im Gegenzug muss die Basisvariable bestimmt werden, die die Basis verlässt, weil sie zu null wird. Hierzu ist wieder die Engpassbetrachtung anzustellen:

$$
\begin{array}{rlll}
\text{I.} & x_2 \leq & \frac{125}{0{,}5} = & 250 \\
\text{II.} & x_2 \leq & \frac{25}{0{,}5} = & 50 \quad \longleftarrow \\
\text{III.} & x_2 \leq & \frac{285}{3{,}5} = & \frac{570}{7}.
\end{array}
$$

Bei $x_2 = 50$ stößt Maschine M_2 an die Grenze ihrer verfügbaren Kapazität. Die bisherige Basisvariable y_2 (Schlupf von Maschine M_2) wird null und fällt aus der Basis heraus.

Der dritte Eckpunkt wird durch die Basisvariablen x_1, x_2 und y_3 mit $x_1 = 100$, $x_2 = 50$ und $y_3 = 110$ beschrieben:

$$
\begin{array}{rlllllllll}
\text{I.} & x_1 & + & \tfrac{1}{2} \cdot \overbrace{50}^{x_2} & + & \overbrace{0}^{y_1} & & & & = & 125 \\
\text{II.} & 0 & + & \tfrac{1}{2} \cdot 50 & + & 0 & + & \overbrace{0}^{y_2} & & = & 25 \\
\text{III.} & 0 & + & \tfrac{7}{2} \cdot 50 & + & 0 & & & + y_3 & = & 285.
\end{array}
$$

Der Zielfunktionswert lautet:

$$
D = 3x_2 - 5y_1 + 1250 = 3 \cdot 50 - 5 \cdot 0 + 1250 = 1400.
$$

Neue kanonische Form

Wieder sind die äquivalenten Zeilenumformungen auf Basis des Gauß-Algorithmus für die aktuelle Iteration durchzuführen. Es sind durch lineare Zeilenoperationen in den Spalten 1, 2 und 5 Einheitsvektoren zu erzeugen.

Der Ausgangspunkt ist das folgende Gleichungssystem:

$$
\begin{array}{rlllllllll}
\text{I.} & x_1 & + & \tfrac{1}{2}x_2 & + & \tfrac{1}{2}y_1 & & & & = & 125 \\
\text{II.} & 0 & + & \boxed{\tfrac{1}{2}}x_2 & - & \tfrac{1}{2}y_1 & + & y_2 & & = & 25 \\
\text{III.} & 0 & + & \tfrac{7}{2}x_2 & - & \tfrac{3}{2}y_1 & & & + y_3 & = & 285.
\end{array}
$$

Aus den angestellten Betrachtungen ergab sich, dass die Variable x_2 (Pivot-Spalte) in die Basis aufgenommen und y_2 (Pivot-Zeile) aus der Basis herausgenommen wird. Der Wert $\frac{1}{2}$ in der zweiten Zeile und zweiten Spalte ist das neue Pivot-Element. Durch äquivalente Zeilenumformungen ist hier eine 1 zu erzeugen und die restlichen Koeffizienten der zweiten Spalte müssen null werden (Einheitsvektor).

Zuerst multipliziert man die zweite Gleichung mit 2:

$$
\begin{array}{lrcrcrcrcrclr}
\text{I.} & x_1 & + & \frac{1}{2}x_2 & + & \frac{1}{2}y_1 & & & & & = & 125 & \\
\text{II.} & 0 & + & \frac{1}{2}x_2 & - & \frac{1}{2}y_1 & + & y_2 & & & = & 25 & \;\cdot 2 \\
\text{III.} & 0 & + & \frac{7}{2}x_2 & - & \frac{3}{2}y_1 & & & + & y_3 & = & 285 &
\end{array}
$$

und subtrahiert das 1/2-fache der zweiten Gleichung von der ersten Gleichung (a) und das 7/2-fache der zweiten Gleichung von der dritten (b).

$$
\begin{array}{lrcrcrcrcrcll}
\text{I.} & x_1 & + & \frac{1}{2}x_2 & + & \frac{1}{2}y_1 & & & & & = & 125 & \text{a) } \mathrm{I} - \frac{1}{2}\cdot\mathrm{II} \\
\text{II.} & 0 & + & x_2 & - & y_1 & + & 2y_2 & & & = & 50 & \\
\text{III.} & 0 & + & \frac{7}{2}x_2 & - & \frac{3}{2}y_1 & & & + & y_3 & = & 285 & \text{b) } \mathrm{III} - \frac{7}{2}\cdot\mathrm{II}
\end{array}
$$

Wir erhalten die neue kanonische Form des Gleichungssystems:

$$
\begin{array}{lrcrcrcrcrcl}
\text{I.} & x_1 & + & 0 & + & \overset{0}{\overbrace{\tfrac{}{}y_1}} & - & \overset{0}{\overbrace{1y_2}} & & & = & 100 \\
\text{II.} & 0 & + & x_2 & - & y_1 & + & 2y_2 & & & = & 50 \\
\text{III.} & 0 & + & 0 & + & 2y_1 & - & 7y_2 & + & y_3 & = & 110
\end{array}
$$

Die Produktionsmengen der beiden Bleche betragen $x_1 = 100\,\text{ME}$ und $x_2 = 50\,\text{ME}$. Die Umsetzung dieses Produktionsprogramms führt zu Kapazitätsengpässen auf den Maschinen M_1 und M_2. Auf Maschine M_3 bleiben $y_3 = 110\,\text{ZE}$ als freie Kapazität erhalten. Der Gesamtdeckungsbeitrag beträgt 1400 GE. Diesen Wert der Zielfunktion erhält man, wenn man die Werte der Variablen in die ursprüngliche Zielfunktion einsetzt:

$$D = 10x_1 + 8x_2 = 10 \cdot 100 + 8 \cdot 50 = 1400.$$

Optimalitätsprüfung

Es ist wieder zu prüfen, ob diese dritte Basislösung optimal ist oder ob sich die Zielfunktion durch Aufnahme der Nicht-Basisvariablen in die Basis verbessert. Hierzu muss die Zielfunktion als Ausdruck der Nicht-Basisvariablen y_1 und y_2 formuliert werden. Die Zielfunktion lautet:

$$D = 3x_2 - 5y_1 + 1250.$$

Man substituiert nun die neue Basisvariable x_2 durch y_1 und y_2 und verwendet hierzu die Gleichung der Pivotzeile:

$$\text{II.} \quad \tfrac{1}{2}x_2 \; - \; \tfrac{1}{2}y_1 \; + \; y_2 \; = \; 25.$$

Durch Umstellung dieser Gleichung nach x_2 und Einsetzen in die Zielfunktion ergibt sich:

$$D = -2y_1 - 6y_2 + 1400.$$

Stopp-Kriterium

In der Zielfunktion sind keine positiven Koeffizienten vorhanden. Damit lässt sich der Zielfunktionswert durch einen erneuten Basistausch nicht mehr verbessern. Die aktuelle Basislösung führt zu einem maximalen Deckungsbeitrag. Da die Zielfunktionskoeffizienten der Nicht-Basisvariablen negativ sind, ist die Lösung eindeutig.

Die optimale Lösung des Maschinenbelegungsproblems lautet $(x_1^*, x_2^*, y_1^*, y_2^*, y_3^*) = (100, 50, 0, 0, 110)$ mit einem maximalen Deckungsbeitrag in Höhe von $D^* = 1400\,\text{GE}$. Um den Deckungsbeitrag zu maximieren sollten also 100 Stück von P1 (Blechteile für die Autoindustrie) und 50 Stück von P2 (Blechteile für das Baugewerbe) hergestellt werden. Maschinen M1 und M2 wären damit voll ausgelastet (Engpass). Auf Maschine M_3 wäre bei Umsetzung dieses Plans noch eine freie Kapazität von $110\,\text{ZE}$ vorhanden.

Auf Maschine M_3 könnten z. B. Wartungsarbeiten durchgeführt werden, ohne dass hierdurch Deckungsbeiträge verloren gehen, sofern die $110\,\text{ZE}$ nicht überschritten werden. Die Opportunitätskosten dieser Wartungsarbeiten in diesem Rahmen wären null, da die Maschine M_3 ohnehin $110\,\text{ZE}$ ungenutzt bleibt. Anders sähe es natürlich aus, wenn die Leerzeit für einen anderen Auftrag verwendet oder verliehen würde. Dann würde die Wartungszeit diese zusätzliche Nutzung verdrängen und die Opportunitätskosten wären positiv.

Würde man auf Maschine M_1 oder M_2 Wartungsarbeiten durchführen, so müsste die Produktionsmenge reduziert werden. Die Höhe der Opportunitätskosten, d. h. die Höhe einer Verringerung des Gesamtdeckungsbeitrags durch diesen erzwungenen Stillstand ist eine wichtige Planungsgröße. Die Bestimmung der Opportunitätskosten erfolgt später im Rahmen der Behandlung von Schattenpreisen.

2.3.3 Simplextableau

Das Optimierungsproblem des Presswerks wird im Folgenden unter Verwendung einer vereinfachenden Tableau-Darstellung gelöst. Das grundsätzliche Vorgehen, die Logik und die Ergebnisse inklusive der Zwischenergebnisse bleiben hierbei unverändert.

Beispiel: Maschinenbelegungsproblem im Presswerk

$$
\begin{aligned}
\text{Max}_x\, D \;=\;& 10x_1 \;+\; 8x_2 \\
\text{u. d. B.} \quad \text{I.} \quad & 2x_1 \;+\; 1x_2 \;+\; y_1 && = 250 \\
\text{II.} \quad & 1x_1 \;+\; 1x_2 && +\; y_2 && = 150 \\
\text{III.} \quad & 3x_1 \;+\; 5x_2 && && +\; y_3 && = 660
\end{aligned}
$$

NNB: $x_1, x_2, y_1, y_2, y_3 \geq 0$.

In einem ersten Schritt wird die Gleichung der Zielfunktion (ZF) durch eine Äquivalenzumformung so formuliert, dass die Variablen links stehen und auf der rechten Seite der Gleichung lediglich die 0 auftaucht:

$$
\text{ZF:}\quad D = 10x_1 + 8x_2 \quad \Leftrightarrow \quad -10x_1 - 8x_2 + D = 0.
$$

Die Zeile ZF wird unter die letzte Kapazitätsrestriktion geschrieben:

$$
\begin{aligned}
\text{Max}_x\, D & \\
\text{u. d. B.} \quad \text{I.} \quad & 2x_1 \;+\; 1x_2 \;+\; y_1 && && && = 250 \\
\text{II.} \quad & 1x_1 \;+\; 1x_2 && +\; y_2 && && = 150 \\
\text{III.} \quad & 3x_1 \;+\; 5x_2 && && +\; y_3 && = 660 \\
\text{ZF} \quad & -10x_1 \;-\; 8x_2 && && && +\; D && = \quad 0
\end{aligned}
$$

NNB: $x_1, x_2, y_1, y_2, y_3 \geq 0$.

Durch diese Umformung ist es gelungen, die Zielfunktion in das kanonische Gleichungssystem zu integrieren. Sie kann nun zusammen mit den Nebenbedingungen durch Äquivalenzumformungen verändert werden. Durch Übertragung der Koeffizienten in ein rechteckiges Schema gelangt man zum sogenannten ersten Simplextableau:

	x_1	x_2	y_1	y_2	y_3	D	b
I.	2	1	1	0	0	0	250
II.	1	1	0	1	0	0	150
III.	3	5	0	0	1	0	660
ZF	−10	−8	0	0	0	1	0

Die grundsätzlich geforderte Nichtnegativitätsbedingung wird hierin nicht aufgeführt. Es entfällt auch der Hinweis, dass es sich um ein Maximierungsproblem handelt, da der Simplex-Algorithmus, ggf. erst nach geeigneter Transformation, immer auf einem Maximierungsproblem basiert.

Der Stückdeckungsbeitrag von Produkt 1 ist im Maschinenbelegungsproblem größer als der Stückdeckungsbeitrag von Produkt 2. Es soll deshalb x_1 zu einer Basisvariablen werden (steilster Anstieg). Die x_1-Spalte wird zur Pivot-Spalte.

Bei $x_1 = 125$ bildet die Maschine M_1 den Engpass der Produktion:

$$
\begin{array}{lllll}
\text{I.} & x_1 & \leq & 250/2 & = & 125 & \leftarrow \\
\text{II.} & x_1 & \leq & 150/1 & = & 150 \\
\text{III.} & x_1 & \leq & 660/3 & = & 220.
\end{array}
$$

Die Zeile 1 wird zur Pivot-Zeile. Im Schnittpunkt der Pivot-Zeile und der Pivot-Spalte liegt das Pivot-Element.

	x_1	x_2	y_1	y_2	y_3	D	b
I.	**2**	1	1	0	0	0	250
II.	1	1	0	1	0	0	150
III.	3	5	0	0	1	0	660
ZF	−10	−8	0	0	0	1	0

/2 ← Pivotzeile

↑ Pivotspalte

Das erste Simplextableau wird mithilfe linearer Zeilenoperationen um das Pivotelement „gedreht", d. h. es wird in der Pivot-Spalte ein Einheitsvektor mit der 1 an der Stelle des Pivotelements erzeugt. Dies erfolgt durch Äquivalenzumformungen entsprechend des Gauß-Algorithmus. In diesem Beispiel wird hierdurch die Variable x_1 (Pivotspalte) neu in die Basis aufgenommen, während die Variable y_1 (Pivotzeile) aus der Basis verschwindet.

Zunächst wird die Pivotzeile durch das Pivotelement dividiert und man erhält die folgende Matrix:

	x_1	x_2	y_1	y_2	y_3	D	b
I.	1	$^1/_2$	$^1/_2$	0	0	0	125
II.	1	1	0	1	0	0	150
III.	3	5	0	0	1	0	660
ZF	−10	−8	0	0	0	1	0

Nach weiteren äquivalenten Zeilenumformungen ...

	x_1	x_2	y_1	y_2	y_3	D	b	
I.	1	$^1/_2$	$^1/_2$	0	0	0	125	
II.	1	1	0	1	0	0	150	II − 1 · Zeile I
III.	3	5	0	0	1	0	660	III − 3 · Zeile I
ZF	−10	−8	0	0	0	1	0	+ 10 · Zeile I

... ergibt sich das zweite Tableau:

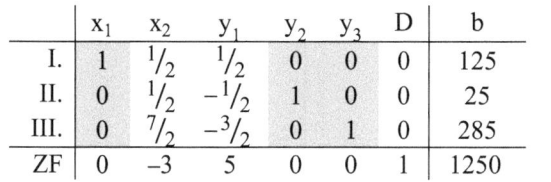

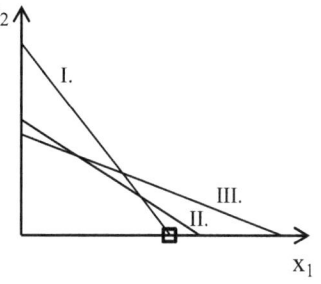

	x_1	x_2	y_1	y_2	y_3	D	b
I.	1	$1/2$	$1/2$	0	0	0	125
II.	0	$1/2$	$-1/2$	1	0	0	25
III.	0	$7/2$	$-3/2$	0	1	0	285
ZF	0	-3	5	0	0	1	1250

Aufgrund der kanonischen Form des Gleichungssystems kann gefolgert werden, dass das Tableau zu einer Ecklösung führt, die wegen der nichtnegativen Koeffizienten auf der rechten Seite auch zulässig ist. Es ist die Optimalität zu prüfen: Aufgrund des negativen Wertes (-3) in der Zielfunktionszeile ist diese Ecklösung noch nicht optimal. Der Wert von -3 ist folgendermaßen zu interpretieren: Der Gesamtdeckungsbeitrag steigt unter Berücksichtigung der Opportunitätskosten um 3 GE pro ME von P2 (Blechteile für das Baugewerbe). Die ausführliche Begründung hierzu erfolgt später.

Deshalb geht der Optimierungsprozess weiter. Erneut wird das Pivotelement bestimmt (2. Zeile und 2. Spalte). Anschließend wird das Tableau um das Pivotelement in der 2. Spalte und 2. Zeile „gedreht". Die Multiplikation der zweiten Zeile mit 2 ...

	x_1	x_2	y_1	y_2	y_3	D	b	
I.	1	$1/2$	$1/2$	0	0	0	125	
II.	0	$1/2$	$-1/2$	1	0	0	25	$\cdot 2$ ← Pivotzeile
III.	0	$7/2$	$-3/2$	0	1	0	285	
ZF	0	-3	5	0	0	1	1250	

↑ Pivotspalte

... führt zu dem folgenden Zwischenergebnis:

	x_1	x_2	y_1	y_2	y_3	D	b	
I.	1	$1/2$	$1/2$	0	0	0	125	$-1/2 \cdot$ Zeile II
II.	0	1	-1	2	0	0	50	
III.	0	$7/2$	$-3/2$	0	1	0	285	$-7/2 \cdot$ Zeile II
ZF	0	-3	5	0	0	1	1250	$+3 \cdot$ Zeile II

Nach äquivalenten Zeilenumformungen ergibt sich das dritte Simplextableau:

	x_1	x_2	y_1	y_2	y_3	D	b
I.	1	0	1	−1	0	0	100
II.	0	1	−1	2	0	0	50
III.	0	0	2	−7	1	0	110
ZF	0	0	2	6	0	1	1400

Dieses Tableau liegt in kanonischer Form vor, die aufgrund der nichtnegativen rechten Seite zu einer zulässigen Ecklösung gehört. Die Koeffizienten der Zielfunktionszeile sind alle nichtnegativ, so dass auch das Optimalitätskriterium erfüllt ist.

Die Koeffizienten der Nicht-Basisvariablen y_1 und y_2 in der Zielfunktionszeile lauten 2 und 6. Da ausnahmslos alle Koeffizienten in der Zielfunktionszeile, die zu den Nicht-Basisvariablen gehören positiv sind, liefert dieses Tableau das eindeutige optimale Produktionsprogramm des Presswerks.

Die optimale Lösung $(x_1^*, x_2^*, y_1^*, y_2^*, y_3^*) = (100, 50, 0, 0, 110)$ führt zu dem maximalen Deckungsbeitrag $D^* = 1400$.

Es sind im Optimum also 100 Bleche für die Automobilindustrie und 50 Bleche für das Baugewerbe zu produzieren. Auf den Maschinen M_1 und M_2 sind keine freien Kapazitäten mehr vorhanden. Hier liegen Kapazitätsengpässe vor. Maschine M_3 besitzt nach Umsetzung des optimalen Produktionsprogramms eine freie Kapazität von 110 ZE. Diese können anderweitig genutzt, ggf. auch verliehen werden.

2.3.4 Allgemeine Darstellungen

Vereinbarung über die Zeilen- und Spaltenkennzeichnung

Bei der Darstellung von Gleichungssystemen sowie den dazu korrespondierenden Matrizen und Vektoren gilt grundsätzlich, dass die Zeilen mit dem Index $i = 1, \ldots, m$ und die Spalten mit dem Index $j = 1, \ldots, n$ belegt werden. Dies gilt insbesondere für das bisher besprochene Maximierungsproblem mit Nebenbedingungen, die in Form von Ungleichung „$\leq$" vorliegen. Dieses Ausgangsproblem wird auch als primales lineares Programm, primales LP oder kurz Primal bezeichnet.

Allgemeine Darstellung des Maschinenbelegungsproblems

Die Produkte $P_1, P_2, \ldots, P_n$ sollen auf den Maschinen $M_1, M_2, \ldots, M_m$ mit den zeitlichen Maschinenkapazitäten $b_1, b_2, \ldots, b_m$ gefertigt werden. Produkt j (j $= 1, 2, \ldots, n$) benötigt zur Produktion auf Maschine M_i (i $= 1, 2, \ldots, m$) die zeitlichen Kapazitäten a_{ij} (i $= 1, 2, \ldots, m$, j $= 1, 2, \ldots, n$). Gesucht ist das optimale Produktionsprogramm, also die Produktionsmengen $x_1, x_2, \ldots, x_n$, die zu einem maximalen Deckungsbeitrag führen, wobei Stückdeckungsbeiträge in Höhe von d_j (j $= 1, 2, \ldots, n$) angenommen werden:

Maschine	Bearbeitungzeit [ZE/ME]			Maschinenkapazität [ZE]
	P_1	$\cdots$	P_n	
M_1	a_{11}		a_{1n}	b_1
$\vdots$	$\vdots$	$\ddots$	$\vdots$	$\vdots$
M_m	a_{m1}		a_{mn}	b_m
Stückdeckungsbeitrag [GE/ME]	d_1	$\cdots$	d_n	

Mathematische Formulierung des Entscheidungsproblems

$$
\begin{array}{rlcccccc}
\text{Max}_x\, D & = & d_1 x_1 & + & d_2 x_2 & \cdots & + & d_n x_n \\
\text{u. d. B.} & & a_{11} x_1 & + & a_{12} x_2 & \cdots & + & a_{1n} x_n & \leq & b_1 \\
& & a_{21} x_1 & + & a_{22} x_2 & \cdots & + & a_{2n} x_n & \leq & b_2 \\
& & \vdots & & \vdots & \ddots & & \vdots & & \vdots \\
& & a_{m1} x_1 & + & a_{m2} x_2 & \cdots & + & a_{mn} x_n & \leq & b_m
\end{array}
$$

NNB: $x_1 \geq 0, x_2 \geq 0, \ldots, x_n \geq 0$.

Die freien Kapazitäten werden durch sogenannte Schlupfvariablen y modelliert. Dadurch werden die Ungleichungen zu Gleichungen:

$$
\begin{array}{rlcccccccccc}
\text{Max}_x\, D & = & d_1 x_1 & + & d_2 x_2 & \cdots & + & d_n x_n \\
\text{u. d. B.} & & a_{11} x_1 & + & a_{12} x_2 & \cdots & + & a_{1n} x_n & + & y_1 & & & = & b_1 \\
& & a_{21} x_1 & + & a_{22} x_2 & \cdots & + & a_{2n} x_n & & & + & y_2 & & = & b_2 \\
& & \vdots & & \vdots & \ddots & & \vdots & & & & & \ddots & & \vdots \\
& & a_{m1} x_1 & + & a_{m2} x_2 & \cdots & + & a_{mn} x_n & & & & & + & y_m & = & b_m
\end{array}
$$

NNB: $x_1 \geq 0, x_2 \geq 0, \ldots, x_n \geq 0, y_1 \geq 0, \ldots, y_m \geq 0$.

In einer kompakteren Form sieht das folgendermaßen aus:

$$
\text{Max}_x\, D = [d_1, d_2, \cdots, d_n, 0, 0, \cdots, 0] \cdot
\begin{bmatrix}
x_1 \\ x_2 \\ \vdots \\ x_n \\ y_1 \\ y_2 \\ \vdots \\ y_m
\end{bmatrix}
$$

$$
\text{u. d. B.}\quad
\begin{bmatrix}
a_{11} & a_{12} & \cdots & a_{1n} & 1 & & & \\
a_{21} & a_{22} & \cdots & a_{2n} & & 1 & & \\
& & \cdots & & & & \ddots & \\
a_{m1} & a_{m2} & \cdots & a_{mn} & & & & 1
\end{bmatrix}
\cdot
\begin{bmatrix}
x_1 \\ x_2 \\ \vdots \\ x_n \\ y_1 \\ y_2 \\ \vdots \\ y_m
\end{bmatrix}
=
\begin{bmatrix}
b_1 \\ b_2 \\ \vdots \\ b_m
\end{bmatrix}
$$

NNB: $\mathbf{x} \geq 0, \mathbf{y} \geq 0$.

Auch das lässt sich noch kürzer schreiben:

$$
\text{Max}_x = \sum_{j=1}^{n} d_j x_j \quad \text{u. d. B.} \quad \sum_{j=1}^{n} a_{ij} x_j + y_i = b_i,\ i = 1, \ldots, m
$$

NNB: $\mathbf{x} \geq 0, \mathbf{y} \geq 0$.

Definitionen

1. Ein Vektor $\binom{x}{y} \in \mathbb{R}^{n+m}$, der die Bedingungen erfüllt, heißt „zulässige Lösung" des linearen Programms.
2. Die Menge der zulässigen Lösungen heißt „zulässiger Bereich".
3. Eine zulässige Lösung, für welche die Zielfunktion maximiert (minimiert) ist, heißt „optimale Lösung" des linearen Programms.

Erste Zulässige Basislösung

In der kanonischen Form des Gleichungssystems gibt es die Basisvariablen $y_1, y_2, \ldots, y_m$ und die Nicht-Basisvariablen $x_1, x_2, \ldots, x_n$. Die kanonische Form liefert eine erste, meist zulässige Basislösung: $y_1^* = b_1, y_2^* = b_2, \ldots, y_m^* = b_m$ und $x_1, x_2, \ldots, x_n = 0$. Der Zielfunktionswert ist für diese Lösung null.

Erste Iteration

a) Man ist an einer Erhöhung von D interessiert. Deshalb prüft man jetzt, ob sich durch Tausch einer (bisherigen) Nicht-Basisvariable gegen eine (bisherige) Basisvariable der Zielfunktionswert verbessern lässt. In diesem Stadium des Lösungsverfahrens ist das i. d. R. der Fall. Solange es Nicht-Basisvariablen mit positiven Parametern in der Zielfunktion gibt, ist eine Verbesserung möglich.

b) Man wählt dann unter den (bisherigen) Nicht-Basisvariablen diejenige aus, die den steilsten Anstieg des Zielfunktionswertes ermöglicht. Die Spalte der neuen Basisvariablen nennt man Pivot-Spalte. Diese (bisherige) Nicht-Basisvariable wird in der nächsten Basislösung die neue Basisvariable.

c) Man setzt die neue Basisvariable auf den maximal möglichen Wert. Hierbei darf keine Variable, auch keine Schlupfvariable negativ werden (unzulässige Lösung). In mindestens einer Zeile des Gleichungssystems (bei mindestens einer Maschine) befindet sich der Engpass. Diese Zeile nennt man Pivot-Zeile. In der Pivot-Zeile gibt es eine (bisherige) Basisvariable. Diese wird im Engpass zu null. Diese (bisherige) Basisvariable wird die neue Nicht-Basisvariable.

d) Im Schnittpunkt der Pivot-Zeile und der Pivot-Spalte liegt das so genannte Pivot-Element. Das Gleichungssystem ist durch elementare Zeilenoperationen so zu transformieren, dass das Pivot-Element zu 1 wird und die anderen Werte der Pivot-Spalte zu 0. Damit wird die Pivot-Spalte zu einem Einheitsvektor. Die Variable der Pivot-Spalte gelangt in die Basis. Gleichzeitig wird eine bisherige Basisvariable zu einer Nicht-Basisvariablen. Hier verschwindet der Einheitsvektor. Durch diesen sogenannten Basistausch liegt das Gleichungssystem in einer veränderten kanonischen Form vor.

e) Da die Zielfunktion mit in die Umformung einbezogen wurde, verschwindet hier die neue Basisvariable. Die Zielfunktion wird im neuen Tableau nur noch in Abhängigkeit der neuen Nichtbasisvariablen dargestellt.

Weitere Iteration

Wiederum prüft man jetzt, ob sich durch einen Basistausch, also Tausch einer (bisherigen) Nicht-Basisvariable gegen eine (bisherige) Basisvariable, der Zielfunktionswert verbessern lässt. Solange es Nicht-Basisvariablen mit positiven Parametern in der Zielfunktion gibt bzw. negative Koeffizienten in der Zielfunktionszeile des Simplex-Tableaus, ist eine Verbesserung möglich.

Stopp-Kriterium

Wenn sich in der Zielfunktion keine Nicht-Basisvariable mit positiven Parametern mehr befindet, ist das Maximum erreicht (Stopp-Bedingung). Sind all diese Parameter negativ, so ist die optimale Lösung eindeutig.

Die bisherigen Ausführungen gehen davon aus, dass das lineare Programm als sogenanntes Standard-Max-Problem vorliegt, d. h. dass die Zielfunktion zu maximieren ist und
die Nebenbedingungen als Ungleichungen mit der Relation „$\leq$" vorliegen.

Dies ist jedoch keine echte Einschränkung. Das Ziel, eine Funktion Z zu minimie-
ren ist äquivalent zum Ziel, die mit -1 multiplizierte Zielfunktion $-Z$ zu maximieren.
Entsprechend kann durch Multiplikation mit -1 das Relationszeichen einer Bedingung
(Restriktion) umgedreht werden.

Manchmal liegen Nebenbedingungen als Gleichung vor, was zunächst ein Problem
ist. Doch kann man Gleichungen durch zwei Ungleichungen äquivalent darstellen. Das
Vorgehen wird am nachfolgenden Beispiel gezeigt.

Beispiel: Überführung in ein Standard-Max-Problem

Gegeben ist das folgende Minimierungsproblem:

$$
\begin{aligned}
\text{Min}_x Z \;&=\; 250x_1 \;+\; 150x_2 \\
\text{u.d.B.} \quad \text{I.} \quad & \quad 2x_1 \;+\; 1x_2 \;\geq\; 10 \\
\text{II.} \quad & \quad 1x_1 \;+\; 1x_2 \;=\; 8
\end{aligned}
$$

NNB: $\mathbf{x} \geq 0$.

Um dieses Minimierungsproblem in ein Maximierungsproblem umzuwandeln, werden die
Zielfunktion und die erste Restriktion mit -1 multipliziert. Die zweite Restriktion (Gleichung) wird durch zwei Ungleichungen II.a und II.b äquivalent dargestellt. Die Nichtnegativitätsbedingung bleibt unverändert.

$$
\begin{aligned}
\text{Max}_x -Z \;&=\; -250x_1 \;-\; 150x_2 \\
\text{u.d.B.} \quad \text{I.} \quad & -2x_1 \;-\; 1x_2 \;\leq\; -10 \\
\text{II.a} \quad & \quad 1x_1 \;+\; 1x_2 \;\leq\; 8 \\
\text{II.b} \quad & \quad 1x_1 \;+\; 1x_2 \;\geq\; 8
\end{aligned}
$$

NNB: $\mathbf{x} \geq 0$.

Um nun die Überführung zum Standard-Max-Problem abzuschließen, muss noch die Restriktion II.b mit -1 multipliziert werden:

$$
\begin{aligned}
\text{Max}_x -Z \;&=\; -250x_1 \;-\; 150x_2 \\
\text{u.d.B.} \quad \text{I.} \quad & -2x_1 \;-\; 1x_2 \;\leq\; 10 \\
\text{II.a} \quad & \quad 1x_1 \;+\; 1x_2 \;\leq\; 8 \\
\text{II.b} \quad & -1x_1 \;-\; 1x_2 \;\leq\; -8
\end{aligned}
$$

NNB: $\mathbf{x} \geq 0$.

2.3.5 Schattenpreise

Ausgangspunkt ist das optimale Simplextableau (Lösungstableau) des Maschinenbelegungsproblems:

	x_1	x_2	y_1	y_2	y_3	D	b
I.	1	0	1	-1	0	0	100
II.	0	1	-1	2	0	0	50
III.	0	0	2	-7	1	0	110
ZF	0	0	2	6	0	1	1400

Es können aus dem Tableau wichtige Steuerungsinformationen gewonnen werden:

Man erkennt die Produktionsmengen $(x_1^*, x_2^*) = (100, 50)$ des Presswerks, die den Deckungsbeitrag maximieren.

Die optimalen Werte der Schlupfvariablen $(y_1^*, y_2^*, y_3^*) = (0, 0, 110)$ entsprechen den freien Kapazitäten auf den Maschinen M_1, M_2 bzw. M_3 bei Umsetzung des optimalen Produktionsprogramms:

- Auf Maschine M_3 besteht kein Engpass ($y_3^* = 110$), so dass sich eine Verringerung der maximalen Kapazität von M_3 zunächst nicht auf das optimale Produktionsprogramm auswirkt und der Deckungsbeitrag unverändert bleibt.
- Auf den Maschinen M_1 und M_2 sind keine freien Kapazitäten mehr vorhanden ($y_1^* = 0$, $y_2^* = 0$). Liegt ein solcher Kapazitätsengpass vor, so wird eine Verringerung der maximal verfügbaren Kapazität im allgemeinen zu einem Rückgang des maximalen Deckungsbeitrags führen.

Der Rückgang des maximalen Deckungsbeitrages bei einer Verringerung der Kapazität kann ebenfalls aus dem optimalen Tableau abgelesen werden, wie nachfolgend gezeigt wird.

Eine Kapazitätsverringerung auf Maschine M_1 um eine Zeiteinheit kann im Lösungstableau modelliert werden, indem für den Wert der Schlupfvariable y_1 statt einer 0 der Wert 1 gewählt wird. Dies entspricht der Entscheidung, ein Produktionsprogramm zu wählen, bei dem eine freie Kapazitätseinheit z. B. für anstehende Wartungsarbeiten reserviert wird. Der Deckungsbeitrag D würde sich hierdurch um 2 Geldeinheiten verringern, wie auf Basis der transformierten Zielfunktionsgleichung deutlich wird:

$$2 \overset{+1}{\overbrace{y_1}} + 6 \overset{0}{\overbrace{y_2}} + \overset{-2}{\overbrace{D}} = 1400.$$

Die gleiche Überlegung kann man nun auch für die Maschine M_2 anstellen. Die Verringerung des Deckungsbeitrags bei einer Verringerung der Maschinenkapazität bei Maschine

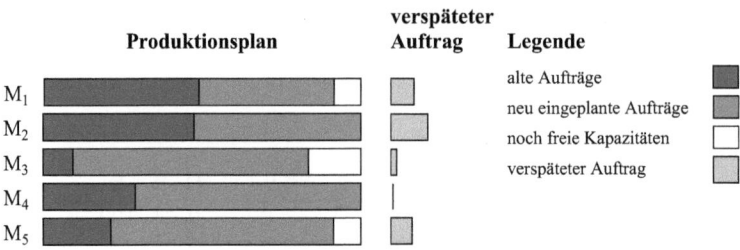

Abb. 2.1 Auftragseinplanung

M_2 um eine Zeiteinheit ergibt sich wieder aus der Zielfunktion:

$$2 \overbrace{y_1}^{0} + 6 \overbrace{y_2}^{+1} + \overbrace{D}^{-6} = 1400.$$

Hier würde sich der Deckungsbeitrag um 6 Geldeinheiten verringern.

Diese sogenannten Schattenpreise geben die Opportunitätskosten der Maschinenkapazität an: Das ist der Deckungsbeitrag, den man verliert, weil man die Kapazität auf den jeweiligen Wert begrenzt hat. Der Schattenpreis einer Kapazitätseinheit von Maschine M_1 beträgt 2 Geldeinheiten, der von Maschine M_2 6 Geldeinheiten. Der Schattenpreis einer Kapazitätseinheit von Maschine M_3 ist gleich null. Eine Erhöhung der Produktion würde auf M_3 keine andere Produktion verdrängen. Die Schattenpreise einer Kapazitätseinheit können direkt aus der Zielfunktionszeile des optimalen Tableaus abgelesen werden.

Analog lässt sich auch eine Kapazitätserhöhung im Lösungstableau modellieren, indem die Nichtnegativitätsbedingung entspannt wird und für die Schlupfvariable y_1 bzw. y_2 statt 0 der Wert -1 gewählt wird. Die Schattenpreise lassen sich in der Zielfunktionszeile des Lösungstableaus ablesen.

Die Schattenpreise stellen somit den Wert der Kapazitäten pro Kapazitätseinheit im Optimum dar. Man bezeichnet die Schattenpreise auch als „Dualwerte".

Stellen wir uns die Situation einer Auftragseinplanung vor, die jeden Montagmorgen stattfindet (Abb. 2.1). Die Maschinen sind mit Altaufträgen, die in der letzten Woche eingeplant wurden, bereits teilweise belegt. Am Anfang der neuen Woche werden in die freien Zeitfenster neue Aufträge gelegt. Hierzu wird das Simplexverfahren angewendet.

Nachdem alle vorliegenden Aufträge am Montag der aktuellen Woche eingeplant wurden, kommt am Dienstagmorgen ein weiterer verspäteter Auftrag hinein. Der Maschinenzeitbedarf dieses verspäteten Auftrags ist in Abb. 2.1 dargestellt. Wenn man diesen verspäteten Auftrag noch in die Produktionswoche hineinnehmen würde, dann käme es zu einer zeitlichen Kollision auf Maschine 2.

Es müssten dann aktuell eingeplante Aufträge verdrängt werden, um Platz auf der Maschine M_2 zu machen. In einer postoptimalen Berechnung wird ermittelt, ob der zusätzliche Deckungsbeitrag des neuen Auftrags die Kosten der Verdrängung aktuell eingeplanter

Aufträge übersteigt. Wenn das der Fall ist, dann sollte man den verspäteten Auftrag noch einplanen.

Doch was sind die Kosten der Verdrängung? Die Situation gleicht einer Reduzierung der verfügbaren Kapazität der zweiten Maschine. Der Schattenpreis von M_2 gibt die Reduzierung des Deckungsbeitrags durch die Verringerung der verfügbaren Kapazität von M_2 um eine Einheit an. Wenn der Schattenpreis von M_2 mit der Zeit t multipliziert wird, die den Zeitbedarf des verspäteten Auftrags auf Maschine M_2 angibt, dann erhält man die Kosten der Verdrängung aktuell eingeplanter Aufträge (bis zur nächsten Ecklösung).

In der postoptimalen Rechnung ist also Folgendes zu berechnen:

(zusätzlicher Deckungsbeitrag durch verspäteten Auftrag) − (t · Schattenpreis von M_2).

Analog ist die Sache zu betrachten, wenn aus dem Markt Angebote vorliegen, einen Teil der Kapazitäten zu mieten. Der Mietpreis wird pro Maschinenstunde angegeben. Bei Maschine M_3 beträgt der Schattenpreis null (Abb. 2.1). Hier hätte man sicherlich einen Anreiz, die freie Kapazität anderweitig zu vermieten. Das würde einen zusätzlichen Deckungsbeitrag pro Maschinenstunde in Höhe des Mietpreises einfahren.

Bei Engpässen werden wir uns nur dann für die stundenweise Vermietung entscheiden, wenn der Mietpreis höher ist als der Schattenpreis. So könnten wir höhere Deckungsbeiträge erhalten. Bleiben andere mögliche Einflussgrößen auf die Entscheidung unberücksichtigt, dann fährt man die eigene Produktion solange zurück, wie der Schattenpreis unter dem Mietpreis liegt.

2.3.6 Sonderfälle

Nicht immer existiert für ein lineares Programm eine eindeutige Lösung.

Beispiel: Mehrfachlösung

$$\begin{aligned} \text{Max}_x Z \quad &= \quad x_1 \quad + \quad 2x_2 \\ \text{u. d. B.} \quad \text{I.} \quad &\quad x_1 \quad + \quad x_2 \quad \leq \quad 200 \\ \text{II.} \quad &\quad x_1 \quad + \quad 2x_2 \quad \leq \quad 250 \end{aligned}$$

NNB: $\mathbf{x} \geq 0$.

Man startet mit dem Ausgangstableau (Tableau 1) und nach Anwendung des Simplex-Algorithmus ergibt sich das Tableau 2:

Tableau 1	x_1	x_2	y_1	y_2	Z	b
I.	1	1	1	0	0	200
II.	1	2	0	1	0	250
ZF	−1	−2	0	0	1	0

Tableau 2	x_1	x_2	y_1	y_2	Z	b
I.	0,5	0	1	−0,5	0	75
II.	0,5	1	0	0,5	0	125
ZF	0	0	0	1	1	250

Das Tableau 2 erfüllt das Optimalitätskriterium. Die zugehörige optimale Ecklösung $(x_1^*, x_2^*, y_1^*, y_2^*) = (0, 125, 75, 0)$ führt zu einem Zielfunktionswert in Höhe von 250. Die Nicht-Basisvariable x_1 besitzt allerdings den Zielfunktionskoeffizienten 0, d. h. die Variable x_1 könnte mit einem Wert größer als 0 angesetzt werden, ohne dass sich die Zielfunktion verändert. Die optimale Lösung ist also nicht eindeutig. Durch einen weiteren Schritt im Simplexalgorithmus, bei dem die Variable x_1 in die Basis aufgenommen wird und y_1 zur Nicht-Basisvariable wird, ergibt sich das folgende Tableau:

Tableau 3	x_1	x_2	y_1	y_2	Z	b
I.	1	0	2	−1	0	150
II.	0	1	−1	1	0	50
ZF	0	0	0	1	1	250

Die neue optimale Ecklösung mit einem Zielfunktionswert in Höhe von ebenfalls 250 lautet: $(x_1^*, x_2^*, y_1^*, y_2^*) = (150, 50, 0, 0)$.

Es sind also zwei Ecklösungen optimal. Beide führen zu einem Zielfunktionswert von 250. Sie sind gleichwertig. Die Menge der optimalen Lösungen L entspricht der Konvexkombination der beiden optimalen Ecklösungen.

$$L = \left\{ \left(x_1^*, x_2^*, y_1^*, y_2^*\right) = \lambda \underbrace{(0, 125, 75, 0)}_{\text{Tableau 2}} + (1-\lambda) \underbrace{(150, 50, 0, 0)}_{\text{Tableau 3}} \text{ mit } \lambda \in [0, 1] \right\}.$$

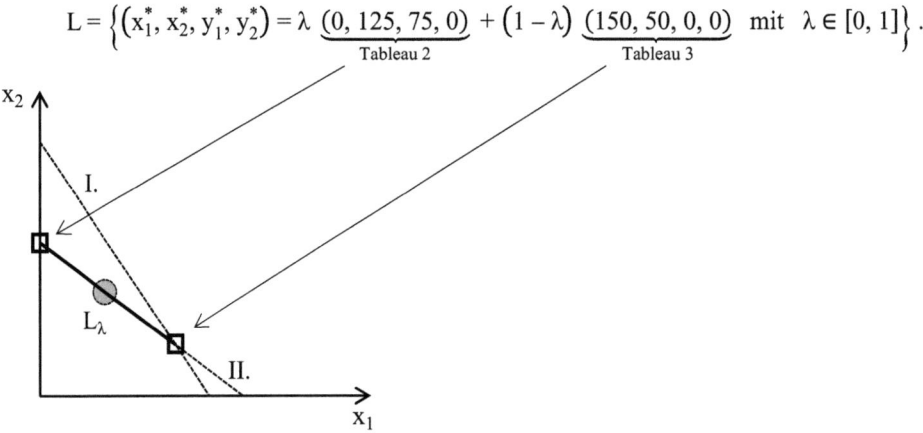

An den Lösungstableaus 2 und 3 kann man die Schattenpreise ablesen (Zielfunktionszeile): Maschine M_1 besitzt in beiden Lösungen einen Schattenpreis von 0 und Maschine M_2 einen von 1.

Verwundern muss an dieser Stelle der Schattenpreis von M_1 im Lösungstableau 3. Obwohl M_1 hier ausgelastet ist, betragen die Opportunitätskosten der Kapazitätsnutzung 0, als wären freie Fertigungszeiten vorhanden. Das ist in folgender Weise auch der Fall: Setzt man λ z. B. auf 20 %, dann erzeugt man eine Produktkombination, welche zu 20 % aus dem Programm gemäß Tableau 2 und zu 80 % aus dem Programm gemäß Tableau 3 besteht. Es gibt dann freie Kapazitäten auf M_1. Insofern ist in Tableau 3 zwar die Maschine M_2 voll ausgelastet, es handelt sich aber nicht um einen Engpass, da man ohne Verzicht auf Deckungsbeiträge oder Opportunitätskosten Kapazitäten auf M_1 durch eine Sortimentverschiebung frei machen kann. Man muss nur ein $\lambda > 0$ wählen.

2.4 Das Mietpreisproblem

2.4.1 Primal und Dual

Angenommen, ein Marktteilnehmer will die Kapazitäten des Presswerks zu möglichst niedrigen Kosten mieten. Für diesen Marktteilnehmer stellt sich die Frage, welche Mietpreise er dem Presswerk für Kapazitätseinheiten der Maschinen M_1, M_2 und M_3 jeweils anbieten soll. Diese Mietpreise sollen u_1, u_2 und u_3 genannt werden. Wenn die Gesamtkapazitäten zu diesen Preisen gemietet werden, dann ergeben sich die folgenden Mietkosten: $K = 250u_1 + 150u_2 + 660u_3$.

Dem Presswerk entstehen Opportunitätskosten, wenn es dem Markt seine Kapazitäten zur Verfügung stellt: Es kann die Kapazitäten nicht mehr für die eigene Produktion verwenden und verliert den entsprechenden Deckungsbeitrag. Das Presswerk wird deshalb verlangen, dass die Erträge aus der Vermietung mindestens den Opportunitätskosten entsprechen. Aus diesen grundsätzlichen Gedanken heraus werden im Folgenden die Nebenbedingungen des dualen Optimierungsproblems entwickelt.

Zur Herstellung einer Blecheinheit für die Automobilindustrie ($x_1 = 1$) werden auf den Maschinen M_1, M_2 und M_3 Kapazitäten in Höhe von 2 ZE/ME, 1 ZE/ME bzw. 3 ZE/ME beansprucht. Das Presswerk wird diese Kapazitäten nur dann zur Verfügung stellen, wenn der hierdurch entgangene Stückdeckungsbeitrag in Höhe von 10 GE/ME durch den Mietpreis kompensiert wird: $2u_1 + 1u_2 + 3u_3 \geq 10$.

Analoges gilt, wenn man die Herstellung einer Blecheinheit für die Bauindustrie ($x_2 = 1$) betrachtet: $1u_1 + 1u_2 + 5u_3 \geq 8$.

Der Mietinteressent will einen Mietvertrag abschließen, versucht aber, die Mietkosten so gering wie möglich auszuhandeln. Er muss das folgende lineare Programm lösen:

$$
\begin{aligned}
\text{Min}_u\, K \;=&\; 250u_1 \;+\; 150u_2 \;+\; 660u_3 \\
\text{u. d. B.} \quad \text{I.} \quad & 2u_1 \;+\; 1u_2 \;+\; 3u_3 \;\geq\; 10 \\
\text{II.} \quad & 1u_1 \;+\; 1u_2 \;+\; 5u_3 \;\geq\; 8 \\
\text{NNB:} \quad & \mathbf{u} \geq 0.
\end{aligned}
$$

Nach Multiplikation der Zielfunktion und der Nebenbedingungen mit -1 erhält man das äquivalente Standard-Max-Problem:

$$
\begin{array}{llrclrclrcl}
\text{Max}_u\ -K & = & -250u_1 & - & 150u_2 & - & 660u_3 \\
\text{u.\,d.\,B.} & \text{I.} & -2u_1 & - & 1u_2 & - & 3u_3 & \leq & -10 \\
& \text{II.} & -1u_1 & - & 1u_2 & - & 5u_3 & \leq & -8
\end{array}
$$

NNB: $\mathbf{u} \geq 0$.

Die Ungleichungen werden durch Addition nichtnegativer Schlupfvariablen v_1 und v_2 zu Gleichungen umgeformt. Hieraus ergibt sich das folgende Simplextableau des Mietpreis-problems:

	u_1	u_2	u_3	v_1	v_2	$-K$	b
I.	-2	-1	-3	1	0	0	-10
II.	-1	-1	-5	0	1	0	-8
ZF	250	150	660	0	0	1	0

Es fallen verschiedene Dinge auf: Zunächst sieht das Mietpreisproblem aus wie ein „gekipptes" Maschinenbelegungsproblem:

	x_1	x_2	y_1	y_2	y_3	D	b
I.	2	1	1	0	0	0	250
II.	1	1	0	1	0	0	150
III.	3	5	0	0	1	0	660
ZF	-10	-8	0	0	0	1	0

Die Zahlen im Beschränkungsvektor des Mietpreisproblems $\binom{10}{8}$ findet sich im Maschinenbelegungsproblem in der Zielfunktionszeile. Anderseits sind die Koeffizienten der Zielfunktionszeile des Mietpreisproblems (250 150 660) nun im Beschränkungsvektor des Maschinenbelegungsproblems zu sehen. Es besteht offensichtlich ein enger Zusammenhang zwischen beiden Fragestellungen. Bezeichnen wir das Maschinenbelegungsproblem als primales Programm (kurz Primal), dann ist das Mietpreisproblem das dazugehörige duale Programm (kurz Dual). In Abb. 2.2 werden beide Probleme gegenüber gestellt.

Man kann das Folgende beobachten:

- Den Mietpreisrestriktionen des Duals stehen Stückdeckungsbeiträge in der Zielfunktion des Primals gegenüber.
- Den Kapazitätskosten in der Zielfunktion des Duals stehen Kapazitätsrestriktionen des Primals gegenüber.
- Die (2×3) Koeffizientenmatrix des Duals entspricht der Transponierten des Primals.
- Den zu minimierenden Kosten steht der zu maximierende Deckungsbeitrag gegenüber.
- Das Relationszeichen der Bedingungen dreht sich um:
  Nur ausreichend hohe Preise führen zur Miete von Kapazitäten: „$\geq$".
  Nur hinreichend kleine Mengen sind mit den Kapazitäten produzierbar: „$\leq$".

Maschinenbelegungsproblem (Primal)	Mietpreisproblem (Dual)
$\text{Max}_x\ D = \begin{bmatrix} 10 & 8 \end{bmatrix} \cdot x$	$\text{Min}_u\ K = \begin{bmatrix} 250 & 150 & 660 \end{bmatrix} \cdot u$
u.d.B. $\begin{pmatrix} 2 & 1 \\ 1 & 1 \\ 3 & 5 \end{pmatrix} \cdot \begin{pmatrix} x_1 \\ x_2 \end{pmatrix} \leq \begin{pmatrix} 250 \\ 150 \\ 660 \end{pmatrix}$	u.d.B. $\begin{pmatrix} 2 & 1 & 3 \\ 1 & 1 & 5 \end{pmatrix} \cdot \begin{pmatrix} u_1 \\ u_2 \\ u_3 \end{pmatrix} \geq \begin{pmatrix} 10 \\ 8 \end{pmatrix}$
NNB: $\mathbf{x} \geq 0$	NNB: $\mathbf{u} \geq 0$

Abb. 2.2 Primal-Dual

2.4.2   Lösungswege des Mietpreisproblems

Das Mietpreisproblem erfüllt das Optimalitätskriterium, da die Koeffizienten in der Zielfunktionszeile positiv sind. Aber: Die zugehörige Basislösung des Mietpreisproblems ist unzulässig, da $v_1 = -10$ und $v_2 = -8$ beide gegen die Nichtnegativitätsbedingung verstoßen. Daher lässt sich aus dem zugehörigen Starttableau nicht direkt eine zulässige Lösung ablesen.

	u_1	u_2	u_3	v_1	v_2	$-K$	b
I.	-2	-1	-3	1	0	0	-10
II.	-1	-1	-5	0	1	0	-8
ZF	250	150	660	0	0	1	0

Es gibt aber zwei Wege, das Mietpreisproblem zu lösen. In dem bisher behandelten Simplexalgorithmus ging man davon aus, dass eine zulässige Basislösung als Startpunkt bereits vorliegt. Das ist hier aber nicht der Fall. Deshalb muss ein Startpunkt gesucht werden. Es muss also eine ergänzende Programmphase dem eigentlichen Simplexalgorithmus vorgeschaltet werden. Ziel dieser vorgeschalteten Phase ist es, eine zulässige Basislösung zu finden. Der Weg wird nachfolgend skizziert und im nächsten Abschnitt ausführlich behandelt:

Mithilfe eines modifizierten Simplexalgorithmus werden in der vorgeschalteten Programmphase alle Variablen mit negativen Werten aus der Basis entfernt und durch Variablen mit nichtnegativen Werten ersetzt. Aufgabe ist es hier also nicht, eine Zielfunktion zu maximieren. Vielmehr führt man solange einen Basistausch durch, bis ein zulässiger Eckpunkt erreicht ist. In der vorgeschalteten Phase werden daher die Pivotelemente so gewählt, dass die negativen Werte im Begrenzungsvektor sukzessive verschwinden.

Wie im nächsten Abschnitt ausgeführt wird, erhält man im Ergebnis das folgende Tableau des Mietpreisproblems:

	u_1	u_2	u_3	v_1	v_2	$-K$	b
I.	1	0	-2	-1	1	0	2
II.	0	1	7	1	-2	0	6
ZF	0	0	110	100	50	1	-1400

Dieses beschreibt eine Lösung, die sowohl zulässig als auch optimal ist.

Der direkte Vergleich mit dem optimalen Tableau des Maschinenbelegungsproblems zeigt die in Abb. 2.2 aufgeführten Strukturanalogien:

Primal: Maschinenbelegungsproblem

x_1	x_2	y_1	y_2	y_3	D	b
1	0	1	-1	0	0	100
0	1	-1	2	0	0	50
0	0	2	-7	1	0	110
0	0	2	6	0	1	1400

Dual: Mietpreisproblem

u_1	u_2	u_3	v_1	v_2	$-K$	b
1	0	-2	-1	1	0	2
0	1	7	1	-2	0	6
0	0	110	100	50	1	-1400

1. Die minimalen Kosten des Anbieters bei Übernahme der gesamten Kapazitäten stimmen mit dem maximal erzielbaren Deckungsbeitrag des Presswerks überein.
2. Die optimalen Mietpreise entsprechen den Schattenpreisen im Maschinenbelegungsproblem.
3. Die optimalen Produktionsmengen des Maschinenbelegungsproblems stimmen mit den Koeffizienten der Schlupfvariablen in der Zielfunktionszeile des Mietpreisproblems überein.

Das erlaubt einen wichtigen Schluss:

Das Mietpreisproblem erzeugt ein unzulässiges Ausgangstableau, das nicht als Startpunkt für den Algorithmus taugt. Um dennoch zu der Lösung des Mietpreisproblems (Dual) zu gelangen, kann man auf zwei Wegen vorgehen:

a) Man schaltet vor den Simplexalgorithmus eine Phase, in der eine geeignete Basis gesucht wird, von der aus man den Algorithmus starten kann.
b) Man löst das korrespondierende Maschinenbelegungsproblem (Primal). Das Lösungstableau des Maschinenbelegungsproblems kann dann verwendet werden, um die Lösung des Mietpreisproblems aus der Zielfunktionszeile abzulesen.

2.4.3   Suche nach einer Startbasis im Mietpreisproblem

In dem aktuellen Beispiel wählt man die erste Nebenbedingung als Pivotzeile aus, da die zugehörige Basisvariable mit $v_1 = -10$ den kleinsten negativen Wert besitzt.

	u_1	u_2	u_3	v_1	v_2	$-K$	b	
I.	-2	-1	-3	1	0	0	-10	←
II.	-1	-1	-5	0	1	0	-8	
ZF	250	150	660	0	0	1	0	
	↑	↑	↑					

Damit der neue Wert des Begrenzungsvektors positiv ist, muss ein negatives Pivotelement gewählt werden. Grundsätzlich kommen hierzu die ersten drei Elemente mit den Werten -2, -1 bzw. -3 in Frage. Wählt man das erste Element -2 als Pivotelement aus, so ergibt sich das folgende Tableau:

	u_1	u_2	u_3	v_1	v_2	$-K$	b	
I.	1	0,5	1,5	$-0,5$	0	0	5	
II.	0	$-0,5$	$-3,5$	$-0,5$	1	0	-3	←
ZF	0	25	285	125	0	1	-1250	
		↑	↑	↑				

Dieses Tableau ist wegen $v_2 = -3$ weiterhin nicht zulässig.

Die erneute Wahl der Pivotzeile ist eindeutig, da der Begrenzungsvektor genau einen negativen Wert besitzt. Die Auswahl der Pivotspalte ist nicht offensichtlich: Der Wert des Pivotelements in der zweiten Zeile muss negativ sein. Diese Bedingung erfüllen die Elemente mit den Werten $-0,5$, $-3,5$ und $-0,5$. In Abhängigkeit der Wahl des Pivotelements ergeben sich unterschiedliche Folgetableaus, wie in Abb. 2.3 aufgeführt:

a) In dem oberen Tableau wurde die zweite Zeile durch $-0,5$ dividiert (Pivotelement) und dann mithilfe linearer Zeilenoperationen in der 4. Spalte der Einheitsvektor erzeugt.

b) In dem mittleren Tableau wurde die zweite Zeile durch $-3,5$ dividiert (Pivotelement) und dann mithilfe linearer Zeilenoperationen in der 3. Spalte der Einheitsvektor erzeugt.

c) In dem unteren Tableau wurde die zweite Zeile durch $-0,5$ dividiert (Pivotelement) und dann mithilfe linearer Zeilenoperationen in der 2. Spalte der Einheitsvektor erzeugt.

Würde die 3. oder 4. Spalte zum Pivotieren gewählt, so wäre jeweils die Optimalitätsbedingung nicht erfüllt und es müsste noch eine zulässige und optimale Lösung bestimmt werden. Die Wahl der 2. Spalte ist am besten geeignet, da hierdurch nicht nur eine zulässige Basislösung gefunden wird, um den Simplexalgorithmus zu starten, sondern gleichzeitig das Optimalitätskriterium erfüllt und damit das Problem gelöst ist: Die optimalen, d. h. kostenminimalen Preise, die der Mietinteressent für jede Zeiteinheit von M_1, M_2 bzw. M_3 anbieten müsste, betragen 2 GE/ME, 6 GE/ME bzw. 0 GE/ME. Die Mietkosten betragen dann 1400 GE.

Wahl der Pivotspalte	Folgetableau						

Spalte 4	u_1	u_2	u_3	v_1	v_2	$-K$	b
	1	1	5	0	−1	0	8
	0	1	7	1	−2	0	6
	0	−100	−590	0	250	1	−2000

Spalte 3	u_1	u_2	u_3	v_1	v_2	$-K$	b
	1	0,29	0	−0,71	0,43	0	3,71
	0	0,14	1	0,14	−0,29	0	0,86
	0	−15,71	0	84,29	81,43	1	−1494,29

Spalte 2	u_1	u_2	u_3	v_1	v_2	$-K$	b
	1	0	−2	−1	1	0	2
	0	1	7	1	−2	0	6
	0	0	110	100	50	1	−1400

Abb. 2.3 Folgetableaus

2.4.4   Lösung des Mietpreisproblems (Dual) durch das Primal

Die Lösungen des Maschinenbelegungsproblems und des Mietpreisproblems sind in den folgenden Tableaus enthalten.

Primal: Maschinenbelegung

x_1	x_2	y_1	y_2	y_3	D	b
1	0	1	−1	0	0	100
0	1	−1	2	0	0	50
0	0	2	−7	1	0	110
0	0	2	6	0	1	1400

Dual: Mietpreis

u_1	u_2	u_3	v_1	v_2	$-K$	b
1	0	−2	−1	1	0	2
0	1	7	1	−2	0	6
0	0	110	100	50	1	−1400

Die Beziehungen zwischen den Produktmengen, den freien Kapazitäten, den Mietpreisen und den Opportunitätskosten sind folgendermaßen:

$y_i^* > 0 \implies u_i^* = 0$ Sind an Maschine M_i noch freie Kapazitäten vorhanden ($y_i > 0$), so entstehen dem Presswerk zunächst keine Opportunitätskosten, wenn Kapazitäten dem Marktteilnehmer zur Verfügung gestellt werden. Der minimal denkbare Angebotspreis des Mietinteressenten ist null ($u_i = 0$).

$u_i^* > 0 \implies y_i^* = 0$ Bietet der Mietinteressent einen Preis größer als null ($u_i > 0$), so kann geschlossen werden, dass dem Presswerk durch die Bereitstellung der Kapazität Opportunitätskosten entstehen. Dies ist aber nur der Fall, wenn auf der Maschine ein Kapazitätsengpass vorliegt ($y_i = 0$).

Es lässt sich zeigen, dass die Beziehungen zwischen Primal und Dual, die im Beispiel aufgezeigt wurden, immer gültig sind. Nachfolgend werden einige Merkmale von Primalen und Dualen zusammenfassend aufgelistet:

- Jedem primalen linearen Programm lässt sich in eindeutiger Weise ein duales Programm zuordnen und umgekehrt (Symmetrie).
- Das Dual des Duals ist das Primal.
- Besitzen Primal und Dual zulässige Lösungen, so besitzen sie auch optimale Lösungen.
- Existiert für das Primal eine optimale Lösung, so existiert auch eine für das Dual, und umgekehrt. Die optimalen Zielfunktionswerte stimmen in diesem Fall überein:

$$D^{Max} = K^{Min}.$$

- Die Lösung des Primals beinhaltet dann die Lösung des Duals und umgekehrt. Die Schattenpreise des Primals entsprechen den optimalen Werten der Entscheidungsvariablen des Duals und umgekehrt.
- Den Variablen des Primals stehen die Variablen des Duals gegenüber:

$$
\begin{array}{ccccc}
& \text{Primal} & & \text{Dual} & \\
\text{Entscheidungsvariable} & \begin{pmatrix} x_1 \\ \vdots \\ x_n \end{pmatrix} & \leftrightarrow & \begin{pmatrix} v_1 \\ \vdots \\ v_n \end{pmatrix} & \text{Schlupfvariable} \\
\text{Schlupfvariable} & \begin{pmatrix} y_1 \\ \vdots \\ y_m \end{pmatrix} & \leftrightarrow & \begin{pmatrix} u_1 \\ \vdots \\ u_m \end{pmatrix} & \text{Entscheidungsvariable.}
\end{array}
$$

Die Dualität lässt sich für verschiedene Zwecke nutzen:

1. Liegt ein sogenanntes Standard-Min-Problem vor, d. h. die Zielfunktion ist zu minimieren und die Nebenbedingungen liegen als Größer-gleich-Relation vor, so ist das zugehörige duale lineare Programm ein Standard-Max-Problem und der bisher behandelte Simplexalgorithmus kann zur Lösung verwendet werden.
2. Da das Dual des Duals wieder das Primal ist, kann basierend auf dem behandelten Simplexalgorithmus eine Regel zur Auswahl des Pivotelements für den Fall abgeleitet werden, dass die Zulässigkeitsbedingung verletzt ist.
3. Die rechentechnischen Schwierigkeiten nehmen stärker mit der Anzahl der Nebenbedingungen zu als mit der Anzahl der Variablen. Deshalb kann es sinnvoll sein, ein Primal in ein Dual zu „kippen" und das Dualproblem zu lösen.

Das Preisproblem des Mietinteressenten kann auf Basis des dualen Programms gelöst werden. Das Dual des Mietpreisproblems ist das Maschinenbelegungsproblem des Presswerks, dessen Lösung bereits dargestellt wurde. Die korrekte Interpretation der Lösung des Maschinenbelegungsproblems führt zur Lösung des Mietpreisproblems.

x_1	x_2	y_1	y_2	y_3	D	b
2	1	1	0	0	0	250
1	1	0	1	0	0	150
3	5	0	0	1	0	660
−10	−8	0	0	0	1	0

x_1	x_2	y_1	y_2	y_3	D	b
1	0	1	−1	0	0	100
0	1	−1	2	0	0	50
0	0	2	−7	1	0	110
0	0	2	6	0	1	1400
↓	↓	↓	↓	↓		↓
v_1	v_2	u_1	u_2	u_3		K

Der Deckungsbeitrag der optimalen Lösung des Maschinenbelegungsproblems beträgt:

$$D^{\text{Max}} = 10 \cdot \overbrace{100}^{x_1^*} + 8 \cdot \overbrace{50}^{x_2^*} = 1400.$$

Die Lösung des Mietpreisproblems ergibt sich aus der Zielfunktionszeile des Lösungstableaus des Maschinenbelegungsproblems:

$$K^{\text{Min}} = 250 \cdot \overbrace{2}^{u_1^*} + 150 \cdot \overbrace{6}^{u_2^*} + 660 \cdot \overbrace{0}^{u_3^*} = 1400.$$

2.5 Duales Simplexverfahren

Es wurde im vorherigen Abschnitt gezeigt, dass man das Mietpreisproblem, das wir als Dual eingeführt haben, über sein Primal, das Maschinenbelegungsproblem lösen kann. Das Mietpreisproblem ist ein Standard-Min-Programm und das Maschinenbelegungsproblem ist ein Standard-Max-Programm. Allgemein gesprochen kann man zur Lösung des dualen Standard-Min-Programms über das primale Standard-Max-Programm mithilfe des konventionellen Simplexalgorithmus gelangen.

Man kann nun aber auch direkt das Standard-Min-Programm lösen und dafür den Simplex-Algorithmus modifizieren. Dieser Weg soll nachfolgend gegangen werden. Hierzu werden die zum Maschinenbelegungsproblem und Mietpreisproblem zugehörigen Tableaus und deren Umformung gegenübergestellt und nachfolgend diskutiert.

Standard-Max-Problem

x_1	x_2	y_1	y_2	y_3	D	b
2	1	1	0	0	0	250
1	1	0	1	0	0	150
3	5	0	0	1	0	660
−10	−8	0	0	0	1	0

Standard-Min-Problem

u_1	u_2	u_3	v_1	v_2	−K	b
−2	−1	−3	1	0	0	−10
−1	−1	−5	0	1	0	−8
250	150	660	0	0	1	0

Zunächst fällt auf, dass die Zahlen in beiden Problemen die gleichen sind, nur „spiegelbildlich" zueinander angeordnet.

Das Standard-Max-Problem oben links erfüllt das Zulässigkeitskriterium. Der Algorithmus beginnt hier in der bekannten Weise: Die Pivotspalte bestimmt sich hier aus dem kleinsten negativen Wert der Zielfunktionszeile -10. Die Pivotzeile bestimmt sich nach dem kleinsten Ergebnis der Division des Begrenzungswertes durch den Koeffizient der Pivotspalte: $0 < 250/2 < 150/1 < 660/3$. Im Schnittpunkte von Pivotzeile und -spalte liegt das Pivotelement. Das Pivotelement muss im Standard-Max-Problem positiv sein.

Das Standard-Min-Problem (Dual) oben rechts erfüllt das Zulässigkeitskriterium nicht, da $v_1 = -10$ und $v_2 = -8$ gegen die Nichtnegativitätsbedingung verstoßen. Deshalb kann das Problem auch nicht mit dem konventionellen Simplexalgorithmus gelöst werden. Man kann aber die Schritte, die der Algorithmus im Standard-Max Maschinenbelegungsproblem durchläuft, im Standard-Min Mietpreisproblem „spiegelbildlich" durchführen, denn die Zahlen sind ja, wie oben erwähnt, in beiden Problemen die gleichen, nur anders angeordnet und teilweise mit anderen Vorzeichen versehen.

a) Auswahl der Pivot-Zeile im Mietpreisproblem: Es ist eine Basisvariable mit negativem Wert zu bestimmen, die aus der Basis entfernt werden soll. Man wählt den kleinsten negativen Wert aus der b-Spalte (hier -10). Damit ist klar, dass v_1 zur Nicht-Basisvariablen wird.

b) Auswahl der Pivot-Spalte: Die Nicht-Basisvariable, die im Tausch Basisvariable werden soll, bestimmt sich nach dem größten Quotienten aus den Koeffizienten der Zielfunktionszeile und den entsprechenden negativen Koeffizienten der Pivot-Zeile. Bei der Wahl der Pivotspalte muss beachtet werden, dass das Pivotelement negativ sein muss. Im Beispiel ist dies wegen $-660/3 < -150/1 < -250/2$ die 1. Spalte. Bei gleichen Quotienten wählt man irgendeine dieser Spalten aus. Das neue Tableau des Mietpreisproblems berechnet sich mit Hilfe elementarer Zeilenoperationen. Zum Vergleich wird links auch das neue Tableau des Maschinenbelegungsproblems aufgeführt:

Standard-Max-Problem

x_1	x_2	y_1	y_2	y_3	D	b
1	0,5	0,5	0	0	0	125
0	0,5	−0,5	1	0	0	25
0	3,5	−1,5	0	1	0	285
0	−3	5	0	0	1	1250

Standard-Min-Problem
(duales Simplexverfahren)

u_1	u_2	u_3	v_1	v_2	−K	b
1	0,5	1,5	−0,5	0	0	5
0	−0,5	−3,5	−0,5	1	0	−3
0	25	285	125	0	1	−1250

Das Standard-Min-Problem ist weiterhin nicht zulässig. Die Optimalitätseigenschaft bleibt erhalten. Zeile 2 wird als Pivotzeile gewählt, da der Begrenzungsvektor dort den einzigen und damit auch kleinsten negativen Wert -3 besitzt. Bei der Wahl der Pivotspalte muss wiederum beachtet werden, dass das Pivotelement negativ sein muss. Dies wird noch durch drei Elemente erfüllt. Wegen $-125/0,5 < -285/3,5 < -25/0,5$ liegt das Pivotelement in der zweiten Spalte.

Standard-Max-Problem

x_1	x_2	y_1	y_2	y_3	D	b
1	0,5	0,5	0	0	0	125
0	0,5	-0,5	1	0	0	25
0	3,5	-1,5	0	1	0	285
0	-3	5	0	0	1	1250

Standard-Min-Problem
(duales Simplexverfahren)

u_1	u_2	u_3	v_1	v_2	-K	b
1	0,5	1,5	-0,5	0	0	5
0	-0,5	-3,5	-0,5	1	0	-3
0	25	285	125	0	1	-1250

Nach einem weiteren Iterationsschritt ergibt sich das optimale Tableau des Mietpreis-problems:

Standard-Max-Problem

x_1	x_2	y_1	y_2	y_3	D	b
1	0	1	-1	0	0	100
0	1	-1	2	0	0	50
0	0	2	-7	1	0	110
0	0	2	6	0	1	1400

Standard-Min-Problem
(duales Simplexverfahren)

u_1	u_2	u_3	v_1	v_2	-K	b
1	0	-2	-1	1	0	2
0	1	7	1	-2	0	6
0	0	110	100	50	1	-1400

Unter Verwendung des dualen Simplexverfahrens kann das Mietpreisproblem direkt gelöst werden. Die Lösung $(u_1^*, u_2^*, u_3^*, v_1^*, v_2^*) = (2, 6, 0, 0, 0)$ führt zu den minimalen Mietkosten in Höhe von $K^{Min} = 250 \cdot 2 + 150 \cdot 6 = 1400$.

2.6 Verstoß gegen Zulässigkeits- und Optimalitätskriterium

Liegt das Ausgangstableau eines linearen Programmierungsproblems in der Form vor, dass das Zulässigkeits- und auch das Optimalitätskriterium nicht erfüllt sind, so wird mit Hilfe des dualen Simplexalgorithmus zunächst die Zulässigkeit hergestellt (Phase I). Anschließend erfolgt in der zweiten Phase die Optimierung mit Hilfe des konventionellen Simplexalgorithmus (Phase II).

Beispiel: Maschinenbelegungsproblem des Presswerks – Mindestmengen
Im Maschinenbelegungsproblem des Presswerks ist zusätzlich die Bedingung zu berücksichtigen, dass insgesamt mindestens 140 Bleche gefertigt werden sollen:

$$x_1 + x_2 \geq 140 \Leftrightarrow -x_1 - x_2 \leq -140.$$

Nach Hinzufügen dieser Bedingung ergibt sich das folgende Ausgangstableau:

	x_1	x_2	y_1	y_2	y_3	y_4	D	b
I.	2	1	1	0	0	0	0	250
II.	1	1	0	1	0	0	0	150
III.	3	5	0	0	1	0	0	660
IV.	−1	−1	0	0	0	1	0	−140
ZF	−10	−8	0	0	0	0	1	0

Dieses Tableau erfüllt wegen $y_4 = -140 < 0$ nicht das Zulässigkeitskriterium. Auch das Optimalitätskriterium wird nicht erfüllt, da die Koeffizienten der Nicht-Basisvariablen in der Zielfunktionszeile -10 und -8 kleiner sind als null.

Mit Hilfe des dualen Simplexalgorithmus wird das Gleichungssystem so umgewandelt, dass Zulässigkeit erreicht wird. Die Variable $y_4 = -140$ ist negativ und daher aus der Basis zu entfernen. Das Pivotelement muss negativ sein. Damit kommen nur die Elemente in der 1. und 2. Spalte der 4. Zeile in Frage. Wegen $-8/-1 < -10/-1$ wählt man das betreffende Element in der ersten Spalte.

	x_1	x_2	y_1	y_2	y_3	y_4	D	b
I.	2	1	1	0	0	0	0	250
II.	1	1	0	1	0	0	0	150
III.	3	5	0	0	1	0	0	660
IV.	−1	−1	0	0	0	1	0	−140
ZF	−10	−8	0	0	0	0	1	0

Aus dem ersten Iterationsschritt resultiert das folgende Tableau:

	x_1	x_2	y_1	y_2	y_3	y_4	D	b
I.	0	−1	1	0	0	2	0	−30
II.	0	0	0	1	0	1	0	10
III.	0	2	0	0	1	3	0	240
IV.	1	1	0	0	0	−1	0	140
ZF	0	2	0	0	0	−10	1	1400

Es liegt noch kein zulässiges Tableau vor und damit ist ein weiterer Basistausch vorzunehmen. Die erste Zeile ist die neue Pivotzeile, da $y_1 = -30 < 0$. In dieser Zeile gibt es genau einen negativen Koeffizienten: -1. Damit ist die zweite Spalte die neue Pivotspalte. Die erste Zeile ist durch -1 zu teilen. Nach dem Basistausch resultiert das zulässige Tableau:

	x_1	x_2	y_1	y_2	y_3	y_4	D	b
I.	0	1	−1	0	0	−2	0	30
II.	0	0	0	1	0	1	0	10
III.	0	0	2	0	1	7	0	180
IV.	1	0	1	0	0	1	0	110
ZF	0	0	2	0	0	−6	1	1340

Damit ist die Phase I beendet. Nun startet man mit dem konventionellen Simplexalgorithmus die Phase II.

	x_1	x_2	y_1	y_2	y_3	y_4	D	b	
I.	0	1	−1	0	0	−2	0	30	
II.	0	0	0	1	0	1	0	10	←
III.	0	0	2	0	1	7	0	180	
IV.	1	0	1	0	0	1	0	110	
ZF	0	0	2	0	0	−6	1	1340	

$$\uparrow$$

Die Variable y_4 wird neu in die Basis aufgenommen (Pivotspalte). Wegen $10/1 <$ $180/7 < 110/1$ wählt man die zweite Zeile, so dass im Gegenzug y_2 aus der Basis entfernt wird. Nach einem weiteren Iterationsschritt erhält man schließlich das zulässige und optimale Tableau:

	x_1	x_2	y_1	y_2	y_3	y_4	D	b
I.	0	1	−1	2	0	0	0	50
II.	0	0	0	1	0	1	0	10
III.	0	0	2	−7	1	0	0	110
IV.	1	0	1	−1	0	0	0	100
ZF	0	0	2	6	0	0	1	1400

Zur Maximierung des Deckungsbeitrags müssen 100 ME Blech für die Automobilindustrie und 50 ME Blech für das Baugewerbe gefertigt werden. Dies entspricht der ursprünglichen Lösung: Die Aufnahme der zusätzlichen Bedingung $x_1 + x_2 \geq 140$ führt hier zu keiner Änderung, da diese Bedingung bereits für die ursprüngliche Lösung erfüllt war.

2.7 Netzplantechnik

Die Netzplantechnik dient der optimalen Terminplanung. Im Folgenden wird in die Technik der Vorgangsknotennetze unter der Prämisse der Sicherheit eingeführt.

2.7.1 Ziel und Definitionen

Das Ziel der Netzplantechnik ist es, Aktionen, Vorgänge, Maßnahmen u. ä. terminlich so zu legen, dass bei gegebenen Restriktionen die Gesamtprojektzeit minimiert wird. Dazu wird für jede Aktion der frühest- und spätestmögliche Anfangs- und Endzeitpunkt ermittelt. So entsteht ein genauer Terminplan für alle Tätigkeiten des Projekts, ein wichtiges Werkzeug der Projektüberwachung.

Der optimale Plan offenbart, welche Aktionen sich etwas verschieben dürfen, ohne hiermit die Projektfertigstellung zu verzögern und bei welchen Aktionen die Termine kritisch für den Fertigstellungstermin sind. Die Verschiebung einer Aktion in einem gewissen Umfang erhöht die Projektlaufzeit dann nicht, wenn sich nachfolgende Tätigkeiten nicht unmittelbar an die Aktion anschließen, es also zeitliche Lücken in der Abfolge der Aktionen gibt. Man spricht dann von Pufferzeiten zwischen den Aktionen. Während der Pufferzeiten bleiben einzelne Ressourcen ungenutzt oder werden an andere Projekte ausgeliehen. Kritische Aktionen hingegen müssen unmittelbar, also ohne Verzug aufeinander folgen, um den Termin des Projektendes einzuhalten. Hier bestehen zeitliche Engpässe.

Im sogenannten Vorgangsknotennetz wird jede Aktion als Kästchen, einem „Knoten" graphisch dargestellt. Die Knoten werden durch Pfeile oder Kanten verbunden. Hierdurch werden die Verknüpfungen der Aktionen graphisch veranschaulicht. Demgegenüber gibt es auch das Vorgangspfeilnetz, in dem die Kanten für die Aktionen stehen. Diese Netzkonstruktion wird hier aber nicht verwendet.

In den beiden nachfolgenden Beispielen werden Projekte in einzelne Aktionen zerlegt. Es wird dann ermittelt, welche Aktionen vor anderen bzw. hinter anderen erfolgen müssen, damit die Aufgabe erledigt wird. Der Projektablauf wird dann in Netzen graphisch dargestellt.

Beispiel

Aktion	Vorgänger	Nachfolger
A	–	B, C
B	A	D
C	A	E
D	B	F
E	C	F
F	D, E	–

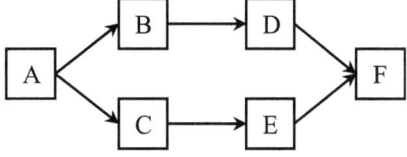

Das Projekt beginnt mit der Aktion A (Start) und endet mit der Aktion F (Ende). A – B – D und F bzw. A – C – E und F müssen hintereinander erfolgen, während B – D und C – E Tätigkeitsfolgen sind, die parallel zueinander ausgeübt werden können.

Beispiel

Aktion	Vorgänger	Nachfolger
A	–	B, C
B	A	D
C	A	D
D	B, C	E, F
E	D	G, H
F	D	H
G	E	I
H	E, F	I
I	G, H	–

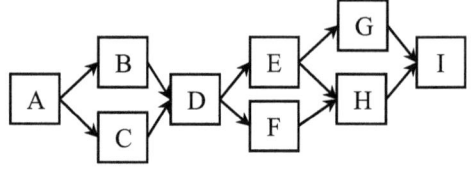

Das Projekt beginnt mit der Aktion A (Start) und endet mit der Aktion I (Ende). B und C, E und F, sowie G und H können jeweils parallel stattfinden. Vorgänger des Knotens D sind die Aktionen B und C, Vorgänger des Knotens H sind die Aktionen E und F, Vorgänger des Knotens I sind die Aktionen G und H. Die Aktionen B und C sind Nachfolger des Knotens A, die Aktionen E und F sind Nachfolger des Knotens D, die Aktionen G und H sind Nachfolger des Knotens E. Die Aktion H ist außerdem Nachfolger des Knotens F.

Bei der Terminierung von Aktionen unterscheiden wir zwischen

a) der frühestmöglichen Startzeit (frühestmöglicher Anfangszeitpunkt),
b) der frühestmöglichen Endzeit (frühestmöglicher Endzeitpunkt),
c) der spätestmöglichen Startzeit (spätestmöglicher Anfangszeitpunkt),
d) der spätestmöglichen Endzeit (spätestmöglicher Endzeitpunkt).

Im Folgenden sehen wir uns zwei Aktionen an, bei denen die erste Aktion vor der zweiten Aktion beginnen muss. Den Aktionen ist eine bestimmte Vorgangsdauer zugewiesen. Hinsichtlich der aufeinander folgenden Aktionen treffen wir zwei Festlegungen (Abb. 2.4).

1. Festlegung: Bei der geschlossenen Folge beginnt die nachfolgende Aktion frühestens zum Endzeitpunkt der vorausgehenden Aktion. Wir betrachten nur geschlossene Folgen.
2. Festlegung: Den Abstand zwischen zwei Aktionen messen wir immer vom Anfang der vorausgehenden zum Anfang der nachfolgenden Aktion. Bei geschlossenen Folgen ist der Abstand zwischen den beiden Aktionen identisch mit der Vorgangsdauer der ersten Aktion.

Es sind noch drei weitere Arten von Folgen möglich (Abb. 2.4), diese werden hier aber nicht verwendet:

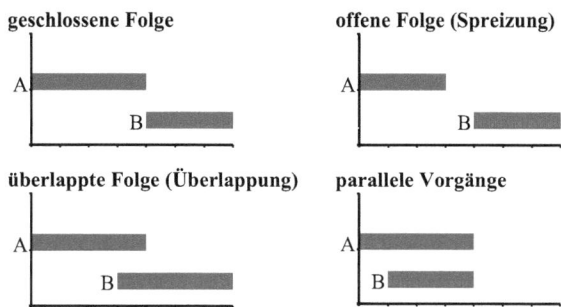

Abb. 2.4 Folgen von Aktionen

- Bei der offenen Folge liegt der früheste Anfangszeitpunkt der nachfolgenden Aktion um eine bestimmte vorgegebene Frist hinter dem Endzeitpunkt der unmittelbar vorhergehenden Aktion. Man spricht hier auch von einer Spreizung.
- Bei sich überlappenden Aktionen liegt die früheste erlaubte Anfangszeit der nachfolgenden Aktion vor dem Ende der vorhergehenden Aktion.
- Bei parallel verlaufenden Aktionen kann die Aktion mit der späteren Anfangszeit (Nachfolger) während der Dauer der Aktion mit der früheren Anfangszeit (Vorgänger) abgeschlossen werden.

2.7.2 Erstellung des Netzplans

Kennzeichnung

i Index für die vorausgehende Aktion
j Index für die nachfolgende Aktion
$N_{(i)}$ Menge der Nachfolger von Aktion i
$V_{(j)}$ Menge der Vorgänger von Aktion j
FAZ_j frühestmöglicher Anfangszeitpunkt von Aktion j
FEZ_j frühestmöglicher Endzeitpunkt von Aktion j
SAZ_j spätestmöglicher Anfangszeitpunkt von Aktion j
SEZ_j spätestmöglicher Endzeitpunkt von Aktion j
D_j Vorgangsdauer von Aktion j

Vorwärtsrechnung
Diese dient der Ermittlung von frühesten Anfangszeiten FAZ und von frühesten Endzeiten FEZ der Aktionen. Die Berechnungen erfolgen nach den folgenden Formeln:

$$FAZ_j = \text{Max}_{i \in V(j)} \left(FAZ_i + D_i \right) \quad \text{und} \quad FEZ_j = FAZ_j + D_j.$$

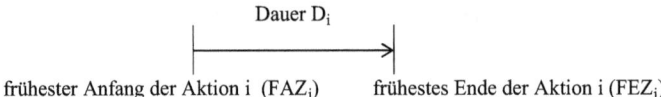

Abb. 2.5 Frühestes Ende der Aktion i

Mithilfe dieser Formeln findet eine Verknüpfung der Aktionen statt: Die früheste Anfangszeit eines Nachfolgers bestimmt sich aus dem Maximum der frühesten Endzeiten der unmittelbaren Vorgänger (geschlossene Folge). Die frühesten Endzeiten ergeben sich aus ihren frühesten Anfangszeiten und ihren Bearbeitungsdauern, wie in Abb. 2.5 dargestellt.

Rückwärtsrechnung

Ziel der Rückwärtsrechnung ist die Berechnung der spätesten Endzeiten SEZ und spätesten Anfangszeiten SAZ von Aktionen i. Hierbei geht man vom Projektende aus, deshalb Rückwärtsrechnung:

$$SAZ_i = Min_{j \in N(i)} \left(SAZ_j - D_i \right) \quad und \quad SEZ_i = SAZ_i + D_i.$$

Wiederum werden die Aktionen miteinander linear verknüpft: Die jeweilige späteste Anfangszeit einer vorausgehenden Aktion bestimmt sich aus der frühesten aller spätesten Anfangszeiten der Nachfolger, abzüglich der Dauer der vorausgehenden Aktion.

   Abb. 2.6 veranschaulicht die Rückwärtsrechnung. Das Diagramm ist von rechts nach links zu lesen. Damit der Termin des Projektendes nicht gefährdet wird, müssen die jeweils vorgelagerten Aktionen späteste Anfangszeiten einhalten. In Abb. 2.6 haben wir zwei nachfolgende Aktionen m und n dargestellt. Die spätesten Anfangszeiten dieser beiden nachfolgenden Aktionen sind bereits festgelegt worden. Es gibt dann noch die unmittelbar vorgelagerte Aktion i mit der Vorgangsdauer D_i. Das Minimum der spätesten Anfangszeiten der nachfolgenden Aktionen abzüglich des Mindestabstands D_i bestimmt die späteste Anfangszeit der vorgelagerten Aktion i.

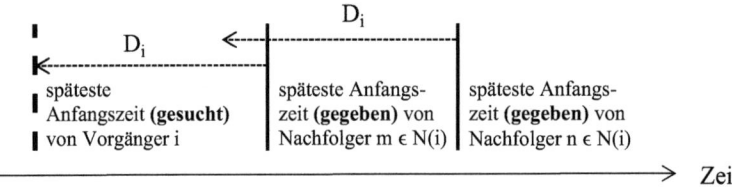

Abb. 2.6 Späteste Anfangszeit von Vorgänger i

Beispiel

Es ist ein Netzplan zu berechnen: Terminierung der Aktionen, Terminierung des Projekt-endes, Bestimmung des kritischen Pfads und der Pufferzeiten. Es sind die Daten wie folgt gegeben:

Aktion	Dauer	Vorgänger	Nachfolger
A	10	–	B, D
B	10	A	C, E
C	12	B	F
D	12	A	F
E	7	B	F
F	3	C, D, E	

Vorwärtsrechnung

Die früheste Anfangszeit (FAZ) von Aktion A beträgt 0. Die früheste Anfangszeit (FAZ) von Aktion B berechnet sich nach der folgenden Formel: $FAZ_B = Max_{i \in V(B)}(FAZ_i + D_i)$.

Der einzige Vorgänger von B ist A mit einer Vorgangsdauer $D_A = 10$. Demnach kann die Aktion B frühestens im Zeitpunkt 10 beginnen: $FAZ_B = 10$.

Die frühesten Anfangszeiten der Aktionen C, D und E lauten:

$$FAZ_C = FAZ_B + D_B = 10 + 10 = 20,$$
$$FAZ_D = FAZ_A + D_A = 0 + 10 = 10,$$
$$FAZ_E = FAZ_B + D_B = 10 + 10 = 20.$$

Die Aktion F hat drei Vorgänger: C, D und E. Sie kann frühestens dann beginnen, wenn der letzte dieser Vorgänger beendet wurde. Zur Bestimmung der frühesten Anfangszeit von F muss man also die frühesten Endzeiten der Vorgänger von F berechnen. Die frühesten Endzeiten der Aktionen C, D und E lauten:

$$FEZ_C = FAZ_C + D_C = 20 + 12 = 32,$$
$$FEZ_D = FAZ_D + D_D = 10 + 12 = 22,$$
$$FEZ_E = FAZ_E + D_E = 20 + 7 = 27.$$

Die früheste Anfangszeit der Aktion F ist durch das Maximum aus $\{32, 22, 27\}$ gegeben. Der Engpass liegt bei der Aktion C mit der frühesten Endzeit von 32. Die Aktion F kann also frühestens zum Zeitpunkt 32 beginnen.

Die nachfolgende Tabelle zeigt die frühesten Anfangs- und Endzeiten der Aktionen.

Aktion	Dauer	Vorgänger	Nachfolger	FAZ	FEZ
A	10	–	B, D	0	10
B	10	A	C, E	10	20
C	12	B	F	20	32
D	12	A	F	10	22
E	7	B	F	20	27
F	3	C, D, E		32	35

Bei effizienter Gestaltung ist das Projekt zum Zeitpunkt 35 beendet. Das ist die früheste Endzeit der Aktion F. Diese früheste Endzeit setzen wir uns jetzt als Ziel und definieren sie als das späteste Projektende. Damit die Vorgabe des spätesten Projektendes eingehalten werden kann, muss die Aktion F spätestens zum Zeitpunkt 32 beginnen.

Rückwärtsrechnung

Es sollen jetzt in der Rückwärtsrechnung die spätesten Anfangszeiten aller Aktionen bestimmt werden. Die Aktion E hat nur den Nachfolger F. Die späteste Anfangszeit (SAZ) der Aktion E bestimmt sich aus der spätesten Anfangszeit (SAZ) der Aktion F abzüglich der Dauer der vorgelagerten Aktion E: $SAZ_E = SAZ_F - D_E = 32 - 7 = 25$.

Die Aktionen D und C haben ebenfalls jeweils nur den Nachfolger F. Die spätesten Anfangszeiten der Aktionen D bzw. C lauten:

$$SAZ_D = SAZ_F - D_D = 32 - 12 = 20 \text{ bzw.}$$
$$SAZ_C = SAZ_F - D_C = 32 - 12 = 20.$$

Die Aktion B hat zwei Nachfolger: C und E. Die Aktion B muss so terminiert werden, dass ihr Endzeitpunkt keinen spätesten Startzeitpunkt ihrer Nachfolger gefährdet. Die spätesten Startzeitpunkte der Nachfolger C und E lauten 20 und 25. Die Dauer der Aktion B beträgt 10. Die späteste Anfangszeit der Aktion B berechnet sich folgendermaßen:

$$SAZ_i = Min(SAZ_C - D_B; SAZ_E - D_B) = Min(20 - 10; 25 - 10) = 10.$$

Pufferzeiten

Die Pufferzeit (PZ) einer Aktion ist der Unterschied zwischen ihrer frühesten und ihrer spätesten Anfangszeit. Der kritische Pfad enthält die Anfangs- und die Endaktion und alle weiteren Aktionen mit Pufferzeiten von null. Hier liegt der Engpass des Netzes. Für jede Aktion innerhalb des kritischen Pfads gilt, dass die vorausgehende und die nachfolgende Aktion unmittelbar ansetzen müssen.

Aktion	Dauer	Vorgänger	Nachfolger	FAZ	SAZ	PZ
A	10	–	B, D	0	0	0
B	10	A	C, E	10	10	0
C	12	B	F	20	20	0
D	12	A	F	10	20	10
E	7	B	F	20	25	5
F	3	C, D, E		32	32	0

Der kritische Pfad lautet: A – B – C – F. Die Aktionen im kritischen Pfad müssen besonders beobachtet werden. Jede Verschiebung im kritischen Pfad wirkt sich auf den Zeitpunkt des Projektendes aus. Nachfolgend ist das Netz graphisch dargestellt:

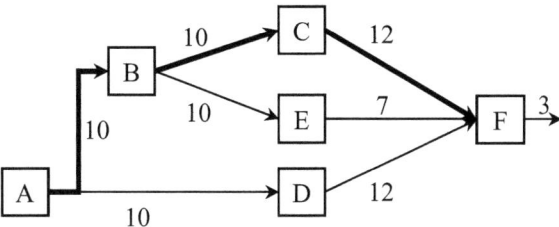

Beispiel

Das vorausgegangene Beispiel wird nun erweitert:

Aktion	Dauer	Vor-gänger	Nach-folger
A	10	–	B, D, I
B	10	A	C, E
C	12	B	F
D	12	A	G
E	7	B	F
F	17	C, E	H
G	30	D	H, I

Aktion	Dauer	Vor-gänger	Nach-folger
H	4	F, G	J
I	12	A, G	K, L
J	6	H	K
K	5	I, J	M
L	7	I	N
M	8	K	N
N	2	L, M	–

Die Tabelle gibt die frühesten und die spätesten Anfangszeiten (FAZ, SAZ) und die Pufferzeiten (PZ) der Aktionen an:

Aktion	Dauer	FAZ	SAZ	PZ
A	10	0	0	0
B	10	10	15	5
C	12	20	25	5
D	12	10	10	0
E	7	20	30	10
F	17	32	37	5
G	30	22	22	0
H	4	52	54	2
I	12	52	52	0
J	6	56	58	2
K	5	64	64	0
L	7	64	70	6
M	8	69	69	0
N	2	77	77	0

Das Projekt wird gemäß Plan nach 79 Zeiteinheiten beendet. Der kritische Pfad lautet:

$$A - D - G - I - K - M - N.$$

Zur Verdeutlichung soll die Berechnung der Aktion I dargestellt werden: Aktion I hat die beiden Vorgänger A und G und die beiden Nachfolger K und L.

$$FAZ_I = Max\left((FAZ_A + D_A), (FAZ_G + D_G)\right)$$
$$= Max\left((0 + 10), (22 + 30)\right) = 52$$
$$FEZ_I = FAZ_I + D_I = 52 + 12 = 64$$
$$SAZ_I = Min\left((SAZ_K - D_I), (SAZ_L - D_I)\right)$$
$$= Min\left((64 - 12), (70 - 12)\right) = 52$$
$$SEZ_I = SAZ_I + D_I = 52 + 12 = 64$$

Die nachfolgende Abbildung zeigt den Netzplan.

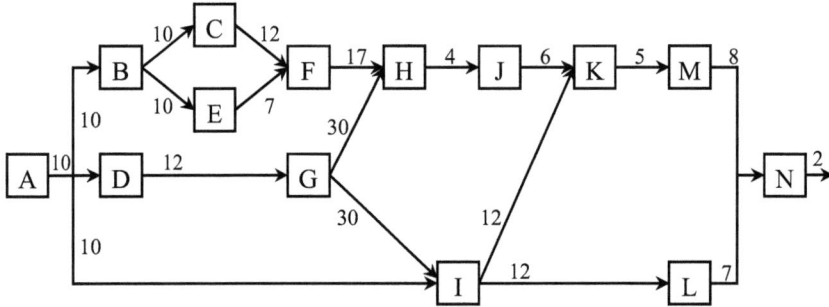

Ressourcen

Die Berechnungen fanden bislang unter der Prämisse gegebener, unveränderlicher Ressourcen statt. Tatsächlich aber lassen sich durch die Erhöhung oder Verringerung von Ressourcenzuweisungen zu Aktionen deren Vorgangsdauern verändern. Wenn Aktionen im kritischen Pfad beschleunigt werden, dann verkürzt sich auch die Projektbearbeitungszeit. Es sind dann die zusätzlichen Erlöse aus der Projektzeitverkürzung mit den zusätzlichen Kosten der veränderten Ressourcenzuweisung zu vergleichen. Wenn hier ein Überschuss vorliegt, dann trägt die veränderte Ressourcenzuweisung zu einer Gewinnsteigerung bei. Insbesondere sollten Ressourcen nichtkritischer Aktionen zu kritischen Aktionen hin verlagert werden. Dann verlängern sich zwar die Vorgangszeiten nichtkritischer Aktionen, doch verkürzt sich die gesamte Projektlaufzeit.

Ressourcen können aber auch in den geplanten Pufferzeiten (Leerzeiten) an andere Projekte ausgeliehen werden, um dort die Projektzeiten zu verkürzen. Die Netzplantechnik macht eine solche geplante Verzahnung von Projektabläufen mit den dadurch einhergehenden Effizienzsteigerungen möglich.

Die Vorgangsdauern sind in der Praxis i. d. R. mit Unsicherheiten behaftet. Beispielsweise können Menschen krankheitsbedingt am Arbeitsplatz fehlen, Maschinen ausfallen, Fehlplanungen Korrekturen erzwingen, Unfälle passieren. Dann sind genügend Reservezeiten einzubauen, um solche Unwägbarkeiten abzubilden.

2.8   Stochastische Entscheidungsbäume

Mithilfe stochastischer Entscheidungsbäume optimiert man Entscheidungen unter Risiko über eine oder mehrere Stufen. Jede Stufe besteht aus möglichen Entscheidungen und möglichen Reaktionen einer stochastischen Umwelt.

2.8.1   Beispiel „Immobiliengesellschaft"

Eine Immobiliengesellschaft hat einen Betrag von 10 Mio. GBP für Investitionen freigegeben. Sie möchte ihren erwarteten Gewinn maximieren. Zunächst stehen ihr zwei mögliche Beteiligungen A_1 und A_2 an Bürokomplexen in der Londoner City zur Verfügung. Diese erfordern jeweils einen Investitionsbetrag in Höhe von 10 Mio. GBP. Nach einer Zeitperiode sollen diese Beteiligungen zum dann herrschenden Marktwert verkauft werden, was mit Wahrscheinlichkeiten w zu Einzahlungen X auf das Konto der Immobiliengesellschaft führt. Zum Ende dieser Zeitperiode hat die Immobiliengesellschaft die Wahl zwischen zwei anderen Beteiligungen A_3 und A_4, die mit den Erlösen aus dem Verkauf von A_1 bzw. A_2 zu finanzieren wären. Die Beteiligung A_3 kostet 12 Mio. GBP und A_4 11 Mio. GBP. Diese Beteiligungen sollen ebenfalls nach einer Periode verkauft werden, wobei wiederum mit Wahrscheinlichkeiten w Einzahlungen X erfolgen. Neben diesen riskanten Beteiligungsinvestitionen kann die Immobiliengesellschaft aber auch jeden Geldbetrag S zum sicheren Zinssatz von 5 % pro Periode anlegen (Sparbuch, sichere Staatsanleihen). Aus den Verkäufen der Immobilien kommt es zu den folgenden (risikobehafteten) Einzahlungen auf das Konto der Immobiliengesellschaft (in Mio. GBP):

$$A_1: \quad \begin{array}{c|cc} x & 13 & 10 \\ \hline w & 0{,}5 & 0{,}5 \end{array} \qquad A_3: \quad \begin{array}{c|cc} x & 15 & 12 \\ \hline w & 0{,}3 & 0{,}7 \end{array}$$

$$A_2: \quad \begin{array}{c|cc} x & 12 & 11 \\ \hline w & 0{,}5 & 0{,}5 \end{array} \qquad A_4: \quad \begin{array}{c|cc} x & 14 & 9 \\ \hline w & 0{,}3 & 0{,}7 \end{array}.$$

Die Immobiliengesellschaft handelt risikoneutral. Es sind die erwarteten Einzahlungen zu maximieren.

Abb. 2.7 zeigt den stochastischen Entscheidungsbaum, der das Entscheidungsproblem abbildet. Die erste Stufe des Entscheidungsbaums besteht aus den alternativen Entscheidungsmöglichkeiten A_1, A_2 und S, sowie den stochastischen Reaktionen auf diese Handlungsalternativen x_{11} und x_{12} bzw. x_{21} und x_{22} mit den Wahrscheinlichkeiten $w_{11} = 0{,}5$ und $w_{12} = 0{,}5$ bzw. $w_{21} = 0{,}5$ und $w_{22} = 0{,}5$ bzw. $w_S = 1$. Die zweite Stufe des Entscheidungsbaums (Abb. 2.7) besteht aus den alternativen Entscheidungsmöglichkeiten $A_3 + S$, $A_4 + S$, S, A_3 und A_4 sowie den stochastischen Reaktionen auf diese Handlungsalternativen x_{31} und x_{32} bzw. x_{41} und x_{42} mit den Wahrscheinlichkeiten $w_{31} = 0{,}3$ und $w_{32} = 0{,}7$ bzw. $w_{41} = 0{,}3$ und $w_{42} = 0{,}7$ bzw. $w_S = 1$. Die Alternativen

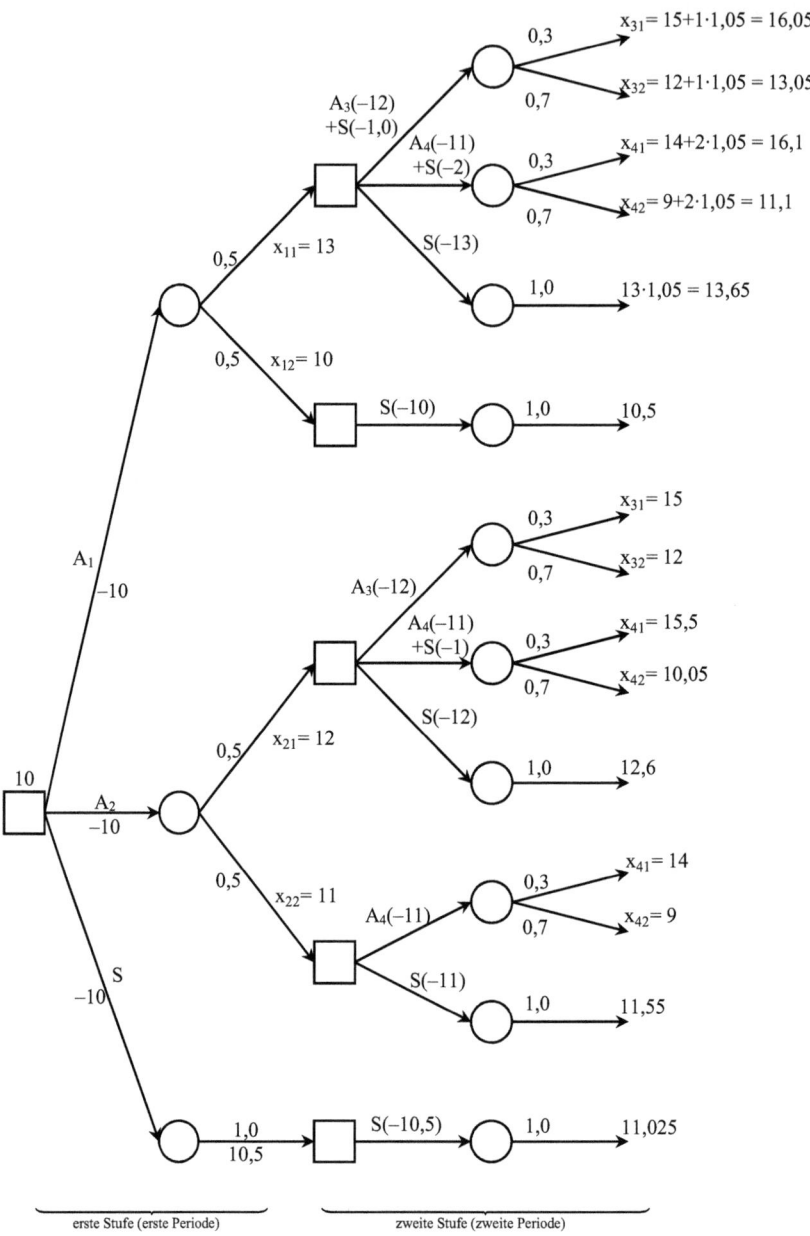

Abb. 2.7 Stochastischer Entscheidungsbaum (Immobilieninvestment)

$A_3 + S$, $A_4 + S$ berücksichtigen das Prinzip der „Vollkommenen Alternativenstellung": Wenn 13 Mio. GBP zur Verfügung stehen und die Beteiligung nur 12 Mio. GBP bzw. 11 Mio. GBP kostet, dann muss die Handlungsalternative auch eine Information über die

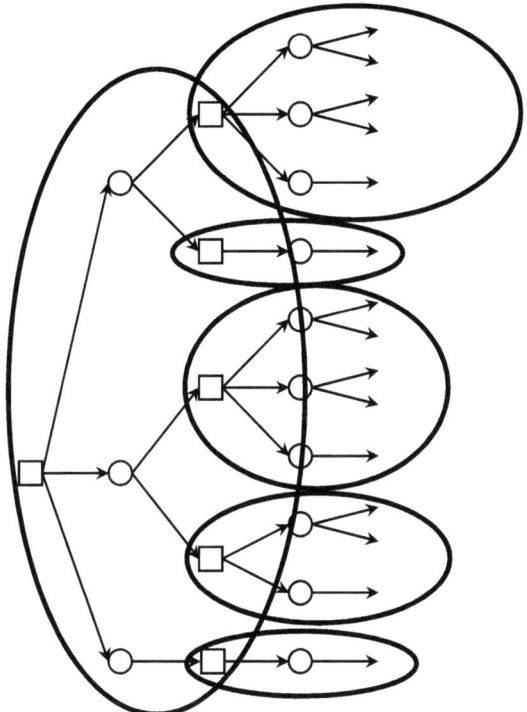

Abb. 2.8 Dekomposition

Verwendung der restlichen 2 Mio. GBP bzw. 1 Mio. GBP enthalten. Es kommt z. B. die Einzahlung auf ein Sparbuch oder Kauf von sicheren Staatsanleihen in Frage.

Die Einzahlungen x_{11} und x_{12} bzw. x_{21} und x_{22} sind im Beispiel angegeben. Die Einzahlungen x_{31} und x_{32} bzw. x_{41} und x_{42} müssen jeweils berechnet werden: Sie setzten sich aus den Verkaufserlösen der jeweiligen Beteiligungen zuzüglich der Einzahlung aus der Auflösung des Sparbuchs bzw. dem Verkauf der Staatsanleihen zusammen. Über eine Rückwärtsrechnung (dynamische Programmierung) kann der optimale Pfad ermittelt werden. Dafür wird der mehrstufige stochastische Entscheidungsbaum in einstufige Bäume zerlegt (Dekomposition), die hier eingekreist sind (Abb. 2.8).

Dann beginnt man mit den einstufigen Bäumen auf der rechten Seite und löst diese, in dem man die Erwartungswerte jeder Handlungsalternative in diesen einstufigen Bäumen ermittelt:

Erster einstufiger Entscheidungsbaum der 2. Stufe

$$(0{,}3 \cdot 16{,}05 \text{ Mio. GBP} + 0{,}7 \cdot 13{,}05 \text{ Mio. GBP}) - 13 \text{ Mio. GBP} = 0{,}95 \text{ Mio. GBP}$$
$$(0{,}3 \cdot 16{,}1 \text{ Mio. GBP} + 0{,}7 \cdot 11{,}1 \text{ Mio. GBP}) - 13 \text{ Mio. GBP} = -0{,}4 \text{ Mio. GBP}$$
$$(1 \cdot 13{,}65 \text{ Mio. GBP}) - 13 \text{ Mio. GBP} = 0{,}65 \text{ Mio. GBP}$$

Zweiter einstufiger Entscheidungsbaum (trivial) der 2. Stufe

$$(1 \cdot 10{,}5 \text{ Mio. GBP}) - 10 \text{ Mio. GBP} = 0{,}5 \text{ Mio. GBP}$$

Dritter einstufiger Entscheidungsbaum der 2. Stufe

$$(0{,}3 \cdot 15 \text{ Mio. GBP} + 0{,}7 \cdot 12 \text{ Mio. GBP}) - 12 \text{ Mio. GBP} = 0{,}9 \text{ Mio. GBP}$$

$$(0{,}3 \cdot 15{,}05 \text{ Mio. GBP} + 0{,}7 \cdot 10{,}05 \text{ Mio. GBP}) - 12 \text{ Mio. GBP} = -0{,}45 \text{ Mio. GBP}$$

$$(1 \cdot 12{,}6 \text{ Mio. GBP}) - 12 \text{ Mio. GBP} = 0{,}6 \text{ Mio. GBP}$$

Vierter einstufiger Entscheidungsbaum der 2. Stufe

$$(0{,}3 \cdot 14 \text{ Mio. GBP} + 0{,}7 \cdot 9 \text{ Mio. GBP}) - 11 \text{ Mio. GBP} = -0{,}5 \text{ Mio. GBP}$$

$$(1 \cdot 11{,}55 \text{ Mio. GBP}) - 11 \text{ Mio. GBP} = 0{,}55 \text{ Mio. GBP}$$

Fünfter einstufiger Entscheidungsbaum (trivial) der 2. Stufe

$$(1 \cdot 11{,}025 \text{ Mio. GBP}) - 10{,}5 \text{ Mio. GBP} = 0{,}525 \text{ Mio. GBP.}$$

Das jeweils beste Entscheidungsergebnis in jedem einstufigen Entscheidungsbaum schreibt man über den jeweiligen Entscheidungsknoten (Abb. 2.9). Die optimale Handlungsalternative in jedem einstufigen Entscheidungsbaum markiert man durch einen Doppelstrich.

Bei gleich guten Handlungsalternativen kann es zu einer Mehrfachlösung kommen. Es werden dann mehrere Kanten in dem einstufigen Entscheidungsbaum durch Doppelstriche markiert.

1. Stufe

Wenn man die letzte, also hier die zweite Stufe vollständig gelöst hat, dann geht man zur vorausgehenden, hier zur ersten Stufe über. Dort bleibt als Rest ein einstufiger stochastischer Entscheidungsbaum, der analog zu lösen ist:

Erwartungswert von A1 (in Mio. GBP): $0{,}5 \cdot (0{,}95 + 13) + 0{,}5 \cdot (0{,}5 + 10) - 10 = 2{,}225$,
Erwartungswert von A2 (in Mio. GBP): $0{,}5 \cdot (0{,}9 + 12) + 0{,}5 \cdot (0{,}55 + 11) - 10 = 2{,}225$,
Erwartungswert des Sparbuchs (in Mio. GBP): $(0{,}525 + 1 \cdot 10{,}5) - 10 = 1{,}025$.

Wieder werden auch hier die optimalen Handlungen durch kleine Doppelstriche markiert, wie in Abb. 2.9 zu sehen.

Lösung

Das Ergebnis dieser Optimierung besteht aus einer Anweisung mit Bedingungen: Wähle Alternative … in der ersten Stufe. Wenn die stochastische Reaktion … erfolgt, dann wähle die Alternative … in der zweiten Stufe, wenn aber die stochastische Reaktion … stattfindet, dann wähle die Alternative … in der zweiten Stufe.

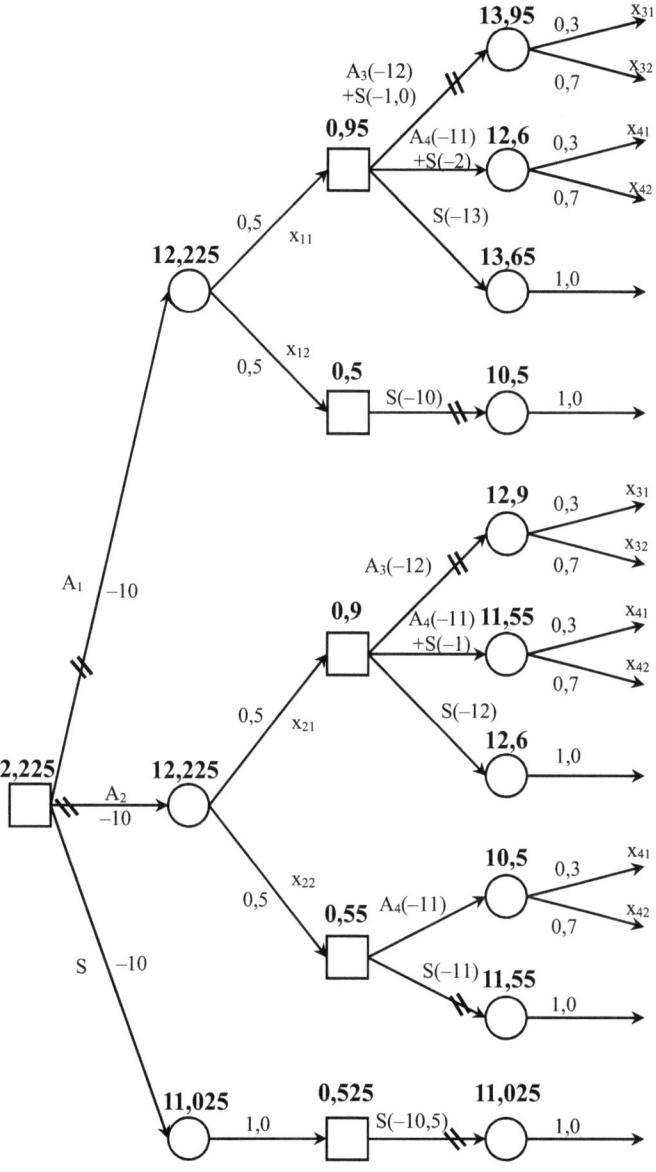

Abb. 2.9 Lösung

Die Lösung ist hier mehrdeutig. Konkret lautet sie:

a) Wähle A_1 und wenn x_{11} erfolgt, dann wähle $A_3 + S(-1,0)$, wenn sich aber x_{12} ereignet,
    dann wähle $S(-10)$!
b) Oder wähle A_2 und wenn x_{21} erfolgt, dann wähle A_3, wenn sich aber x_{22} ereignet, dann
    wähle $S(-11)$!

2.8.2 Beispiel „Produktionsverfahren"

Ein risikoneutraler Produktionsplaner muss über das Produktionsverfahren zur Herstellung eines Verkaufsprodukts y und die Maschinenfolge entscheiden. Es stehen 100 Rohstoffeinheiten zur Verfügung.

Verfahren A
Zuerst kommt der Rohstoff R in Maschine M1. Diese produziert eine Menge x des Zwischenprodukts X. Dann wird das Zwischenprodukt entweder in der Maschine M2 oder wahlweise in der Maschine M3 zu der Menge y des Verkaufsprodukts Y weiterverarbeitet. Die Maschine M3 benötigt als Input allerdings mindestens 120 Einheiten von X, um arbeiten zu können.

Verfahren B
Der Rohstoff kommt in die Maschine M4 und wird dort ohne weitere Zwischenschritte in die Menge y des Verkaufsprodukts Y verarbeitet.

Unter der Produktivität (Abb. 2.10) verstehen wir das Verhältnis von erzeugter Produktbzw. Zwischenproduktmenge zu eingesetzter Vorproduktmenge. Die Produktivitäten der Maschinen können schwanken. Wir unterscheiden zwei Zustände. In dem ersten Zustand $z1$ sind die Produktivitäten bei den Maschinen M1 und M3 jeweils relativ hoch, in dem

M1	Zustand	
	z1	z2
Wahrscheinlichkeit w	0,5	0,5
Menge x pro Rohstoffeinheit	1,3	1,0
M2	**Zustand**	
	z1	z2
Wahrscheinlichkeit w	0,5	0,5
Menge y pro x	1,2	1,2
M3	**Zustand**	
	z1	z2
Wahrscheinlichkeit w	0,3	0,7
Menge y pro x	1,5	1,0
M4	**Zustand**	
	z1	z2
Wahrscheinlichkeit w	0,5	0,5
Menge y pro Rohstoffeinheit	1,4	1,4

Abb. 2.10 Produktivitäten

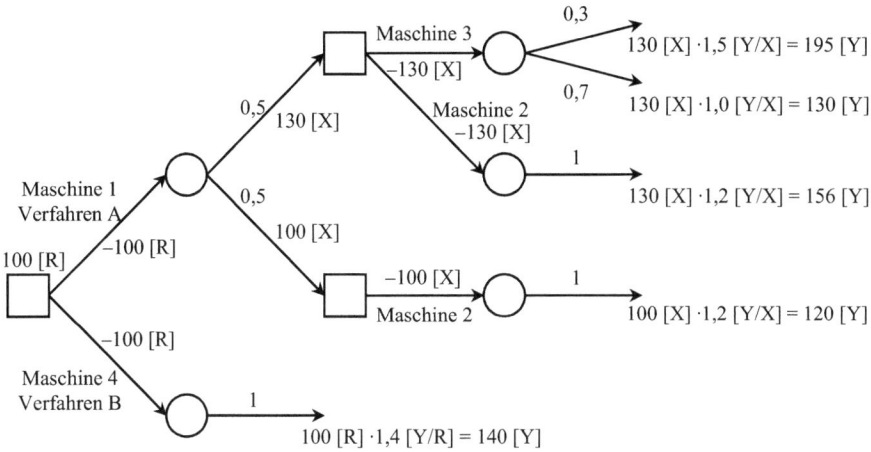

Abb. 2.11 Stochastischer Entscheidungsbaum (Verfahrensplanung)

zweiten Zustand z2 relativ niedrig. Sicherheit liegt dann vor, wenn die Produktivitäten in beiden Zuständen gleich sind (Maschinen M2 und M4).

Zunächst ist der Entscheidungsbaum zu entwickeln (Abb. 2.11).

Die Entscheidungsperson will die erwartete Ausbringungsmenge y maximieren. Hierzu erstellt sie einen Plan, welche Maschine sie in Abhängigkeit von der stochastischen Reaktion der Umwelt wählt. Sie ermittelt diesen Plan mithilfe der Rückwärtsrechnung (dynamische Programmierung).

Dann wird der Entscheidungsbaum in einstufige Bäume zerlegt. Man beginnt mit den einstufigen Bäumen auf der rechten Seite und bestimmt per Rückwärtsrechnung die optimale Lösung. Hierzu werden die einstufigen Bäume (Dekomposition) der letzten Stufe gelöst, der maximale Erwartungswert wird über den entsprechenden Entscheidungsknoten geschrieben und die jeweilige optimale Handlungsalternative wird durch einen kleinen Doppelstrich markiert (Abb. 2.12).

Erster einstufiger Entscheidungsbaum (2. Stufe)

$$0{,}3 \cdot 195\,[Y] + 0{,}7 \cdot 130\,[Y] = 149{,}5\,[Y]$$
$$1 \cdot 156\,[Y] = 156\,[Y].$$

Der Einsatz von 130 Einheiten des Zwischenprodukts X führt bei Wahl von Maschine 2 zu einer Menge von 156 Einheiten Y. Wenn hingegen Maschine 3 gewählt würde, dann resultierten nur 149,5 Einheiten von Y: $149{,}5\,[Y] < 156\,[Y]$. Deshalb ist M2 die optimale Wahl.

Über den ersten Entscheidungsknoten der zweiten Stufe notiert man 156 [Y] und markiert die entsprechende Kante (Abb. 2.12). Dies bedeutet, dass der in diesem einstufigen

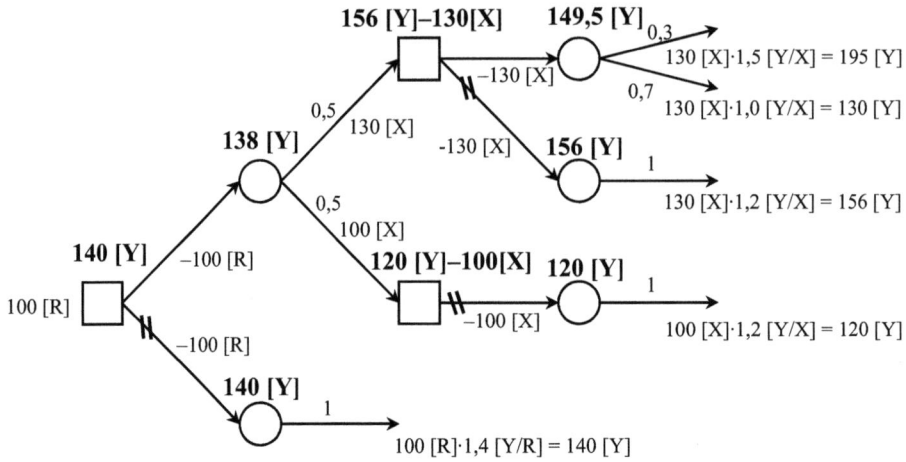

Abb. 2.12 Lösung

Entscheidungsbaum geplante optimale Einsatz des Zwischenprodukts X auf Maschine M2 stattfindet und zu einem erwarteten Output von 156 des Endprodukts Y führt.

Zweiter einstufiger (trivialer) Entscheidungsbaum (2. Stufe)

$$120 \, [Y] \cdot 1 = 120 \, [Y].$$

Über den zweiten Entscheidungsknoten der zweiten Stufe notiert man 120 [Y].

Entscheidungsbaum der ersten Stufe
Nun sind die Aktionen der ersten Stufe zu optimieren (Abb. 2.12). Die Maschine M1 besitzt den folgenden Erwartungswert:

$$100 \, [R] - 100 \, [R] + 0{,}5 \cdot (130 \, [X] + (156 \, [Y] - 130 \, [X]))$$
$$+ \, 0{,}5 \cdot (100 \, [X] + (120 \, [Y] - 100 \, [X])) = 138 \, [Y].$$

Dies ist weniger als der Erwartungswert bei Verfahren B, der 140 [Y] beträgt (trivial):

$$100 \, [R] - 100 \, [R] + 140 \, [Y] \cdot 1 = 140 \, [Y].$$

Lösung
Wähle Verfahren B!

2.8.3   Beispiel „Wartungsstrategie"

In einem Unternehmen wird auf der Basis von Gewinnberechnungen die Wartungsstrategie optimiert. Eine Produktionsanlage ist gestört und kann nicht mehr arbeiten. Kommt es durch die Reparaturmaßnahme zu einer vollständigen Beseitigung der Störung, dann ist die Anlage wieder einsatzfähig und mehrt anschließend den Gewinn um 400.000 Geldeinheiten (GE). Dem gibt man die Wahrscheinlichkeit von 55 %. Allerdings kann es sich mit der Gegenwahrscheinlichkeit auch zeigen, dass eine Reparatur die Störung nicht beseitigt. Dann liefert die Anlage keinen Gewinnbeitrag mehr. Die Reparaturmaßnahme kostet 100.000 GE. Es kann natürlich auch auf die Reparatur verzichtet und die Anlage sofort stillgelegt werden. Die Stilllegung kostet nichts, es fällt aber auch kein Gewinnbeitrag an.

Man kann nun vor der Entscheidung „Reparatur/keine Reparatur" ein Gutachten X in Auftrag geben, das 30.000 GE kostet. Je nach Ergebnis verändern sich die vermuteten Erfolgschancen einer Reparatur. Wenn das Gutachten günstig ausfällt, was mit einer vermuteten Wahrscheinlichkeit von 60 % geschieht, dann geht man anschließend von einer 85 %igen Erfolgschance der Reparatur aus. Ist das Ergebnis ungünstig, dann beträgt die vermutete Erfolgschance der Reparatur nur 10 %. Auch nach Erstellung des Gutachtens hat man die Freiheit, auf die Reparatur zu verzichten und die Anlage direkt still zu legen.

Es ist das Prinzip der vollständigen Alternativenstellung zu berücksichtigen:

a) In der 1. Stufe werden ggf. 30.000 GE für das Gutachten ausgegeben. Für den Fall, dass man sich gegen das Gutachten entscheidet, darf man jetzt aber nicht eine Ausgabe von null unterstellen. Die 30.000 GE liegen ja bereit. Vielmehr muss man sich überlegen, was man mit den 30.000 GE alternativ machen würde. Da bietet sich die zweiperiodische Alternativanlage im Kapitalmarkt an.

b) In der 2. Stufe werden ggf. 100.000 GE für die Reparatur ausgegeben. Auch hierfür gilt: Wenn man sich gegen die Reparatur entscheidet, dann hat man 100.000 GE liquide verfügbar und muss sich eine einperiodische Alternativanlage überlegen. Hier bietet sich wieder der Kapitalmarkt an.

Es soll ein Kapitalmarktzins von 5 % unterstellt werden. Wenn kein Gutachten vorgeschaltet wird, dann verzinst sich das „eingesparte" Geld mit 5 % pro Periode. Es kommt also in der ersten Periode zu einem Zinsertrag in Höhe von 1500 GE. Der wird reinvestiert, so dass die Einzahlung auf das Konto des Entscheidungsträgers nach der zweiten Periode insgesamt 33.075 GE beträgt. Analog verhält es sich, wenn in der zweiten Stufe keine Wartungsmaßnahme durchgeführt wird. Die Anlage im Kapitalmarkt führt zu einer Einzahlung am Ende der zweiten Periode in Höhe von 105.000 GE.

Wie auch bereits bei den beiden Beispielen zuvor wird auch hier Risikoneutralität des Entscheidungsträgers unterstellt.

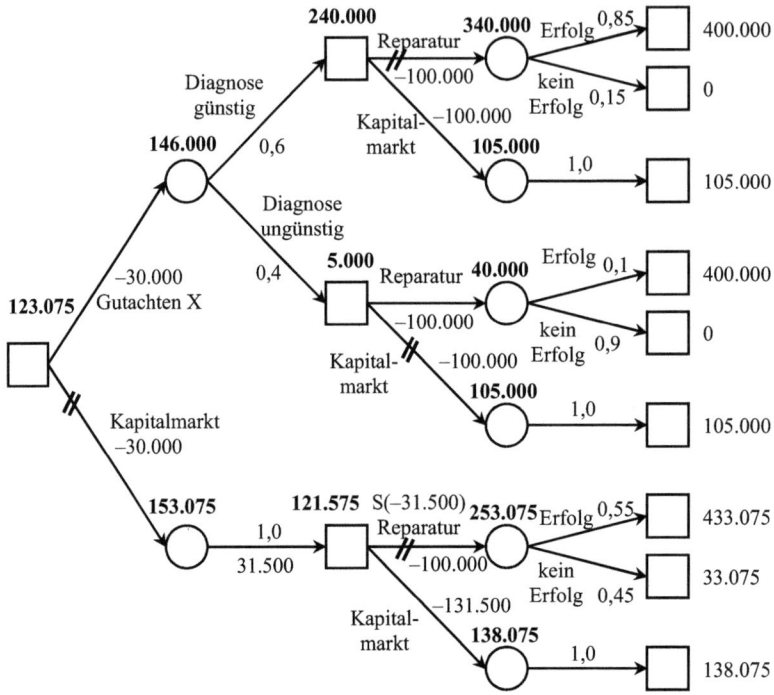

Abb. 2.13 Entscheidungsbaum und Lösung

Über die Rückwärtsrechnung wird die optimale Wartungsstrategie bestimmt. Die Vorgehensweise folgt den beiden vorausgegangenen Beispielen. Die optimale Strategie besteht darin, das Gutachten X nicht zu beauftragen und dann die Reparatur durchzuführen. Abb. 2.13 zeigt den stochastischen Entscheidungsbaum einschließlich der Zwischenergebnisse, die sich aus der Anwendung des Lösungsalgorithmus ergeben.

2.9 Systemfunktionen

Es soll zunächst darum gehen, ein Werkzeug anzubieten, mit dem das Ausfallverhalten von Fertigungssystemen in Fabriken aus dem Ausfallverhalten einzelner Komponenten und den Verknüpfungsstrukturen dieser Komponenten erklärt werden kann. Anschließend wird die Zuverlässigkeit einer Fertigungsstruktur optimiert.

Definition 1

$K_1, K_2, \ldots, K_n$ seien Komponenten eines Systems. Jede Komponente K_i, $i = 1, \ldots, n$, befindet sich in einem der Zustände „intakt" oder „defekt". Diese Zustände lassen sich durch die Boolesche Variablen $x_1, x_2, \ldots, x_n$ beschreiben, die nur die Werte 0 oder 1 annehmen können:

$$x_i = \begin{cases} 1, & \text{wenn } K_i \text{ intakt ist,} \\ 0, & \text{wenn } K_i \text{ defekt ist.} \end{cases}$$

x_i heißt Zustandsvariable der Komponente K_i.

Definition 2
Der Vektor $(x_1, x_2, \ldots, x_n)$ heißt Zustandsvektor der Komponenten des Systems.

Ein technisches System lässt sich mit Hilfe Boolescher Variablen beschreiben. Die algebraische Funktion

$$S(x_1, x_2, \ldots, x_n)$$
$$= \begin{cases} 1 & \text{für alle Zustände von } (x_1, x_2, \ldots, x_n), \text{ für die das System intakt ist,} \\ 0 & \text{für alle Zustände von } (x_1, x_2, \ldots, x_n), \text{ für die das System defekt ist,} \end{cases}$$

bezeichnet man als Systemfunktion oder auch Strukturfunktion.

2.9.1 Systeme

Ein Seriensystem aus n Komponenten ist dadurch charakterisiert, dass der Ausfall bereits eines Elements zum Systemausfall führt. Das Seriensystem funktioniert also nur dann, wenn alle Komponenten intakt sind. Die Systemfunktion, die diese Eigenschaft aufweist, lautet:

$$S_{Ser} = x_1 \cdot x_2 \cdot \ldots \cdot x_n \quad \text{oder} \quad S_{Ser} = \prod_{i=1}^{n} x_i.$$

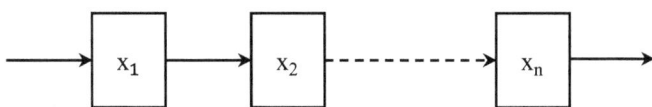

Ein Parallelsystem funktioniert genau dann, wenn mindestens eine Komponente intakt ist. Es funktioniert genau dann nicht, wenn alle Komponenten defekt sind. Somit besteht ein Parallelsystem aus einem Arbeits- und n − 1 Reserveelementen (Redundanz).

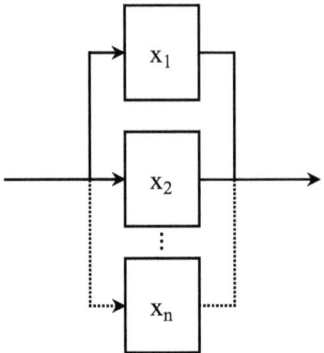

Die Systemfunktion des Parallelsystems lautet folgendermaßen:

$$S_{Par} = 1 - (1 - x_1)(1 - x_2)\ldots(1 - x_n) \quad \text{oder} \quad S_{Par} = 1 - \prod_{i=1}^{n}(1 - x_i).$$

Beispiele

a) Ein Seriensystem besteht aus vier Komponenten, die zunächst alle intakt sind. Dann fällt die dritte Komponente aus. Das Gesamtsystem startet im Zustand 1 und ist anschließend im Zustand 0:

$$S_{Ser} = x_1 \cdot x_2 \cdot x_3 \cdot x_4,$$
$$S_{Ser} = 1 \cdot 1 \cdot 1 \cdot 1 = 1, \text{ und dann}$$
$$S_{Ser} = 1 \cdot 1 \cdot 0 \cdot 1 = 0.$$

b) Ein Parallelsystem besteht aus vier redundanten Komponenten, die alle intakt sind. Dann fällt die dritte Komponente aus. Das Gesamtsystem startet im Zustand 1 und bleibt im Zustand 1:

$$S_{Par} = 1 - (1 - x_1)(1 - x_2)(1 - x_3)(1 - x_4),$$
$$S_{Par} = 1 - (1 - 1)(1 - 1)(1 - 1)(1 - 1) = 1 - 0 \cdot 0 \cdot 0 \cdot 0 = 1, \text{ und dann}$$
$$S_{Par} = 1 - (1 - 1)(1 - 1)(1 - 0)(1 - 1) = 1 - 0 \cdot 0 \cdot 1 \cdot 0 = 1.$$

c) Abb. 2.14 zeigt ein System, welches sich aus drei Komponenten in serieller und paralleler Struktur zusammensetzt. Das System funktioniert genau dann, wenn die erste Komponente intakt ist und auch die zweite oder dritte Komponente.
   Die Systemfunktion lautet:

$$S_{Sys} = x_1 \cdot (1 - (1 - x_2)(1 - x_3)).$$

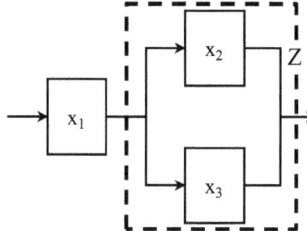

Abb. 2.14 Blockdiagramm eines gemischten Fertigungssystems

Manchmal bietet sich zur Ermittlung der Systemfunktion eine Dekomposition der Struktur in serielle und parallele Substrukturen als Zwischenschritt an. Bezeichnen wir die parallele Substruktur mit Z dann lautet die Systemfunktion:

$$S_{Sys} = x_1 \cdot S_Z \quad \text{mit} \quad S_Z = (1 - (1 - x_2)(1 - x_3)).$$

2.9.2 Ausfallwahrscheinlichkeit und Zuverlässigkeit

Zur Berechnung des Ausfallverhaltens von Systemen benötigt man die Ausfallwahrscheinlichkeiten $F_i(t)$ jeder Einzelkomponente i bis zum Zeitpunkt t. Diese können beispielsweise durch Versuche ermittelt oder vom Zulieferer genannt werden.

Serielles System
Die Wahrscheinlichkeit $F_{Ser}(t)$, dass ein serielles System mit zwei Komponenten bis zum Zeitpunkt t ausfällt, ist gleich der Wahrscheinlichkeit, dass beide Komponenten ausfallen, zuzüglich der Wahrscheinlichkeit, dass jeweils eine Komponente ausfällt und die andere intakt bleibt. Sind die Ausfallereignisse voneinander stochastisch unabhängig, so folgt:

$$F_{Ser}(t) = F_1(t) \cdot F_2(t) + F_1(t)(1 - F_2(t)) + (1 - F_1(t))F_2(t) = F_1(t) + F_2(t) - F_1(t)F_2(t).$$

Üblich ist die Darstellung in der folgenden Form:

$$\begin{aligned} F_{Ser} &= F_1(t) + F_2(t) - F_1(t)F_2(t) = 1 - 1 + F_1(t) + F_2(t) - F_1(t)F_2(t) \\ &= 1 - (1 - F_1(t) - F_2(t) + F_1(t)F_2(t)) \\ &= 1 - (1 - F_1(t))(1 - F_2(t)). \end{aligned}$$

Allgemein kann man die Ausfallwahrscheinlichkeit eines seriellen Systems mit n stochastisch unabhängigen Komponenten mit der

$$\text{Systemfunktion } S_{Ser} = \prod_{i=1}^{n} x_i \text{ wie folgt angeben:}$$

$$F_{Ser}(t) = 1 - \prod_{i=1}^{n}(1 - F_i(t)) \,.$$

Die Zuverlässigkeit R(t) einer Komponente oder eines Systems ist die Gegenwahrscheinlichkeit zur Ausfallwahrscheinlichkeit:

$$R_i(t) = \overline{F_i(t)} = 1 - F_i(t).$$

Die Zuverlässigkeit des seriell geschalteten Systems berechnet sich dann wie folgt:

$$R_{Ser}(t) = \prod_{i=1}^{n} R_i(t) \quad \text{mit} \quad S_{Ser} = \prod_{i=1}^{n} x_i.$$

Paralleles System
Die Wahrscheinlichkeit $F_{Par}(t)$, dass ein paralleles System mit zwei Komponenten bis zum Zeitpunkt t ausfällt, wenn die Ausfallereignisse voneinander stochastisch unabhängig sind, ergibt sich als Produkt der Ausfallwahrscheinlichkeiten beider Komponenten:

$$F_{Par}(t) = F_1(t) \cdot F_2(t).$$

Bei n stochastisch unabhängigen Komponenten mit $S_{Par} = 1 - \prod_{i=1}^{n}(1 - x_i)$ können wir die Ausfallwahrscheinlichkeit folgendermaßen berechnen:

$$F_{Par}(t) = \prod_{i=1}^{n} F_i(t).$$

Ersetzen wir $F_i(t)$ durch $1 - R_i(t)$, dann erhalten wir die Zuverlässigkeit des parallelen Systems:

$$R_{Par}(t) = 1 - \prod_{i=1}^{n}(1 - R_i(t)) \quad \text{mit} \quad S_{Par} = 1 - \prod_{i=1}^{n}(1 - x_i).$$

Beispielaufgabe
Zwei Fertigungssysteme werden durch die folgenden Blockdiagramme (1) und (2) beschrieben:

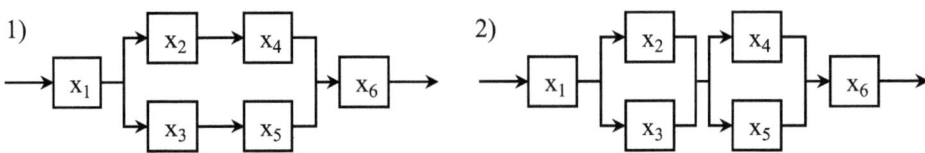

a) Erstellen Sie die Systemfunktionen.

b) Die vom Zulieferer zugesicherten Einzelzuverlässigkeiten für die ersten 2 Jahre des Betriebs lauten: $R_1 = 98{,}6\,\%$, $R_2 = 99{,}2\,\%$, $R_3 = 96{,}6\,\%$, $R_4 = 92{,}5\,\%$, $R_5 = 90{,}0\,\%$ und $R_6 = 96{,}5\,\%$. Berechnen Sie die Zuverlässigkeiten der Systeme.

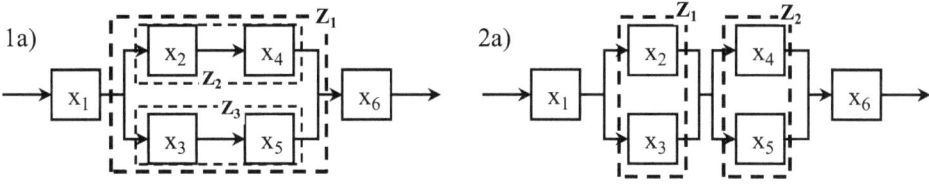

Lösung zu (1)

Das Blockdiagramm 1a (links) zeigt die Dekomposition des Systems Nr. 1.

$$S_{Sys} = x_1 \cdot Z_1 \cdot x_6 = x_1 \cdot (1 - (1 - Z_2)(1 - Z_3)) \cdot x_6$$

$$Z_2 = x_2 \cdot x_4$$

$$Z_3 = x_3 \cdot x_5$$

$$S_{Sys} = x_1 \cdot (1 - (1 - x_2 \cdot x_4)(1 - x_3 \cdot x_5)) \cdot x_6$$

$$R_{Sys} = R_1 \cdot (1 - (1 - R_2 \cdot R_4)(1 - R_3 \cdot R_5)) \cdot R_6$$

$$R_{Sys} = 0{,}986 \cdot (1 - (1 - 0{,}992 \cdot 0{,}925)(1 - 0{,}966 \cdot 0{,}9)) \cdot 0{,}965 = 0{,}941$$

Lösung zu (2)

Das Blockdiagramm 2a (rechts) zeigt die Dekomposition des Systems Nr. 2.

$$S_{Sys} = x_1 \cdot Z_1 \cdot Z_2 \cdot x_6$$

$$Z_1 = (1 - (1 - x_2)(1 - x_3))$$

$$Z_2 = (1 - (1 - x_4)(1 - x_5))$$

$$S_{Sys} = x_1 \cdot (1 - (1 - x_2)(1 - x_3)) \cdot (1 - (1 - x_4)(1 - x_5)) \cdot x_6$$

$$R_{Sys} = R_1 \cdot (1 - (1 - R_2)(1 - R_3)) \cdot (1 - (1 - R_4)(1 - R_5)) \cdot R_6$$

$$R_{Sys} = 0{,}986 \cdot (1 - (1 - 0{,}992)(1 - 0{,}966)) \cdot (1 - (1 - 0{,}925)(1 - 0{,}9)) \cdot 0{,}965$$

$$= 0{,}944$$

2.9.3 Optimierung mithilfe von Systemfunktionen und Blockdiagrammen

In der Planung der Fertigungsstruktur ist darüber zu entscheiden, ob und an welchen Stellen Redundanzen einzubauen sind. Unterstellen wir Risikoneutralität. Es ist eine Abwägung zwischen den abgezinsten Kosten und den abgezinsten stochastischen Erträgen

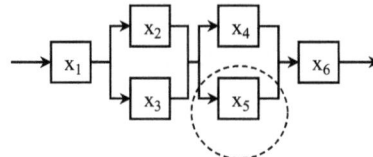

Abb. 2.15 Geplante Redundanz

der Redundanz zu machen. Die stochastischen Erträge setzten sich aus der Reduzierung der Ausfallwahrscheinlichkeit und den Stillstandkosten des Systems zusammen.

Beispiel

Angenommen, es ist darüber zu entscheiden, ob die Redundanz in Form der Komponente x_5 installiert werden soll oder nicht (Abb. 2.15 und 2.16). Man will x_5 einrichten, wenn innerhalb der folgenden 5 Jahre der Gegenwartswert des Überschusses positiv ist. Folgende Daten liegen vor:

- Zuverlässigkeiten der Systemkomponenten (Jahreswerte):

  $R_1 = 98,6\,\%$, $R_2 = 99,2\,\%$, $R_3 = 96,6\,\%$, $R_4 = 92,5\,\%$, $R_5 = 90,0\,\%$, $R_6 = 96,5\,\%$,

- Investitionsausgaben für x_5: 60.000 €,
- Restwert von x_5 nach 5 Jahren: 40.000 €,
- Jährliche Kosten, um x_5 als Reserve einsatzbereit zu halten: 800 €,
- Stillstandskosten des Systems pro Tag: 44.167 €,
- Durchschnittliche Stillstandszeit, wenn ein Defekt auftritt: 3 Tage,
- Diskontierungszins: 6 % pro Jahr,
- Kapitalmarktzins der Alternativanlage gleicher Risikoklasse: 6 % pro Jahr.

Jahr t		1	2	3	4	5	Restwert
Anfangs-auszahlung	–60.000 €						
eingesparte Still-standskosten pro Jahr (netto)		7680 €	7680 €	7680 €	7680 €	7680 €	
Restwert							40.000 €
$Z_t/(1+r)^t$	–60.000 €	7245 €	6835 €	6448 €	6083 €	5739 €	29.890 €

Abb. 2.16 Kapitalwert der Redundanz

Zunächst ist der Vorteil der Installation von x_5 zu ermitteln. Die Zuverlässigkeit des Systems inklusive x_5 berechnet sich folgendermaßen:

$$R_{Sys} = R_1 \cdot (1 - (1 - R_2)(1 - R_3)) \cdot (1 - (1 - R_4)(1 - R_5)) \cdot R_6,$$
$$R_{Sys} = 0{,}986 \cdot (1 - (1 - 0{,}992)(1 - 0{,}966)) \cdot (1 - (1 - 0{,}925)(1 - 0{,}9)) \cdot 0{,}965$$
$$= 0{,}944.$$

Die Zuverlässigkeit des Systems ohne x_5 lautet:

$$R_{Sys} = R_1 \cdot (1 - (1 - R_2)(1 - R_3)) \cdot R_4 \cdot R_6,$$
$$R_{Sys} = 0{,}986 \cdot (1 - (1 - 0{,}992)(1 - 0{,}966)) \cdot 0{,}925 \cdot 0{,}965 = 0{,}88.$$

Die Wahrscheinlichkeit eines Systemstillstands nimmt durch die zusätzliche Redundanz um 6,4 % ab. Damit tritt durch die Investition in x_5 ein jährlicher Ertrag durch eingesparte erwartete Stillstandskosten in Höhe von $0{,}064 \cdot 44.167\,€/\text{Tag} \cdot 3\,\text{Tage} = 8480\,€$ ein. Abzüglich der Bereitschaftskosten für x_5 ergibt sich ein jährlicher Ertrag in Höhe von 7680 € (Abb. 2.16).

Der Kapitalwert dieser Investition beträgt bei einem Zeithorizont von 5 Jahren 2240 €. Die redundante Komponente x_5 ist demnach einzubauen.

2.10 Spieltheorie

Die Spieltheorie geht auf Oskar Morgenstern und John von Neumann[3] zurück, die 1944 das Buch „Theory of Games and Economic Behavior" veröffentlichten. Das Ziel der Spieltheorie ist es, für jeden Teilnehmer die Handlungsweise zu bestimmen, die für ihn am günstigsten ist, unter der Voraussetzung, dass alle anderen Teilnehmer auch die für sie günstigsten Spielzüge durchführen. Es handelt sich also um eine Nutzenmaximierung bei rationalen Mit- bzw. Gegenspielern.

Ein Spiel wird durch die folgenden Merkmale beschrieben:

- Die Anzahl der Spieler ist gegeben.
- Die Ziele der Spieler liegen fest, z. B. Gewinnmaximierung oder Kostenminimierung.
- Die Art und Anzahl alternativer Aktionen pro Spieler (Strategien) sind definiert. Damit liegt auch fest, in welchen Kombinationen diese Strategien auftreten können.
- Die Ergebnisse, die jeder Spieler erzielen kann, liegen für alle möglichen Kombinationen von Aktionen aller Spieler vor (Ergebnismatrix). Eng mit der Ergebnismatrix hängt die Auszahlungsmatrix zusammen, aus der sich für verschiedene Ergebnisse des Spiels ergibt, wer wem wie viel bezahlen muss.

---

[3] J. v. Neumann (1903–1957) und O. Morgenstern (1902–1977).

2.10.1 Nullsummenspiel

Wir gehen von zwei Spielern aus, von denen jeder eine endliche Anzahl von verschiedenen Aktionen zur Verfügung hat. Die Spieler wählen gleichzeitig und „verdeckt", d. h. zunächst im Geheimen ihre Strategie. Dann werden die beiden gewählten Strategien offenbart und ein Betrag wird anschließend von dem einen Spieler an den anderen gezahlt. Aufgrund der beiden gewählten Strategien kommt es also bei dem einen Spieler zu einer Aus- und bei dem anderen Spieler zu einer Einzahlung. Bei jedem Paar gewählter Aktionen ist die Summe von Aus- und Einzahlung immer gleich null: Was der eine bekommt, verliert der andere! Es liegt somit ein sogenanntes Nullsummenspiel vor.

Das Problem bei Spielen unter Ungewissheit ist, dass die Strategien zunächst nicht vergleichbar sind (Problem der Vergleichbarkeit). Wenn z. B. klar wäre, mit welchen Wahrscheinlichkeiten w die Strategien y_1 oder y_2 gewählt würden, dann könnte x sich an dem Erwartungswert und der Varianz seiner Handlungsergebnisse orientieren. Allerdings läge dann eben keine Ungewissheitssituation mehr vor.

a)

	$w = 0,3$	$1 - w = 0,7$	
	y_1	y_2	E(X)
x_1	3	2	2,3
x_2	1	6	4,5

b)

	y_1	y_2	
x_1	2	7	
x_2	1	6	← dominant

Oben links (a) ist eine Ergebnismatrix dargestellt, die Einzahlungen auf das Konto von y zeigt (Gewinne für y). Es sind Wahrscheinlichkeiten w für die Strategien von y angegeben. Wird für y_1 eine Eintrittswahrscheinlichkeit von $w = 0,3$ und für y_2 eine Eintrittswahrscheinlichkeit von $1 - w = 0,7$ unterstellt, dann führt die Strategie x_1 zu einer Verlusterwartung für x von 2,3 und die Strategie x_2 zu einer Verlusterwartung für x von 4,5. Neben dem Erwartungswert wäre auch die Varianz zu berücksichtigen. Die Bewertung der Alternativen x_1 und x_2 würde bei einem risikoaversen Spieler x mithilfe der Risikonutzenfunktion erfolgen können.

Der Fall der Dominanz ist in der Matrix oben rechts (b) dargestellt. Hier kann man die Alternativen auch ohne Wahrscheinlichkeiten vergleichen: Die Alternative x_1 weist in jeder Situation den größeren Verlust für x auf: Damit ist für x in diesem Fall die Alternative x_2 besser als die Alternative x_1.

Beide Wege liefern keine allgemeinen Lösungen für das Problem der Vergleichbarkeit: Mit der Verwendung von Wahrscheinlichkeiten verlassen wir die Ungewissheitssituation und die Dominanz ist ein Spezialfall. In Ungewissheitssituationen benötigen wir besondere Regeln, um die Alternativen vergleichbar zu machen.

Beispiel (mit Streichhölzern)

- Es gibt zwei Spieler x und y.
- Jeder Spieler maximiert seine Einnahmen.

- Jeder hat zwei Streichhölzer, von denen er eines oder beide verdeckt ablegt.
- Ist die Gesamtheit der Streichhölzer gerade, zahlt x an y einen Euro (positiver Wert), ist sie ungerade, zahlt y an x einen Euro (negativer Wert).

Ergebnismatrix und Auszahlungsmatrix dieses Spiels sehen folgendermaßen aus:

Ergebnismatrix

	y_1	y_2
x_1	2	3
x_2	3	4

Auszahlungsmatrix

	y_1	y_2
x_1	1	-1
x_2	-1	1

Auszahlungsmatrix allgemein

	y_1	y_2
x_1	a_{11}	a_{12}
x_2	a_{21}	a_{22}

Es handelt sich um ein Nullsummenspiel.

In der Spieltheorie versteht man unter einer Strategie eine gewählte Aktion zur Erreichung eines Ziels. Reine Strategien sind solche, bei denen jeder Spieler eine feste Aktion wählt. Bei jeder Spielwiederholung ist die gleiche Aktion optimal. Bei gemischten Strategien ist für den Spieler bei jeder Spielwiederholung eine Zufallsauswahl einer Aktion aus einer Menge mit zwei oder mehr Aktionen optimal. Im Streichholzbeispiel wählt jeder Spieler eine gemischte Strategie. Bei jeder festen Auswahl könnte sich der Gegner sonst auf die Strategiewahl einstellen und einen Vorteil für sich daraus ziehen.

Beispiel (mit MiniMax- und MaxiMin-Strategien)

- Es gibt zwei Spieler x und y.
- Jeder Spieler maximiert sein Einkommen.
- Dem Spieler x stehen vier Aktionen x_1, x_2, x_3, x_4 und dem Spieler y drei Aktionen y_1, y_2, y_3 zur Verfügung.
- Die Ergebnismatrix entspricht der Auszahlungsmatrix. Sie zeigt die Zahlungen a_{ij} an, die x an y leisten muss (i: Zeile, j: Spalte).

	y_1	y_2	y_3	
x_1	3	7	3	
x_2	8	6	7	← inferior zu Strategie x_3
x_3	4	5	2	
x_4	4	9	5	← inferior zu Strategie x_1 und x_3

Erste Frage: Gibt es zwei Spieler? Ja.

Zweite Frage: Ist die Anzahl von Aktionsmöglichkeiten endlich? Ja.

Dritte Frage: Ist dieses ein Nullsummenspiel? Ja.

Vierte Frage: Ist dieses Spiel unfair? Ja, da stets ein Spieler bevorzugt wird.

Fünfte Frage: Gibt es inferiore Alternativen? Ja, x_2 und x_4.

Sechste Frage: Gibt es eine reine optimale Strategie für x? Das ist zu prüfen.

Siebte Frage: Führen die Strategieentscheidungen von x und y zu einem eindeutigen Ergebnis? Auch das ist zu prüfen.

Jeder Spieler maximiert seinen Nutzen bzw. minimiert seinen Schaden. Im Nullsummen-spiel folgt daraus, dass jeder Spieler maximal „schädigen" muss, denn nur hierdurch kann er Schaden von sich selbst abwenden und seinen Nutzen maximieren. Natürlich könnte man sich auch vorstellen, dass die Spieler angesichts dieser Situation Empathie empfinden und sich zusammensetzen und die Ergebnisse unter sich aufteilen. Oder dass sie feststel-len, dass durch Zusammenarbeit das Gesamtergebnis steigt, so dass auch bei egoistischem Verhalten sich die Kooperation anbietet. Kooperative Spiele werden im nächsten Abschnitt behandelt.

Jetzt gehen wir von der Konkurrenzsituation aus. Da jeder weiß, dass der andere immer die Alternative wählen möchte, die dem jeweiligen Gegenspieler den meisten Schaden zufügt (Nullsummenspiel!), wird jeder versuchen, diesen Schaden zu begrenzen. Jede Strategiewahl eines Spielers erzeugt Ergebnisse die davon abhängen, wie der Gegner wählt. Da die Wahl des anderen nicht bekannt ist, liegt die Schadensbegrenzungsstrategie darin, von den schlechtesten Ergebnissen auszugehen, die die eigenen Strategiemöglich-keiten mit sich bringen, und dann die Strategie mit dem relativ besten Ergebnis zu wählen.

Der Spieler x möchte möglichst geringe Auszahlungen leisten und folgt also der so-genannten MiniMax-Regel. Dies ist die Entscheidungsregel, mit der es Spieler x gelingt, seine alternativen Strategien vergleichbar zu machen und seinen möglichen Schaden zu begrenzen.

Bezogen auf das konkrete Beispiel (Matrix oben) ist klar, dass x_2 und x_4 keine optima-len Strategien für x sein können, da sie dominiert werden. Das optimale Ergebnis erhält Spieler x, in dem er zunächst für jede eigene Strategie die maximale Auszahlung (Verlust) bestimmt und dann die Strategie mit dem Minimum dieser Maxima wählt:

	y_1	y_2	y_3
x_1	3	⑦	3
x_2	8	6	7
x_3	4	⑤	2
x_4	4	9	5

- Bestimme $\underset{1 \leq j \leq 3}{\text{Max}} a_{ij}$ für i = 1, 3!

  Man erhält die Werte 7 und 5.

- Wähle hieraus das Minimum

$$a_x = \underset{i=1,3}{\text{Min}} \left(\underset{1 \leq j \leq 3}{\text{Max}} a_{ij} \right)!$$

Man erhält den Wert $a_x = 5$ mit i = 3. a_x ist hierbei die geringste der maximalen Zahlungen, die x leisten muss. Der Spieler x verhält sich also nach dem MiniMax-Prinzip und wählt x_3.

Der Spieler y handelt analog und identifiziert zunächst für jede eigene Strategie die minimale Einzahlung und wählt dann die Strategie mit dem Maximum dieser Minima:

- Bestimme $\text{Min}_{i=1,3} a_{ij}$ für j = 1, 2, 3.
  Man erhält die Werte 3, 5, 2.
- Dann wähle hieraus das Maximum $a_y = \text{Max}_{1 \leq j \leq 3} \left(\text{Min}_{i=1,3} a_{ij} \right)$.
  Man erhält den Wert $a_y = 5$ mit j = 2.

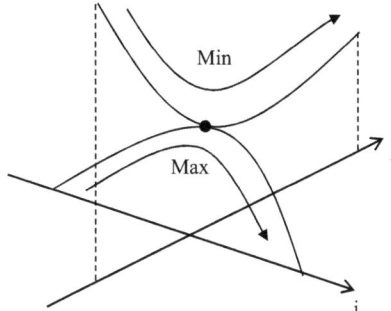

Abb. 2.17 Sattelpunkt

Der Spieler y verhält sich also nach dem MaxiMin-Prinzip und wählt y_2. Hierdurch kann Spieler y die Strategien, die er zur Auswahl hat, vergleichbar machen und seinen möglichen Schaden begrenzen.

Hätte Spieler y die Strategien y_1 oder y_3 gewählt, dann wäre sein Gewinn kleiner als bei y_2, unter der Bedingung, dass Spieler x nach der MiniMax-Strategie verfährt. Es gilt in diesem konkreten Spiel: Setzt einer der Spieler die MaxiMin- bzw. die MiniMax-Strategie ein, dann ist es für den anderen Spieler rational, dieses auch zu tun.

Beide Kontrahenten wählen reine Strategien. Während a_x die obere Zahlungsgrenze von x ist (mehr muss x nicht zahlen), ist a_y die untere Zahlungsgrenze von y (weniger wird y nicht bekommen). Die obere bzw. untere Zahlungsgrenze bezeichnet man als oberen bzw. unteren Spielwert. Es gilt im Allgemeinen: $a_y \leq a \leq a_x$. In diesem Beispiel ist $a_x = a_y = 5$ mit $i = 3, j = 2$. Die Spieler erhalten genau das, was sie bei einem rationalen Gegenspieler, der gleiche Entscheidungsregeln anwendet, erwarten.

Der Wert $a_{32} = 5$ heißt Sattelpunkt, da er sowohl ein Minimum (der Maxima) und ein Maximum (der Minima) der Zahlungen darstellt (Abb. 2.17):

$$\text{Min}_i \left(\text{Max}_j \, a_{ij} \right) = a_{32} = \text{Max}_j \left(\text{Min}_i \, a_{ij} \right).$$

Hat die Spielmatrix einen solchen Sattelpunkt, so ergibt sich als Lösung ein Paar reiner Strategien. Damit sind auch die fünfte und die sechste Frage beantwortet.

Die folgende Auszahlungsmatrix stellt Zahlungen von x an y dar (positiv) bzw. von y an x (negativ):

	y_1	y_2	y_3
x_1	−4	3	4
x_2	2	3	⊝−3
x_3	②2	−5	1

Die Spieler verfolgen die MiniMax bzw. die MaxiMin-Strategie. Wie leicht überprüft werden kann führt das Spiel nicht zu einem Sattelpunkt. x wählt die Strategie x_3 (MiniMax) mit $a_x = 2$ und y wählt die Strategie y_3 (MaxiMin) mit $a_y = -3$. Der obere Spielwert beträgt also 2 und der untere -3. Es existiert kein Sattelpunkt, also kein Gleichgewicht in reinen Strategien. Man sagt, das Spiel ist in reinen Strategien nicht determiniert (oder indeterminiert).

Der Spieler x wird durch die Auszahlung überrascht: Er hat die Erwartung, dass y seinen Gewinn maximiert und deshalb ihn maximal schädigt. Statt aber 2 an y zu zahlen zahlt er nur 1. Auch y wird überrascht: Statt 3 an x zu zahlen erhält er 1. Man kann sich leicht vorstellen, dass beide Spieler aus ihren Erwartungsfehlern versuchen zu lernen, von der MaxiMin- bzw. der MiniMax-Strategie Abstand nehmen und ihre Handlungsweisen so lange anpassen, bis sich jeweils ihre Erwartungen durch die Auszahlung bestätigen. Im Ergebnis wählen sie dann gemischte Strategien, d. h. sie bestimmen die jeweilige Strategie nach dem Zufallsprinzip.

Beispiel (mit Knobeln)

- Es gibt zwei Spieler x und y.
- Die Spieler maximieren ihre Einkommen.
- x und y haben drei Aktionen zur Verfügung: Stein – Schere – Papier.
- Die Spieler wählen verdeckt ihre Strategien und offenbaren diese gleichzeitig. Die Ergebnismatrix zeigt verschiedene mögliche Kombinationen der Strategien. Die Auszahlungsmatrix ergibt sich aus der Regel, dass „Stein besser ist als Schere", „Schere besser ist als Papier" und „Papier besser ist als Stein". Wer gewinnt erhält eine Geldeinheit.

Die folgende Auszahlungsmatrix zeigt die Zahlungen an, die x an y leisten muss (positiver Wert), bzw. x von y erhält (negativer Wert).

x \ y	Stein	Schere	Papier
Stein	0	−1	1
Schere	1	0	−1
Papier	−1	1	0

Da ein Nullsummenspiel vorliegt, nimmt der Spieler x an, dass y die Alternative wählt, die für den Spieler x den größten Schaden verursacht. Analoges unterstellt der Spieler y dem Spieler x. Diese Annahmen ermöglichen Entscheidungsregeln, mit denen die Alternativen vergleichbar gemacht werden können.

Da x möglichst wenig bezahlen möchte geht er nach der MiniMax-Strategie vor. x wählt die Zeile mit dem geringsten Maximum. a_x steht für die obere Grenze der Zahlungen. y wählt die Zeile mit dem höchsten Minimum. a_y steht für die untere Grenze der Zahlungen.

Der obere Spielwert lautet $a_x = Min_i (Max_j a_{ij}) = Min(1, 1, 1) = 1$ und der untere Spielwert

$$a_y = Max_j (Min_i a_{ij}) = Max(-1, -1, -1) = -1.$$

Das Ergebnis des Spiels ist durch die folgenden Eigenschaften gekennzeichnet:

- Es existiert kein Gleichgewicht in reinen Strategien.
- Das Spiel ist nicht determiniert. Die Spieler wählen gemischte Strategien.

Die Wahrscheinlichkeiten, mit denen x und y ihre Strategien spielen, betragen jeweils 1/3.

2.10.2 Gefangenendilemma

Das sogenannte Gefangenendilemma ist kein Nullsummenspiel. Vielmehr können die Spieler die Gesamtauszahlung durch ihre Strategien beeinflussen. Das Spiel zeigt,

a) dass in bestimmten Situationen die individuellen Nutzenmaxima durch Kooperation erreicht werden und nicht durch wettbewerbliche Gegnerschaft,
b) dass die kooperative Lösung instabil sein kann,
c) dass aber die kooperative Lösung durch Regeln stabilisiert werden kann.

Der Name „Gefangenendilemma" leitet sich von dem folgenden Beispiel ab: Zwei Verbrecher kommen in Haft und sitzen in einer Zelle. Sie sollen getrennt verhört werden. Sie können jeweils die Tat zugeben. Sie können aber auch verabreden, übereinstimmend bei der Vernehmung zu lügen, was der kooperativen Lösung entspricht. Oder sie schieben die Schuld auf den jeweils anderen, was dann ein Bruch der Verabredung ist. Die Auszahlungsmatrix zeigt die Gefängnisjahre an, die beide nach einem Urteilsspruch erhalten. Die erste Zahl in jeder Zelle der folgenden Auszahlungsmatrix beschreibt die Strafe für den Spieler x und das zweite Element in jeder Zelle die Strafe für den Spieler y:

x \ y	$j = 1$	$j = 2$	und allgemein:	x \ y	$j = 1$	$j = 2$
$i = 1$	$(-2, -2)$	$(-15, 0)$		$i = 1$	(β, β)	(δ, α)
$i = 2$	$(0, -15)$	$(-10, -10)$		$i = 2$	(α, δ)	(γ, γ)

$$\text{mit } \alpha > \beta > \gamma > \delta$$

Den Spielablauf kann man sich dann folgendermaßen vorstellen:

$i = 1, j = 1$: Beide lügen übereinstimmend. Sie erhalten jeweils zwei Jahre Haft.

$i = 1, j = 2$: x lügt wie verabredet, doch y gibt die Tat zu, schiebt aber die ganze Schuld
auf x. Dadurch kommt y frei, während x 15 Jahre Haft erhält.

$i = 2, j = 1$: y lügt wie verabredet, doch x gibt die Tat zu, schiebt aber die ganze Schuld
auf y. Dadurch kommt x frei, während y 15 Jahre Haft erhält.

$i = 2, j = 2$: Beide geben die Tat vollständig zu. Die beiden Verbrecher erhalten die ihnen
zustehende Strafe.

- Da γ kleiner ist als β, ist die kooperative Lösung besser als die nicht-kooperative. Deshalb einigen sich beide Spieler zunächst auf den Vertrag.
- Da aber α größer ist als β, gibt es für jeden Spieler einen Anreiz, die Verabredung verdeckt zu brechen und den anderen Spieler zu betrügen.
- Da δ kleiner als γ ist, offenbart ein betrogener Spieler die gesamte Wahrheit.

Beispiel

Die Auszahlungsmatrix eines Quotenkartells (z. B. OPEC) könnte folgendermaßen aussehen:

y \ x	$j = 1$	$j = 2$
$i = 1$	$(6, 6)$	$(0, 10)$
$i = 2$	$(10, 0)$	$(2, 2)$

mit $\alpha = 10 > \beta = 6 > \gamma = 2 > \delta = 0$.

Das Quotenkartell befindet sich regelmäßig in einem Gefangenendilemma:

Wir gehen von nur zwei Kartellmitgliedern aus. Man kommt zusammen und einigt sich auf eine Gesamtproduktionsmenge und auf Anteile (Quoten), die jeder einzelne hiervon erhält. Es liegt dann eine kooperative Lösung mit dem Gewinn $(6, 6)$ vor. Nachdem man wieder auseinander geht, kann es für jeden einzelnen rational sein, mehr als die festgelegte Produktionsmenge herzustellen und diese Zusatzmenge „unter der Hand" zu verkaufen.

Nimmt jeder Einzelne nämlich an, dass sich der jeweils andere an die Produktionsbeschränkung hält, dann denkt jeder Einzelne, dass eine kleine Überschreitung der Produktionsmenge den hohen Marktpreis nicht verändert und man einen Gewinn in Höhe von 10 abschöpfen kann. Im Ergebnis steigt in beiden Fällen die Produktionsmenge unkontrolliert an, weil beide einen Vorteil darin sehen, die Kartellvereinbarung zu brechen und beide haben am Schluss weniger, als wenn sie „moralisch" gewesen und der Vereinbarung „treu" geblieben wären: $(2, 2)$.

Die Auszahlungsmatrix des Kartellbeispiels kann folgendermaßen zusammengefasst werden:

i = 1, j = 1: Eine kooperative Lösung mit einer geringen Gesamtmenge, vereinbarten Quoten und einem hohem Preis liegt vor.

i = 1, j = 2: Nur y bricht die Quotenregelung, produziert jetzt verdeckt mehr und glaubt, dass sich x an den Vertrag hält.

i = 2, j = 1: Nur x produziert verdeckt mehr und glaubt, dass y sich an den Vertrag hält.

i = 2, j = 2: Im Ergebnis brechen x und y den Kartellvertrag. Die Gesamtproduktionsmenge nimmt zu, der Preis bricht ein und ebenso die Gewinne. Beide haben jetzt weniger als im Fall der kooperativen Lösung.

Man kann sich jetzt fragen, wie man die kooperative Lösung, die für beide Spieler das Beste ist, stabilisieren kann. Zunächst wäre es möglich, dass bei den Spielern eine Moral vorherrscht, aus der heraus eine Stabilisierung kooperativer Lösungen eintritt. Dann erübrigen sich regulative Maßnahmen.

Wenn aber eine solche Moral nicht vorhanden ist, kann man zur Stabilisierung kooperativer Lösungen die Abweichung von dieser Lösung so hoch bestrafen, dass der Vorteil, den ein Bruch der Vereinbarung für den Einzelnen bringt, durch die Strafe aufgewogen wird. Im Fall des Kartells beträgt der Gewinnvorteil $10 - 6 = 4$, also muss die Strafe für den Vertragsbruch mindestens auch 4 betragen. Bei den Gefangenen liegt der Vorteil des Vertragsbruchs in einer Verringerung der Haftjahre um 2 Jahre. Also muss die Strafe für den Vertragsbruch einen Nachteil beinhalten, der mindestens diesen zwei Jahren Haft entspricht. Wenn nämlich jeder Spieler bei einem Bruch der kooperativen Lösungen eine Vertragsstrafe erwarten muss, die seinen Vorteil kompensiert, dann bleibt die kooperative Lösung auch dann stabil, wenn die Kontrahenten sich nicht sowieso aufgrund einer gemeinsamen moralischen Überzeugung an die gemeinsam getroffene Vereinbarung halten.

2.11 Aufgaben

1. Aufgabe
Untersuchen Sie folgende Vektoren auf lineare Unabhängigkeit.

a)

$$a = \begin{bmatrix} 1 \\ 4 \\ 7 \end{bmatrix} \quad b = \begin{bmatrix} 2 \\ 5 \\ 8 \end{bmatrix} \quad c = \begin{bmatrix} 3 \\ 6 \\ 9 \end{bmatrix}$$

b)

$$a = \begin{bmatrix} 7 \\ 2 \\ 2 \end{bmatrix} \quad b = \begin{bmatrix} -1 \\ 2 \\ -1 \end{bmatrix} \quad c = \begin{bmatrix} 0 \\ 0 \\ 2 \end{bmatrix}$$

2. Aufgabe

Stellen Sie das Gleichungssystem in der Form $A \cdot x = b$ dar und ermitteln Sie die jeweiligen Lösungsmengen.

a)

$$
\begin{aligned}
x_1 + 2x_2 + 4x_3 + 7x_4 &= 6 \\
2x_1 + 4x_2 + 6x_3 + 8x_4 &= 10 \\
x_1 + 2x_2 \qquad\;\; + 5x_4 &= 2 \\
x_1 + 2x_2 + 2x_3 + x_4 &= 4
\end{aligned}
$$

b)

$$
\begin{aligned}
-x_1 + x_2 + 2x_3 &= 0 \\
2x_1 - 4x_2 + 3x_3 &= 0 \\
5x_1 + 3x_2 - 2x_3 &= 0
\end{aligned}
$$

3. Aufgabe

Ein Zulieferer der Automobilindustrie stellt Rückspiegelscheiben für Kleinfahrzeuge her. Der Stückdeckungsbeitrag des Standardprodukt RS1 beträgt 12, der Stückdeckungsbeitrag der Premium-Variante RS2 8 GE/ME. Das Unternehmen bezieht als Vorprodukt grob zugeschnittene Glasteile. In einem ersten Produktionsschritt werden Silber- und Schutzschichten aufgetragen. Ein Stück von RS1 benötigt hierbei acht, ein Stück von RS2 benötigt vier Minuten Bearbeitungszeit. In der Abteilung, in der die Folien aufgetragen werden, arbeiten 16 Personen. Im zweiten Herstellungsschritt werden die Spiegel geschliffen und poliert. Das Produkt RS1 belastet die Kapazität hierbei mit vier Minuten Bearbeitungszeit pro Stück, die Premium-Variante braucht doppelt so lange pro Stück. In der Schleiferei sind 20 Personen beschäftigt. Zur Fertigstellung einer Spiegelscheibe der Premiumvariante bedarf es noch eines letzten Produktionsschrittes, in welchem der Spiegel mit einem Heizdraht bestückt wird. Für diesen Montagevorgang werden sechs Minuten eingeplant. Die Drahtbestückung kommt mit zwölf Personen aus. Es ist von einer Arbeitszeit von sechs Stunden pro Tag und Person auszugehen. Es soll der tägliche Produktionsplan optimiert werden, indem der Gesamtdeckungsbeitrag maximiert wird. Lösen Sie das Problem mithilfe des Simplexverfahrens.

a) Formulieren Sie das lineare Programm mit den Restriktionen, der Zielfunktion und der Nichtnegativitätsbedingung.
b) Wie lautet das optimale Lösungstableau des Problems?
c) Wie lautet die Lösung?

4. Aufgabe

In der Firma „P&T Pumpentechnologie" werden Schaufelräder für Kreiselpumpen produziert. Der Kunde kann dabei zwischen drei verschiedenen Dimensionierungen S, L und

XL wählen. Das kleinste Schaufelrad (S) hat dabei einen Durchmesser von 1 m, das mittlere (L) 2 m. Das größte Schaufelrad (XL) bringt es auf 5 m. Die Produktion erfolgt in maximal vier Arbeitsgängen auf den Maschinenkomplexen M1, M2, M3 und M4.

Im Maschinenkomplex M1 werden die einzelnen Schaufeln hergestellt, in M2 die entsprechenden Schaufelradkörper. Im Maschinenkomplex M3 werden spezielle Lagerungen für das Schaufelrad S hergestellt. Die Pumpen der Typen L und XL können anschließend im Maschinenkomplex M4 vormontiert werden. Zur Herstellung eines Schaufelrads vom Typ S werden eine Stunde Bearbeitungszeit auf M1, zwei Stunden auf M2, eine Stunde auf M3 und keine Bearbeitung durch M4 benötigt. Zur Herstellung eines Schaufelrads vom Typ L werden eine Stunde Bearbeitungszeit auf M1, drei Stunden auf M2, keine Bearbeitung durch M3 und eine Stunde auf M4 benötigt. Zur Herstellung eines Schaufelrads vom Typ XL werden zwei Stunden Bearbeitungszeit auf M1, eine Stunde auf M2, keine Bearbeitung durch M3 und eine Stunde auf M4 benötigt. Auf der Maschine M1 stehen maximal 28 h, auf M2 maximal 50 h, auf M3 maximal 12 h und auf M4 maximal 13 h zur Verfügung. Mit S wird ein Stückdeckungsbeitrag von 15 GE/ME erzeugt. Die Varianten L und XL tragen mit 6 GE/ME bzw. 12 GE/ME zur Deckung der fixen Kosten bei. Optimieren Sie die Anzahl der produzierten Varianten so, dass ein maximaler Betrag zur Deckung der fixen Kosten erwirtschaftet werden kann.

a) Wie sieht das Gleichungssystem zu dem beschriebenen Problem aus? Berücksichtigen Sie auch Schlupfvariablen, die Zielfunktion und die Nichtnegativitätsbedingung.

b) Begründen Sie, ob mit dem Starttableau eine zulässige Basis vorliegt.

c) Die erste verbesserte Lösung des Ausgangsproblems lautet (T1):

x_1	x_2	x_3	y_1	y_2	y_3	y_4	D	b
0	1	2	1	0	−1	0	0	16
0	3	1	0	1	−2	0	0	26
1	0	0	0	0	1	0	0	12
0	1	1	0	0	0	1	0	13
0	−6	−12	0	0	15	0	1	180

Markieren Sie die Pivotzeile und die Pivotspalte und erstellen Sie das nächste verbesserte Tableau (T2).

d) Kann man aus T2 bereits die optimale Lösung ablesen?

5. Aufgabe

Ein Unternehmen vertreibt drei Produkte. Produkt A kann zu einem Preis von 12 GE/ME, Produkt B zu einem Preis von 15 GE/ME und Produkt C zu einem Preis von 25 GE/ME verkauft werden. Nach der Fertigung der Bauteile in der Produktion (Stufe I) müssen diese im nächsten Schritt montiert (Stufe II) und anschließend verpackt werden (Stufe III). Die Kapazitäten in Stufe I, II und III betragen 25 h, 33 h und 20 min bzw. 75 h.

Die in den einzelnen Fertigungsstufen bearbeitbaren Stückzahlen pro Arbeitsstunde sowie die anfallenden variablen Stückkosten sind in der nachfolgenden Tabelle aufgeführt:

	bearbeitbare Stückzahl [ME/ZE]			variablen Kosten [GE/ME]		
	A	B	C	A	B	C
Fertigung	20	12	15	2	3	10
Montage	15	30	15	1	1	2
Verpackung	20	30	30	1	1	1

Die fixen Kosten betragen 3000 GE. Es soll das optimale Produktionsprogramm, d. h. die deckungsbeitragsmaximalen Stückzahlen der Produkte bestimmt werden. Hierbei ist die bereits eingegangene Lieferverpflichtung von mindestens 100 Stück von Produkt A zu berücksichtigen.

a) Formulieren Sie das zugehörige lineare Programm.
b) Lösen Sie die Optimierungsaufgabe mit Hilfe des Simplexalgorithmus.
c) Interpretieren Sie das optimale Simplextableau.

Für das Unternehmen besteht auch die Möglichkeit, die Fertigung der Bauteile (Stufe I) für die Produkte A und B als Auftrag extern zu vergeben. Die Fremdfertigung führt zu Bezugskosten von 5 GE/ME bzw. 7 GE/ME.

d) Formulieren Sie das dazugehörige lineare Programm.
e) Lösen Sie die Optimierungsaufgabe mit Hilfe des Simplexalgorithmus.
f) Interpretieren Sie das optimale Simplextableau.

6. Aufgabe
Gegeben ist das folgende primale LP . . .

$$
\begin{aligned}
\text{Max}_x \, D \;=\; & 8x_1 \;+\; 6x_2 \;+\; 12x_3 \\
\text{I.} \quad & 2x_1 \;+\; x_2 \;+\; 3x_3 \;\leq\; 10 \\
\text{II.} \quad & x_1 \;+\; 3x_2 \;+\; 3x_3 \;\leq\; 12
\end{aligned}
$$

NNB: $\mathbf{x} \geq 0$.

. . . mit dem dazugehörigen optimale Lösungstableau:

x_1	x_2	x_3	y_1	y_2	D	b
1	0	$\frac{6}{5}$	$\frac{3}{5}$	$-\frac{1}{5}$	0	$\frac{18}{5}$
0	1	$\frac{3}{5}$	$-\frac{1}{5}$	$\frac{2}{5}$	0	$\frac{14}{5}$
0	0	$\frac{6}{5}$	$\frac{18}{5}$	$\frac{4}{5}$	1	$\frac{228}{5}$

a) Wie lautet die optimale Lösung des Primals?

b) Geben Sie den Schattenpreis für eine Entspannung der Beschränkung II des Primals um eine Einheit an.

c) Beweisen Sie durch eine einfache Rechnung, dass der Schattenpreis der Vorteil der Entspannung der Beschränkung II ist.

d) Wie lauten die optimalen Werte der Variablen u und v des Duals?

7. Aufgabe

Eine Gießerei kann täglich bis zu 100 Halbzeuge herstellen. Sie kann dabei zwischen Teilen für die Automobilindustrie (A) und Teilen, die in der Bauindustrie Verwendung finden (B) wählen. Diese können zu einem Preis von 150 bzw. 120 GE/ME verkauft werden. Die variablen Stückkosten betragen 90 bzw. 70 GE/ME. Zur Herstellung der Halbzeuge A und B werden 20 bzw. 10 kg Stahl benötigt, 800 kg stehen täglich zur Verfügung. Von der Sorte A können täglich höchstens $x_1 = 50$ ME, von B höchstens $x_2 = 70$ ME abgesetzt werden. Es müssen insgesamt mindestens 50 Teile produziert werden.

Wie viele Teile sollten für die Automobilindustrie und wie viele für die Bauindustrie hergestellt werden, wenn die Gießerei ihren Deckungsbeitrag maximieren möchte?

a) Stellen Sie ein vollständiges Gleichungssystem auf.

b) Erklären Sie, warum man mit dem Starttableau keine zulässige Basis hat, um das Simplexverfahren zu beginnen.

c) Stellen Sie das vollständige duale Gleichungssystem auf.

8. Aufgabe

Durch Mischen der Rohstoffe A, B und C sollen 10 Tonnen der Legierung CuZn37 hergestellt werden. CuZn37 besteht zu 63 % aus Kupfer und zu 37 % aus Zink. Die Rohstoffe enthalten: [A] 10 % Kupfer und 90 % Zink, [B] 20 % Kupfer und 80 % Zink, [C] 60 % Kupfer und 40 % Zink. Wie groß sind die kostenminimalen Mengen von A, B und C, wenn die Kilopreise 1 GE/ME, 2 GE/ME bzw. 4 GE/ME für die Rohstoffe A, B und C betragen.

a) Formulieren Sie das dazugehörige lineare Programm.

b) Bestimmen Sie die optimale Lösung mit Hilfe des dualen Simplexalgorithmus.

c) Interpretieren Sie die optimalen Werte der Schlupfvariablen.

9. Aufgabe

Eine Raffinerie gewinnt aus dem Rohstoff Erdöl durch Reinigung, Destillation und Konversion die Produkte Ottokraftstoff, Dieselkraftstoff und Flüssiggas. Die Raffinerie kann hierzu zwei Verfahren einsetzen. Je nach Wahl des Verfahrens werden aus einer Mengeneinheit Rohöl (ME_R) unterschiedliche Mengen an Benzin, Diesel und Flüssiggas zu unterschiedlichen variablen Kosten gewonnen:

	Benzin	Diesel	Flüssiggas	Variable Kosten
1. Verfahren	$15\,ME_B/ME_R$	$8\,ME_D/ME_R$	$2\,ME_G/ME_R$	$250\,GE/ME_R$
2. Verfahren	$12\,ME_B/ME_R$	$10\,ME_D/ME_R$	$6\,ME_G/ME_R$	$300\,GE/ME_R$

Für die Raffinerie besteht eine Lieferverpflichtung in Höhe von $100\,ME_B$, $80\,ME_D$ und $15\,ME_G$.

a) Formulieren Sie das lineare Programm. Die variablen Kosten sind zu minimieren. Bezeichnen Sie mit x_i die Menge an Rohöl, mit der das Verfahren 1 bzw. 2 beschickt wird.
b) Bestimmen Sie die optimale Lösung mit Hilfe des Simplex-Algorithmus.
c) Wie viele Mengeneinheiten ME_R werden im Verfahren 1 bzw. 2 verwendet?
d) Werden exakt die benötigten Mengen hergestellt? Geben Sie jeweils an, wie viele Mengeneinheiten Benzin, Diesel oder Flüssiggas zusätzlich hergestellt werden.
e) Welche Annahme haben Sie bei der Formulierung des LPs implizit getroffen?
f) Bestimmen Sie die optimale Lösung mit Hilfe des dualen Programms.

10. Aufgabe

Für die Fertigstellung einer Konstruktion sind Bretter mit vorgegebenen Abmessungen notwendig. Im Lager befinden sich noch genügend Bretter mit der gewünschten Breite und Dicke. Diese besitzen jeweils eine Länge von 350 cm und müssen noch auf das gewünschte Maß zugeschnitten werden. Eine Länge von 200 cm wird 25 mal, eine Länge von 140 cm wird 100 mal und eine Länge von 100 cm wird 60 mal benötigt. Der Zuschnitt soll so erfolgen, dass möglichst wenig Verschnitt auftritt. Bretter, die zwar zugeschnitten aber nicht direkt benötigt werden, sind als Verschnitt anzusehen. Formulieren Sie das zugehörige lineare Programm und bestimmen Sie die optimale Lösung.

11. Aufgabe

Der Forschungs- und Entwicklungsplan sieht die in der Tabelle aufgeführten Tätigkeiten vor. Die jeweiligen Maßnahmen müssen abgeschlossen sein, bevor Nachfolger beginnen können.

Maßnahmen	Dauer [Tage]	Vorgänger	Nachfolger
A: Ziele und Budgetierung	10	–	B, C, D, E
B: Laborarbeiten 1	15	A	F
C: Laborarbeiten 2	30	A	F
D: Laborarbeiten 3	50	A	F
E: Marktforschung	65	A	H
F: Zwischenergebnisse	10	B, C, D	G, H
G: Labornachbereitung	15	F	I
H: Budgetierung Produktion	20	E, F	I
I: Planung Prototyp	10	H, G	J
J: Projektende	0	I	–

a) Erstellen Sie graphisch ein Vorgangsknotennetz mit Knoten, Pfeilen und Angabe der Mindestabstände zwischen Vorgängen (Anfang-Anfang).
b) Berechnen Sie die „frühesten Anfangszeiten", die „spätesten Anfangszeiten" und die „gesamten Pufferzeiten".
c) Geben Sie den kritischen Pfad an.

12. Aufgabe

Ein bestimmtes technisches Gerät G wird aus vier Einzelteilen A, B, C und D zusammengefügt. Das Gerät funktioniert dann, wenn A und B oder wenn C und D funktionieren. Sollte B ausfallen, dann kann auf D umgeschaltet werden. D übernimmt dann die Aufgabe von B, um die Funktionsweise des Geräts G sicherzustellen.

a) Zeichnen Sie das Blockdiagramm des Geräts.
b) Schreiben Sie die Systemfunktion mit Booleschen Variablen hin.

13. Aufgabe

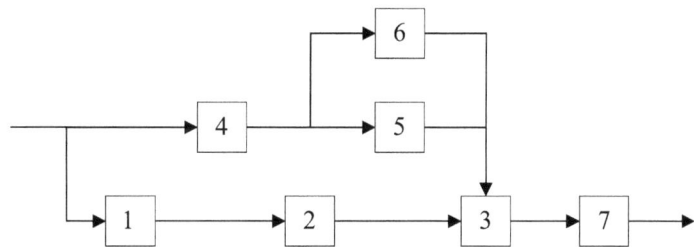

a) Wie lautet die Systemfunktion?
b) Berechnen Sie die Systemzuverlässigkeit aus den nachfolgenden Ausfallwahrscheinlichkeiten:

$$F_1 = 0{,}25 \quad F_2 = 0{,}3 \quad F_3 = 0{,}1 \quad F_4 = 0{,}2 \quad F_5 = 0{,}4 \quad F_6 = 0{,}15 \quad F_7 = 0{,}05.$$

14. Aufgabe

Die Chemie-GmbH/Bochum überprüft nach erfolgreichen Exporten in die USA mit einem Deckungsbeitrag von derzeit 75 Mio. US-\$ ihr internationales Engagement. Das Unternehmen hat 22 Mio. US-\$ auf einem Rücklagenkonto und möchte den erwarteten Deckungsbeitrag über zwei Perioden maximieren. Man kalkuliert mit einem Zins von $r = 0\,\%$.

Zunächst überlegt man, in der nächsten Periode eine Büroetage für 2 Mio. US-\$ in New Jersey/USA zu kaufen, um dort den Verkauf/USA unterzubringen. Alternativ könnte man aber auch einen Vertrag mit einem amerikanischen Industriehändler zur Vertretung der Produkte in den USA schließen.

Wenn der Deckungsbeitrag in der nächsten Periode nach dem Kauf der Büroetage um 25 Mio. auf 100 Mio. $ steigt, wird man das Engagement verstärken. Man schätzt die Chance einer Erhöhung des Deckungsbeitrags um 25 Mio. $ auf 60 %. Für diesen Fall rechnet man zwei Alternativen für die übernächste Periode durch: Kauf einer Produktionsstätte in New Jersey für 20 Mio. US-$ oder Kauf einer Werkstatt in New Jersey mit einigen Prüfgeräten und Büros für einen technischen Außendienst zur Unterstützung des Verkaufsbüros. Für dieses „Werkstatt"-Investment werden 12 Mio. US-$ eingeplant. Erhöht sich der Deckungsbeitrag in der nächsten Periode aber nicht um 25 Mio. sondern nur um 10 Mio., gibt man sich in der übernächsten Periode mit dem Verkaufsbüro dauerhaft zufrieden und erwartet eine Steigerung um moderate 5 Mio.

Durch den Kauf einer Produktionsstätte in der übernächsten Periode könnte man als „American Producer" auftreten, was Imagevorteile bringt. Eine Steigerung des Deckungsbeitrags um weitere 25 Mio. US-$ auf 125 Mio. mit einer Wahrscheinlichkeit von 70 % scheint dann möglich. Mit der Gegenwahrscheinlichkeit wird sich der Deckungsbeitrag trotz der „American Producer" Botschaft nur um 5 Mio. auf 105 Mio. US-$ erhöhen.

Bei Fortsetzung des Exportgeschäfts in der übernächsten Periode mit einer Werkstatt und einem technischen Außendienst vor Ort fällt die Deckungsbeitragssteigerung vermutlich geringer aus: Man erwartet eine Steigerung um 10 Mio. auf 110 Mio. US-$ mit 70 %-iger Wahrscheinlichkeit und um nur 2 Mio. auf 102 Mio. US-$ mit der Gegenwahrscheinlichkeit.

Wenn man, wie anfangs angedacht, auf den Erwerb einer Immobilie in den USA ganz verzichtet und stattdessen einen amerikanischen Industriehändler mit dem Verkauf und dem technischen Außendienst beauftragt, dann vermutet man, dass der Deckungsbeitrag in der nächsten Periode um 15 Mio. auf 90 Mio. US-$ steigt und auf diesem Niveau bleibt.

Das Problem ist als stochastischer Entscheidungsbaum darzustellen.

15. Aufgabe
Beschriften Sie den folgenden stochastischen Entscheidungsbaum mit Symbolen und denken Sie sich Zahlen dazu aus: Aktionen a1, a2, etc. mit Kosten k1, k2, etc., Ergebnisse e1, e2, etc. mit Wahrscheinlichkeiten w_1, w_2, etc. Maximieren Sie dann den Gewinn und lösen Sie das Problem mithilfe der Rückwärtsrechnung. Verdeutlichen Sie Ihren Lösungsweg, indem Sie die Zwischenlösungen und das Endergebnis über die betreffenden Knoten schreiben. Markieren Sie die optimalen Aktionen! Der Zins beträgt $r = 0\,\%$.

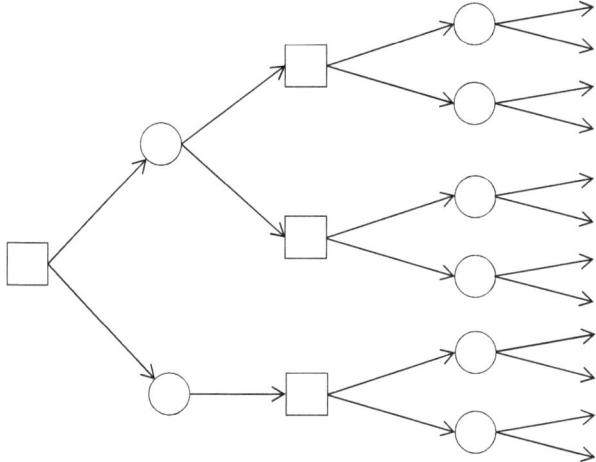

16. Aufgabe

Spieler 1 und Spieler 2 können jeweils zwischen drei Strategien wählen: A, B oder C. Die Strategien werden verdeckt gewählt und einem Spielmacher mitgeteilt. Dieser offenbart im Anschluss die Strategien und wickelt die Zahlung ab. Die Tabelle zeigt die Zahlungen, die Spieler 1 an Spieler 2 leisten muss (positiv) bzw. von Spieler 2 erhält (negativ).

Spieler 2 1	A_2	B_2	C_2
A_1	3	−4	3
B_1	−1	2	−3
C_1	−2	1	1

a) Welche rationalen reinen Strategien wählen die Spieler, wenn sie jeweils ihren Schaden begrenzen wollen?

b) Hat das Spiel einen Gleichgewichtspunkt in reinen Strategien?

17. Aufgabe

Zwei Angestellte x und y in derselben Abteilung könnten befördert werden. Sie vereinbaren, sich gegenseitig zu unterstützen (Aktionen x_1, y_1) und jeweils positiv über sich und den anderen zu reden. Jeder rechnet sich eine Chance auf Beförderung von 65 % aus. x sieht aber eine Möglichkeit, ohne dass es y merkt, seine Leistung gegenüber der Chefin herauszustellen (Aktion x_2) und y dabei relativ schlecht aussehen zu lassen. Damit rechnet sich x eine Beförderungschance von 80 % aus, während y wohl leer ausgehen würde. Auch y ist auf eine solche Idee gekommen (y_2) und könnte sich damit ebenfalls eine vermutete Chance von 80 % erarbeiten. Allerdings: Sobald die beiden Mitarbeiter erfahren, dass sie vom jeweils anderen schlecht geredet werden, offenbaren sie sich der Chefin und berichten von dem intriganten Spiel. Die Beförderungschancen betragen dann immerhin jeweils 5 %.

a) Stellen Sie das Spiel in einer geeigneten Matrix mit den obigen Zahlen dar.
b) Handelt es hierbei um ein Nullsummenspiel? Bitte präzise an dem oben gegebenen Beispiel begründen.
c) Wie heißt ein solches Spiel?

2.12 Lösungshinweise

1. Aufgabe

a) Die Vektoren sind linear abhängig, da sich Vektor c als Linearkombination der übrigen Vektoren darstellen lässt:

$$(-1) \cdot \begin{bmatrix} 1 \\ 4 \\ 7 \end{bmatrix} + 2 \begin{bmatrix} 2 \\ 5 \\ 8 \end{bmatrix} = \begin{bmatrix} 3 \\ 6 \\ 9 \end{bmatrix}.$$

b) Die Vektoren sind linear unabhängig, da

$$\lambda_1 \begin{bmatrix} 7 \\ 2 \\ 2 \end{bmatrix} + \lambda_2 \begin{bmatrix} -1 \\ 2 \\ -1 \end{bmatrix} - \lambda_3 \begin{bmatrix} 0 \\ 0 \\ 2 \end{bmatrix} = \begin{bmatrix} 0 \\ 0 \\ 0 \end{bmatrix}$$

bis auf die triviale Lösung $\lambda_1 = \lambda_2 = \lambda_3 = 0$ keine weitere Lösung besitzt.

2. Aufgabe

a) Nach Äquivalenzumformungen ergibt sich:

$$\begin{bmatrix} 1 & 2 & 4 & 7 \\ 0 & 0 & -2 & -6 \\ 0 & 0 & 0 & 10 \\ 0 & 0 & 0 & 0 \end{bmatrix} \cdot \begin{bmatrix} x_1 \\ x_2 \\ x_3 \\ x_4 \end{bmatrix} = \begin{bmatrix} 6 \\ -2 \\ 0 \\ 0 \end{bmatrix} \Rightarrow \begin{bmatrix} x_1 \\ x_2 \\ x_3 \\ x_4 \end{bmatrix} = \begin{bmatrix} 2 \\ 0 \\ 1 \\ 0 \end{bmatrix} + \lambda \begin{bmatrix} -2 \\ 1 \\ 0 \\ 0 \end{bmatrix}.$$

Hierbei ist λ eine beliebige reelle Zahl.

b)

$$\begin{bmatrix} x_1 \\ x_2 \\ x_3 \end{bmatrix} = \begin{bmatrix} 0 \\ 0 \\ 0 \end{bmatrix}$$

ist eindeutig. Damit sind die Vektoren

$$\begin{bmatrix} -1 \\ 2 \\ 5 \end{bmatrix}, \begin{bmatrix} 1 \\ -4 \\ 3 \end{bmatrix} \text{ und } \begin{bmatrix} 2 \\ 3 \\ -2 \end{bmatrix}$$

linear unabhängig.

3. Aufgabe

a)

$$\text{Max}_x\, D = 12x_1 + 8x_2 \quad \text{u. d. B.}$$

$$\begin{array}{rlrlcr} \text{I.} & 8x_1 & + & 4x_2 & \leq & 5760 \\ \text{II.} & 4x_1 & + & 8x_2 & \leq & 7200 \\ \text{III.} & & & 6x_2 & \leq & 4320 \end{array}$$

$$\text{NNB: } x_1, x_2 \geq 0$$

b)

x_1	x_2	y_1	y_2	y_3	D	b
1	0	$\frac{1}{8}$	0	$-\frac{1}{12}$	0	360
0	0	$-\frac{1}{2}$	1	-1	0	0
0	1	0	0	$\frac{1}{6}$	0	720
0	0	1	0	$\frac{4}{3}$	1	11.520

c) $(x_1^*, x_2^*, y_1^*, y_2^*, y_3^*) = (360, 720, 0, 0, 0)$ und $D = 11.520$.

4. Aufgabe

a)

$$\text{Max}_x\, D = 15x_1 + 6x_2 + 12x_3 \quad \text{u. d. B.}$$

$$\begin{array}{rlrlrlrlcr} \text{I.} & x_1 & + & x_2 & + & 2x_3 & + & y_1 & & & = & 28 \\ \text{II.} & 2x_1 & + & 3x_2 & + & x_3 & & & + & y_2 & = & 50 \\ \text{III.} & x_1 & & & & & & & & + y_3 & = & 12 \\ \text{IV.} & & & x_2 & + & x_3 & & & & + y_4 & = & 13 \end{array}$$

$$\text{NNB: } x_1, x_2, x_3, y_1, y_2, y_3, y_4 \geq 0$$

b) Die Schlupfvariablen $y_1, \ldots, y_4$ entsprechen im Starttableau den Basisvariablen und diese sind nichtnegativ. Damit ist eine zulässige Basis für das Simplexverfahren gegeben.

c)

x_1	x_2	x_3	y_1	y_2	y_3	y_4	D	b
0	$\frac{1}{2}$	1	$\frac{1}{2}$	0	$-\frac{1}{2}$	0	0	8
0	$\frac{5}{2}$	0	$-\frac{1}{2}$	1	$-\frac{3}{2}$	0	0	18
1	0	0	0	0	1	0	0	12
0	$\frac{1}{2}$	0	$-\frac{1}{2}$	0	$\frac{1}{2}$	1	0	5
0	0	0	6	0	9	0	1	276

d) Der Begrenzungsvektor b enthält nur nichtnegative Werte. Die zugehörige Lösung ist zulässig. Die Koeffizienten der Zielfunktionszeile sind nichtnegativ. Die zulässige Basislösung ist optimal und lässt sich aus dem Tableau ablesen.

5. Aufgabe

a)

$$\text{Max}_x\ D = 8x_1 + 10x_2 + 12x_3 \quad \text{u. d. B.}$$

$$
\begin{array}{llrcrcrcr}
\text{I.} & 3x_1 & + & 5x_2 & + & 4x_3 & \leq & 1500 \\
\text{II.} & 4x_1 & + & 2x_2 & + & 4x_3 & \leq & 2000 \\
\text{III.} & 3x_1 & + & 2x_2 & + & 2x_3 & \leq & 4500 \\
\text{IV.} & -x_1 & & & & & \leq & -100 \\
\end{array}
$$

NNB: $x_1, x_2, x_3 \geq 0$

b)

x_1	x_2	x_3	y_1	y_2	y_3	y_4	D	b
0	1,25	1	0,25	0	0	0,75	0	300
0	−3	0	−1	1	0	1	0	400
0	−0,50	0	−0,50	0	1	1,50	0	3600
1	0	0	0	0	0	−1	0	100
0	5	0	−3	0	0	1	1	4400

c) Das optimale Produktionsprogramm sieht vor, 100 Stück von Produkt A, nichts von Produkt B und 300 Stück von Produkt C herzustellen. Es finden sich dabei Restkapazitäten in Höhe von 400 ZE bzw. 3600 ZE in den Stufen II und III. Der gesamte Deckungsbetrag beträgt 4400 GE.

d)

$$\text{Max}_x\, D = 8x_1 + 10x_2 + 12x_3 + 5x_{1f} + 6x_{2f} \quad \text{u. d. B.}$$

I.	$3x_1$	$+$	$5x_2$	$+$	$4x_3$			$\leq$	1500

$$
\begin{array}{llllllllll}
\text{I.} & 3x_1 & + & 5x_2 & + & 4x_3 & & & \leq & 1500 \\
\text{II.} & 4x_1 & + & 2x_2 & + & 4x_3 & + & 4x_{1f} & + & 2x_{2f} & \leq & 2000 \\
\text{III.} & 3x_1 & + & 2x_2 & + & 2x_3 & + & 3x_{1f} & + & 2x_{2f} & \leq & 4500 \\
\text{IV.} & -x_1 & & & & & & -x_{1f} & & & \leq & -100
\end{array}
$$

NNB: $x_1, x_2, x_3, x_{1f}, x_{2f} \geq 0$

e)

x_1	x_2	x_3	x_{1f}	x_{2f}	y_1	y_2	y_3	y_4	D	b
0	1	0,8	$-0,6$	0	0,2	0	0	0,6	0	240
0	0	1,2	0,6	1	$-0,2$	0,5	0	1,4	0	560
0	0	-2	0	0	0	-1	1	-1	0	2600
1	0	0	1	0	0	0	0	-1	0	100
0	0	3,2	0,6	0	0,8	3	0	6,4	1	6560

f) Es werden 100 Mengeneinheiten von Produkt A in Eigenfertigung hergestellt. Es werden außerdem 800 Mengeneinheiten von Produkt B hergestellt, wobei davon 560 fremdgefertigt werden. Im Bereich „Verpackung" finden sich freie Kapazitäten in Höhe von 2600 ZE. Der Deckungsbeitrag erhöht sich durch die Möglichkeit der Fremdvergabe um 2160 GE auf 6560 GE.

6. Aufgabe

a) $(x_1^*, x_2^*, x_3^*, y_1^*, y_2^*) = (\frac{18}{5}, \frac{14}{5}, 0, 0, 0)$ mit $D^* = \frac{228}{5}$.

b) Anstieg ΔD des Deckungsbeitrags um $\frac{4}{5}$ (Geld-)Einheiten.

c) $\frac{6}{5} \cdot \underbrace{0}_{x_3^*} + \frac{18}{5} \cdot \underbrace{0}_{y_1^*} + \frac{4}{5} \cdot \underbrace{(-1)}_{y_2^*} + D + \underbrace{\dfrac{4}{5}}_{\Delta D} = \frac{228}{5}$.

d) $(u_1^*, u_2^*, v_1^*, v_2^*, v_3^*) = (\frac{18}{5}, \frac{4}{5}, 0, 0, \frac{6}{5})$.

7. Aufgabe

a)

$$\text{Max}_x\, D = 60x_1 + 50x_2 \quad \text{u. d. B.}$$

$$
\begin{array}{llllllllll}
\text{I.} & x_1 & + & x_2 & + & y_1 & & & & & = & 100 \\
\text{II.} & 20x_1 & + & 10x_2 & & & + & y_2 & & & = & 800 \\
\text{III.} & x_1 & & & & & & & + y_3 & & = & 50 \\
\text{IV.} & & & x_2 & & & & & & + y_4 & = & 70 \\
\text{V.} & -x_1 & & -x_2 & & & & & & & + y_5 & = & -50
\end{array}
$$

NNB: $x_1, x_2, y_1, y_2, y_3, y_4, y_5 \geq 0$

b) Die Schlupfvariable y_5 ist negativ. Die Nichtnegativitätsbedingung ist damit nicht erfüllt und man hat keine zulässige Basis, um das Simplexverfahren zu starten.

c)

$$\text{Min}_u\ K = 100u_1 + 800u_2 + 50u_3 + 70u_4 - 50u_5 \quad \text{u. d. B.}$$

$$
\begin{array}{llllllllll}
\text{I.} & -u_1 & - & 20u_2 & - & u_3 & & & + & u_5 & + & v_1 & & & = & -60 \\
\text{II.} & -u_1 & - & 10u_2 & & & - & u_4 & + & u_5 & & & + & v_2 & = & -50
\end{array}
$$

NNB: $u_1, u_2, u_3, u_4, u_5, v_1, v_2 \geq 0$

8. Aufgabe

a)

$$\text{Min}_x\ K = x_1 + 2x_2 + 4x_3 \quad \text{u. d. B.}$$

$$
\begin{array}{lllllll}
\text{I.} & 0{,}1x_1 & + & 0{,}2x_2 & + & 0{,}6x_3 & \geq & 6300 \\
\text{II.} & 0{,}9x_1 & + & 0{,}8x_2 & + & 0{,}4x_3 & \geq & 3700
\end{array}
$$

NNB: $x_1, x_2, x_3 \geq 0$

b)

x_1	x_2	x_3	y_1	y_2	$-K$	b
0,17	0,33	1	$-1{,}67$	0	0	10.500
$-0{,}83$	$-0{,}67$	0	$-0{,}67$	1	0	500
0,33	0,67	0	6,67	0	1	-42.000

c) Es werden 10.500 kg von Rohstoff C verwendet. Damit erhält man exakt die benötigte Menge Kupfer ($y_1 = 0$ kg) und $y_2 = 500$ kg Zink zusätzlich zu den geforderten 3700 kg Zink.

9. Aufgabe

a)

$$\text{Min}_x\ K_v = 250x_1 + 300x_2 \quad \text{u. d. B.}$$

$$
\begin{array}{lllllll}
\text{I.} & 15x_1 & + & 12x_2 & \geq & 100 \\
\text{II.} & 8x_1 & + & 10x_2 & \geq & 80 \\
\text{III.} & 2x_1 & + & 6x_2 & \geq & 15
\end{array}
$$

NNB: $x_1, x_2 \geq 0$

b)

x_1	x_2	y_1	y_2	y_3	$-K$	b
1	0	$-0{,}19$	$0{,}22$	0	0	$0{,}74$
0	1	$0{,}148$	$-0{,}28$	0	0	$7{,}41$
0	0	$0{,}519$	$-1{,}22$	1	0	$30{,}93$
0	0	$1{,}852$	$27{,}78$	0	1	$2407{,}41$

c) Verfahren 1: $0{,}74\,\mathrm{ME_R}$ und Verfahren 2: $7{,}41\,\mathrm{ME_R}$.

d) Es werden $y_3 = 30{,}93\,\mathrm{ME_G}$ Flüssiggas zusätzlich hergestellt. Diesel und Benzin werden genau im gewünschten Umfang ($y_1 = 0, y_2 = 0$) erzeugt.

e) Es wird unterstellt, dass Mengeneinheiten zusätzlich zu den bestehenden Lieferverpflichtungen keinen Nutzen bringen. Es werden bei diesen zusätzlichen Mengen nämlich nur die zusätzlichen variablen Kosten berücksichtigt, nicht aber mögliche Gewinnbeiträge.

f)

$$\mathrm{Max}_x\, Z = 100u_1 + 80u_2 + 15u_3 \quad \text{u. d. B.}$$

$$\begin{array}{rrrrrrl}
\text{I.} & 15u_1 & + & 8u_2 & + & 2u_3 & \le & 250 \\
\text{II.} & 12u_1 & + & 10u_2 & + & 6u_3 & \le & 300
\end{array}$$

$$\text{NNB: } u_1, u_2, u_3 \ge 0$$

Optimales Tableau:

u_1	u_2	u_3	v_1	v_2	$-K$	b
1	0	$-0{,}52$	$0{,}19$	$-0{,}15$	0	$1{,}85$
0	1	$1{,}22$	$-0{,}22$	$0{,}28$	0	$21{,}78$
0	0	$30{,}93$	$0{,}74$	$7{,}41$	1	$2407{,}41$

10. Aufgabe

$$\mathrm{Min}_x\, Z = x_1 + x_2 + x_3 + x_4 + x_5 \quad \text{u. d. B.}$$

$$\begin{array}{rrrrrrrrrrl}
\text{I.} & x_1 & + & x_2 & & & & & & & \ge & 25 \\
\text{II.} & x_1 & + & & & 2x_3 & + & x_4 & & & \ge & 100 \\
\text{III.} & & & x_2 & & & + & 2x_4 & + & 3x_5 & \ge & 60
\end{array}$$

$$\text{NNB: } x_1, x_2, x_3, x_4, x_5 \ge 0$$

Starttableau:

x_1	x_2	x_3	x_4	x_5	y_1	y_2	y_3	$-K$	b
−1	−1	0	0	0	1	0	0	0	−25
−1	0	−2	−1	0	0	1	0	0	−100
0	−1	0	−2	−3	0	0	1	0	−60
1	1	1	1	1	0	0	0	1	0

optimales Tableau:

x_1	x_2	x_3	x_4	x_5	y_1	y_2	y_3	$-K$	b
1	1	0	0	0	−1	0	0	0	25
0	−0,75	1	0	−0,75	0,5	−0,5	0,25	0	22,5
0	0,5	0	1	1,5	0	0	−0,5	0	30
0	0,25	0	0	0,25	0,5	0,5	0,25	1	−77,5

11. Aufgabe

a)

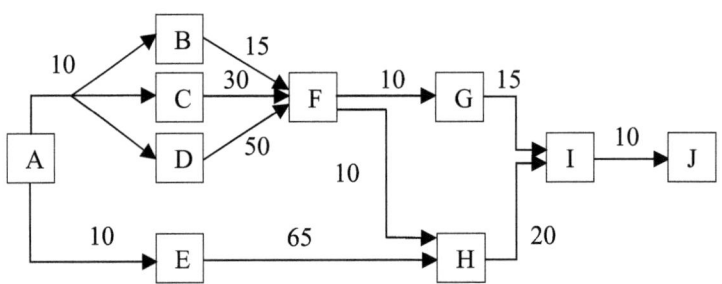

b)

Vorgang	Dauer	FAZ	SAZ	Pufferzeit
A	10	0	0	0
B	15	10	50	40
C	30	10	35	30
D	50	10	15	5
E	65	10	10	0
F	10	60	65	5
G	15	70	80	10
H	20	75	75	0
I	10	95	95	0
J	0	105	105	0

c) Der kritische Pfad verläuft von A über E, H, I nach J.

12. Aufgabe

a)

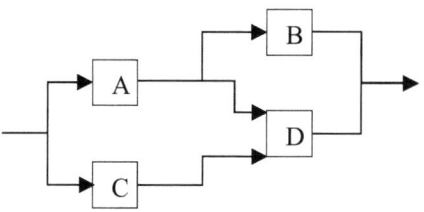

b) Die Systemfunktion lautet: $S_{Sys} = 1 - (1 - x_A \cdot (1 - (1 - x_B)(1 - x_D)))(1 - x_C \cdot x_D)$.

13. Aufgabe

a) $S_{Sys} = [1 - (1 - x_1 \cdot x_2)(1 - x_4 \cdot (1 - (1 - x_5)(1 - x_6)))] \cdot x_3 \cdot x_7$.
b) 0,7543.

14. Aufgabe

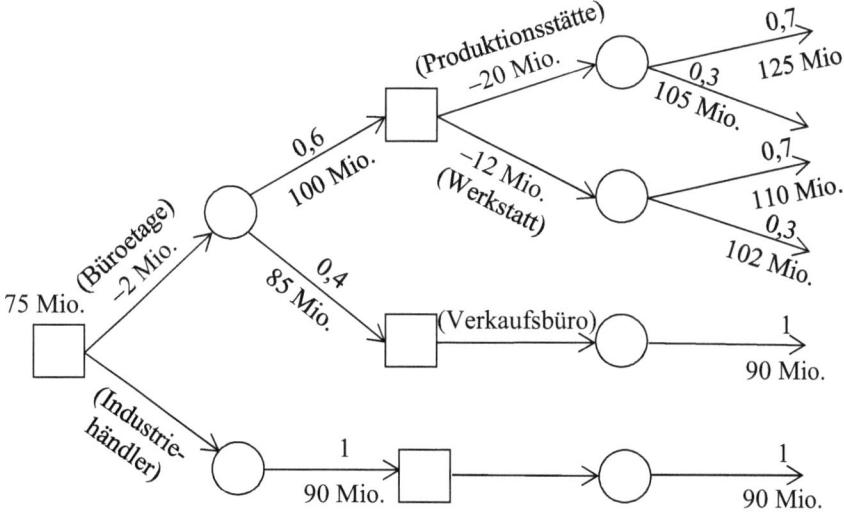

Alternativinvestitionen und Zahlungen der ersten Periode werden mit einem kalkulatorischen Zins von r = 0 % verzinst.

15. Aufgabe

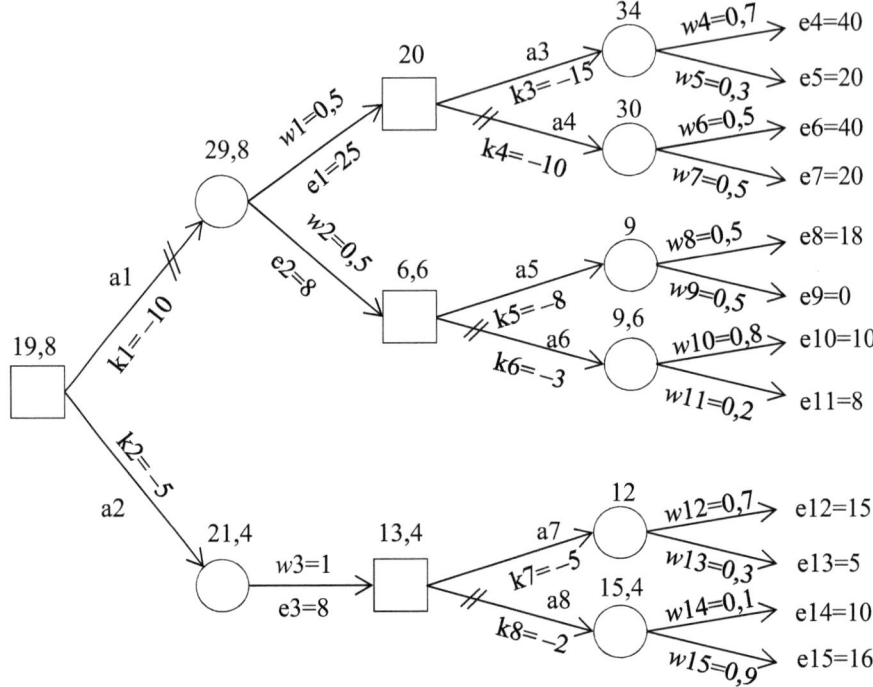

Alternativinvestitionen und Zahlungen der ersten Periode werden mit einem kalkulatorischen Zins von $r = 0\,\%$ verzinst.

16. Aufgabe

a) Die Spieler 1 und 2 handeln nach dem MiniMax- bzw. nach dem MaxiMin-Prinzip. Spieler 1 wählt also C_1, da hier sein maximaler Schaden minimal ist. Er erwartet, maximal 1 € zahlen zu müssen. Der Spieler 2 handelt nach der MaxiMin-Strategie und wählt A_2, um seinen maximalen Schaden minimal zu halten. Er erwartet, maximal 2 € zahlen zu müssen.

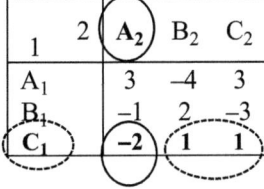

b) Der obere Spielwert beträgt $a_1 = 1$ und der untere Spielwert beträgt $a_2 = -2$. Es existiert kein Sattelpunkt und deshalb kein Gleichgewicht in reinen Strategien.

17. Aufgabe

a)

	Y	y_1	y_2
X			
x_1		$(65, 65)$	$(0, 80)$
x_2		$(80, 0)$	$(5, 5)$

b) Es handelt sich nicht um ein Nullsummenspiel. Die Höhe der Auszahlungen (Chancen auf Beförderung) insgesamt hängen von den Strategien der Angestellten ab.

c) Gefangenendilemma.

Statistik

3

3.1 Symbol- und Variablenverzeichnis

a	Konstante, Skalar
A	wahrer Parameter
A, B, C, ...	Ereignisse
α	Fehlerwahrscheinlichkeit
b	Konstante, Skalar, Steigung
B	wahrer Parameter
B(...)	Binomialverteilung
Bi	binomialverteilt
β	Fehlerwahrscheinlichkeit, wahrer Parameter (Regression)
Cov(...)	Covarianz
Δ	Differenz
e	Residualwert, Eulersche Konstante
E	Fehler
E(...)	Erwartungswert
f(...)	Wahrscheinlichkeits- bzw. Dichtefunktion
F(...)	Verteilungsfunktion
g(...)	Funktion
GE	Geldeinheit
h	rel. Häufigkeit
H	abs. Häufigkeit, Hypothese
i, j	Index

© Springer Fachmedien Wiesbaden GmbH 2018
T. Bonart, J. Bär, *Quantitative Betriebswirtschaftslehre Band I*,
https://doi.org/10.1007/978-3-658-18394-3_3

Korr	Korrelation
ln	natürlicher Logarithmus
m	Anzahl, Merkmalswert
M	Merkmal
ME	Mengeneinheit
μ_X	Erwartungswert
n	Anzahl
N	normalverteilt, Größe der Grundgesamtheit
$N(\dots)$	Normalverteilung
$\mathbb{N}$	Menge natürlicher Zahlen
p	Wahrscheinlichkeitswert
P	Laplace-Wahrscheinlichkeit
r_{XY}	empirischer Korrelationskoeffizient
R^2	Bestimmtheitsmaß
ρ_{XY}	Korrelationskoeffizient
$\mathbb{R}$	Menge reeller Zahlen
S	Summe von Zufallsvariablen, Schwerpunkt
SQA	Summe quadrierter Abweichungen
St	standardnormalverteilt
$Sta(\dots)$	Standardabweichung
s_X^2	empirische Varianz
s_X	empirische Standardabweichung
s_{XY}	empirische Covarianz
σ_X^2	Varianz
σ_X	Standardabweichung
σ_{XY}	Covarianz
u	Realisation von U
U	Störgröße
$Var(\dots)$	Varianz
w	Wahrscheinlichkeitswert
W	empirische Wahrscheinlichkeit
x	Realisation von X
$\overline{x}$	Realisation von $\overline{X}$
X	stochastische Variable, Messwert
$\overline{X}$	Mittelwert von X
y	Realisation von Y
Y	stochastische Variable, Messwert
$\hat{y}$	Schätzwert für y
z	Realisation von Z
Z	standardisierte Variable
ZE	Zeiteinheit

3.2 Einführung

In der betrieblichen Praxis sind regelmäßig Entscheidungen zu treffen, deren Ausgang nicht mit Sicherheit vorhersagbar ist. Beispielsweise können wir bei dem Kauf einer Maschine (Investitionsentscheidung) nicht den zukünftigen Zahlungsstrom exakt vorhersagen, der durch den Verkauf der Produkte, die diese Maschine erzeugt, bewirkt wird. Aber auch derzeitige Zustände sind nicht sicher bekannt. Wer kann schon sagen, wie groß der Verschleiß im Motor des eigenen Autos ist, oder wer kennt den Zustand in den Leuchtstoffröhren in seinem Büro? Man kann diese Unsicherheit durch das „Experiment" mit einem Würfel darstellen. So ist die Augenzahl beim Werfen eines sechsseitigen Würfels nicht vorhersagbar, sofern keine Manipulationen vorgenommen wurden. Auch bei gleichen Ausgangsvoraussetzungen liefern die Würfe unterschiedliche Resultate. Das Ergebnis ist vom „Zufall" abhängig. Man spricht in dem Zusammenhang auch von „unvollkommener Information".

Ein Ereignis heißt zufällig, falls dessen Eintreten bzw. Nichteintreten nicht sicher vorhersagbar ist. Durch diese Begriffsumschreibung werden auch Ereignisse, deren Realisationen bereits feststehen, aber nicht bekannt sind, als zufällig angesehen. Wurde zum Beispiel ein Würfel verdeckt geworfen, so ist die Augenzahl des verdeckten Wurfes zunächst noch unbekannt, so dass die bereits gewürfelte Augenzahl mit der hier vorgenommenen Begriffsabgrenzung als zufällig angesehen wird.

Dabei muss die Realisation des Ereignisses nicht für jeden unbekannt sein. Bei einer asymmetrischen Informationsverteilung kann es durchaus sein, dass eine Person von einem Zufall ausgeht, während für die andere Person die Realisation sicher ist. So kann die Meldung eines hohen Quartalsgewinns eines Unternehmens für den außenstehenden Aktionär eine Überraschung sein, während der Vorstand den Quartalsgewinn vorher kannte und die Meldung veranlasst hatte.

Wir beginnen die Darstellung entscheidungsorientierter statistischer Methoden mit einer Einführung in die Wahrscheinlichkeitsrechnung. Sind Ereignisse zufällig, so besteht unter Umständen großes Interesse an einer Information über die Höhe der Wahrscheinlichkeit, mit der ein bestimmtes Ereignis eintritt. Die Wahrscheinlichkeitsrechnung stellt das mathematische Instrumentarium bereit, um Aussagen darüber zu treffen, wie „wahrscheinlich" mögliche Ereignisse sind.

Die beschreibende Statistik (deskriptive Statistik) verwendet Methoden, mit denen man verdichtete Aussagen über vorliegende Daten treffen kann. Es wird eine häufig große Datenmenge gefiltert, aufbereitet und in Form von Graphiken oder Kennzahlen entscheidungsorientiert dargestellt. Strukturen in der Datenmenge werden deutlich. In vielen Fällen ist es jedoch unmöglich oder wirtschaftlich nicht sinnvoll, eine umfangreiche oder gar vollständige Datenerhebung durchzuführen. So werden im Rahmen der Qualitätskontrolle Untersuchungen veranlasst, um Informationen über die Lebensdauer (Merkmal) eines

Produkts (Merkmalsträger) zu erhalten. Die Messung der Lebensdauer erfolgt jedoch nicht bei allen Stücken einer gesamten Produktion (Grundgesamtheit), sondern lediglich bei einem Teil (Stichprobe) davon. Mit Hilfe der Verfahren der schließenden Statistik (induktive Statistik) gelingt es, Rückschlüsse von der Stichprobe auf die Grundgesamtheit zu ziehen.

Die Regressionsmethodik findet sich einerseits in der beschreibenden Statistik. Es wird hier der funktionale Zusammenhang zwischen beobachteten Größen ermittelt und dargestellt (Regressionsrechnung). Andererseits ist die Regressionsmethodik auch Teil der schließenden Statistik. Es geht dann darum, den funktionalen Zusammenhang zwischen interessierenden Größen in der Stichprobe zu ermitteln und auf den entsprechenden Zusammenhang in der Grundgesamtheit zu schließen (Regressionsanalyse).

3.3 Wahrscheinlichkeitsrechnung

Im täglichen Gebrauch wird der Begriff der Wahrscheinlichkeit häufig verwendet:

- „Ich werde wahrscheinlich nicht zur Statistik-Vorlesung gehen."
- „Wahrscheinlich wird morgen das Wetter besser."
- „Es ist sehr unwahrscheinlich, dass ich mit deinem Auto einen Unfall bauen werde."

In der betrieblichen Praxis spielen solche subjektiven Wahrscheinlichkeitsaussagen eine große Rolle. Menschen besitzen die Fähigkeit, alle möglichen früheren und gegenwärtigen Informationen und Reize zu einem „Gefühl" über die Zukunft zu verarbeiten. Dieses „Gefühl" bietet eine gute Basis für Wahrscheinlichkeitsvermutungen, die sich auch numerisch messen lassen. In vielen Fällen der Wissenschaft und Praxis können diese subjektiven Wahrscheinlichkeitsvermutungen durch systematisch gewonnene Daten und Methoden noch deutlich verbessert werden.

3.3.1 Grundbegriffe

Ein Zufallsexperiment ist dadurch gekennzeichnet, dass der Ausgang des Experiments zuvor nicht feststeht. Die Menge aller möglichen Ergebnisse ist die Ergebnismenge Ω.

Bei einem Würfel W lautet die Menge aller möglichen, sich gegenseitig ausschließenden Ergebnisse (Elementarereignisse) folgendermaßen:

$$\Omega_W = \{1, 2, 3, 4, 5, 6\}.$$

Bei zwei Würfeln wird die Ergebnismenge durch die folgende Matrix dargestellt:

$$\Omega_{WW} = \left\{ \begin{array}{cccccc} (1,1) & (1,2) & (1,3) & (1,4) & (1,5) & (1,6) \\ (2,1) & (2,2) & (2,3) & (2,4) & (2,5) & (2,6) \\ (3,1) & (3,2) & (3,3) & (3,4) & (3,5) & (3,6) \\ (4,1) & (4,2) & (4,3) & (4,4) & (4,5) & (4,6) \\ (5,1) & (5,2) & (5,3) & (5,4) & (5,5) & (5,6) \\ (6,1) & (6,2) & (6,3) & (6,4) & (6,5) & (6,6) \end{array} \right\}$$

$$= \{(i,j) \mid i = 1, \ldots, 6; \; j = 1, \ldots, 6\}.$$

Teilmengen von Ω stellen Zusammenfassungen von Ergebnissen dar und heißen Ereignisse. Sie werden im Folgenden durch Großbuchstaben A, B, C, ... symbolisiert. Wir verwenden auf den nächsten Seiten die Ereignisbezeichnungen A, B und C in der Beschreibung allgemeiner Regeln. D, E, F usw. beziehen sich auf konkrete Ereignisse in Zahlenbeispielen.

Das Ereignis A tritt ein, wenn bei dem Zufallsversuch ein Ergebnis x_i aus A eintritt.

Das Gegenereignis $\overline{A}$ zu einem Ereignis A ist die Menge aller Ergebnisse, die nicht zu A gehören.

$A \cup B$ ist die Vereinigung von A mit B. Dieses ist das Ereignis, das darin besteht, dass A oder B auftritt. Dieses Ereignis enthält die Ergebnisse, die nur zu A oder nur zu B gehören sowie die Elemente die zu A und B gehören.

$A \cap B$ ist der Schnitt von A mit B. Dieses Ereignis besteht darin, dass sowohl A als auch B eintritt. Allgemein enthält ein Schnitt von zwei oder mehr Mengen genau die Elemente, die in allen Mengen enthalten sind.

Beispiel

Im Falle eines Würfels sei D das Ereignis, dass die Augenzahl kleiner ist als 4 und E das Ereignis einer geraden Augenzahl. Es können diese zwei Ereignisse auch durch die Gegenereignisse $\overline{D}$ und $\overline{E}$ beschrieben werden:

$$D = \{1, 2, 3\} \quad \text{und} \quad \overline{D} = \{4, 5, 6\},$$
$$E = \{2, 4, 6\} \quad \text{und} \quad \overline{E} = \{1, 3, 5\}.$$

Das Ereignis, dass die Augenzahl kleiner als 4 oder gerade ist, wird durch die Menge $D \cup E = \{1, 2, 3, 4, 6\}$ beschrieben. Die Schnittmenge der Ereignisse D und E lautet: $D \cap E = \{2\}$.

Das sichere Ereignis liegt vor, wenn alle möglichen Ergebnisse x_i in diesem Ereignis liegen. Somit ist das sichere Ereignis die Ergebnismenge selbst: Ω. Das Ereignis $\overline{\Omega}$, bei dem keines der möglichen Ergebnisse für das Ereignis „günstig" ist, nennt man das unmögliche Ereignis. Das unmögliche Ereignis ist somit die leere Menge: $\overline{\Omega} = \{\}$.

3.3.2 Absolute und relative Häufigkeiten

Die Anzahl des Auftretens des Ergebnisses x_i bei n Beobachtungen des Zufallsversuchs oder bei der Überprüfung einer Stichprobe vom Umfang n bezeichnet man als absolute Häufigkeit $H(x_i)$.

Entsprechend kann man auch die absolute Häufigkeit für das Ereignis A definieren: Die Anzahl des Auftretens des Ereignisses $A = \{x_1, x_2, \ldots, x_r\}$ unter n Beobachtungen des Zufallsversuchs oder bei der Überprüfung einer Stichprobe vom Umfang n bezeichnet man als absolute Häufigkeit $H(A)$.

Die absolute Häufigkeit des Ereignisses $A = \{x_1, x_2, \ldots, x_r\}$ ist gleich der Summe der absoluten Häufigkeiten der Ergebnisse, die für das Ereignis A „günstig" sind:

$$H(A) = H(x_1) + H(x_2) + \ldots + H(x_r).$$

Die relative Häufigkeit h drückt das Verhältnis der absoluten Häufigkeit zur Anzahl der Beobachtungen bzw. zum Umfang der Stichprobe aus:

$$h_n(x_i) = \frac{H(x_i)}{n} \quad \text{und} \quad h_n(A) = \frac{H(A)}{n}.$$

Die relative Häufigkeit des Ereignisses $A = \{x_1, x_2, \ldots, x_r\}$ ist gleich der Summe der relativen Häufigkeiten der Ergebnisse, die für das Ereignis „günstig" sind:

$$h_n(A) = h_n(x_1) + h_n(x_2) + \ldots + h_n(x_r).$$

Beispiel

Ein Würfel wird 100 Mal geworfen. Es werden zwei Ereignisse definiert:

$$E = \{2, 4, 6\},$$
$$F = \{3\}.$$

Die Auswertung der Würfe ergibt, dass das Ereignis E 48-mal vorkommt und das Ereignis F 12-mal. Wie oft tritt das Ereignis $E \cup F$ auf?

Das Ereignis $E \cup F$ wird folgendermaßen beschrieben: $E \cup F = \{2, 3, 4, 6\}$. Es tritt 60 mal auf. Die relative Häufigkeit berechnet sich durch Addition der einzelnen relativen Häufigkeiten: $h_n(E \cup F) = 48\,\% + 12\,\% = 60\,\%$. Wichtig ist bei dieser Berechnung, dass $E \cap F = \{\}$.

Es gelten die folgenden fundamentalen Eigenschaften der relativen Häufigkeiten:

$$h_n(\Omega) = 1,$$
$$h_n(A) \geq 0, \quad \text{für alle Ereignisse A,}$$
$$h_n(A \cup B) = h_n(A) + h_n(B), \quad \text{falls sich die Ergebnisse A und B nicht überschneiden:}$$
$$A \cap B = \{\}.$$

3.3.3 Wahrscheinlichkeit von Ereignissen

Die beobachtete (also empirische) relative Häufigkeit $h_n(A)$ des Eintretens von A nähert sich mit wachsender Beobachtungszahl n dem stabilen Wert $W(A)$ der statistischen Wahrscheinlichkeit des Ereignisses A an:

$$\lim_{n \to \infty} h_n(A) = W(A).$$

Da man tatsächlich nicht unendlich viele Versuche und Beobachtungen machen oder unendlich viele Stichproben nehmen kann, lässt sich die statistische Wahrscheinlichkeit empirisch nicht sicher ermitteln. Sie bleibt stets eine empirische Hypothese.

Die Grundeigenschaften, die für die statistische Wahrscheinlichkeit gegeben sein müssen, gleichen in ihrer Struktur den Grundeigenschaften relativer Häufigkeiten:

$$W(\Omega) = 1,$$

$$W(A) \geq 0, \quad \text{für alle Ereignisse A,}$$

$$W(A \cup B) = W(A) + W(B), \quad \text{falls } (A \cap B) = \{\}.$$

Erfolgt die Schätzung der Wahrscheinlichkeit durch die relative Häufigkeit bei nur endlich vielen Beobachtungen, so wird hierfür ebenfalls das Symbol W verwendet. Vereinfachend wird im Folgenden der Begriff der empirischen Wahrscheinlichkeit für die Schätzung der Wahrscheinlichkeit auf Basis der empirischen Häufigkeiten bei nur endlich vielen Beobachtungen benutzt.

Beispiel

Angenommen, ein Würfel wird 100 Mal geworfen und das interessierende Ereignis der einzelnen Werte lautet 4. Wenn die 4 insgesamt 12 Mal vorkommt, dann ist der Schätzwert für die empirische Wahrscheinlichkeit des Ereignisses $\{4\}$:

$$W(\{4\}) = \frac{12}{100} = 12\,\%.$$

Die empirische Wahrscheinlichkeit für das Ereignis $\{4\}$ beträgt dann 12 %.

Man kann sich der Wahrscheinlichkeit auch theoretisch annähern. In einem sogenannten Laplace Experiment gibt es theoretisch endlich viele, gleichwahrscheinliche Ergebnisse.[1] Beispiele hierfür sind:

a) das Werfen eines idealen Würfels oder einer idealen Münze nach dem Zufallsprinzip,
b) das Ziehen von idealen Kugeln aus einer ideal gemischten Urne nach dem Zufallsprinzip,
c) das Ziehen von Karten aus einem idealen Kartenblatt nach dem Zufallsprinzip.

---

[1] P.-S. Laplace (1749–1827).

Die Wahrscheinlichkeitsdefinition nach Laplace begründet den sogenannten klassischen Wahrscheinlichkeitsbegriff:

Definition

Sind endlich viele Ergebnisse möglich und sind diese gleichberechtigt, d. h. treten mit gleicher Wahrscheinlichkeit auf, spricht man von einem Laplace-Experiment. Unter dieser Voraussetzung wird für ein Ereignis A die theoretische Wahrscheinlichkeit $P(A)$ wie folgt definiert:

$$P(\text{A}) = \frac{\text{Anzahl der Elemente von A}}{\text{Anzahl der Elemente von } \Omega} = \frac{|\text{A}|}{|\Omega|}.$$

Die theoretische oder Laplace-Wahrscheinlichkeit ergibt sich demnach aus der Anzahl der für das Ereignis A „günstigen" Ergebnisse (Anzahl der Elemente von A) im Verhältnis zur Anzahl alle möglichen Ergebnisse (Anzahl der Elemente von Ω). Mithilfe des Laplaceschen Wahrscheinlichkeitsbegriffs lassen sich viele wichtige Rechenregeln für Wahrscheinlichkeiten herleiten und begründen. Die bereits für die empirische Wahrscheinlichkeit W bzw. die relative Häufigkeit h_n bekannten fundamentalen Eigenschaften übertragen sich auf Basis der Definition nach Laplace auch auf die theoretische Wahrscheinlichkeit P.

Praktische Situationen entsprechen nie ganz den Idealforderungen des Laplace-Experiments. Gibt es jedoch keinen vernünftigen Grund anzunehmen, dass ein bestimmtes Ergebnis eine höhere Chance (Wahrscheinlichkeit) besitzt aufzutreten, als ein anderes Ergebnis, so kann das Laplace-Experiment ein geeignetes theoretisches Modell sein, dass ausreichend genau auf praktische Situationen passt und erlaubt, zu vermuteten Wahrscheinlichkeiten zu gelangen.

3.3.4 Elementare Rechenregeln und Additionssatz

Wir denken uns ein Würfelspiel (Laplace-Experiment) mit der Ergebnismenge $\Omega = \{1, 2, 3, 4, 5, 6\}$. Die theoretische Wahrscheinlichkeit ist für jedes Ergebnis (Augenzahl) mit einem Sechstel gegeben. Betrachtet werden nun zwei Ereignisse mit jeweils drei Ergebnissen:

$$\text{D} = \{1, 2, 3\}, \quad \text{es wird eine Augenzahl kleiner als 4 gewürfelt,}$$
$$\text{E} = \{2, 4, 6\}, \quad \text{es wird eine gerade Augenzahl gewürfelt.}$$

Die Wahrscheinlichkeiten von D und E berechnen sich folgendermaßen:

$$P(\text{D}) = \frac{\text{Anzahl der für D günstigen Ergebnisse}}{\text{Anzahl der möglichen Ergebnisse}} = \frac{3}{6} = \frac{1}{2},$$
$$P(\text{E}) = \frac{\text{Anzahl der für E günstigen Ergebnisse}}{\text{Anzahl der möglichen Ergebnisse}} = \frac{3}{6} = \frac{1}{2}.$$

Wahrscheinlichkeit der Schnittmenge

Das Ereignis, dass eine gerade Zahl gewürfelt wird, die kleiner als 4 ist, entspricht der Schnittmenge von D und E: $D \cap E = 2$.

Die Wahrscheinlichkeit der Schnittmenge von D und E lautet:

$$P(D \cap E) = \frac{\text{Anzahl der für } D \cap E \text{ günstigen Ereignisse}}{\text{Anzahl der möglichen Ereignisse}} = \frac{1}{6}.$$

Wahrscheinlichkeit der Vereinigungsmenge

Wir möchten jetzt wissen, wie groß die Wahrscheinlichkeit ist, dass das Ereignis D oder E eintritt (Vereinigung von D und E). Die Ereignismengen D und E haben das Element 2 gemeinsam. Werden die Wahrscheinlichkeiten beider Ereignismengen einfach addiert, dann führt dies zu einer doppelten Berücksichtigung der Wahrscheinlichkeit des Ergebnisses 2:

$$P(D) + P(E) = P(\{1,2,3\}) + P(\{2,4,6\}) = \frac{3}{6} + \frac{3}{6} = 1.$$

Die Wahrscheinlichkeit der Vereinigung V kann nicht als Addition der Wahrscheinlichkeiten von D und E bestimmt werden. Die zweifache Berücksichtigung des Ergebnisses 2 kann man jedoch dadurch korrigieren, indem man die Wahrscheinlichkeit für das Ergebnis 2 von der Summe der Wahrscheinlichkeiten von D und E abzieht:

$$P(V) = P(D \cup E) = \frac{3}{6} + \frac{3}{6} - \frac{1}{6} = \frac{5}{6}.$$

Hierdurch ergibt sich die korrekte Wahrscheinlichkeit von $\frac{5}{6}$.

Bei der Bestimmung der Wahrscheinlichkeit der Vereinigungsmenge kommt der sogenannte Additionssatz zur Anwendung:

$$P(A \cup B) = P(A) + P(B) - P(A \cap B).$$

Alternativ kann man in diesem konkreten Fall die Wahrscheinlichkeit der Vereinigungsmenge auch aus der Definition nach Laplace erhalten, wie folgende Berechnung zeigt:

$$P(V) = P(D \cup E) = P(\{1,2,3,4,6\}) = \frac{5}{6}.$$

Wahrscheinlichkeit des Gegenereignisses

Die Wahrscheinlichkeit eines Gegenereignisses (Komplementärereignis) beträgt 100 % abzüglich der Wahrscheinlichkeit des Ereignisses:

$$P(\overline{A}) = 1 - P(A).$$

Die Wahrscheinlichkeit des Komplementärereignisses der Vereinigungsmenge $V = D \cup E$ ist dann:

$$P(\overline{V}) = 1 - P(V) = 1 - \frac{5}{6} = \frac{1}{6} = P(\{5\}).$$

Insbesondere gilt für das unmögliche Ereignis:

$$P(\{\}) = \frac{0}{6} = 0,$$

$$P(\{\}) = P(\overline{\Omega}) = 1 - P(\Omega) = 1 - 1 = 0.$$

Das unmögliche Ereignis besitzt immer die Wahrscheinlichkeit null.

Diese Rechenregeln sind entsprechend auch auf empirische Wahrscheinlichkeiten und relative Häufigkeiten übertragbar.

Beispiel
Beim Würfeln sind die Ergebnisse 2, 1, 3, 2, 4, 6, 6, 4, 2, 3 aufgetreten. Hieraus ergibt sich:

Zahl ist	Ereignismenge	Relative Häufigkeit
gerade	$E = \{2, 4, 6\}$	$\frac{7}{10} = 70\,\%$
ungerade	$G = \{1, 3, 5\}$	$\frac{3}{10} = 30\,\%$
< 3	$H = \{1, 2\}$	$\frac{4}{10} = 40\,\%$
> 3	$K = \{4, 5, 6\}$	$\frac{4}{10} = 40\,\%$
< 3 oder > 3	$H \cup K = \{1, 2, 4, 5, 6\}$	$\frac{8}{10} = 80\,\%$
gerade oder < 3	$E \cup H = \{1, 2, 4, 6\}$	$\frac{8}{10} = 80\,\%$
$= 7$	$\{\}$	$\frac{0}{10} = 0\,\%$

Die relative Häufigkeit des Ereignisses, dass die Augenzahl < 3 oder > 3 ist, kann auch als Summe der relativen Häufigkeiten von H und K berechnet werden, da diese beiden Ereignisse unvereinbar sind ($H \cap K = \{\}$):

$$h_n(H \cup K) = h_n(H) + h_n(K) = 40\,\% + 40\,\% = 80\,\%.$$

Die relative Häufigkeit des Ereignisses, dass die Augenzahl gerade oder < 3 ist, entspricht nicht der Summe der relativen Häufigkeiten der einzelnen Ereignisse, da das Ergebnis „2" in beiden Mengen enthalten ist. Hier kann die relative Häufigkeit mit Hilfe des Additionssatzes bestimmt werden:

$$h_n(E \cup H) = h_n(E) + h_n(H) - h_n(E \cap H) = 70\,\% + 40\,\% - 30\,\% = 80\,\%.$$

3.3.5   Bedingte Wahrscheinlichkeit

Unter der bedingten Wahrscheinlichkeit versteht man die Wahrscheinlichkeit eines Ereignisses unter der Bedingung, dass ein anderes Ereignis eingetreten ist. Zur Verdeutlichung des Gedankens gehen wir wieder von dem idealen Würfel aus. Die Daten sind bekannt:

$$\Omega = \{1, 2, 3, 4, 5, 6\},$$
$$D = \{1, 2, 3\},$$
$$E = \{2, 4, 6\}.$$

Wie groß ist die Wahrscheinlichkeit für D unter der Bedingung, dass E eintritt? Wenn wir den Eintritt von E voraussetzen, dann ist die Menge der möglichen Ergebnisse nicht mehr $\Omega = \{1, 2, 3, 4, 5, 6\}$ sondern nur noch $\Omega^E = \{2, 4, 6\}$. Die Wahrscheinlichkeit, dass ein Ergebnis aus D eintritt, wenn wir E voraussetzen, kann sich jetzt nur noch auf die Schnittmenge von D und E beziehen. Die Schnittmenge besteht nur aus dem Element 2. Da wir E voraussetzen und somit nur noch 3 Ergebnisse möglich sind, ist die Wahrscheinlichkeit für den Eintritt von 2 jetzt $\frac{1}{3}$.

Die Formel und die Berechnung hierzu lauten:

$$P(D \mid E) = \frac{P(D \cap E)}{P(E)},$$

$$P(D \mid E) = \frac{P(\{2\})}{P(\{2, 4, 6\})} = \frac{\frac{1}{6}}{\frac{3}{6}} = \frac{1}{3}.$$

Beispiel

Angenommen ein Würfel wurde 100 Mal geworfen. Das Ereignis E tritt mit einer bestimmten Häufigkeit auf: 26 Mal ereignete sich die 2, 22 Mal die 4, 17 Mal die 6.

Demnach besitzt Ereignis E in diesem Beispiel die absolute Häufigkeit

$$H(E) = H\{2, 4, 6\} = 65.$$

Welchen empirischen Schätzwert besitzt jetzt die Wahrscheinlichkeit für D $= \{1, 2, 3\}$ unter der Bedingung E? Die Berechnung ergibt sich aus:

$$\frac{H\{2\}}{H\{2, 4, 6\}} = \frac{26}{65}.$$

Die allgemeine Schlussfolgerung von den Häufigkeiten zu den geschätzten Wahrscheinlichkeiten W stellt folgende Gleichung dar:

$$\frac{H(A \cap B)}{H(B)} = \frac{\frac{H(A \cap B)}{H(\Omega)}}{\frac{H(B)}{H(\Omega)}} = \frac{h(A \cap B)}{h(B)} = \frac{W(A \cap B)}{W(B)} = W(A \mid B).$$

Beispiel

Ein für die Produktion notwendiges Bauteil wird von vier Lieferanten bezogen. Die Zuverlässigkeit der Bauteile ist für die verschiedenen Bezugsquellen unterschiedlich. Von 100 bezogenen Teilen sind folgende absolute Häufigkeiten bekannt:

Lieferant / normgerecht	L_1	L_2	L_3	L_4	Summe
ja	4	27	9	48	88
nein	1	3	6	2	12
Summe	5	30	15	50	100

Hieraus ergeben sich folgende relative Häufigkeiten:

Lieferant / normgerecht	L_1	L_2	L_3	L_4	Summe
ja	4%	27%	9%	48%	88%
nein	1%	3%	6%	2%	12%
Summe	5%	30%	15%	50%	100%

An zwei Beispielen zeigen wir die Interpretation der relativen Häufigkeiten:

- Die relative Häufigkeit fehlerhafter Bauteile beträgt 12 % (Vereinigungsmenge).
- Die relative Häufigkeit der Bauteile, die fehlerhaft sind und von L_2 stammen, beträgt 3 %.

Von Interesse ist nun die Frage, wie hoch der Ausschussanteil s der Bauteile eines bestimmten Zulieferers ist. Dies entspricht der Frage nach der bedingten relativen Häufigkeit: Die relative Häufigkeit fehlerhafter Bauteile unter der Bedingung, dass diese Bauteile von Lieferant L_2 bezogen wurde, berechnet sich nach der allgemeinen Formel $P(A \mid B) = \frac{P(A \cap B)}{P(B)}$ und beträgt $s_2 = \frac{3\%}{30\%} = 10\%$.

Die einzelnen Lieferanten besitzen demnach folgende Ausschussanteile:

$$s_1 = 20\%, \quad s_2 = 10\%, \quad s_3 = 40\%, \quad s_4 = 4\%.$$

3.3.6 Multiplikationssatz

Mithilfe des Multiplikationssatzes kann man die Wahrscheinlichkeit dafür berechnen, dass Ereignis A und Ereignis B gemeinsam eintreten. Hierfür muss die Schnittmenge beider Ereignisse betrachtet werden. Es gilt, dass $(A \cap B) = (B \cap A)$. Bei gemeinsam eintretenden Ereignissen spielt die Reihenfolge, in der wir die Ereignisse nennen, also keine Rolle und es liegt auch keine Bedingtheit vor.[2]

---

[2] Bedenke, dass $W(A \mid B) \neq W(B \mid A)$.

Wir stellen die Formel der bedingten Wahrscheinlichkeit um:

$$W(A \mid B) = \frac{W(A \cap B)}{W(B)} \quad \Leftrightarrow \quad W(A \cap B) = W(A \mid B) \cdot W(B),$$

$$W(B \mid A) = \frac{W(A \cap B)}{W(A)} \quad \Leftrightarrow \quad W(A \cap B) = W(B \mid A) \cdot W(A).$$

Man sieht, dass die Wahrscheinlichkeit für das gemeinsame Eintreffen von A und B einmal als Wahrscheinlichkeit von A unter der Bedingung B multipliziert mit der Wahrscheinlichkeit von B oder alternativ als Wahrscheinlichkeit von B unter der Bedingung A multipliziert mit der Wahrscheinlichkeit von A errechnet werden kann. Diesen Zusammenhang bezeichnet man als Multiplikationssatz:

$$W(A \cap B) = W(A \mid B) \cdot W(B) = W(B \mid A) \cdot W(A).$$

Beispiel

Die Komponente K eines Serienprodukts wird von zwei Lieferanten bezogen. Lieferant X sichert eine Wahrscheinlichkeit von 99,5 % zu, dass die Komponente in der Garantiezeit nicht ausfällt (Intaktwahrscheinlichkeit). Lieferant Y verspricht 98,5 %. Der Hersteller des Serienprodukts bezieht 60 % der Teile von Lieferant X und 40 % von Lieferant Y.

Es soll nun die Wahrscheinlichkeit ermittelt werden, dass in einem Stück des Serienprodukts die Komponente K des Lieferanten X eingebaut und defekt ist.

$$W(\text{Teil K defekt} \cap \text{Teil K von Lieferant X})$$
$$= W(\text{Teil K defekt} \mid \text{Teil K von Lieferant X}) \cdot W(\text{Teil K von Lieferant X})$$
$$= (1 - 0{,}995) \cdot 0{,}6 = 0{,}3\,\%.$$

Die Wahrscheinlichkeit, dass in einem Stück des Serienprodukts die Komponente K des Lieferanten Y eingebaut und defekt ist, beträgt:

$$W(\text{Teil K defekt} \cap \text{Teil K von Lieferant Y})$$
$$= W(\text{Teil K defekt} \mid \text{Teil K von Lieferant Y}) \cdot W(\text{Teil K von Lieferant Y})$$
$$= (1 - 0{,}985) \cdot 0{,}4 = 0{,}6\,\%.$$

Die Wahrscheinlichkeit, dass ein Stück des Serienprodukts defekt ist, beträgt somit:

$$W(\text{Teil K defekt}) = W(\text{Teil K defekt} \cap \text{Teil K von Lieferant X})$$
$$+ W(\text{Teil K defekt} \cap \text{Teil K von Lieferant Y})$$
$$= (1 - 0{,}995) \cdot 0{,}6 + (1 - 0{,}985) \cdot 0{,}4 = 0{,}009 = 0{,}9\,\%.$$

Hieraus ergibt sich die Intaktwahrscheinlichkeit von $100\,\% - 0{,}9\,\% = 99{,}1\,\%$. Diese Wahrscheinlichkeit folgt auch direkt aus der Summe der gewichteten Einzelwahrscheinlichkeiten: $W(\text{Teil K intakt}) = 0{,}6 \cdot 0{,}995 + 0{,}4 \cdot 0{,}985 = 0{,}991 = 99{,}1\,\%$.

Diese direkte Berechnung der Wahrscheinlichkeit ergibt sich aus der Anwendung des Satzes von der totalen Wahrscheinlichkeit, der später noch ausführlich betrachtet wird.

Beispiel

Es wird zweimal gewürfelt. Die Ergebnismenge lautet:

$$\Omega_{\text{WW}} = \left\{ \begin{matrix} (1,1) & \cdots & (1,6) \\ \vdots & \ddots & \vdots \\ (6,1) & \cdots & (6,6) \end{matrix} \right\} = \{(i,j) \mid i = 1,\dots,6;\ j = 1,\dots,6\}.$$

Gesucht ist die Wahrscheinlichkeit, dass „mindestens eine 1" (Ereignis M) auftritt unter der Bedingung, dass „die Augensumme mehr als 6 beträgt" (Ereignis N). Da alle Ergebnisse die gleiche Chance haben aufzutreten, kann diese bedingte Wahrscheinlichkeit mit dem Laplace-Ansatz bestimmt werden. Hierzu sind die Anzahl der für M günstigen Fälle mit der Anzahl der möglichen Fälle ins Verhältnis zu setzen.

Bei der Anzahl der möglichen Fälle ist die Vorabinformation, „die Augensumme beträgt mehr als 6" zu berücksichtigen. Diese Eigenschaft erfüllen nur 21 der 36 Ergebnisse (Elementarereignisse):

$$P(N) = \frac{21}{36}.$$

Von diesen 21 Ergebnissen erfüllen 2 Ergebnisse zusätzlich die Eigenschaft, dass „mindestens eine 1" auftritt, nämlich $(1,6)$ und $(6,1)$:

$$P(M \cap N) = \frac{2}{36}.$$

Die Wahrscheinlichkeit von M, unter der Bedingung N, beträgt somit

$$P(M \mid N) = \frac{P(M \cap N)}{P(N)} = \frac{\frac{2}{36}}{\frac{21}{36}} = \frac{2}{21}.$$

3.3.7 Unabhängigkeit

Die bedingte Wahrscheinlichkeit $P(M \mid N) = \frac{2}{21}$ stimmt im letzten Beispiel nicht mit der Wahrscheinlichkeit $P(M) = \frac{11}{36}$ überein. Das Eintreten des Ereignisses N beeinflusst demnach die Wahrscheinlichkeit für das Eintreten von Ereignis M. Hier spricht man auch von (stochastischer) Abhängigkeit der Ereignisse.

Betrachtet man die Ereignisse R „erster Wurf gleich 1" und T „zweiter Wurf gleich 1",
so gilt:

$$P(R) = \frac{1}{6}, \quad P(T) = \frac{1}{6} \quad \text{und} \quad P(R \cap T) = \frac{1}{6} \cdot \frac{1}{6} = \frac{1}{36}.$$

Es folgt:

$$P(T \mid R) = \frac{P(T \cap R)}{P(R)} = \frac{\frac{1}{36}}{\frac{1}{6}} = \frac{1}{6}.$$

Die bedingte Wahrscheinlichkeit $P(T \mid R)$ stimmt mit der Wahrscheinlichkeit $P(T)$ überein. Die Wahrscheinlichkeit für T „zweiter Wurf = 1" wird nicht durch das Eintreten des
Ereignisses R „erster Wurf = 1" beeinflusst, die Ereignisse sind unabhängig.

A und B seien zwei zufällige Ereignisse. Wenn das Eintreten des Ereignisses A nicht
die Wahrscheinlichkeit für das Eintreten des Ereignisses B beeinflusst, so sagt man „die
Ereignisse A und B sind stochastisch unabhängig". Im Falle der stochastischen Unabhängigkeit gilt, dass die Wahrscheinlichkeit von B unter der Bedingung von A gleich der
Wahrscheinlichkeit von B ist: $P(B \mid A) = P(B)$.

Für unabhängige Ereignisse gilt deshalb in Verbindung mit der allgemeinen Multipli-
kationsformel, dass die Wahrscheinlichkeit für das gemeinsame Ereignis A und B gleich
dem Produkt der Wahrscheinlichkeit von A und der Wahrscheinlichkeit von B ist:

$$P(A \cap B) = P(B \mid A) \cdot P(A) = P(B) \cdot P(A).$$

Beispiel

In einem Gefäß (Urne) befinden sich drei weiße und eine schwarze Kugel. Es werden nacheinander zwei Kugeln gezogen. Gesucht wird die bedingte Wahrscheinlichkeit
$P(U \mid V)$.

Fall 1: Ziehen der Kugeln „ohne Zurücklegen"

Wird die Kugel nach dem Ziehen nicht zurückgelegt, so ändern sich, je nachdem ob eine
weiße oder schwarze Kugel im ersten Zug entnommen wurde, die relativen Häufigkeiten der übrigen weißen bzw. schwarzen Kugeln und somit die Wahrscheinlichkeiten, im
nächsten Zug ausgewählt zu werden. Es besteht stochastische Abhängigkeit.

a) $U = \{2.\ \text{Kugel weiß}\}, \quad V = \{1.\ \text{Kugel weiß}\}$

Die Wahrscheinlichkeit im 2. Zug eine weiße Kugel zu ziehen, hängt vom Ergebnis des
ersten Zugs ab. Wurde im ersten Zug eine weiße Kugel gezogen, die nicht zurückgelegt
wird, so befinden sich vor dem 2. Zug nur noch drei Kugeln in der Urne, von denen
zwei weiß sind. Somit beträgt die gesuchte Wahrscheinlichkeit

$$P(U \mid V) = \frac{P(U \cap V)}{P(V)} = \frac{\frac{3}{4} \cdot \frac{2}{3}}{\frac{3}{4}} = \frac{2}{3}.$$

b)   U = {2. Kugel weiß},   V = {1. Kugel schwarz}

Wurde im ersten Zug eine schwarze Kugel gezogen, die nicht zurückgelegt wird, so sind drei der drei verbliebenen Kugeln weiß. Somit ist das Ereignis U unter dieser Bedingung das sichere Ereignis und die gesuchte Wahrscheinlichkeit beträgt:

$$P(U \mid V) = \frac{P(U \cap V)}{P(V)} = \frac{\frac{1}{4} \cdot 1}{\frac{1}{4}} = 1.$$

c)   U = {beide Kugeln weiß},   V = {1. Kugel weiß}

Wurde im ersten Zug eine weiße Kugel gezogen, so ist das Ereignis U = {beide Kugeln sind weiß} genau dann erfüllt, wenn auch die zweite Kugel weiß ist. Somit stimmt das Ergebnis mit dem Ergebnis aus a) überein:

$$P(U \mid V) = \frac{P(U \cap V)}{P(V)} = \frac{\frac{3}{4} \cdot \frac{2}{3}}{\frac{3}{4}} = \frac{2}{3}.$$

d)   U = {2. Kugel schwarz},   V = {1. Kugel schwarz}

Wurde im ersten Zug die einzige schwarze Kugel in der Urne gezogen und nicht mehr zurückgelegt, so ist es unmöglich, im 2. Zug eine schwarze Kugel zu ziehen. Somit ist: $P(U \mid V) = 0$.

Fall 2: Ziehen der Kugeln „mit Zurücklegen"

e)   U = {2. Kugel weiß},   V = {1. Kugel schwarz}

Wird die Kugel nach dem ersten Zug zurückgelegt, so befinden sich vor dem zweiten Zug 3 weiße Kugeln und eine schwarze Kugel in der Urne. Somit sind drei der möglichen vier Ergebnisse günstig für U und es folgt:

$$P(U \mid V) = \frac{P(U \cap V)}{P(V)} = \frac{\frac{1}{4} \cdot \frac{3}{4}}{\frac{1}{4}} = \frac{3}{4}.$$

Werden die Kugeln „mit Zurücklegen" gezogen, so sind die Ereignisse U und V unabhängig. Wird unterstellt, dass die Kugeln nach dem Ziehen wieder zurückgelegt werden, so hat das Ergebnis der ersten Ziehung keinen Einfluss auf die Wahrscheinlichkeitsverteilung des zweiten Zugs. Die Wahrscheinlichkeit, beim zweiten Ziehen eine weiße Kugel zu erhalten, beträgt $\frac{3}{4}$, denn nach dem Zurücklegen sind erneut drei von vier Kugeln weiß.

3.3.8 Satz von der totalen Wahrscheinlichkeit

Unter bestimmten Voraussetzungen kann aus der Kenntnis der bedingten Wahrscheinlichkeiten auf die Wahrscheinlichkeit eines Ereignisses geschlossen werden.

Beispiel

Ein für die Produktion notwendiges Bauteil wird von vier Lieferanten bezogen. Die Zuverlässigkeit der Bauteile ist bei den verschiedenen Bezugsquellen unterschiedlich. Aus der Vergangenheit sind die Ausschussanteile der Lieferanten L_1, L_2, L_3 und L_4 bekannt. Diese Ausschussanteile (-quoten) betragen $s_1 = 20\%$, $s_2 = 10\%$, $s_3 = 40\%$, $s_4 = 4\%$.

Die einzelnen Betriebe besitzen einen Anteil von 5 %, 30 %, 15 % bzw. 50 % an der gesamten Menge der bezogenen Bauelemente.

Lieferant	L_1	L_2	L_3	L_4
Ausschussanteil	20 %	10 %	40 %	4 %
Lieferanteil	5 %	30 %	15 %	50 %

1. Frage: Wie groß ist die Wahrscheinlichkeit für ein fehlerhaftes Bauteil?
2. Frage: Wie groß ist die Wahrscheinlichkeit, dass ein zufällig ausgewähltes Ausschussteil von L_3 stammt?

Jedes Bauteil wird von genau einem der vier Unternehmen geliefert, d. h. die Ereignisse L_i ($i = 1, 2, 3, 4$) bilden eine Zerlegung des sicheren Ereignisses Ω. Dies bedeutet,

- dass die Ereignisse L_i unvereinbar sind: Ein konkretes Bauteil kann nicht gleichzeitig von zwei Zulieferbetrieben stammen.
- dass die Vereinigung der Ereignisse L_i das sichere Ereignis Ω ergibt: Es gibt kein Bauteil, das von keinem Unternehmen hergestellt wurde.

Da jedes Ausschussteil von genau einem der vier Zulieferbetriebe stammen muss, kann das Ereignis S (Ausschuss) in vier unvereinbare Teilmengen zerlegt werden:

$S \cap L_1$: Das Bauteil ist Ausschuss und stammt von Lieferant L_1,
$S \cap L_2$: Das Bauteil ist Ausschuss und stammt von Lieferant L_2,
$S \cap L_3$: Das Bauteil ist Ausschuss und stammt von Lieferant L_3,
$S \cap L_4$: Das Bauteil ist Ausschuss und stammt von Lieferant L_4.

Die Teilmengen sind unvereinbar und die Vereinigung dieser Teilmengen ergibt die Menge S. Damit sind diese Teilmengen eine Zerlegung von S und es gilt:

$$W(S) = W(S \cap L_1) + W(S \cap L_2) + W(S \cap L_3) + W(S \cap L_4).$$

Aufgrund des Multiplikationssatzes schließt man:

$$W(S)$$
$$= W(S \mid L_1) \cdot W(L_1) + W(S \mid L_2) \cdot W(L_2) + W(S \mid L_3) \cdot W(L_3) + W(S \mid L_4) \cdot W(L_4)$$
$$= 0{,}20 \cdot 0{,}05 + 0{,}10 \cdot 0{,}30 + 0{,}40 \cdot 0{,}15 + 0{,}04 \cdot 0{,}50 = 0{,}12 = 12\%.$$

Damit ist die erste Frage beantwortet.

Stellt sich ein zufällig ausgewähltes Bauteil als Ausschuss heraus, so kann die Wahrscheinlichkeit, dass dieses Bauteil von Betrieb L_3 stammt, wie folgt bestimmt werden:

$$W(L_3 \mid S) = \frac{W(L_3 \cap S)}{W(S)} = \frac{W(S \mid L_3) \cdot W(L_3)}{W(S)} = \frac{0{,}40 \cdot 0{,}15}{0{,}12} = 0{,}5 = 50\,\%.$$

Interpretation

Der Anteil der Bauteile von L_3 beträgt 15 %. Wird zufällig ein Bauteil herausgegriffen, so beträgt die Wahrscheinlichkeit, dass dieses Bauteil von Lieferant L_3 stammt, entsprechend 15 %. Stellt sich für das zufällig entnommene Bauteil heraus, dass es defekt ist, so beträgt unter dieser Zusatzinformation die Wahrscheinlichkeit 50 %, dass das Bauteil von Lieferant L_3 stammt.

Ergebnis

Die Ereignisse L_i sind eine Zerlegung von Ω. Ist die Wahrscheinlichkeit für das Eintreten des Ereignisses S davon abhängig, welches der sich ausschließenden Ereignisse L_1, L_2, ... eintritt und wird mit Sicherheit eines dieser Ereignisse eintreten, so kann die Wahrscheinlichkeit von S als gewichtete Summe der bedingten Wahrscheinlichkeit $P(S \mid L_i)$ berechnet werden.

Satz von der totalen Wahrscheinlichkeit

Sind die Ereignisse A_i eine Zerlegung von Ω, dann gilt:

$$P(B) = \sum_i P(B \cap A_i) = \sum_i P(B \mid A_i) \cdot P(A_i).$$

3.3.9 Wichtige Definitionen und Zusammenhänge

Zum Ende dieses Abschnitts stellen wir wichtige Definitionen und Theoreme in komprimierter Form tabellarisch dar:

Ergebnis	Möglicher Ausgang eines Zufallsexperiments
Ergebnismenge Ω	Menge aller möglichen Ergebnisse
Ereignis	Teilmenge der Ergebnismenge Ω
Grundeigenschaften von Wahrscheinlichkeiten	$W(\Omega) = 1$ $W(A) \geq 0$, für alle Ereignisse A $W(A \cup B) = W(A) + W(B)$, falls $(A \cap B) = \{\}$
Laplace-Wahrscheinlichkeit	$P(A) = \frac{\text{Anzahl der Elemente von A}}{\text{Anzahl der Elemente von }\Omega} = \frac{|A|}{|\Omega|}$
Additionssatz	$W(A \cup B) = W(A) + W(B) - W(A \cap B)$
bedingte Wahrscheinlichkeit	$W(A \mid B) = \frac{W(A \cap B)}{W(B)}$
Multiplikationssatz	$W(A \cap B) = W(A \mid B) \cdot W(B) = W(B \mid A) \cdot W(A)$
stochastische Unabhängigkeit	$W(A \mid B) \cdot W(B) = W(A) \cdot W(B)$
totale Wahrscheinlichkeit	$W(B) = \sum_i W(B \cap A_i) = \sum_i W(B \mid A_i) \cdot W(A_i)$

3.4 Das „Gehäusebeispiel"

Ein quantitatives Merkmal, dessen konkreter Wert dem Entscheidungsträger nicht bekannt und somit von ihm nicht sicher vorhersagbar ist, kann von diesem als Zufallsvariable aufgefasst werden. In diesen Fällen sind dem Entscheider Informationen über die Wahrscheinlichkeit wichtig, mit der die Zufallsvariable einen bestimmten Wert (Realisation) annimmt oder in einem ihn interessierenden Intervall liegt.

In der Praxis interessiert beispielsweise die Wahrscheinlichkeit, mit der

- eine bestimmte Anzahl Notrufe innerhalb einer Stunde eingehen,
- der Wert einer Aktie am Ende des nächsten Handelstages gestiegen ist,
- der Durchmesser einer zu produzierenden Welle in der Toleranz liegt,
- die Anzahl nicht normgerechter Bauteile einer Lieferung von n Bauteilen einen bestimmten Wert nicht überschreitet.

Mit dem nachfolgenden Beispiel werden die Begriffe der Zufallsvariable, der Wahrscheinlichkeitsverteilung und des Hypothesentests eingeführt.

3.4.1 Lackierung von Gehäusen

Der Produktionsleiter behauptet, dass bei jedem zweiten Lackiervorgang eine Farbabweichung feststellbar ist. Die Qualitätssicherung (QS) geht von wesentlich mehr Ungenauigkeiten aus. Daraufhin werden 10 zufällig ausgewählte Gehäuse geprüft. 8 Gehäuse weisen Farbabweichungen auf.

Es treten die folgenden Fragen auf:

- Ist das Prüfergebnis ein sicherer Beweis dafür, dass die Fehlerquote über 50 % liegt und die Qualitätssicherung Recht hat?
- Kann dies eine zufällige Abweichung sein?
- Wie hoch ist die Wahrscheinlichkeit, dass 8 oder mehr der 10 Gehäuse Farbabweichungen aufweisen, wenn die tatsächliche Fehlerquote $p = 50\,\%$ beträgt?
- Bei welchem Stichprobenergebnis würde man die Hypothese des Produktionsleiters ablehnen und die Hypothese der Qualitätssicherung, dass die Fehlerquote über 50 % liegt, annehmen?

Die Anzahl X von Gehäusen mit Farbabweichung ist eine Zufallsvariable. Um die gestellten Fragen zu beantworten, ist die Wahrscheinlichkeitsverteilung der Anzahl X zu ermitteln.

Die Prüfung jedes Gehäuses ($i = 1, \ldots, 10$) besitzt zwei mögliche Ausgänge. Die Lackierung kann fehlerhaft sein (Ereignis A mit der Wahrscheinlichkeit p) oder nicht fehlerhaft (Gegenereignis mit der Wahrscheinlichkeit $1 - p$).

Angenommen, der Produktionsleiter hat mit seiner Behauptung ($p = 0{,}50$) recht. Wie groß ist dann die Wahrscheinlichkeit, dass in der Stichprobe im Umfang n = 10 kein Bauteil fehlerhaft ist?

Wird das entnommene Bauteil jeweils wieder zurückgelegt, dann ist die Wahrscheinlichkeit einer fehlerfreien Stichprobe die Wahrscheinlichkeit, dass das erste Bauteil in der Stichprobe keinen Fehler aufweist, mal der Wahrscheinlichkeit, dass das zweite Bauteil keinen Fehler aufweist, usw. bis zum zehnten Bauteil in der Stichprobe. Die Wahrscheinlichkeit, dass in der Stichprobe kein Bauteil fehlerhaft ist, berechnet sich folgendermaßen:

$$P(X = 0) = q^{10} = (1 - 0{,}50)^{10} = 0{,}098\,\%.$$

Analog kann man jetzt auch berechnen, wie groß die Wahrscheinlichkeit ist, dass alle 10 Bauteile fehlerhaft sind:

$$P(X = 10) = p^{10} = (0{,}50)^{10} = 0{,}098\,\%.$$

Es wird hierbei unterstellt, dass die Gehäuse unter gleichen Voraussetzungen in die Stichprobe gelangen, d. h. für jedes Gehäuse wird die gleiche Wahrscheinlichkeit p angenommen, dass eine Farbabweichung vorliegt. Dies ist plausibel, wenn das entnommene Teil wieder zurückgelegt wird bevor eine weitere „Ziehung" stattfindet. Das ist eine wichtige Voraussetzung für die Unabhängigkeit der Prüfergebnisse. Wäre keine Unabhängigkeit gegeben und man entnimmt ein Gehäuse und stellt eine Farbabweichung fest, dann wäre bei der zweiten Entnahme die Wahrscheinlichkeit, eine Farbabweichung wieder festzustellen nicht mehr gleich 0,5. Wenn aber zwischen der zweiten Entnahme und der ersten kein irgendwie gearteter Zusammenhang zu erkennen ist, handelt es sich bei beiden Entnahmen um eine Situation, wie sie auch bei zwei Münzwürfen vorliegt: Das Ergebnis des zweiten Versuchs (Kopf oder Zahl bzw. intakt oder defekt), ist unabhängig vom Ergebnis des ersten Versuchs. Es ist bei der Entnahme und Überprüfung der Gehäuse zwecks Qualitätskontrolle deshalb durchaus möglich, von einem Laplace-Experiment zu sprechen.

In der Praxis werden die entnommenen Teile in der Regel zur Seite gelegt, was der Ziehung ohne Zurücklegen entspricht. Bei großen Produktionen und relativ dazu kleinen Stichproben ist aber der Unterschied zwischen den Ziehungen mit und ohne Zurücklegen vernachlässigbar gering, weshalb man in diesen Situationen in der Wahrscheinlichkeitsberechnung die Ziehung mit Zurücklegen unterstellen kann. Es wird also die Unabhängigkeit der Prüfergebnisse angenommen, obwohl man weiß, dass dieses aufgrund des Stichprobenverfahrens falsch ist. Den Fehler hält man aber in vielen Fällen für vernachlässigbar.

Bei der Berechnung der Wahrscheinlichkeit, dass genau ein Gehäuse nicht korrekt lackiert wurde (X = 1), ist zu beachten, dass die Reihenfolge in der Stichprobe hierbei keine

Bedeutung hat. Es ist egal, ob das fehlerhafte Teil bei der ersten, der zweiten oder der x-ten Entnahme auftritt. Es gibt demnach 10 verschiedene Ergebnisse (Elementarereignisse) mit genau einem fehlerhaften Teil:

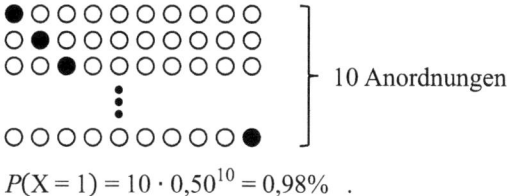

$$P(X = 1) = 10 \cdot 0{,}50^{10} = 0{,}98\% \ .$$

Wie leicht überprüft werden kann, gibt es 45 verschiedene Reihenfolgen mit 2 bzw. 8 fehlerhaft lackierten Gehäusen, so dass

$$P(X = 2) = 45 \cdot 0{,}50^{10} = 4{,}39\,\%,$$
$$P(X = 8) = 45 \cdot 0{,}50^{10} = 4{,}39\,\%.$$

3.4.2 Binomialkoeffizient und Wahrscheinlichkeit

Die Berechnung der Anzahl verschiedener Reihenfolgen von x fehlerhaften Gehäusen unter n Entnahmen kann mit Hilfe des Binomialkoeffizienten $\binom{n}{x}$ bestimmt werden.

$\binom{n}{x}$ „n über x"

Die n-Elemente unterscheiden sich durch m und $\overline{m}$ (m und Nicht-m). Es gibt also je Element zwei mögliche Ausprägungen m und $\overline{m}$ des Merkmals M. $\binom{n}{x}$ gibt die Anzahl der n-Tupel an, bei denen x Elemente die Ausprägung m und n − x Elemente die Ausprägung $\overline{m}$ besitzen.

Der Binomialkoeffizient berechnet sich folgendermaßen:

$$\binom{n}{x} = \frac{n!}{(n-x)!\,x!} = \frac{1 \cdot 2 \cdot 3 \cdot \ldots \cdot n}{1 \cdot 2 \cdot 3 \cdot \ldots \cdot (n-x) \cdot 1 \cdot 2 \cdot 3 \cdot \ldots \cdot x}$$
$$= \frac{n \cdot (n-1) \cdot \ldots \cdot (n-x+1)}{1 \cdot 2 \cdot 3 \cdot \ldots \cdot x}.$$

Beispiel

Im Folgenden werden unterscheidbare Anordnungen von b (blau) und g (gelb) aufgeführt:

$\binom{3}{2}$ 2 blaue unter 3   b b g

                                      b g b   } drei 3-Tupel,

                                        g b b

$\binom{4}{2}$ 2 blaue unter 4   b b g g

                                      b g b g

                                      b g g b

                                      g b b g   } sechs 4-Tupel,

                                      g b g b

                                      g g b b

$\binom{5}{2}$ 2 blaue unter 5   b b g g g

                                      b g b g g

                                      b g g b g

                                      b g g g b

                                      g b b g g

                                      g b g b g   } zehn 5-Tupel.

                                      g b g g b

                                      g g b b g

                                      g g b g b

                                      g g g b b

In Abb. 3.1 wird für das vorangegangene Gehäusebeispiel die Anzahl unterscheidbarer Anordnungen mit Hilfe des Binomialkoeffizienten berechnet.

Abb. 3.2 stellt die Wahrscheinlichkeiten dar, dass x Gehäuse in einer Stichprobe im Umfang von 10 Gehäusen Farbabweichungen zeigen, wenn in der Grundgesamtheit, also in der gesamten Produktion, normalerweise 50 % der Gehäuse fehlerhaft sind. Intuitiv ist leicht nachvollziehbar, dass bei 50 % fehlerhaften Gehäusen es ziemlich unwahrscheinlich ist, dass in der Stichprobe kein Teil eine Farbabweichung zeigt, oder gleich alle 10. Ebenso kann leicht vermutet werden, dass die Wahrscheinlichkeit, dass in der Stichprobe von 10 Gehäusen genau 5 untauglich sind, am größten ist, da ja in der gesamten Produktion 50 % fehlerhafte Teile vorliegen. Die exakte Berechnung bestätigt diese Vermutungen.

Abb. 3.3 stellt die dazugehörige Wahrscheinlichkeitsfunktion dar:

$$P(X = x) = \binom{n}{x} \cdot p^x \cdot (1 - p)^{n-x} \quad \text{für } x = 0, 1, 2, \ldots, n.$$

Sie ist wegen $p = 0{,}5$ symmetrisch.

Von 10 entnommenen Gehäusen zeigen $\binom{n}{x}$ Anordnungen …	Anzahl unterscheidbarer Anordnungen
keine Farbabweichungen!	$\binom{10}{0} = 1$
eine Farbabweichung!	$\binom{10}{1} = \dfrac{10}{1} = 10$
zwei Farbabweichungen!	$\binom{10}{2} = \dfrac{10 \cdot 9}{1 \cdot 2} = 45$
drei Farbabweichungen!	$\binom{10}{3} = \dfrac{10 \cdot 9 \cdot 8}{1 \cdot 2 \cdot 3} = 120$
acht Farbabweichungen!	$\binom{10}{8} = \dfrac{10 \cdot 9 \cdot 8 \cdot 7 \cdot 6 \cdot 5 \cdot 4 \cdot 3}{1 \cdot 2 \cdot 3 \cdot 4 \cdot 5 \cdot 6 \cdot 7 \cdot 8} = \dfrac{10 \cdot 9}{1 \cdot 2} = \binom{10}{2} = 45$
neun Farbabweichungen!	$\binom{10}{9} = \dfrac{10 \cdot 9 \cdot 8 \cdot 7 \cdot 6 \cdot 5 \cdot 4 \cdot 3 \cdot 2}{1 \cdot 2 \cdot 3 \cdot 4 \cdot 5 \cdot 6 \cdot 7 \cdot 8 \cdot 9} = \dfrac{10}{1} = \binom{10}{1} = 10$
zehn Farbabweichungen!	$\binom{10}{10} = \binom{10}{0} = 1$

Abb. 3.1 Anzahl unterscheidbarer Anordnungen

Realisation x	Anordnungen $\binom{10}{x}$	Punktwahrscheinlichkeit $P(X = x)$	Summenwahrscheinlichkeit $F(x) = P(X \leq x)$
0	1	0,10 %	0,10 %
1	10	0,98 %	1,07 %
2	45	4,39 %	5,47 %
3	120	11,72 %	17,19 %
4	210	20,51 %	37,70 %
5	252	24,61 %	62,30 %
6	210	20,51 %	82,81 %
7	120	11,72 %	94,53 %
8	45	4,39 %	98,93 %
9	10	0,98 %	99,90 %
10	1	0,10 %	100,00 %

Abb. 3.2 Punkt- und Summenwahrscheinlichkeiten mit $n = 10$ und $p = 0,5$

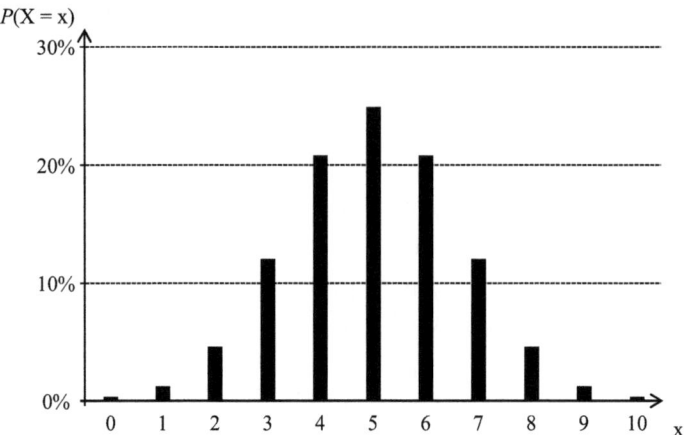

Abb. 3.3 Wahrscheinlichkeitsfunktion der Binomialverteilung mit n $= 10$ und $p = 0,5$

3.4.3 Interpretationen des Ergebnisses

- Beträgt die Fehlerquote in der Gesamtproduktion 50 %, wie von der Produktionsleitung angenommenen, so werden mit einer Wahrscheinlichkeit von 4,39 % genau 8 von 10 Gehäusen in der Stichprobe Farbabweichungen aufweisen.
- Das vorliegende Stichprobenergebnis ist kein sicherer Beweis für eine Fehlerquote von über 50 %. Dass die hier vorliegende Fehlerquote höher als 50 % ist, kann Zufall sein.
- Bei einer Fehlerquote von 50 % in der Gesamtproduktion beträgt die Wahrscheinlichkeit für mindestens 8 fehlerhafte Lackierungen in einer Stichprobe von 10 Gehäusen:

$$P(X \geq 8) = 4,39\,\% + 0,98\,\% + 0,10\,\% = 5,47\,\%, \text{ oder}$$
$$P(X \geq 8) = 1 - P(X < 8) = 100\,\% - 94,53\,\% = 5,47\,\%.$$

3.4.4 Ablehnungsbereich und Fehler

Es bleibt die Frage zu beantworten, in welchen Fällen das Stichprobenergebnis als ausreichend gedeutet wird, um die Behauptung der Produktionsleitung ($p = 50\,\%$) abzulehnen und von der Gültigkeit der Gegenhypothese ($p > 50\,\%$) auszugehen, die die Qualitätssicherung aufgestellt hat.

Die Behauptung der Produktionsleitung bezeichnen wir als Nullhypothese H_0, die durch die Gegenhypothese H_1 der Qualitätssicherung angezweifelt wird.

Zunächst einmal ist es vernünftig, umso stärker zu der Gegenhypothese H_1 der Qualitätssicherung zu neigen, je höher die Anzahl der fehlerhaften Gehäuse in der Stichprobe

ist, die über der Zahl 5 liegt. Doch selbst wenn 10 Gehäuse in der Stichprobe fehlerhaft sind, ist es immer noch möglich, dass die Produktionsleitung mit ihrer Hypothese H_0
Recht hat. Es ist nämlich prinzipiell ohne weiteres denkbar, 10 Gehäuse mit Farbabweichungen aus der Produktion zu ziehen (Stichprobe), obwohl nur 50 % in der Grundgesamtheit fehlerhaft sind.

Bei der Entscheidung zwischen diesen Alternativhypothesen werden zwei grundsätzliche Fehler unterschieden:

- **α-Fehler (Fehler 1. Art):** Aufgrund des (zufälligen) Stichprobenergebnisses wird die
  von der Qualitätssicherung aufgestellte Gegenhypothese H_1: $p > 50\%$ angenommen,
  obwohl der Ausschussanteil in der Grundgesamtheit tatsächlich nur 50 % beträgt, wie
  von der Produktionsleitung behauptet.
- **β-Fehler (Fehler 2. Art):** Das Stichprobenergebnis führt zur Annahme der Behauptung der Produktionsleitung H_0: $p = 50\%$, obwohl der tatsächliche Ausschussanteil
  in der Grundgesamtheit, wie von der Qualitätssicherung behauptet, mehr als 50 % beträgt.

Wenn zu entscheiden ist, welche Hypothese gelten soll, dann brauchen wir eine klare Entscheidungsregel. Wir nehmen deshalb jetzt an, dass in dem Betrieb klar geregelt ist, dass
man ab 8 fehlerhaften Gehäusen in der Stichprobe davon ausgeht, dass der Produktionsleiter Unrecht hat.

Frage

Wie groß ist die Wahrscheinlichkeit für einen α-Fehler?

Man verwirft die Nullhypothese der Produktionsleitung, wenn mindestens 8 von 10 Gehäusen Farbabweichungen aufweisen. Ist H_0 dennoch korrekt, so ergibt sich mit einer
Wahrscheinlichkeit von 5,47 % ein Stichprobenergebnis, bei dem H_0 zu Unrecht abgelehnt wird.

Will man diese Fehlerwahrscheinlichkeit reduzieren, so kann dies dadurch geschehen,
dass die Nullhypothese H_0: $p = 50\%$ nur dann abgelehnt wird, wenn das Stichprobenergebnis noch deutlicher für die Gegenhypothese ausfällt. Wir müssten dann also die
betriebliche Entscheidungsregel verschärfen. Würde die Gegenhypothese z. B. nur dann
angenommen, wenn mindestens 9 der 10 Gehäuse der Stichprobe Farbabweichungen aufweisen, so würde die Wahrscheinlichkeit für den α-Fehler lediglich 1,07 % betragen. Mit
der Verringerung dieser Fehlerwahrscheinlichkeit steigt jedoch die Wahrscheinlichkeit für
den β-Fehler. Die Formulierung einer allgemeinen betrieblichen Entscheidungsregel muss
dieses berücksichtigen.

Die Wahrscheinlichkeit für den β-Fehler lässt sich aus den vorliegenden Informationen
nicht bestimmen, da unter der Gültigkeit der Gegenhypothese $p > 0,5$ kein eindeutiger
Wert für p gegeben ist.

3.4.5 Beispielvariante

Bei einem Anteil $p = 70\%$ von Gehäusen mit Farbabweichungen in der Gesamtproduktion berechnen sich die Wahrscheinlichkeiten, bei zufälliger Entnahme von 10 Gehäusen, folgendermaßen (Abb. 3.4):

$$P(X = x) = \binom{10}{x} \cdot 0{,}70^x \cdot (1 - 0{,}70)^{10-x} \quad (x = 0, 1, 2, \ldots, 10).$$

Die Wahrscheinlichkeitsfunktion hat ein „rechtsschräges" Aussehen (Abb. 3.5).

Angenommen, der tatsächliche Anteil an Farbabweichungen beträgt $p = 70\%$. Die betriebliche Entscheidungsregel, die Hypothese der Produktionsleitung zu verwerfen, wenn mindestens 8 von 10 Gehäusen Farbabweichungen aufweisen, führt dazu, dass

- die Hypothese H_0: $p = 0{,}50$ der Produktionsleitung mit einer Wahrscheinlichkeit von 61,71 % angenommen wird, obwohl mit $p = 0{,}70$ die Gegenhypothese H_1: $p > 0{,}50$ korrekt ist (β-Fehler).
- Die Hypothese der Qualitätssicherung H_1: $p > 0{,}50$ wird nur mit einer Wahrscheinlichkeit von 38,29 % angenommen.

Einer Verringerung der Fehlerwahrscheinlichkeit 2. Art (β-Fehler) würde zu einem Anstieg der Fehlerwahrscheinlichkeit 1. Art (α-Fehler) führen. Durch einen größeren Stichprobenumfang könnten die Wahrscheinlichkeiten für den α-Fehler und den β-Fehler gleichermaßen verringert und so die Genauigkeit des Tests erhöht werden.

x	$P(X = x)$; $n = 10$, $P = 0{,}7$	$F(x) = P(X \le x)$
0	$P(X = 0) = 1 \cdot 0{,}70^0 \cdot 0{,}30^{10} = 0{,}000059\%$	0,000059 %
1	$P(X = 1) = 10 \cdot 0{,}70^1 \cdot 0{,}30^9 = 0{,}0014\%$	0,001459 %
2	$P(X = 2) = 45 \cdot 0{,}70^2 \cdot 0{,}30^8 = 0{,}15\%$	0,151459 %
3	$P(X = 3) = 120 \cdot 0{,}70^3 \cdot 0{,}30^7 = 0{,}9\%$	1,0515 %
4	$P(X = 4) = 210 \cdot 0{,}70^4 \cdot 0{,}30^6 = 3{,}68\%$	4,73 %
5	$P(X = 5) = 252 \cdot 0{,}70^5 \cdot 0{,}30^5 = 10{,}29\%$	15,02 %
6	$P(X = 6) = 210 \cdot 0{,}70^6 \cdot 0{,}30^4 = 20{,}01\%$	35,03 %
7	$P(X = 7) = 120 \cdot 0{,}70^7 \cdot 0{,}30^3 = 26{,}68\%$	61,71 %
8	$P(X = 8) = 45 \cdot 0{,}70^8 \cdot 0{,}30^2 = 23{,}35\%$	85,06 %
9	$P(X = 9) = 10 \cdot 0{,}70^9 \cdot 0{,}30^1 = 12{,}11\%$	97,17 %
10	$P(X = 10) = 1 \cdot 0{,}70^{10} \cdot 0{,}30^0 = 2{,}82\%$	100,00 %

Abb. 3.4 Punkt- und Summenwahrscheinlichkeiten mit $n = 10$ und $p = 0{,}7$

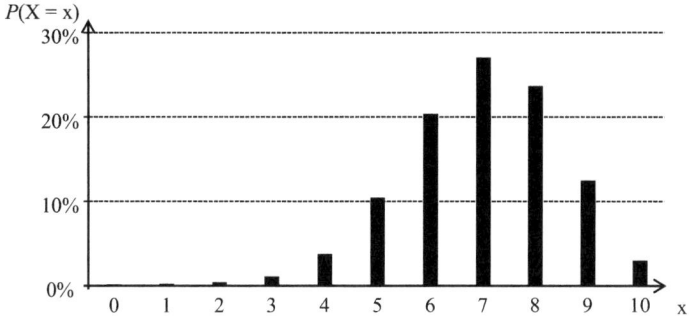

Abb. 3.5 Wahrscheinlichkeitsfunktion der Binomialverteilung mit n = 10 und $p = 0{,}7$

3.4.6 Berücksichtigung der Reihenfolge in der Stichprobe

Im Gehäusebeispiel wurde unterstellt, dass die Wahrscheinlichkeit $p = 50\,\%$ beträgt, dass ein zufällig ausgewähltes Gehäuse eine Farbabweichung aufweist. Wir entnehmen ein Gehäuse und es ereignet sich m (Farbabweichung) oder $\overline{m}$ (keine Farbabweichung). Die dazugehörige Zufallsvariable X_i ist gleichverteilt mit $P(m) = 50\,\%$ bzw. $P(\overline{m}) = 50\,\%$.

Es soll jetzt die Reihenfolge, in denen intakte und defekte Teile in den Stichproben auftreten, berücksichtig werden (Abb. 3.6). Bei der ersten Ziehung tritt das Merkmal m oder $\overline{m}$ auf. Es gibt hier also zwei verschiedene Zufallsergebnisse. Nehmen wir die zweite Ziehung hinzu, dann können bereits vier verschiedene Zufallstupel (Zufallsvektoren) auftreten: (m m), (m $\overline{m}$), ($\overline{m}$ m) und ($\overline{m}$ $\overline{m}$). Nach der dritten Ziehung haben wir bereits acht verschiedene Zufallsvektoren.

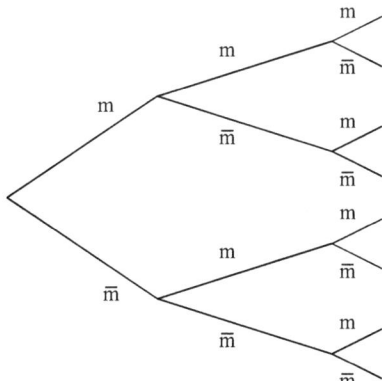

Abb. 3.6 Merkmalsbaum

Werden 10 Bauteile unter gleichen Voraussetzungen entnommen, so ergeben sich insgesamt $2^{10} = 1024$ Ergebnisse (Elementarereignisse), die bei $p = 0{,}5$ jeweils die gleiche Wahrscheinlichkeit besitzen. Die Zufallsvariable (Zufallsvektor)

$$\text{Xvek} = (X_1, X_2, \ldots, X_{10}) \quad \text{mit} \quad X_i = \begin{cases} 1, & \text{Farbabweichung bei Gehäuse i} \\ 0, & \text{keine Farbabweichung bei Gehäuse i} \end{cases}$$

ist gleichverteilt:

$$P(0, 0, \ldots, 0) = P(1, 0, \ldots, 0) = P(0, 1, \ldots, 0) = \ldots = P(1, 1, \ldots, 1) = \frac{1}{1024}$$
$$= 0{,}0977\,\%.$$

Wir halten fest: Wenn die Reihenfolge nicht beachtet wird, ergibt sich zur Beschreibung der Wahrscheinlichkeiten, mit denen die Stichprobenereignisse auftreten, die Binomialverteilung. Wird die Reihenfolge aber berücksichtigt, erhalten wir bei $p = 0{,}5$ die Gleichverteilung.

3.5   Verteilungen

Mit dem vorausgegangenen „Gehäusebeispiel" wurden die Begriffe der Zufallsvariablen, der Wahrscheinlichkeitsverteilung und des Hypothesentests eingeführt. In den nun folgenden Abschn. 3.5 und 3.6 werden diese Themen vertieft.

3.5.1   Diskrete Gleichverteilung

Diskrete Zufallsvariablen sind dadurch gekennzeichnet, dass abzählbar viele Realisationen mit positiver Wahrscheinlichkeit auftreten können.

Beispiel
Beim Wurf eines symmetrischen, sechsseitigen Würfels wird erwartet – sofern keine weiteren Informationen vorliegen – dass jede Augenzahl 1, 2, 3, ..., 6 die gleiche Wahrscheinlichkeit (Punktwahrscheinlichkeit) besitzt, das heißt

$$P(X = i) = \frac{1}{6} \quad (i = 1, 2, \ldots, 6).$$

Allgemein gilt für eine Zufallsvariable, bei der m verschiedene Ergebnisse mit der gleichen Chance auftreten können:

$$p_i = P(X = x_i) = \frac{1}{m} \quad (i = 1, 2, \ldots, m).$$

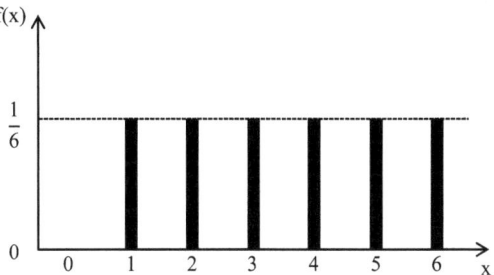

Abb. 3.7 Punktwahrscheinlichkeiten der diskreten Gleichverteilung

Die Wahrscheinlichkeitsverteilung einer Zufallsvariable X ist durch die Angabe der Punktwahrscheinlichkeiten aller möglichen Ergebnisse $x_1, x_2, \ldots, x_m$ eindeutig festgelegt. Sie wird durch die Wahrscheinlichkeitsfunktion f(x) beschrieben. Diese ordnet jedem Wert x_i den entsprechenden Wahrscheinlichkeitswert $p_i = f(x_i) = P(X = x_i)$ zu. Die Wahrscheinlichkeitsfunktion der diskreten Gleichverteilung lautet:

$$f(x) = P(X = x) = \begin{cases} \frac{1}{m}, & \text{für } x = x_1, x_2, \ldots, x_m \\ 0, & \text{sonst.} \end{cases}$$

Die Summe der Punktwahrscheinlichkeiten ergibt den Regeln der Wahrscheinlichkeitsrechnung entsprechend den Wert 1:

$$\sum_{i=1}^{m} f(x_i) = \sum_{i=1}^{m} p_i = \frac{1}{m} + \frac{1}{m} + \ldots + \frac{1}{m} = 1.$$

Aus der Wahrscheinlichkeitsfunktion lässt sich die sogenannte Verteilungsfunktion F(x) ableiten: $F(x) = P(X \leq x)$. Diese ergibt sich aus der Summation der Punktwahrscheinlichkeiten aller Realisationen, die kleiner oder gleich x sind.

Beispiel
Das Würfeln unter idealen Bedingungen erzeugt die folgende Wahrscheinlichkeits- und Verteilungsfunktion (Abb. 3.7 und 3.8):

$$f(x) = \begin{cases} \frac{1}{6}, & \text{für } x = 1, 2, \ldots, 6 \\ 0, & \text{sonst} \end{cases} \quad \text{und} \quad F(x) = P(X \leq x).$$

Die Verteilungsfunktion ist eine monoton wachsende, abschnittsweise konstante Funktion, die an den Stellen mit positiver Wahrscheinlichkeit Sprungstellen besitzt, deren Höhe den Punktwahrscheinlichkeiten entspricht. Aus der Verteilungsfunktion kann unmittelbar die

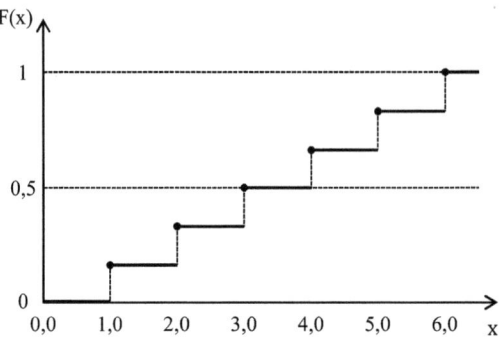

Abb. 3.8 Verteilungsfunktion der diskreten Gleichverteilung

Wahrscheinlichkeit abgelesen werden, dass die Zufallsvariable X maximal den Wert x annimmt (Abb. 3.9).

Für die diskrete Zufallsvariable X sind der theoretische Erwartungswert E(X), die theoretische Varianz Var(X) und die theoretische Standardabweichung Sta(X) wie folgt definiert:

$$\text{Erwartungswert E(X)} \qquad \mu_X = \sum_i p_i x_i,$$

$$\text{Varianz Var(X)} \qquad \sigma_X^2 = \sum_i p_i (x_i - \mu_X)^2,$$

$$\text{Standardabweichung Sta(X)} \qquad \sigma_X = +\sqrt{\sigma_X^2}.$$

Verteilungsfunktion	Interpretation
$F(1,5) = 16,67\%$	Die Wahrscheinlichkeit beträgt 16,67%, dass die Zufallsvariable X kleiner oder gleich 1,5 ist.
$F(4,5) = 66,67\%$	Die Wahrscheinlichkeit beträgt 66,67%, dass die Zufallsvariable X kleiner oder gleich 4,5 ist.
$F(5,0) = 83,33\%$	Die Wahrscheinlichkeit beträgt 83,33%, dass die Zufallsvariable X kleiner oder gleich 5,0 ist.
$F(5,0) - F(2,5) = 50,00\%$	Die Wahrscheinlichkeit beträgt 50,00%, dass … X kleiner gleich 5 und größer als 2,5 ist.
$F(5,0) - F(4,5) = 16,67\%$	Die Wahrscheinlichkeit beträgt 16,67%, dass … X kleiner gleich 5,0 und größer als 4,5 ist. Dies entspricht gerade der Punktwahrscheinlichkeit für x = 5.

Abb. 3.9 Interpretation der Verteilungsfunktion

Später, wenn wir Verteilungen mit zwei Variablen betrachten, kommt noch die theoretische Kovarianz hinzu:

$$\text{Kovarianz Cov}(X, Y) \quad \sigma_{XY} = \sum_i p_i(x_i - \mu_X)(y_i - \mu_Y).$$

Die entsprechenden empirischen Kennzahlen lauten:

$$\text{Erwartungswert E}(X) \qquad \mu_X = \sum_i w_i x_i,$$

$$\text{Varianz Var}(X) \qquad s_X^2 = \sum_i w_i(x_i - \mu_X)^2,$$

$$\text{Standardabweichung Sta}(X) \quad s_X = +\sqrt{s_X^2},$$

$$\text{Kovarianz Cov}(X, Y) \qquad s_{XY} = \sum_i w_i(x_i - \mu_X) \cdot (y_i - \mu_Y).$$

Wie man leicht feststellen kann, berechnen sich der Erwartungswert und die Varianz der Augenzahl beim Würfeln folgendermaßen:

$$E(X) = \frac{1}{6} \cdot 1 + \frac{1}{6} \cdot 2 + \ldots + \frac{1}{6} \cdot 6 = 3{,}5,$$

$$\text{Var}(X) = \frac{1}{6} \sum_{i=1}^{6} (i - 3{,}5)^2 = \frac{1}{6} \cdot (1 - 3{,}5)^2 + \ldots + \frac{1}{6} \cdot (6 - 3{,}5)^2 = 2{,}92.$$

3.5.2 Binomialverteilung

Weiterführung des Gehäuse-Beispiels
Ausgehend von der Hypothese der Produktionsleitung, dass bei jedem zweiten Lackiervorgang eine Farbabweichung feststellbar ist ($p = 0{,}50$), wurde die Wahrscheinlichkeitsverteilung der zufälligen Anzahl X der Gehäuse mit Farbabweichungen berechnet.

Im Gehäusebeispiel lautet die Zufallsvariable X:

$$X = \sum_{i=1}^{10} X_i \quad \text{mit} \quad X_i = \begin{cases} 1, & \text{Farbabweichung bei Gehäuse i} \\ 0, & \text{keine Farbabweichung bei Gehäuse i.} \end{cases}$$

Allgemein können wir sagen:

A sei ein Ereignis mit der Eintrittswahrscheinlichkeit $p = P(A)$. Die Anzahl X der Durchführungen eines Experiments, bei denen Ereignis A eintritt, ist folgendermaßen definiert:

$$X = \sum_{i=1}^{n} X_i \quad \text{mit} \quad X_i = \begin{cases} 1, & \text{falls A bei der Durchführung i eintritt} \\ 0, & \text{sonst.} \end{cases}$$

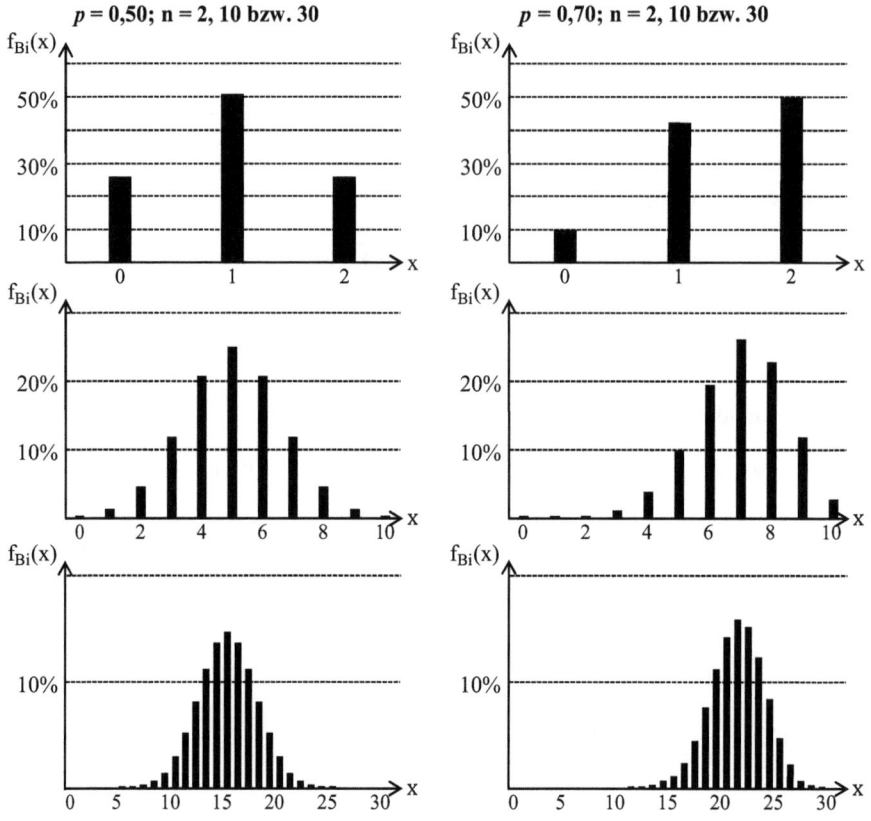

Abb. 3.10 Punktwahrscheinlichkeiten der Binomialverteilungen

Bei n-maliger Durchführung des Experiments unter gleichen Ausgangsbedingungen besitzt die Anzahl X die folgenden Punktwahrscheinlichkeiten:

$$P(X = x) = f_{Bi}(x; n, p) = \binom{n}{x} \cdot p^x \cdot (1 - p)^{n-x} \quad \text{für } x = 0, 1, 2, \ldots, n.$$

Eine Zufallsvariable X mit diesen Punktwahrscheinlichkeiten heißt binomialverteilt mit den Parametern $p \in (0, 1)$ und $n \in \mathbb{N}$ [kurz: $X \sim B(n, p)$]. In Abb. 3.10 sind Wahrscheinlichkeitsfunktionen der Binomialverteilung für verschiedene Parameterkonstellationen dargestellt: Der Wert der Verteilungsfunktion $F_{Bi}(x)$ entspricht der Summe der Punktwahrscheinlichkeiten der Werte, die kleiner oder gleich x sind:

$$P(X \leq x) = F_{Bi}(x; n, p) = \sum_{k=0}^{x} \binom{n}{k} \cdot p^k \cdot (1 - p)^{n-k} \quad \text{für } x = 0, 1, 2, \ldots, n.$$

Für $n = 2$ ist die Form der Wahrscheinlichkeitsfunktion für unterschiedliche Werte von p sehr verschieden. Für $n = 30$ verändert sich die Form der Wahrscheinlichkeitsfunktion jedoch für unterschiedliche Werte von p kaum (Abb. 3.10).

3.5.3 Erwartungswert und Varianz diskreter Zufallsvariablen

Beispiel

Für die zufällige Lebensdauer X (in Jahren) sind die relativen Häufigkeiten auf Basis langjähriger Beobachtungen (große Anzahl von Beobachtungen) bekannt. Sie werden als empirische Wahrscheinlichkeiten angesehen:

x_i	$x_1 = 0$	$x_2 = 1$	$x_3 = 2$	$x_4 = 3$
w_i	0,45	0,35	0,15	0,05

Erwartungswert, Varianz und Standardabweichung der Lebensdauer lauten:

$$\mu_X = E(X) = \sum_i w_i x_i = 0,8,$$

$$s_X^2 = Var(X) = \sum_i w_i (x_i - \mu_X)^2 = 0,76,$$

$$s_X = +\sqrt{\sigma_X^2} = 0,87.$$

Beispiel

Wird unterstellt, dass 70 % der Gehäuse Farbabweichungen besitzen, so ergibt sich in einer Stichprobe von 10 Stück der folgende Erwartungswert und die folgende Varianz der Anzahl der Gehäuse mit Farbabweichungen:

$$E(X) = \sum_i w_i x_i = 0,00059\,\% \cdot 0 + 0,014\,\% \cdot 1 + \ldots + 12,11\,\% \cdot 9 + 2,82\,\% \cdot 10$$

$$= 7,$$

$$Var(X) = \sum_i w_i (x_i - \mu_X)^2$$

$$= 0,00059\,\% \cdot (0 - 7)^2 + 0,014\,\% \cdot (1 - 7)^2 + \ldots + 2,82\,\% \cdot (10 - 7)^2 = 2,10.$$

Für eine binomialverteilte Zufallsvariable X mit den Parametern n und p lässt sich zeigen, dass $E(X) = np$ und $Var(X) = np(1 - p)$. Damit erhält man ebenfalls die zuvor berechneten Werte:

$$E(X) = 10 \cdot 0,7 = 7,$$

$$Var(X) = 10 \cdot 0,7 \cdot 0,3 = 2,1.$$

Erwartungswert und Varianz einer linearen Transformation

Wenn die Variable X linear transformiert wird, dann lässt sich in einfacher Weise der Erwartungswert und die Varianz der neuen Zufallsvariablen $Y = a + bX$ berechnen:

$$E(Y) = \sum_i w_i y_i = \sum_i w_i(a + bx_i) = \sum_i (aw_i + bw_i x_i)$$

$$= \sum_i aw_i + \sum_i bw_i x_i = a \sum_i w_i + b \sum_i w_i x_i = a + b \cdot E(X),$$

$$Var(Y) = \sum_i w_i(y_i - \mu_Y)^2 = \sum_i w_i((a + bx_i) - (a + b\mu_X))^2$$

$$= \sum_i w_i \cdot b^2 \cdot (x_i - \mu_X)^2 = b^2 \sum_i w_i(x_i - \mu_X)^2 = b^2 Var(X).$$

Varianzzerlegung

Die Varianz von X kann man auch durch $E(X^2) - (E(X))^2$ ausdrücken. Dies bezeichnet man als Varianzzerlegung:

$$Var(X) = \sum_i w_i(x_i - \mu_X)^2 = \sum_i w_i(x_i^2 - 2x_i\mu_X + \mu_X^2)$$

$$= \sum_i \left(w_i x_i^2 - 2\mu_X w_i x_i + \mu_X^2 w_i\right) = \sum_i w_i x_i^2 - 2\mu_X \sum_i w_i x_i + \mu_X^2 \sum_i w_i$$

$$= \sum_i \left(w_i x_i^2\right) - 2\mu_X \cdot \mu_X + \mu_X^2 \cdot 1$$

$$= \sum_i \left(w_i x_i^2\right) - \mu_X^2$$

$$= E(X^2) - (E(X))^2.$$

Schreibweise

Der Erwartungswert der Funktion $g(X)$ wird durch die folgende Beziehung beschrieben:

$$E(g(X)) = \sum_i w_i \cdot g(x_i).$$

Hieran erkennt man eine übliche, vereinfachende Schreibweise: Statt $\sum_i w_i \cdot \ldots$ schreibt man auch $E(\ldots)$.

Varianzzerlegung, einfacher notiert

$$Var(X) = E\left[(X - E(X))^2\right] = E\left[X^2 - 2X(E(X)) + (E(X))^2\right]$$

$$= E(X^2) - 2E(X) \cdot E(X) + (E(X))^2$$

$$= E(X^2) - (E(X))^2.$$

3.5.4 Eindimensionale stetige Zufallsvariable

Wächst die Anzahl möglicher Realisationen einer diskreten Zufallsvariablen immer weiter an, so werden die Punktwahrscheinlichkeiten im Schnitt immer kleiner, da die Summe der Punktwahrscheinlichkeiten immer 1 ergibt. Der Wert 1 muss sich auf immer mehr Realisationen verteilen. Bei einer stetigen Zufallsvariablen ist die Anzahl möglicher Realisationen so groß, dass einzelne Punkte keine positive Wahrscheinlichkeit mehr besitzen. Die Wahrscheinlichkeit der Realisation eines ganz bestimmten Wertes x ist dann immer gleich null.

Beispiel

In der Produktion wird jede 10 Minuten ein Zwischenprodukt fertiggestellt. Wird zu einem bestimmten Zeitpunkt ein Zwischenprodukt benötigt und soll dieses aus der laufenden Produktion entnommen werden, ohne dass ein Zwischenlager existiert, so beträgt die Wartezeit bis zur nächsten Fertigstellung des Zwischenprodukts zwischen 0 und maximal 10 min. Ohne Vorwissen, wie viel Zeit seit der letzten Fertigstellung des Zwischenprodukts vergangen ist, kann die ungewisse Wartezeit X als eine über das Intervall [0, 10] gleichverteilte Zufallsvariable modelliert werden.

Würde eine gleich große, positive Punktwahrscheinlichkeit p für unendlich viele Zeitpunkte existieren, so würde die Summe über diese Punktwahrscheinlichkeiten unendlich groß sein, was keinen Sinn macht. Die Wahrscheinlichkeitsverteilung kann demnach nicht durch eine Wahrscheinlichkeitsfunktion mit der Angabe der Punktwahrscheinlichkeiten beschrieben werden.

An die Stelle der Wahrscheinlichkeitsfunktion tritt dann die sogenannte Wahrscheinlichkeitsdichte f(x), kurz Dichte genannt. Die Dichte ist keine Wahrscheinlichkeit. Aus der Fläche unter der Dichte kann aber auf die Wahrscheinlichkeit eines bestimmten Intervalls geschlossen werden.

Beispiel

Die über das Intervall [0, 10] gleichverteilte Zufallsvariable besitzt die folgende Wahrscheinlichkeitsdichte f(x) bzw. Verteilungsfunktion F(x), wie in Abb. 3.11 dargestellt:

$$f(x) = \begin{cases} \frac{1}{10}, & 0 \le x \le 10 \\ 0, & \text{sonst,} \end{cases}$$

$$F(x) = P(X \le x) = \int_0^x \frac{1}{10} dt = \left[\frac{1}{10}t\right]_0^x = \frac{1}{10}x = \frac{x}{10} \quad \text{für } 0 \le x \le 10.$$

Ist x kleiner als 0, dann ist F(x) gleich 0 und für x größer als 10 ist F(x) gleich 1.

Wie im Falle der Gleichverteilung leicht zu sehen ist, beträgt die Gesamtfläche unter der Dichte $0{,}10 \cdot 10 = 1{,}00$.

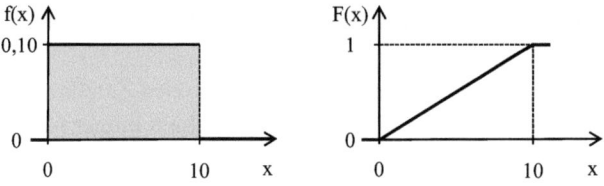

Abb. 3.11 Wahrscheinlichkeitsdichte und Verteilungsfunktion einer stetigen Gleichverteilung

Für stetige Zufallsvariablen gilt ganz allgemein:

Die Fläche unter der Wahrscheinlichkeitsdichte f(x) über einem beliebigen Intervall [a, b] entspricht der Wahrscheinlichkeit, dass die Realisation der Zufallsvariablen X im Intervall [a, b] liegt:

$$P(X \in [a, b]) = \int_a^b f(x)dx.$$

Die Gesamtfläche unter der Wahrscheinlichkeitsdichte entspricht der Wahrscheinlichkeit für das sichere Ereignis und muss daher immer 1 betragen:

$$P(X \in [-\infty, +\infty]) = \int_{-\infty}^{+\infty} f(x)dx = 1.$$

Die zugehörige Verteilungsfunktion F(x) gibt die Wahrscheinlichkeit an, dass die Zufallsvariable einen Wert kleiner oder gleich x annimmt. Die Wahrscheinlichkeit berechnet sich aus dem bestimmten Integral über der Dichte bis zum Wert x:

$$F(x) = P(X \le x) = \int_{-\infty}^{x} f(t)dt.$$

Mit Hilfe der Verteilungsfunktion können Wahrscheinlichkeiten für verschiedene Intervalle leicht berechnet werden. Für diskrete Zufallsvariablen gilt:

$$P(X \le a) = F(a),$$
$$P(X > b) = 1 - P(X \le b) = 1 - F(b),$$
$$P(a < X \le b) = P(X \le b) - P(X \le a) = F(b) - F(a).$$

Im Fall einer stetigen Zufallsvariablen gelten diese Zusammenhänge ebenfalls, allerdings muss nicht zwischen „<" und „≤" bzw. zwischen „>" und „≥" unterschieden werden, da die Punktwahrscheinlichkeiten ohnehin null sind.

Beispiel

Die Wahrscheinlichkeit, dass die Realisation der über dem Intervall $[0, 10]$ gleichverteilten Zufallsvariablen X kleiner oder gleich 3 bzw. 5 ist, beträgt:

$$P(X \leq 3) = F(3) = \frac{3}{10} = 30\,\%,$$

$$P(X \leq 5) = F(5) = \frac{5}{10} = 50\,\%.$$

Als Wahrscheinlichkeit, dass X im Intervall $[3, 5]$ liegt, ergibt sich:

$$P(3 \leq X \leq 5) = F(5) - F(3) = 50\,\% - 30\,\% = 20\,\%.$$

Analog zu diskreten Zufallsvariablen definiert man für eine stetige Zufallsvariable X:

$$E(X) = \int_{-\infty}^{\infty} xf(x)dx = \mu_X, \quad E(g(X)) = \int_{-\infty}^{\infty} g(x)f(x)dx,$$

$$Var(X) = \int_{-\infty}^{\infty} (x - \mu_X)^2\, f(x)dx = \sigma_X^2,$$

$$Sta(X) = +\sqrt{\sigma_X^2} = \sigma_X.$$

Im Beispiel der gleichverteilten Wartezeit berechnen sich der Erwartungswert und die Varianz folgendermaßen:

$$E(X) = \int_0^{10} x \cdot \frac{1}{10}dx = \left[\frac{1}{10} \cdot \frac{1}{2}x^2 \right]_0^{10} = \frac{1}{20} \cdot (100 - 0) = 5,$$

$$Var(X) = \int_0^{10} (x - 5)^2 \cdot \frac{1}{10}dx = \frac{1}{10} \int_0^{10} (x^2 - 10x + 25)dx$$

$$= \frac{1}{10} \left[\frac{1}{3}x^3 - \frac{10}{2}x^2 + 25x \right]_0^{10} = \frac{1}{10} \left(\frac{1}{3}10^3 - 5 \cdot 10^2 + 25 \cdot 10 \right) = 8{,}33.$$

Es kann analog zu diskreten Verteilungen gezeigt werden, dass die Varianzzerlegung auch für eine stetige Zufallsvariable X gilt:

$$Var(X) = E(X - E(X))^2 = E(X^2) - (E(X))^2.$$

Wiederum analog zum diskreten Fall kann auch hier der Erwartungswert und die Varianz der linearen Transformation einer stetigen Zufallsvariablen bestimmt werden:

$$E(Y) = E(a + bX) = \int_{-\infty}^{\infty} (a + bx)\, f(x)dx = a \int_{-\infty}^{\infty} f(x)dx + b \int_{-\infty}^{\infty} xf(x)dx$$

$$= a \cdot 1 + bE(X) = a + bE(X).$$

$$Var(Y) = Var(a + bX) = \int_{-\infty}^{\infty} ((a + bx) - (a + b\mu_X))^2\, f(x)dx$$

$$= \int_{-\infty}^{\infty} (a - a + bx - b\mu_X)^2\, f(x)dx$$

$$= \int_{-\infty}^{\infty} b^2(x - \mu_X)^2 f(x)dx$$

$$= b^2 \int_{-\infty}^{\infty} (x - \mu_X)^2\, f(x)dx$$

$$= b^2 Var(X).$$

Damit folgt für die Standardabweichung

$$Sta(Y) = Sta(a + bX) = |b|\, Sta(X).$$

3.5.5 Normalverteilung

Es kann gezeigt werden, dass die Binomialverteilung für ausreichend großes n durch eine Normalverteilung angenähert werden kann. Dies wird aus Abb. 3.12 deutlich.

Das Konvergenzverhalten für zunehmendes n gegen die Normalverteilung ist nicht nur bei der Binomialverteilung zu beobachten. In der Abb. 3.13 wird das Konvergenzverhalten der Summe von unabhängigen, diskret gleichverteilten Zufallsvariablen, die jeweils die Werte 1, 2, . . . , 6 annehmen können, gezeigt.

Das Konvergenzverhalten für zunehmendes n gegen die Normalverteilung wird durch den Zentralen Grenzwertsatz beschrieben. Eine genauere und intensivere Behandlung des Zentralen Grenzwertsatzes findet sich in Abschn. 3.5.11.

Die Normalverteilung ist die wichtigste stetige Verteilung. Viele Zufallsvariablen, die in der Praxis auftreten, sind zumindest näherungsweise normalverteilt. So wird für die Renditeverteilung von Aktien und Aktienindizes in der Regel eine Normalverteilung unterstellt. Auch der Durchmesser einer produzierten Welle, das Gewicht einer Packung mit

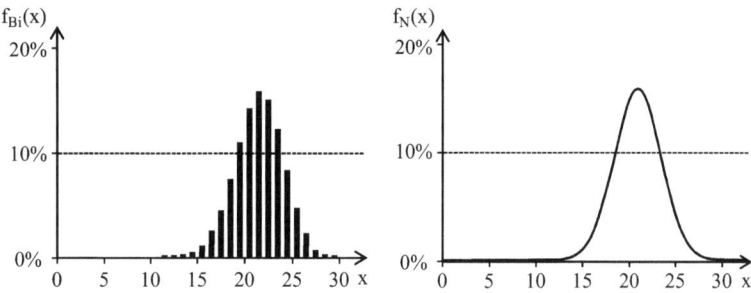

Abb. 3.12 Annäherung der Binomial- an die Normalverteilung

vielen Kleinteilen, die Länge und Breite eines Stahlträgers u. a. sind häufig annahmegemäß normalverteilt.

Eine Zufallsvariable X heißt normalverteilt mit den Parametern μ und σ, kurz $X \sim N(\mu, \sigma^2)$, wenn für ihre Wahrscheinlichkeitsdichte (Dichte oder Dichtfunktion) $f_N(x)$ gilt (Abb. 3.14):

$$f_N(x) = \frac{1}{\sigma\sqrt{2\pi}} \cdot e^{-\frac{(x-\mu)^2}{2\sigma^2}}.$$

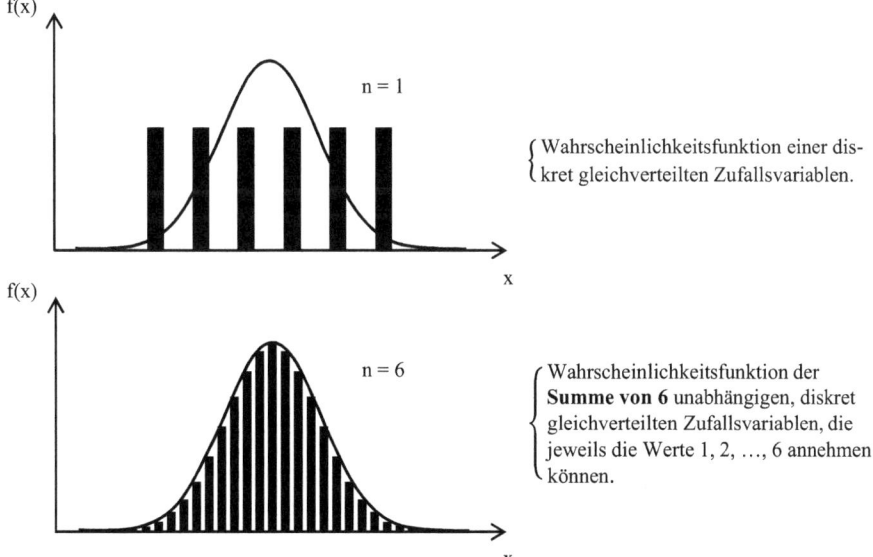

Abb. 3.13 Von der Gleich- zur Normalverteilung

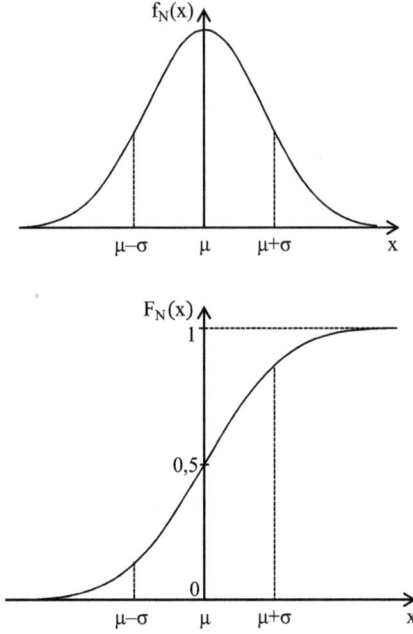

Abb. 3.14 Normalverteilung

Daraus folgt die Verteilungsfunktion der Normalverteilung:

$$F_N(x) = \int \frac{1}{\sigma\sqrt{2\pi}} \cdot e^{-\frac{(x-\mu)^2}{2\sigma^2}}\, dx.$$

Eine Normalverteilung mit den Parameterwerten $\mu = 0$ und $\sigma = 1$ bezeichnet man als standardisierte Normalverteilung. Die Wahrscheinlichkeitsdichte einer standardnormalverteilten Zufallsvariablen Z lautet:

$$f_{St}(z) = \frac{1}{\sqrt{2\pi}} \cdot e^{-\frac{z^2}{2}}.$$

Um von der Normalverteilung zur Standardnormalverteilung zu gelangen, muss die normalverteilte Zufallsvariable zunächst so transformiert werden, dass der Erwartungswert null und die Varianz eins wird und die Normalverteilungseigenschaft erhalten bleibt. Zur Unterscheidung wird die Dichte- bzw. Verteilungsfunktion der normalverteilten Zufallsvariablen X durch $f_N(x)$ bzw. $F_N(x)$ gekennzeichnet und für die standardnormalverteilte Zufallsvariable Z die Symbolik $f_{St}(z)$ bzw. $F_{St}(z)$ verwendet.

Im Folgenden wird der Zusammenhang zwischen der Normal- und der Standardnormalverteilung gezeigt.

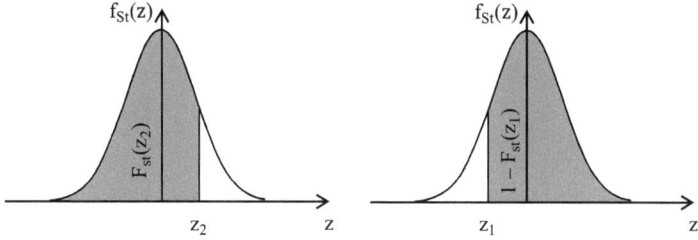

Abb. 3.15 Wahrscheinlichkeit und Standardisierung

Für einen beliebigen festen Wert a gilt:

$$P(X \le a) = \int_{-\infty}^{a} f_N(x)dx = \int_{-\infty}^{a} \frac{1}{\sigma\sqrt{2\pi}} \cdot e^{-\frac{1}{2}\left(\frac{x-\mu}{\sigma}\right)^2}dx.$$

a) Wir definieren $z = \frac{x-\mu}{\sigma}$. Durch die Umstellung nach x ergibt sich $x = \mu + \sigma z$ und somit $dx = \sigma dz$.

b) Wir ersetzen $\frac{x-\mu}{\sigma}$ im Exponenten der Verteilungsfunktion durch z und dx ersetzen wir durch σdz. Es kürzt sich dann σ aus der Verteilungsfunktion heraus.

c) Durch diese Substitution von x durch z ändert sich auch die obere Intervallgrenze. Für $x = a$ ergibt sich die neue Obergrenze $z = \frac{a-\mu}{\sigma}$.

Nachfolgend ist die Transformation der Normal- in die Standardnormalverteilung dargestellt:

$$\int_{-\infty}^{a} \frac{1}{\sigma\sqrt{2\pi}} \cdot e^{-\frac{1}{2}\left(\frac{x-\mu}{\sigma}\right)^2}dx = \int_{-\infty}^{\frac{a-\mu}{\sigma}} \frac{1}{\sigma\sqrt{2\pi}} \cdot e^{-\frac{z^2}{2}}\sigma dz = \int_{-\infty}^{\frac{a-\mu}{\sigma}} \frac{1}{\sqrt{2\pi}} \cdot e^{-\frac{z^2}{2}}dz.$$

Oder kompakt:

$$P(X \le a) = [F_{St}(z)]_{-\infty}^{\frac{a-\mu}{\sigma}} = F_{St}\left(\frac{a-\mu}{\sigma}\right).$$

Die Verteilungsfunktion der Zufallsvariablen X an der Stelle x stimmt somit mit der Verteilungsfunktion F_{St} der standardisierten Zufallsvariablen Z an der Stelle $z = \frac{x-\mu}{\sigma}$ überein.

In der Abb. 3.15 ist der Zusammenhang zur Bestimmung der Wahrscheinlichkeiten a) $P(X \le x_2)$ und b) $P(X \ge x_1)$ mit Hilfe der Standardisierung graphisch dargestellt.

Aufgrund der Symmetrie kann für $X \sim N(\mu, \sigma^2)$ bzw. für $Z \sim N(\mu = 0, \sigma^2 = 1)$ auf folgende Beziehungen geschlossen werden:

- $P(X < \mu - a) = P(X \ge \mu + a) = 1 - P(X < \mu + a)$,
- $F_{St}(-z) = 1 - F_{St}(z)$.

Die Wahrscheinlichkeit dafür, dass X im Intervall $x_1 \leq X \leq x_2$ liegt, lautet:

- $P(x_1 \leq X \leq x_2) = F_{St}(\frac{x_2-\mu}{\sigma}) - F_{St}(\frac{x_1-\mu}{\sigma})$.

a) $P(X \leq x_2) = F_N(x_2) = F_{St}\underbrace{\left(\dfrac{x_2 - \mu}{\sigma}\right)}_{z_2}$, b) $P(X \geq x_1) = 1 - P(X \leq x_1)$

$= 1 - F_N(x_1)$

$= 1 - F_{St}\underbrace{\left(\dfrac{x_1 - \mu}{\sigma}\right)}_{z_1}$.

Beispiel

Ist X normalverteilt mit Erwartungswert $\mu = 10$ und Varianz $\sigma^2 = 9$, so gilt:

- $P(X \leq 13) = F_{St}(\frac{13-10}{3}) = F_{St}(1) = 0{,}8413 = 84{,}13\,\%$,
- $P(X \leq 16) = F_{St}(\frac{16-10}{3}) = F_{St}(2) = 0{,}9772 = 97{,}72\,\%$,
- $P(X \leq 4) = F_{St}(\frac{4-10}{3}) = F_{St}(-2) = 1 - F_{St}(2) = 1 - 0{,}9772 = 2{,}28\,\%$,
- $P(4 \leq X \leq 16) = P(X \leq 16) - P(X < 4) = F_N(16) - F_N(4) = F_{St}(2) - F_{St}(-2)$

$= F_{St}(2) - [1 - F_{St}(2)] = 2 \cdot 0{,}9772 - 1 = 95{,}44\,\%$.

3.5.6 Eigenschaften der Normalverteilung

1. Durch die Parameter μ und σ ist die Wahrscheinlichkeitsverteilung eindeutig festgelegt.
2. Der Parameter μ entspricht dem Erwartungswert und σ^2 der Varianz der Zufallsvariablen.
3. Die Wahrscheinlichkeitsdichte nimmt an der Stelle $x = \mu$ das Maximum an.
4. Die Wahrscheinlichkeitsdichte ist symmetrisch um $x = \mu$.
5. Die Dichte besitzt an den Stellen $x = \mu - \sigma$ und $x = \mu + \sigma$ Wendestellen.

Bei der Normalverteilung tritt das Problem auf, dass die Verteilungsfunktion F(x) analytisch nicht bestimmt werden kann. Die Wahrscheinlichkeitswerte liegen für die Standardnormalverteilung in Tabellenform vor. In Abb. 3.16 und 3.23 sind ausgewählte Wahrscheinlichkeiten der Verteilungsfunktion $F_{St}(z)$ der standardnormalverteilten Zufallsvariablen Z, $Z \sim N(0, 1)$, aufgeführt.

Aus der Tabelle für $F_{St}(z)$ können folgende Aussagen für die standardnormalverteilte Zufallsvariable Z abgeleitet werden:

- $P(Z \leq 1{,}00) = F_{St}(1{,}00) = 0{,}8413$,
- $P(Z \leq 1{,}65) = F_{St}(1{,}65) = 0{,}9505$,
- $P(Z \leq -1{,}65) = F_{St}(-1{,}65) = 1 - 0{,}9505 = 0{,}0495$.

z	0,00	0,01	0,02	0,03	0,04	0,05	0,06	0,07	0,08	0,09
0,0	0,5000	0,5040	0,5080	0,5120	0,5160	0,5199	0,5239	0,5279	0,5319	0,5359
0,1	0,5398	0,5438	0,5478	0,5517	0,5557	0,5596	0,5636	0,5675	0,5714	0,5753
0,2	0,5793	0,5832	0,5871	0,5910	0,5948	0,5987	0,6026	0,6064	0,6103	0,6141
1,0	0,8413	0,8438	0,8461	0,8485	0,8508	0,8531	0,8554	0,8577	0,8599	0,8621
1,6	0,9452	0,9463	0,9474	0,9484	0,9495	0,9505	0,9515	0,9525	0,9535	0,9545

Abb. 3.16 Tabelle der Standardnormalverteilung (Auszug)

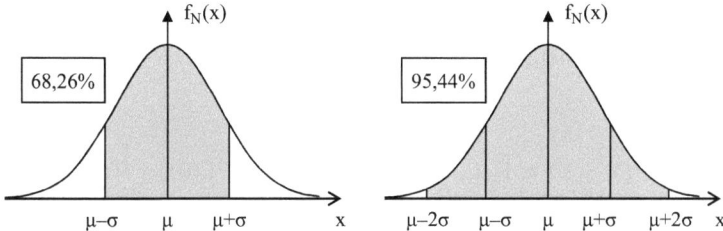

Abb. 3.17 Graphiken zu Wahrscheinlichkeitsaussagen

Mit Hilfe der Tabelle ist es umgekehrt auch möglich, sogenannte Quantile zu bestimmen. Zu der vorgegebenen Wahrscheinlichkeit von 95 % ergibt sich das 95 % Quantil $z_{0,95} = 1{,}645$: Mit einer Wahrscheinlichkeit von 95 % ist eine standardnormalverteilte Zufallsvariable kleiner (oder gleich) 1,645.

Wahrscheinlichkeitsbereiche beschreibt man bei der Normalverteilung auch mithilfe eines Vielfachen der Standardabweichung (Abb. 3.17). Für eine normalverteilte Zufallsvariable gelten in Abhängigkeit der Parameter μ und σ folgende Wahrscheinlichkeitsaussagen:

1σ-Regel

$$P(\mu - 1\sigma < X \leq \mu + 1\sigma) = F_{St}\left(\frac{\mu + 1\sigma - \mu}{\sigma}\right) - F_{St}\left(\frac{\mu - 1\sigma - \mu}{\sigma}\right)$$
$$= F_{St}(1) - F_{St}(-1) = 2F_{St}(1) - 1 = 68{,}26\,\%.$$

2σ-Regel

$$P(\mu - 2\sigma < X \leq \mu + 2\sigma) = F_{St}\left(\frac{\mu + 2\sigma - \mu}{\sigma}\right) - F_{St}\left(\frac{\mu - 2\sigma - \mu}{\sigma}\right)$$
$$= F_{St}(2) - F_{St}(-2) = 2F_{St}(2) - 1 = 95{,}44\,\%.$$

Die Wahrscheinlichkeit, dass die Realisation maximal um ...

... eine Standardabweichung vom Erwartungswert abweicht, beträgt 68,26 %.

... zwei Standardabweichungen vom Erwartungswert abweicht, beträgt 95,44 %.

3.5.7 Approximation der Binomialverteilung durch die Normalverteilung

Angenommen, es liegt eine binomialverteilte Zufallsvariable X mit den Parametern $p = 0{,}05$ für die Merkmalsausprägung „defekt" und n $= 100$ als Stichprobenumfang vor. Es ist die Wahrscheinlichkeit zu bestimmen, dass diese Zufallsvariable kleiner oder gleich 5 ist. Näherungsweise lässt sich diese Wahrscheinlichkeit mit Hilfe der Normalverteilung mit den Parametern $\mu = np = 5$ und $\sigma^2 = np(1 - p) = 4{,}75$ bestimmen (Abb. 3.23):

$$P(\text{X} \le 5) \approx F_N(5) = F_{St}\left(\frac{5-5}{\sqrt{4{,}75}}\right) = F_{St}(0) = 50\,\%.$$

Dieser Näherungswert ist relativ weit von der tatsächlichen Wahrscheinlichkeit in Höhe von 61,60 % entfernt. Der Grund hierfür liegt in der starken Asymmetrie der hier vorliegenden Binomialverteilung für sehr kleine bzw. sehr große Parameter p. Eine Daumenregel besagt, dass die Binomialverteilung durch die Normalverteilung dann approximiert werden kann, wenn $np(1 - p) \ge 9$ gilt.

3.5.8 Mehrdimensionale Zufallsvariable, Kovarianz und Korrelation

Die für eindimensionale Zufallsvariablen eingeführten Begriffe Verteilungsfunktion, Wahrscheinlichkeitsfunktion und Dichtefunktion lassen sich auf mehrdimensionale Zufallsvariablen übertragen.

Beispiele für mehrdimensionale Zufallsvariablen sind

- die Renditen zweier Wertpapiere,
- Druck und Temperatur in einem Reaktor,
- der Treibstoffverbrauch und die Luftdichte,
- die erreichte Note und der Lernaufwand.

Bei mehrdimensionalen Zufallsvariablen sind zusätzliche Informationen über den statistischen Zusammenhangs wichtig. Hierzu führt man mit der Kovarianz Cov(X, Y) und der Korrelation Korr(X, Y) weitere Maßzahlen ein. Wir unterscheiden zwischen der theoretischen Kovarianz σ_{XY} und der empirischen Kovarianz s_{XY}, bei der die Wahrscheinlichkeiten als Schätzwerte aus den relativen Häufigkeiten gebildet werden.

Zustand i	w_i	x_i	y_i
1	1/4	1	2
2	1/4	3	8
3	1/4	5	4
4	1/4	7	10

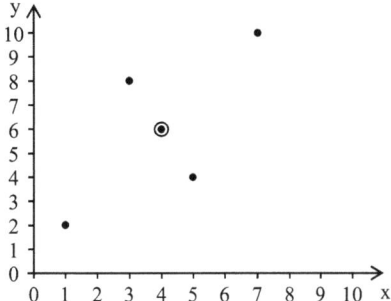

Abb. 3.18 Streudiagramm

Beispiel

In Abb. 3.18 sind vier Zustände i mit i = 1, 2, 3, 4 dargestellt, die mit den empirischen Wahrscheinlichkeiten w_i eintreten. Zu jedem Zustand gehört ein Beobachtungspaar (x_i, y_i). Die Beobachtungspaare sind in einem Streudiagramm (Abb. 3.18) graphisch dargestellt.

(μ_X, μ_Y) = (4, 6) ist der sogenannte Schwerpunkt. In diesem Beispiel beobachtet man 2-mal eine gleichgerichtete Abweichung [(1, 2) und (7, 10)] und 2-mal eine gegenläufige Abweichung [(3, 8) und (5, 4)] vom Schwerpunkt. Richtung und Höhe dieser Abweichung werden bei der Berechnung der empirischen Kovarianz berücksichtigt.

Die empirische Kovarianz s_{XY} stellt ein Maß für den Zusammenhang zwischen X und Y dar. Es wird die gemeinsame Abweichung der Werte der zweidimensionalen Zahlenreihe (x_1, y_1), ..., (x_n, y_n) von ihren Erwartungswerten μ_X und μ_Y ermittelt:

$$s_{XY} = \sum_i w_i (x_i - \mu_X) (y_i - \mu_Y).$$

Für die vier Zahlenpaare berechnet sich die Kovarianz folgendermaßen:

$$s_{XY} = \frac{1}{4}(1-4)(2-6) + \frac{1}{4}(3-4)(8-6) + \frac{1}{4}(5-4)(4-6) + \frac{1}{4}(7-4)(10-6) = 5.$$

Die empirische Kovarianz lässt sich geometrisch veranschaulichen (Abb. 3.19). Die Flächen der Rechtecke sind durch die Produkte $(x_i - \mu_X)(y_i - \mu_Y)$ gegeben. Gleichsinnige Abweichungen („+") werden positiv, gegenläufige Abweichungen („−") negativ gewertet. Die Kovarianz entspricht schließlich der durchschnittlichen Größe der vorzeichenbehafteten Flächen.

Eine positive Kovarianz deutet auf ein gleichgerichtetes Ordnungsverhalten, eine negative Kovarianz auf ein gegenläufiges Ordnungsverhalten hin. Die Kovarianz ist skalenabhängig und ist nicht normiert. Dividiert man die empirische Kovarianz durch das Produkt

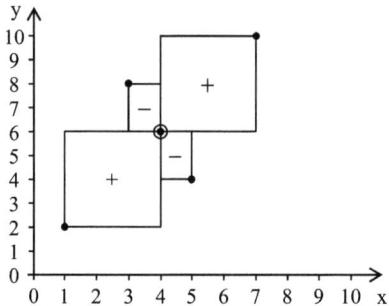

Abb. 3.19 Flächendiagramm

der beiden Standardabweichungen s_X und s_Y, so erhält man mit dem empirischen Korrelationskoeffizienten nach Bravais-Pearson ein auf den Wertebereich $[-1, 1]$ normiertes Zusammenhangsmaß:

$$s_X^2 = 5, s_Y^2 = 10,$$

$$r_{XY} = \frac{s_{XY}}{s_X \cdot s_Y} = \frac{5}{\sqrt{5} \cdot \sqrt{10}} = 0{,}7071.$$

Mit dem Bravais-Pearson-Korrelationskoeffizienten wird bei kardinalskalierten Merkmalen nicht nur die Richtung sondern auch die Stärke des Zusammenhangs festgestellt.

Dass der Korrelationskoeffizient in den Grenzen -1 und $+1$ liegt ist leicht nachvollziehbar:

1. Fall: y = x

Zustand i	w_i	x_i	y_i
1	1/4	1	1
2	1/4	3	3
3	1/4	5	5
4	1/4	7	7

Angenommen, wir hätten zwei identische Messreihen X und Y. Das wäre der Fall größter denkbarer Korrelation. Die Kovarianz dieser Messreihen wäre dann gerade gleich der Varianz der ersten Messreiche (bzw. der zweiten, da sie ja identisch sind). Damit wäre die Kovarianz gleich dem Produkt der Standardabweichungen. Zähler und Nenner wären in der Gleichung des Korrelationskoeffizienten gleich. Der Korrelationskoeffizient wäre damit gleich 1.

2. Fall: y = −x

Zustand i	w_i	x_i	y_i
1	1/4	1	−1
2	1/4	3	−3
3	1/4	5	−5
4	1/4	7	−7

In diesem zweiten Fall stimmen betragsmäßig die Werte mit dem ersten Fall überein, x_i und y_i haben aber umgekehrte Vorzeichen. Die Korrelation zwischen beiden Messreihen sollte nun minimal sein. Und tatsächlich: Die Kovarianz dieser Messreihen ist im Betrag wiederum gleich der Varianz der ersten Reihe (bzw. der zweiten), allerdings diesmal mit negativem Vorzeichen. Damit wäre die Kovarianz wieder gleich dem Produkt der Standardabweichungen, diesmal aber mit dem Faktor −1 versehen. Die Beträge von Zähler und Nenner wären in der Gleichung des Korrelationskoeffizienten gleich. Der Korrelationskoeffizient wäre gleich −1.

Durch die Normierung des Korrelationskoeffizienten auf den Wertebereich $[-1, +1]$ ist dieser leicht zu interpretieren. Der Wert −1 wird genau dann erreicht, wenn die Wertepaare (x_i, y_i) auf einer Geraden mit negativer Steigung liegen. Der Wert +1 deutet entsprechend auf einen exakt positiven linearen Zusammenhang hin. Zwischenwerte zeigen, wie gut sich die Werte durch einen positiven bzw. negativen linearen Zusammenhang approximieren lassen. Bei einem Korrelationskoeffizienten von 0,7071 ist erkennbar, dass eine deutliche Tendenz zu einem gleichgerichteten Abweichungsverhalten vom Schwerpunkt vorliegt.

3.5.9   Stochastische Unabhängigkeit

Wir kommen nun zu dem wichtigen Begriff der stochastischen Unabhängigkeit zurück. Ausgangspunkt sind die beiden stochastischen Variablen X und Y. Die Verteilungsfunktion einer 2-dimensionalen Zufallsvariablen (X,Y) lautet folgendermaßen:

$$F(x, y) = P(X \leq x; Y \leq y).$$

Die Funktion gibt für alle (x, y) die Wahrscheinlichkeit dafür an, dass X höchstens x und Y höchstens y ist. Die zwei Komponenten X und Y einer 2-dimensionalen Zufallsvariablen heißen stochastisch unabhängige Zufallsvariablen, wenn für alle reellen x, y die folgende Beziehung gilt:

$$F(x, y) = F(x) \cdot F(y) \quad \text{also} \quad P(X \leq x \text{ und } Y \leq y) = P(X \leq x) \cdot P(Y \leq y).$$

Man kann zeigen, dass stochastisch unabhängige Variablen unkorreliert sind. Die Kovarianz ist dann null.[3] Aus der Unkorreliertheit folgt, dass der Erwartungswert des Produkts zweier Variablen gleich dem Produkt der Erwartungswerte ist: $E(XY) = E(X) \cdot E(Y)$. Das kann man wie folgt zeigen:

$$\mathrm{Cov}(X, Y) = E((X - \mu_X)(Y - \mu_Y)) = E(XY - \mu_X Y - \mu_Y X + \mu_X \mu_Y)$$
$$= E(XY) - \mu_X E(Y) - \mu_Y E(X) + \mu_X \mu_Y = E(XY) - E(X) \cdot E(Y).$$

Aus $\mathrm{Cov}(X, Y) = E(XY) - E(X) \cdot E(Y) = 0$ folgt unmittelbar, dass $E(XY) = E(X) \cdot E(Y)$.

Diskreter Fall

Im diskreten Fall lässt sich die Unabhängigkeit von X und Y wie nachfolgend dargestellt überprüfen:

Es werden n Zustände i mit $i = 1, 2, \ldots, n$ unterschieden, die sich durch unterschiedliche Messwertekombinationen (x_i, y_i) auszeichnen. Die Zustände und damit die Messwertekombinationen (x_i, y_i) treten mit den Punktwahrscheinlichkeiten p_i ein. Die Summe dieser Zustandswahrscheinlichkeiten ist 1.

Zustand i	p_i	x_i	y_i
1	p_1	x_1	y_1
2	p_2	x_2	y_2
3	p_3	x_3	y_3
$\vdots$	$\vdots$	$\vdots$	$\vdots$
n	p_n	x_n	y_n

Aus diesen Daten lassen sich Wahrscheinlichkeiten für das Auftreten jedes einzelnen x-Wertes und Wahrscheinlichkeiten für das Auftreten jedes einzelnen y-Wertes bestimmen. Für diskrete Funktionen liegt stochastische Unabhängigkeit vor, wenn für alle Wertekombinationen von x und y gilt: $P(X = x, Y = y) = P(X = x) \cdot P(Y = y)$.

Beispiel

Zustand i	p_i	x_i	y_i
1	0,2	2	3
2	0,3	2	5
3	0,5	5	4

Der Wert $x = 2$ tritt mit der Wahrscheinlichkeit $P(X = 2) = 0,2 + 0,3 = 0,5$ auf, der Wert $x = 5$ mit $P(X = 5) = 0,5$. Entsprechend lauten die Eintrittswahrscheinlichkeiten der Zufallsvariablen Y: $P(Y = 3) = 0,2$ und $P(Y = 4) = 0,5$ und $P(Y = 5) = 0,3$.

---

[3] Sind zwei Zufallsvariablen unkorreliert, so kann nicht geschlossen werden, dass sie stochastisch unabhängig sind.

Es soll nun die Unabhängigkeit von X und Y überprüft werden. Hierzu starten wir mit der Kombination X = 2 und Y = 3. Es ist zu klären, ob die gemeinsame Wahrscheinlichkeit $P(X = 2, Y = 3)$ mit dem Produkt $P(X = 2) \cdot P(Y = 3)$ übereinstimmt. Es ergibt sich das folgende Resultat: $P(X = 2, Y = 3) = 0,2$ und $P(X = 2) \cdot P(Y = 3) = 0,5 \cdot 0,2 = 0,10$. Da die beiden Wahrscheinlichkeiten nicht übereinstimmen sind X und Y abhängig.

Wäre für die Kombination X = 2, Y = 3 hingegen $P(X = 2, Y = 3) = P(X = 2) \cdot P(Y = 3)$ erfüllt, dann müsste zum Nachweis der Unabhängigkeit von X und Y auch für alle anderen gegebenen Kombination (X, Y) die Gleichheit $P(X = x, Y = y) = P(X = x) \cdot P(Y = y)$ gezeigt werden.

3.5.10 Erwartungswert und Varianz einer Linearkombination

In vielen Fällen interessieren Erwartungswert und Varianz der gewichteten Summe von Zufallsvariablen. Beispiele hierfür sind:

- Die Rendite eines Portfolios entspricht der gewichteten Summe der Renditen der einzelnen Wertpapiere.
- Das arithmetische Mittel von Stichprobenwerten in der Qualitätskontrolle einer Produktion entspricht der Summe der zufällig aus der laufenden Produktion gezogenen Einzelmesswerte, dividiert durch deren Anzahl.

Zwei Zufallsvariablen

Nachfolgend soll der Erwartungswert und die Varianz der Summe der zwei Zufallsvariablen X und Y bestimmt werden. Wir gehen davon aus, dass es n verschiedene Zustände i mit Messpaaren (x_i, y_i) gibt.

Der Erwartungswert der Summe X + Y berechnet sich folgendermaßen:

$$E(X + Y) = \sum_i p_i(x_i + y_i) = \sum_i p_i x_i + \sum_i p_i y_i = E(X) + E(Y).$$

Der Erwartungswert der Summe zweier Zufallsvariablen entspricht also der Summe der Erwartungswerte dieser Zufallsvariablen: $\mu_{X+Y} = \mu_X + \mu_Y$.

Nun bestimmen wir die Varianz der Summe:

$$
\begin{aligned}
\mathrm{Var}(X + Y) &= \sum_i p_i(x_i + y_i - (\mu_X + \mu_Y))^2 \\
&= \sum_i p_i((x_i - \mu_X) + (y_i - \mu_Y))^2 \\
&= \sum_i p_i\big((x_i - \mu_X)^2 + (y_i - \mu_Y)^2 + 2(x_i - \mu_X)(y_i - \mu_Y)\big)
\end{aligned}
$$

$$= \sum_i p_i(x_i - \mu_X)^2 + \sum_i p_i(y_i - \mu_Y)^2 + 2\sum_i p_i(x_i - \mu_X)(y_i - \mu_Y)$$

$$= \text{Var}(X) + \text{Var}(Y) + 2\text{Cov}(X, Y).$$

Die Varianz der Summe zweier Zufallsvariablen ist gleich der Summe der Varianzen plus zweimal der Kovarianz zwischen diesen Zufallsvariablen:

$$\sigma^2_{X+Y} = \sigma^2_X + \sigma^2_Y + 2\sigma_{XY}.$$

Mit dem Korrelationskoeffizienten $\rho_{XY} = \frac{\sigma_{XY}}{\sigma_X \cdot \sigma_Y}$ bzw. $\sigma_{XY} = \rho_{XY}\sigma_X\sigma_Y$ folgt

$$\sigma^2_{X+Y} = \sigma^2_X + \sigma^2_Y + 2\sigma_X\sigma_Y\rho_{XY}.$$

Zwei und mehr Zufallsvariablen

Für zwei und mehr Zufallsvariablen gilt, dass der Erwartungswert der Summe gleich der Summe der Erwartungswerte ist:

$$E\left(\sum_i X_i\right) = \sum_i E(X_i).$$

Sind die Zufallsvariablen unabhängig, somit die Kovarianzen zwischen den paarweisen Zufallsvariablen gleich null, so gilt für zwei und mehr Zufallsvariablen, dass die Varianz einer Summe gleich der Summe der Varianzen dieser Zufallsvariablen ist:

$$\text{Var}\left(\sum_i X_i\right) = \sum_i \text{Var}(X_i).$$

Sind die Erwartungswerte sowie die Varianzen der Zufallsvariablen X_i überdies gleich groß, d. h. $\mu = E(X_i)$ und $\sigma^2 = \text{Var}(X_i)$, so folgt:

$$E\left(\sum_{i=1}^n X_i\right) = \sum_{i=1}^n E(X_i) = \sum_{i=1}^n \mu = n\mu.$$

Liegt zusätzlich der Fall stochastischer Unabhängigkeit vor, so gilt:

$$\text{Var}\left(\sum_{i=1}^n X_i\right) = \sum_{i=1}^n \text{Var}(X_i) = \sum_{i=1}^n \sigma^2 = n\sigma^2.$$

Erwartungswert von Zufallsvariablen

Wir gehen jetzt einen Schritt weiter und bilden aus den Zufallsvariablen $X_1, X_2, \ldots, X_n$ die Funktion $\overline{X} = \frac{1}{n} \sum_{i=1}^{n} X_i$. Dies ist der Mittelwert der Zufallsvariablen $X_1, X_2, \ldots, X_n$. $\overline{X}$ ist daher selbst eine Zufallsvariable.

Wir nehmen jetzt an, dass die einzelnen Zufallsvariablen X_i alle identisch verteilt und stochastisch unabhängig sind. Damit sind die Erwartungswerte und Varianzen der einzelnen Zufallsvariablen X_i alle gleich. Dann gelten die beiden folgenden Zusammenhänge:

a) $E(\overline{X}) = E(\frac{1}{n} \sum_{i=1}^{n} X_i) = \frac{1}{n} E(\sum_{i=1}^{n} X_i) = \frac{1}{n} \cdot n\mu = \mu$.
    Der Erwartungswert des Mittelwertes $\overline{X}$ ist dann gleich dem Erwartungswert einer einzelnen Zufallsvariablen X_i.
b) $Var(\overline{X}) = Var(\frac{1}{n} \sum_{i=1}^{n} X_i) = \frac{1}{n^2} Var(\sum_{i=1}^{n} X_i) = \frac{1}{n^2} \cdot n\sigma^2 = \frac{1}{n}\sigma^2$.
    Die Varianz des Mittelwertes $\overline{X}$ ist dann gleich der Varianz von X_i, geteilt durch n. Das bedeutet, dass die Varianz des Mittelwertes identisch verteilter unabhängiger Zufallsvariablen um den Faktor n kleiner ist als die Varianz der einzelnen Zufallsvariablen.

Damit kann man die Standardabweichung folgendermaßen berechnen:

$$\sigma_{\overline{x}} = +\sqrt{\sigma_{\overline{x}}^2} = \sqrt{\frac{\sigma^2}{n}} = \frac{\sigma}{\sqrt{n}}.$$

gewichtete Summe

Aufbauend auf den bisherigen Regeln werden der Erwartungswert, die Varianz und die Kovarianz einer gewichteten Summe von zwei Zufallsvariablen bestimmt: $Z = aX + bY$.

a) Für den Erwartungswert gilt: $E(Z) = E(aX + bY) = E(aX) + E(bY) = aE(X) + bE(Y)$.
b) Für die Kovarianz gilt: $Cov(aX, bY) = ab \, Cov(X, Y)$. Dies kann folgendermaßen gezeigt werden:

$$Cov(aX, bY) = E(aX \cdot bY) - E(aX) \cdot E(bY) = E(abXY) - aE(X) \cdot bE(Y)$$
$$= abE(XY) - abE(X)E(Y) = ab\,[E(XY) - E(X)E(Y)]$$
$$= abCov(X, Y).$$

c) Es kann jetzt die Varianz von $Z = aX + bY$ bestimmt werden:

$$Var(Z) = Var(aX + bY) = Var(aX) + Var(bY) + 2Cov(aX, bY)$$
$$= a^2 Var(X) + b^2 Var(Y) + 2abCov(X, Y).$$

Die Varianz von Z kann man auch wie folgt schreiben:

$$\sigma_Z^2 = a^2\sigma_X^2 + b^2\sigma_Y^2 + 2ab\sigma_{XY}.$$

Differenz zweier Zufallsvariablen

Manchmal bildet man die Differenz zweier Zufallsvariablen $X - Y$ und möchte den Erwartungswert und die Varianz dieser Differenz bestimmen. Mit $a = 1$ und $b = -1$ folgt für $Z = aX + bY = X - Y$:

$$E(X - Y) = E(X) - E(Y), \text{ aber}$$
$$Var(X - Y) = 1^2 Var(X) + (-1)^2 Var(Y) + 1 \cdot (-1) \cdot 2Cov(X, Y)$$
$$= Var(X) + Var(Y) - 2Cov(X, Y).$$

Bemerkenswert ist hierbei, dass die Varianz der Differenz zweier Zufallsvariablen gleich der SUMME der Varianzen dieser Zufallsvariablen ist, abzüglich der zweifachen Kovarianz. Sind die Zufallsvariablen X und Y unabhängig, so stimmt die Varianz der Differenz mit der Varianz der Summe dieser Zufallsvariablen überein.

3.5.11 Zentraler Grenzwertsatz

Die Summe von Zufallsvariablen X_i $(i = 1, \ldots, n)$ mit $E(X_i) = \mu$ und $Var(X_i) = \sigma^2$ lässt sich für hinreichend großes n unter bestimmten Annahmen beliebig genau mit Hilfe der Normalverteilung beschreiben.

Seien $X_1, X_2, \ldots, X_n$

a) unabhängig und
b) identisch verteilte
c) Zufallsvariablen mit $E(X_i) = \mu$ und $Var(X_i) = \sigma^2$.
d) Sei S_n die Summe $X_1 + X_2 + \ldots + X_n$ und
e) $\overline{X}_n = S_n/n$ das arithmetische Mittel dieser Zufallsvariablen.
f) Dann strebt die Verteilungsfunktion F_n der standardisierten Größe

$$Z_n = \frac{S_n - n\mu}{\sigma \sqrt{n}} = \frac{\overline{X}_n - \mu}{\sigma/\sqrt{n}}$$

mit wachsendem n gegen die Standardnormalverteilung

$$F_n(z) \to F_{st}(z) \text{ für } n \to \infty.$$

Näherungsweise gilt unter diesen Bedingungen für hinreichend großes n:

$$\sum_{i=1}^{n} X_i \sim N(n\mu, n\sigma^2).$$

Für eine akzeptable Approximation sollten im Allgemeinen mindestens 30 unabhängig und identisch verteilte Summanden vorliegen. Die Approximation der Binomialverteilung durch die Normalverteilung gilt als brauchbar, falls $np(1-p) \geq 9$ erfüllt ist.

„Daumenregel": $X \sim B(n, p)$ mit $np(1-p) \geq 9$, dann kann $X \sim N(np, np(1-p))$ gut als Näherung verwendet werden.

Beispiel

Ein Bauteil wird mit einem bekannten Ausschussanteil von 8 % produziert. Einem Kunden wurde zugesagt, dass der Ausschussanteil in einer gelieferten Kiste mit 1000 Bauteilen maximal 10 % beträgt. Wie groß ist die Wahrscheinlichkeit, dass diese Zusage eingehalten wird, wenn keine weiteren Maßnahmen erfolgen?

Die Anzahl nicht normgerechter Bauteile in der Kiste ist binomialverteilt mit den Parametern $p = 0{,}08$ und $n = 1000$. Damit ergibt sich der folgende Erwartungswert sowie die folgende Varianz und Standardabweichung für die Anzahl der Ausschussteile:

$$\mu = E(X) = np = 1000 \cdot 0{,}08 = 80$$
$$\sigma^2 = \text{Var}(X) = np(1-p) = 73{,}6$$
$$\sigma = \sqrt{73{,}6}.$$

Wegen $np(1-p) = 1000 \cdot 0{,}08 \cdot 0{,}92 = 73{,}6 \geq 9$ kann die gesuchte Wahrscheinlichkeit sehr gut mit Hilfe der Normalverteilung angenähert werden (Abb. 3.23). Es ergibt sich:

$$P(X \leq 100) \approx F_{St}\left(\frac{100-80}{\sqrt{73{,}6}}\right) = F_{St}(2{,}33) = 99{,}01\,\%.$$

Die Wahrscheinlichkeit, dass der Kunde in seiner Kiste maximal 100 defekte Bauteile vorfindet und somit zufriedengestellt ist, beträgt 99,01 %.

Der exakte Wahrscheinlichkeitswert beträgt 98,99 %. Zu seiner Berechnung wären allerdings die einzelnen Punktwahrscheinlichkeiten zu den Werten 0, 1, ..., 100 mit der Binomialverteilung zu bestimmen und diese Werte zu addieren. Der Aufwand wäre um ein Vielfaches höher als den Weg der Approximation zu gehen.

Beispiel

Ein Bauteil wird mit einem Ausschussanteil von 8 % produziert. Einem Kunden soll eine möglichst geringe Ausschussquote genannt werden, die bezogen auf die Kiste mit 1000 Bauteilen mit einer Wahrscheinlichkeit von mindestens 95 % eingehalten wird. Welche Ausschussquote teilt man dem Kunden mit?

Es wird also der kleinste Wert a gesucht, für den $P(X \leq a) \geq 95\,\%$ gilt. Dies ist gerade die Definition des 95 %-Quantils und wird üblicherweise mit $x_{0{,}95}$ bezeichnet.

$$P(X \leq x_{0{,}95}) \approx F_{St}\bigg(\underbrace{\frac{x_{0{,}95}-80}{\sqrt{73{,}6}}}_{z_{0{,}95}}\bigg) = 95{,}00\,\%!$$

In der Tabelle zur Standardnormalverteilung (Abb. 3.23) kann man $z_{0,95}$ ablesen: $z_{0,95} = 1{,}645$. Aus $\frac{x_{0,95}-80}{\sqrt{73,6}} = 1{,}645$ folgt: $x_{0,95} = 80 + 1{,}645 \cdot \sqrt{73,6} = 94{,}11$.

Die Zusage, dass der Ausschussanteil in der Kiste maximal 9,4 % beträgt (94 von 1000 Bauteilen), wird mit einer Wahrscheinlichkeit von ca. 95 % eingehalten. Die Berechnung mit der Binomialverteilung würde zu dem exakten Wahrscheinlichkeitswert von 95,18 % führen.

Beispiel

Ein fairer Würfel wird 100-mal unter gleichen Ausgangsbedingungen gewürfelt. X ist als Summe der Augenzahlen $X_1, X_2, \ldots, X_{100}$ eine Zufallsvariable.

Die Augenzahl X_i beim i-ten Wurf ist gleichverteilt über die Werte $1, 2, \ldots, 6$. Als Erwartungswert, Varianz und Standardabweichung ergibt sich:

$$\mu = E(X_i) = 1 \cdot \frac{1}{6} + 2 \cdot \frac{1}{6} + 3 \cdot \frac{1}{6} + 4 \cdot \frac{1}{6} + 5 \cdot \frac{1}{6} + 6 \cdot \frac{1}{6} = 3{,}50$$

$$\sigma^2 = \text{Var}(X_i) = E\left[(x_i - \mu)^2\right] = (1 - 3{,}5)^2 \cdot \frac{1}{6} + (2 - 3{,}5)^2 \cdot \frac{1}{6} + \ldots + (6 - 3{,}5)^2$$

$$= 2{,}92$$

$$\sigma = \sqrt{\sigma^2} = \sqrt{2{,}92} = 1{,}71.$$

Da die Zufallsvariablen X_i unabhängig und identisch verteilt sind (die Wahrscheinlichkeitsverteilung jedes Wurfs ist identisch und unabhängig vom Ergebnis vorheriger Würfe) gilt näherungsweise:

$$\sum_{i=1}^{n} X_i \sim N\left(n\mu, n\sigma^2\right) = N(350, 292).$$

Mit Hilfe der Approximation lassen sich verschiedene Wahrscheinlichkeiten näherungsweise sehr schnell mit Hilfe der Normalverteilung berechnen (Abb. 3.23), beispielsweise die Wahrscheinlichkeit, dass die Augensumme kleiner oder gleich 300 ist:

$$P\left(\sum X_i \leq 300\right) \approx F_{St}\left(\frac{300 - 350}{17{,}10}\right) = F_{St}(-2{,}92) = 1 - F_{St}(2{,}92) = 1 - 0{,}9982$$

$$= 0{,}18\,\%.$$

Alternativ könnte man auch folgendermaßen vorgehen:

$$P\left(\sum X_i \leq 300\right) = 1 - P\left(\sum X_i \geq 301\right) \approx F_{St}\left(\frac{301 - 350}{17{,}10}\right) = F_{St}(-2{,}87)$$

$$= 1 - 0{,}9979 = 0{,}21\,\%.$$

Da beide Berechnungen zu unterschiedlichen Ergebnissen führen, jedoch keine prinzipiell genauer ist, kann man folgende Approximation verwenden:

$$P\left(\sum X_i \le 300\right) \approx F_{St}\left(\frac{300{,}50 - 350}{17{,}10}\right) = F_{St}(-2{,}89) = 1 - F_{St}(2{,}89) = 1 - 0{,}9981$$

$$= 0{,}19\,\%.$$

3.5.12 Wichtige Definitionen und Theoreme

Zum Ende dieses Abschnitts stellen wir wichtige Definitionen und Theoreme in komprimierter Form tabellarisch dar:

Wahrscheinlichkeitsfunktion der Gleichverteilung (diskret)	$f(x) = P(X = x) = \begin{cases} \frac{1}{m} & \text{für } x = x_1, \dots, x_m \\ 0 & \text{sonst} \end{cases}$
Dichtefunktion der Gleichverteilung (stetig)	$f(x) = \begin{cases} \frac{1}{x_2 - x_1} & \text{für } x_1 \le x \le x_2 \\ 0 & \text{sonst} \end{cases}$
Verteilungsfunktion	$F(x) = P(X \le x)$
Wahrscheinlichkeitsfunktion der Binomialverteilung	$f_{Bi}(x; p, n) = \binom{n}{x} p^x (1-p)^{n-x}$ für $x = 0, 1, 2, \dots, n$ mit $\binom{n}{x} = \frac{n!}{(n-x)!x!}$ $E(X) = np$ und $Var(X) = np(1-p)$
Verteilungsfunktion der Binomialverteilung	$F_{Bi}(x; p, n) = \sum_{k=0}^{x} \binom{n}{k} p^k (1-p)^{n-k}$ für $x = 0, 1, 2, \dots, n$
Dichtefunktion der Normalverteilung	$f_N(x) = \frac{1}{\sigma\sqrt{2\pi}} e^{-\frac{(x-\mu)^2}{2\sigma^2}}$ $\qquad f_{St}(z) = \frac{1}{\sqrt{2\pi}} e^{-\frac{z^2}{2}}$
Verteilungsfunktion der Normalverteilung	$P(X \le a) = \int_{-\infty}^{a} \frac{1}{\sigma\sqrt{2\pi}} e^{-\frac{1}{2}(\frac{x-\mu}{\sigma})^2} dx$ bzw. $P(X \le a) = F_{St}(\frac{a-\mu}{\sigma})$
1σ-Regel	$P(\mu - 1\sigma < X \le \mu + 1\sigma) = F_{St}(1) - F_{St}(-1) = 68{,}26\,\%$
2σ-Regel	$P(\mu - 2\sigma < X \le \mu + 2\sigma) = F_{St}(2) - F_{St}(-2) = 95{,}44\,\%$
Erwartungswert (Laplace)	$\mu_X = \sum_i p_i x_i$ bzw. $\int_{-\infty}^{\infty} x f(x) dx$
Varianz (Laplace)	$\sigma_X^2 = \sum_i p_i (x_i - \mu_X)^2$ bzw. $\int_{-\infty}^{\infty} (x - \mu_X)^2 f(x) dx$
Varianzzerlegung	$Var(X) = E(X^2) - (E(X))^2$
Kovarianz (Laplace)	$\sigma_{XY} = \sum_i p_i (x_i - \mu_X)(y_i - \mu_Y)$
Korrelationskoeffizient	$\rho_{XY} = \frac{\sigma_{XY}}{\sigma_X \cdot \sigma_Y}$
Unabhängigkeit	$F(x, y) = F(x) \cdot F(y)$, also $P(X \le x; Y \le y) = P(X \le x) \cdot P(Y \le y)$
Unkorreliertheit	Aus $Cov(X, Y) = 0$ folgt $E(X \cdot Y) = E(X) \cdot E(Y)$

X_i identisch verteilt und unabhängig	$\overline{X} = \frac{1}{n} \sum X_i, \qquad E(\overline{X}) = \mu, \qquad Var(\overline{X}) = \frac{\sigma^2}{n}$
Erwartungswert und Varianz der Linearkombination $Y = a + bX$	$E(Y) = a + b \cdot E(X)$ $Var(Y) = b^2 Var(Y)$
Erwartungswert und Varianz der Linearkombination $Z = aX + bY$	$E(Z) = E(aX + bY) = aE(X) + bE(Y)$ $Var(Z) = a^2 Var(X) + b^2 Var(Y) + 2ab Cov(X, Y)$

3.6   Schließende Statistik

Mit der Wahrscheinlichkeitsrechnung steht ein mathematisches Instrumentarium bereit, mit dem unter gewissen Voraussetzungen Wahrscheinlichkeitsaussagen und darauf basierende Entscheidungen getroffen werden können. In der Realität liegen regelmäßig Situationen vor, in denen nicht alle Eigenschaften der Grundgesamtheit bekannt sind. Mit Hilfe der schließenden Statistik werden Aussagen über die Grundgesamtheit getroffen, ohne dass alle Elemente der Grundgesamtheit untersucht werden müssen. Die Aussagen stützen sich auf Informationen, die nur für einen Teil der Elemente (Stichprobe) vorliegen.

Mit dem „Gehäusebeispiel" haben wir den Entscheidungsbedarf dargestellt und den Entscheidungsablauf skizziert. Die Entscheidungsfindung bei Hypothesentests besitzt immer die gleiche Grundstruktur. Die Prüfgrößen und deren Verteilungen sind jedoch unterschiedlich.

3.6.1   Lösungsstruktur

a) Festlegung der Grundgesamtheit
Mithilfe von Test treffen wir Aussagen über ein Merkmal einer Grundgesamtheit. Hierzu entnehmen wir der Grundgesamtheit eine Stichprobe. Es ist klar, dass die Grundgesamtheit hierzu genau definiert und abgegrenzt sein muss. In unserem Gehäusebeispiel ist die Grundgesamtheit z. B. die Menge der produzierten Bauteile an einem bestimmten Tag oder die produzierten Bauteile einer bestimmten Losgröße. Dieses ist genau festzulegen.

b) Merkmal, Stichprobe, Prüfgröße und deren Verteilung
Aus der Grundgesamtheit wird eine Stichprobe entnommen. In unserem Gehäusebeispiel sind das zehn Teile, die aus der genau definierten Produktionsmenge entnommen werden. Für die Auswahl der Elemente der Grundgesamtheit (Ziehen der Stichprobe) wird im Folgenden immer unterstellt, dass diese Elemente nach einer uneingeschränkten Zufallsauswahl und unabhängig voneinander gezogen werden. Uneingeschränkt ist die Zufallsauswahl dann, wenn jedes Element die gleiche Wahrscheinlichkeit besitzt, in die Stichprobe zu kommen. Wenn darüber hinaus die Ziehungen aus der Grundgesamtheit unabhängig voneinander erfolgen, sprechen wir von einer einfachen Stichprobe. Eine

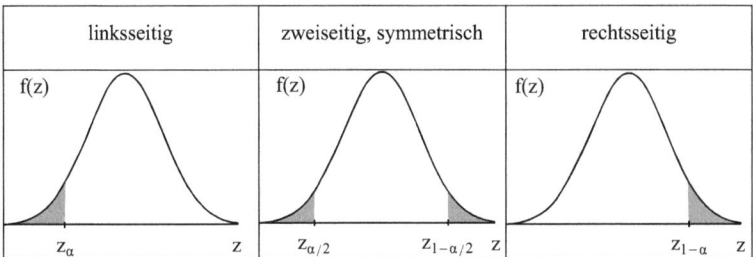

Abb. 3.20   Ablehnungsbereiche

uneingeschränkte Zufallsstichprobe erhält man durch Ziehen ohne Zurücklegen und eine einfache Zufallsstichprobe durch Ziehen mit Zurücklegen.

Natürlich kann die Merkmalsmessung in der Stichprobe zu einem Ergebnis führen, das von dem wahren Wert in der Grundgesamtheit, den man nicht kennt, abweicht. Man macht also regelmäßig einen sogenannten Stichprobenfehler. Mit der zufälligen Entnahme von Elementen schwankt das Stichprobenergebnis bei wiederholten Stichproben, bei selbstverständlich gleicher Grundgesamtheit. Wie die Merkmalsausprägung in den Stichproben schwankt, d. h. mit welcher Wahrscheinlichkeit bestimmte Ausprägungen in den wiederholten Stichproben auftreten, beschreibt die Wahrscheinlichkeits- bzw. Dichtefunktion.

In unserem Gehäusebeispiel haben wir die Anzahl von Gehäusen mit Farbabweichungen als Prüfgröße herangezogen, um eine Entscheidung darüber zu treffen, welche der aufgestellten Hypothesen akzeptiert bzw. verworfen wird. Aufgrund der Problembeschreibung konnte darauf geschlossen werden, dass diese Prüfgröße binomialverteilt ist.

c) Formulierung einer Hypothese (H_0) und ihrer Gegenhypothese (H_1)
Der Test kann zweiseitig, linksseitig oder rechtsseitig konstruiert sein (Abb. 3.20).

Welcher Fall vorliegt, ergibt sich aus dem Problem und der spezifischen Fragestellung. Bei einem zweiseitigen Test gibt man mit der Hypothese H_0 einen bestimmten Wert der Verteilung eines Merkmals in der Grundgesamtheit vor. Unter Hypothese H_1 behauptet man dann eine Abweichung von diesem Wert nach oben oder nach unten. Entsprechend befindet sich der Ablehnungsbereich (Ablehnung von H_0) auf der linken und der rechten Seite der Wahrscheinlichkeits- bzw. Dichtefunktion. Bei einem linksseitigen Test behauptet man zunächst, dass der untersuchte Wert in der Grundgesamtheit einen Mindestwert besitzt. Mit H_1 wird dann die Gegenbehauptung aufgestellt, dass der betreffende Wert sich unter diesem Mindestwert befindet. Entsprechend liegt der Ablehnungsbereich auf der linken Seite. Bei einem rechtsseitigen Test behauptet man unter H_0, dass der untersuchte Wert in der Grundgesamtheit eine definierte Grenze nicht überschreitet. H_1 sagt dann das Gegenteil aus und behauptet einen Wert oberhalb dieser Grenze. Der Ablehnungsbereich befindet sich dann auf der rechten Seite.

Der Test in dem Gehäusebeispiel ist rechtseitig konstruiert: Der Produktionsleiter behauptet, dass der Ausschuss in der Produktion (maximal) 50 % beträgt (H_0: $p \leq 0{,}50$). Die Qualitätssicherung geht von mehr aus (H_1: $p > 0{,}50$). Der Ablehnungsbereich liegt entsprechend auf der rechten Seite der binomialverteilten Prüfgröße. Wenn das Stichprobenergebnis (Prüfgröße) in diesen Bereich fallen sollte, ist H_0 „widerlegt". Das Wort „widerlegen" steht hier in Anführungsstrichen, da ja stets eine Unsicherheit bleibt in Form des α-Fehlers: Es ist möglich, dass das Stichprobenergebnis in den Ablehnungsbereich fällt, obwohl der Produktionsleiter Recht hat. Im Rahmen von Hypothesentests formuliert man daher vorsichtig: „Das Stichprobenergebnis spricht signifikant (deutlich) für die Gegenhypothese" bzw. „Das Stichprobenergebnis spricht nicht signifikant (nicht deutlich) für die Gegenhypothese".

d) Festlegung der Signifikanzzahl α und des Ablehnungsbereichs

Um die Größe des Ablehnungsbereichs festzulegen, könnte man direkt einen Wert der Prüfgröße angeben, bei dem H_0 abzulehnen wäre, z. B. bei mindestens 8 Gehäuse mit Farbabweichungen.

Man geht aber anders vor. Man definiert den Ablehnungsbereich durch Vorgabe der Wahrscheinlichkeit für den α-Fehler: Die Wahrscheinlichkeit, dass das Stichprobenergebnis in den Ablehnungsbereich fällt, obwohl H_0 gilt, darf diesen vorgegebenen Wert α nicht überschreiten. Wenn α groß ist, dann ist auch die Wahrscheinlichkeit groß, H_0 abzulehnen, obwohl H_0 richtig ist. Wenn α klein ist, dann ist auch diese Fehlerwahrscheinlichkeit klein. Den Wert α bezeichnet man auch als Signifikanzzahl. Der Ablehnungsbereich wird traditionell durch $\alpha = 1\%$, 5% oder 10% festgelegt. Aber auch andere Festlegungen sind möglich.

Wenn α erhöht wird, dann verkleinert sich der Annahmebereich. Damit wird die Wahrscheinlichkeit, H_0 anzunehmen, obwohl H_0 falsch ist, der sogenannte β-Fehler, reduziert. Bei kleinerem α ist entsprechend die Wahrscheinlichkeit des β-Fehlers größer.

Mithilfe der Signifikanzzahl kann man also steuern, ob man eher eine Annahme oder eine Ablehnung von H_0 herbeiführen möchte. Dieses eröffnet die Möglichkeit der Manipulation. Die gute Nachricht ist aber, dass solche Praktiken für jeden leicht erkennbar sind, der sich mit Statistik etwas auskennt. Die Teststatistik kann nicht alle Subjektivität aus einem Entscheidungsverfahren verbannen. Sie macht aber die Subjektivität transparent und diskutierbar. Und man erkennt Manipulationen.

e) Stichprobenergebnis und Entscheidung

Ausgehend von den konkreten Merkmalswerten in der Stichprobe wird der Wert der Prüfgröße bestimmt. Liegt dieser Wert im festgelegten Ablehnungsbereich, so wird die Nullhypothese zu Gunsten der Gegenhypothese verworfen. Als Prüfgröße im Gehäusebeispiel ergab sich der Wert 8 (Gehäuse mit Farbabweichungen). Bei einem Ablehnungsbereich von $\alpha = 6\%$, also bei 8, 9, oder 10 Gehäusen, ist die Behauptung des Produktionsleiters auf Basis des Stichprobenergebnisses abzulehnen. Das Stichprobenergebnis spricht dann signifikant für die Gegenhypothese H_1.

f) Sensitivitätsanalyse

Legt man für die Signifikanzzahl den Wert $\alpha = 2\%$ fest, so wird die Gegenhypothese angenommen, falls mindestens 9 von 10 getesteten Gehäusen Farbabweichungen besitzen (Ablehnungsbereich $= \{9, 10\}$). Der Wert der Prüfgröße (8 Farbabweichungen in der Stichprobe) spricht dann nicht signifikant für die Gegenhypothese und die Nullhypothese wird angenommen.

Legt man hingegen für die Signifikanzzahl den Wert $\alpha = 20\%$ fest, so besteht der Ablehnungsbereich aus den Ausschussmengen $\{7, 8, 9, 10\}$, so dass auch ein Stichprobenergebnis von 7 zur Annahme der Gegenhypothese führen würde.

Nachfolgend diskutieren wir anhand von acht Praxisproblemen unterschiedliche Teststrukturen. Um zu Lösungen zu gelangen gehen wir pragmatisch vor: Wenn die Problembeschreibung nicht vollständig ist, dann treffen wir Annahmen, die es uns erlauben, mit dem bislang erarbeiteten theoretischen Wissen zu einem Ergebnis zu gelangen.

3.6.2 Wahrscheinlichkeit von Entscheidungen

Angenommen ein Lieferant von Schaltungen verspricht, dass der Ausschussanteil bei (maximal) 10 % liegt. Es werden 5 Schaltungen als einfache Stichprobe $(X_1, X_2, X_3, X_4, X_5)$ mit

$$X_i = \begin{cases} 0, & \text{Schaltung i ist intakt} \\ 1, & \text{Schaltung i ist defekt} \end{cases}$$

entnommen. Bei welchen Stichprobenergebnissen geht man mit einer Wahrscheinlichkeit von höchstens 1 % irrtümlicherweise davon aus, dass der Ausschussanteil größer als 10 % ist?

a) Grundgesamtheit

Die Grundgesamtheit besteht aus einer vermutlich großen Lieferung von Schaltungen. Da jedenfalls hierüber nichts gesagt wird, wäre das die einfachere Sichtweise. Es kann nämlich dann problemlos in einem Modell „mit Zurücklegen" gearbeitet werden, auch wenn man faktisch die entnommenen Teile zur Seite legt.

b) Merkmal, Stichprobe, Prüfgröße und deren Verteilung

Das Merkmal ist binär, d. h. es besitzt zwei mögliche Ausprägungen (intakt und defekt). Die Stichprobe ist klein. Als Prüfgröße wird die Anzahl defekter Schaltungen in einer Stichprobe verwendet. Angenommen, der wahre Anteilswert beträgt tatsächlich $p = 0,10$. Die Anzahl X der Schaltungen, die in der Stichprobe nicht normgerecht sind, ist dann binomialverteilt mit den Parametern $n = 5$ und $p = 0,10$. Hieraus lassen sich gemäß $P(X = x) = \binom{n}{x} p^x (1-p)^{n-x}$ folgende Wahrscheinlichkeiten für die Prüfgröße berechnen:

x	0	1	2	3	4	5
$P(X = x)$	59,049 %	32,805 %	7,290 %	0,810 %	0,045 %	0,001 %

c) Formulierung einer Hypothese (H_0) und ihrer Gegenhypothese (H_1)

Die Hypothese H_0 lautet: Der Ausschussanteil in der Grundgesamtheit ist höchstens 10 %. Dem steht die Hypothese H_1 entgegen: Der Ausschussanteil in der Grundgesamtheit ist größer als 10 %. Der Test ist rechtsseitig.

d) Festlegung der Signifikanzzahl α und des Ablehnungsbereich

Will man auf Basis einer Stichprobe vom Umfang n = 5 maximal mit einer Wahrscheinlichkeit von 1 % die Lieferung fälschlicherweise zurücksenden (α-Fehler), so müssten hierfür mindestens 3 von 5 geprüften Schaltungen defekt sein. Diese Entscheidungsregel begrenzt zwar die Wahrscheinlichkeit des Fehlers, die Lieferung zu Unrecht zurückzusenden (α-Fehler), jedoch ist die Wahrscheinlichkeit recht hoch, dass ein zu hoher Ausschussanteil nicht erkannt wird (β-Fehler).

e) Stichprobenergebnis und Entscheidung

Angenommen, die Anzahl der Ausschussteile in der Stichprobe betrüge 3 oder mehr, dann wäre H_0 wegen $\alpha = 1$ % abzulehnen. Dann würde man davon ausgehen, dass der Ausschussanteil in der Grundgesamtheit größer als 10 % ist. Die Wahrscheinlichkeit, dass H_0 irrtümlicherweise abgelehnt wird, läge bei höchstens 1 % (α-Fehler).

f) Sensitivitätsanalyse

(1) Wenn man die Signifikanzzahl auf 10 % anhebt, dann führen bereits zwei defekte Geräte zur Ablehnung von H_0.
(2) Wenn man bei $\alpha = 1$ % bleibt, aber die Stichprobe auf 10 Ziehungen vergrößert, dann ergeben sich die folgenden Wahrscheinlichkeiten für die Anzahl defekter Geräte:

x	0	1	2	3	4	5	6	7	...
$P(X = x)$	34,87	38,74	19,37	5,74	1,12	0,15	0,01	0,00	in %

Die Signifikanzzahl von 1 % führt zur Entscheidung, die Gegenhypothese anzunehmen, falls die Ausschussanzahl mindestens 5 beträgt.

3.6.3   Produktionsausschuss und große Stichprobe

Wir testen 2000 Gehäuse aus einer Produktion von 1 Mio. Stück und finden 120 defekte Teile. Müssen wir unsere Ansicht revidieren, dass (maximal) 5 % der Produktion fehlerhaft sind?

a) Grundgesamtheit

Es soll eine Aussage über 1 Mio. Stück gemacht werden. Diese Grundgesamtheit ist sehr groß. Da die Stichprobe hierzu relativ klein ist, kann problemlos in einem Modell „mit Zurücklegen" gearbeitet werden, auch wenn faktisch die entnommenen Teile zur Seite gelegt werden.

b) Merkmal, Stichprobe, Prüfgröße und deren Verteilung

Es wird ein Merkmal gemessen (Zustand), welches zwei Ausprägungen besitzt (intakt oder defekt). Die Anzahl defekter Teile in der Stichprobe ist binomialverteilt („mit Zurücklegen"). Der Stichprobenumfang ist groß, der Fehleranteil relativ klein. Die „Daumenregel" $np(1-p)$ ergibt einen Wert von deutlich über 9, so dass die Binomialverteilung durch die Normalverteilung approximiert werden kann (Zentraler Grenzwertsatz).

Als Prüfgröße kann die Anzahl defekter Teile X in der Stichprobe verwendet werden. Wegen $E(X) = np$ und $Var(X) = np(1 - p)$ lautet die standardisierte Prüfgröße folgendermaßen:

$$Z = \frac{X - np}{\sqrt{np\,(1 - p)}} \sim N(0,1).$$

c) Formulierung einer Hypothese (H_0) und ihrer Gegenhypothese (H_1)

Wir testen gegen die Behauptung, dass maximal 5 % der Teile in der Grundgesamtheit defekt sind. Damit lauten die Hypothesen: $p \leq 5\%$ (H_0) und $p > 5\%$ (H_1). Der Test ist rechtsseitig.

d) Festlegung der Signifikanzzahl α und des Ablehnungsbereichs

Üblich sind α-Werte von 1 %, 5 % und 10 %. Wenn wir bei mehr als α % defekten Teilen die gesamte Produktion entsorgen müssten und dieses relativ zu einer Marktfreigabe und demzufolge enttäuschten Kunden sehr teuer wäre, dann werden wir die Wahrscheinlichkeit für den α-Fehler klein halten wollen. Entsprechend wählen wir die Signifikanzzahl 1 %. Wenn aber die enttäuschten Kunden die eigentlich teure Alternative wären und sogar Gesundheits- und Sicherheitsprobleme auftreten würden, dann werden wir einen kleinen β-Fehler wählen. Die Signifikanzzahl muss dann groß sein: 10 %. Wir entscheiden uns für den Kompromiss und damit für 5 %.

Der Ablehnungsbereich liegt auf der rechten Seite der Normalverteilung. Aus der Tabelle der Standardnormalverteilung kann man den z-Wert bei $1 - \alpha = 0,95$ ablesen: $z_{0,95} = 1,645$.

e) Stichprobenergebnis und Entscheidung

Werden in der Stichprobe 120 defekte Teile gefunden, so ergibt sich für die standardisierte Prüfgröße der Wert:

$$z = \frac{120 - 100}{\sqrt{2000 \cdot 0,05 \cdot 0,95}} = 2,05.$$

Wegen $z \geq 1{,}645$ liegt die Prüfgröße im Ablehnungsbereich, so dass nicht mehr von der Gültigkeit der Nullhypothese ausgegangen wird.

f) Sensitivitätsanalyse

(1) Wenn wir ein Signifikanzniveau von 1 % wählen, dann beträgt $z_\alpha = 2{,}33$. Die H_0-Hypothese ist dann anzunehmen.
(2) Bei einer halbierten Stichprobe von nur 1000 Teilen mit 60 statt 120 defekten Proben ergibt sich der folgende Wert der standardisierten Prüfgröße:

$$z = \frac{60 - 50}{\sqrt{1000 \cdot 0{,}05 \cdot 0{,}95}} = 1{,}45 < 1{,}64.$$

H_0 ist auch in diesem Fall anzunehmen. Bei Verkleinerung des Stichprobenumfangs verliert der Test an Genauigkeit oder auch Trennschärfe.

3.6.4   Fertigungstoleranzen

Man weiß aus Erfahrung, dass die Dicke von Kabelsträngen normalverteilt ist und im Durchschnitt 30,00 mm beträgt, bei einer Varianz der einzelnen Dicke von 1,07 mm². Im Auslieferungslager werden drei einfache Stichproben im Umfang von jeweils $n = 80$ genommen, die folgende Resultate liefern: 1) $\overline{x} = 30{,}15$ mm, 2) $\overline{x} = 30{,}20$ mm, 3) $\overline{x} = 29{,}85$ mm. Bei welchen der drei Stichproben bleibt man bei seinem Erfahrungswert, wenn das Signifikanzniveau 5 % beträgt?

a) Grundgesamtheit
Die Grundgesamtheit besteht aus den Kabelstellen, an denen Dicken gemessen werden können. Sie ist unendlich groß.

b) Merkmal, Stichprobe, Prüfgröße und deren Verteilung
Gemäß der Problembeschreibung ist die Dicke von Kabelsträngen (Merkmalswert X) normalverteilt. Damit folgt auch die durchschnittliche Dicke $\overline{X}$ der Normalverteilung. Die Varianz der einzelnen Dicken beträgt $\sigma_X^2 = 1{,}07$ mm². Die Varianz der durchschnittlichen Dicke berechnet sich folgendermaßen:

$$\mathrm{Var}(\overline{X}) = \frac{\sigma_X^2}{n}.$$

Die erwartete durchschnittliche Dicke unter H_0 beträgt $\mu_0 = 30{,}00$ mm. Unter der Annahme von H_0 lautet die standardnormalverteilte Prüfgröße:

$$Z = \frac{\overline{X} - \mu_0}{\sqrt{\frac{\sigma_X^2}{n}}} \sim N(0{,}1).$$

Der Umfang der Stichprobe beträgt 80 und ist damit relativ groß. Selbst wenn die Kabeldicke nicht normalverteilt wäre, könnte auf Basis des Zentralen Grenzwertsatzes näherungsweise die Normalverteilung unterstellt werden.

c) Formulierung einer Hypothese (H_0) und ihrer Gegenhypothese (H_1)

Gemäß Problemstellung soll die durchschnittliche Dicke in der Grundgesamtheit $\mu = 30$ mm [H_0] betragen. Die Gegenhypothese lautet $\mu \neq 30$ mm. Der Test ist zweiseitig.

d) Festlegung der Signifikanzzahl α und des Ablehnungsbereichs

Das Signifikanzniveau ist mit 5 % festgelegt. Der Ablehnungsbereich verteilt sich auf die linke und rechte Seite der Normalverteilung. Gemäß der Tabelle der Standardnormalverteilung ist damit $z_{\alpha/2} = -1,96$ und $z_{1-\alpha/2} = 1,96$.

e) Stichprobenergebnis und Entscheidung

1. Stichprobe:

$$-1,96 < z = \frac{30,15 \, \text{mm} - 30,00 \, \text{mm}}{\sqrt{\frac{1,07 \, \text{mm}^2}{80}}} = 1,30 < 1,96$$

$\Rightarrow H_0$ wird angenommen.

2. Stichprobe:

$$-1,96 < z = \frac{30,20 \, \text{mm} - 30,00 \, \text{mm}}{\sqrt{\frac{1,07 \, \text{mm}^2}{80}}} = 1,72 < 1,96$$

$\Rightarrow H_0$ wird angenommen.

3. Stichprobe:

$$-1,96 < z = \frac{29,85 \, \text{mm} - 30,00 \, \text{mm}}{\sqrt{\frac{1,07 \, \text{mm}^2}{80}}} = -1,30 < 1,96$$

$\Rightarrow H_0$ wird angenommen.

f) Sensitivitätsanalyse

(1) Bei $\alpha = 10$ % betragen $z_{\alpha/2} = -1,645$ und $z_{1-\alpha/2} = 1,645$. Der Annahmebereich wird gegenüber der Berechnung oben verkleinert. Das Stichprobenergebnis 2) führt dann zu einer Ablehnung von H_0.

(2) Bei drei voneinander unabhängigen Zufallsstichproben, die aus der gleichen Grundgesamtheit stammen, macht es Sinn, diese zu vereinigen (zu „poolen"). Faktisch
haben wir dann nur eine Zufallsstichprobe vorliegen mit einem Umfang von 240
Proben und einem Merkmalswert von $\bar{x} = 30{,}07$ mm. Dieser berechnet sich als
gewichteter Mittelwert aus den drei Stichproben. Es findet hierbei ein Ausgleich zwischen den Extremen statt und die Varianz wird kleiner. Die Güte des Tests nimmt
hierdurch zu, er wird trennschärfer. Die standardisierte Prüfgröße führt zu folgendem
Resultat:

$$-1{,}96 < z = \frac{30{,}07 \text{ mm} - 30{,}00 \text{ mm}}{\sqrt{\frac{1{,}07 \text{ mm}^2}{240}}} = 1{,}05 < 1{,}96.$$

H_0 ist anzunehmen. Bei einem Signifikanzniveau von 30 % mit $z_{1-\alpha/2} = 1{,}04$ führt
die „gepoolte" Berechnung zur Ablehnung von H_0.

g) Varianten

Angenommen, die Problembeschreibung hätte den folgenden Wortlaut:

„Man weiß aus Erfahrung, dass die mittlere Dicke an 80 zufällig ausgewählten Mess-
punkten normalverteilt ist und im Durchschnitt bei korrektem Produktionsverlauf mindestens 30 mm beträgt, bei einer Varianz von 1,07 mm^2. Im Auslieferungslager werden
drei Stichproben im Umfang von jeweils n = 80 genommen, die folgende Resultate lie-
fern: 1) $\bar{x} = 30{,}20$ mm 2) $\bar{x} = 30{,}30$ mm 3) $\bar{x} = 29{,}85$ mm. Bestätigt sich bei einem
Signifikanzniveau von 5 % die erwartete durchschnittliche Mindestdicke?"

Wir haben jetzt eine linksseitige Testsituation vorliegen. Außerdem ist diesmal nicht
die Varianz der einzelnen Dicken angegeben, sondern die Varianz der mittleren Dicke.
Die praktischen Problembeschreibungen sind also jeweils sehr genau zu lesen und theo-
riegeleitet zu interpretieren.

3.6.5   Statistische Prozesskontrolle

In der statistischen Prozesskontrolle bei der Herstellung eines Serienprodukts entnimmt
man in bestimmten definierten Abständen kleine Stichproben mit je 5 Messungen X_i
($i = 1, \ldots, 5$), um den Produktionsprozess laufend zu überprüfen. Auf der Grundlage
einer Teststatistik entscheidet man, ob der Prozess „aus dem Ruder läuft" und deshalb
ein Eingriff nötig ist oder alles wie erwartet sich abspielt. Bei welchen der drei Stichprobenmittelwerten muss in die Produktion eingegriffen werden, wenn für ein Werkstück im
Mittel der Wert $\mu_0 = 10$ cm eingehalten werden soll, als Signifikanzniveau 0,1 festgelegt
ist und $\sigma_i = 0{,}1$ cm beträgt?

Die drei Messreihen liefern die folgenden Ergebnisse (in cm):

I.	9,91	10,00	10,05	10,10	10,01
II.	10,18	9,97	10,00	10,05	10,06
III.	9,80	9,80	9,92	10,03	9,80

a) Grundgesamtheit

Die Grundgesamtheit besteht aus der laufenden Serienproduktion. Wir können hier sehr viele Einzelelemente unterstellen.

b) Merkmal, Stichprobe, Prüfgröße und deren Verteilung

Aus den Zufallsstichproben ergeben sich je 5 Messwerte $X_1, X_2, \ldots, X_5$. Über die Wahrscheinlichkeitsverteilungen der Messwerte ist in der Beschreibung keine Annahme getroffen. Die aus den Messwerten bestimmten Mittelwerte können als lineare Kombinationen dieser Zufallsgrößen angesehen werden. Die einzelnen Messwerte sind bei einem einfachen Stichprobenverfahren unabhängig und identisch verteilt. Sie besitzen dann jeweils den gleichen Erwartungswert μ und die gleiche Varianz σ^2. Das soll jetzt unterstellt werden. Das Stichprobenmittel besitzt den Erwartungswert μ und die Varianz $\frac{\sigma^2}{n}$. Die genaue Verteilung der Prüfgröße ist damit jedoch noch nicht bekannt. Der Zentrale Grenzwertsatz kann hier auch nicht angewendet werden, da die Anzahl der Messwerte in der jeweiligen Stichprobe mit nur 5 zu klein ist. Unter der Annahme, dass die einzelnen Messwerte annähernd normalverteilt sind, wäre auch die Summe dieser Messerwerte annähernd normalverteilt. Mit dieser pragmatischen Annahme ist das Problem lösbar. Man arbeitet also mit der standardisierten Prüfgröße:

$$Z = \frac{\overline{X} - E(\overline{X})}{\sqrt{\mathrm{Var}(\overline{X})}}.$$

c) Formulierung einer Hypothese (H_0) und ihrer Gegenhypothese (H_1)

Die Nullhypothese und ihre Gegenhypothese lauten: $\mu = \mu_0 = 10\,\mathrm{cm}$ bzw. $\mu \neq \mu_0 = 10\,\mathrm{cm}$. Der Test ist zweiseitig.

d) Festlegung der Signifikanzzahl α und des Ablehnungsbereichs

Es wird hier eine Signifikanzzahl α von $10\,\%$ unterstellt. Da es sich um einen zweiseitigen Hypothesentest handelt, ist ein symmetrischer Ablehnungsbereich auf der linken und rechten Seite zu wählen. Es ergibt sich die linksseitige Eingriffsgrenze $z_{\alpha/2} = -1{,}645$ und die rechtsseitige Eingriffsgrenze $z_{1-\alpha/2} = 1{,}645$.

e) Stichprobenergebnis und Entscheidung

Für jede Stichprobe, bestehend aus 5 Messwerten, ist nun folgendes zu berechnen:

$$z = \frac{\overline{x} - \mu_0}{\sqrt{\frac{\sigma_i^2}{n}}} = \frac{\overline{x} - 10\,\mathrm{cm}}{\frac{0{,}10\,\mathrm{cm}}{\sqrt{5}}}.$$

						$\overline{x}$	z
I	9,91	10,00	10,05	10,10	10,01	10,014	0,31
II	10,18	9,97	10,00	10,05	10,06	10,052	1,16
III	9,80	9,80	9,92	10,03	9,80	9,87	−2,91

Nachdem die dritte Stichprobe gezogen wurde, ist ein Eingriff in den Produktionsprozess mit einer Nachjustierung nötig.

f) Sensitivitätsanalyse

(1) Setzen wir das Signifikanzniveau auf 30 %, dann ist bereits unterhalb von $z_{\alpha/2} = -1{,}04$ und oberhalb von $z_{1-\alpha/2} = 1{,}04$ einzugreifen, also bei der zweiten und dritten Stichprobe.

(2) Wenn wir die Anzahl der Messungen pro Stichprobe auf 15 verdreifachen, dann erhalten wir bei gleichen Mittelwerten die folgenden standardisierten Testgrößen:

$$z = \frac{\bar{x} - \mu_0}{\sqrt{\frac{\sigma_i^2}{n}}} = \frac{\bar{x} - 10\,\text{cm}}{\frac{0{,}10\,\text{cm}}{\sqrt{15}}}.$$

	$\bar{x}$	z
I.	10,014	0,54
II.	10,052	2,02
III.	9,87	−5,04

Selbst bei einem Signifikanzniveau von 10 % wäre jetzt aufgrund der Ergebnisse der zweiten und der dritten Stichprobe in den Produktionsprozess einzugreifen.

3.6.6 Nebenwirkung eines Pharmaprodukts: Differenztest

Die Presse berichtete kürzlich Folgendes: Das Pharmaunternehmen Gerald Inc. hat das Cholesterin-Mittel „Force" entwickelt. Es ist noch nicht in USA oder Europa zugelassen und befindet sich noch in der Testphase. Von 15.000 zufällig ausgewählten freiwilligen Testpersonen mit erhöhten Cholesterinwerten und regelmäßiger Medikamenteneinnahme bekam die Hälfte das neue Mittel über drei Monate verschrieben. Die andere Hälfte blieb bei ihrem bisherigen Medikament. Es mussten 60 Studienteilnehmer mit spezifischen Beschwerden zum Arzt, die „Force" erhielten. In der Vergleichsgruppe waren es nur 51 Probanden. Daraufhin stellte Gerald Inc. das Medikament ein und akzeptiert so Milliardenverluste durch Entwicklungskosten und Gewinnausfällen.

Sind die 9 zusätzlichen Fälle mit spezifischen Beschwerden tatsächlich auf die Medikamenteneinnahme zurückzuführen? Oder hat Gerald Inc. zu früh reagiert?

a) Grundgesamtheit

In diesem Fall zielt der Test auf eine Grundgesamtheit, die aus der erwachsenen Bevölkerung eines Landes mit erhöhten Cholesterinwerten besteht. Ihre Mitglieder nehmen deshalb Medikamente ein. Es handelt sich um eine große Grundgesamtheit.

b) Merkmal, Stichprobe, Prüfgröße und deren Verteilung

Es werden zwei Mal 7500 Personen per Zufall aus der Grundgesamtheit ausgewählt (einfaches Stichprobenverfahren). Die Mitglieder der einen Stichprobe erhalten „verdeckt" das neue Medikament in einer neutralen Aufmachung und die Mitglieder der anderen Stichprobe erhalten weiterhin ihr bisheriges Medikament in derselben neutralen Aufmachung. Die Probanden wissen also nicht, ob sie das neue Medikament bekommen. Auch den im Patientenkontakt stehenden Ärzten ist unbekannt, wer was einnimmt („doppelt verdeckt").

Die Prüfgröße besteht aus der Differenz der Anzahl von Personen in den beiden Stichproben, die aufgrund von spezifischen Beschwerden im Verlauf der nächsten drei Monate behandelt werden müssen. Die Prüfgröße ist diskret. Die Anzahl der Patienten mit spezifischen Beschwerden ist vermutlich binomialverteilt. Die Differenz der Anzahl von Personen in den beiden Stichproben kann durch die Normalverteilung approximiert werden. Der Test wird mit Hilfe der standardisierten Prüfgröße durchgeführt.

c) Formulierung einer Hypothese (H_0) und ihrer Gegenhypothese (H_1)

Die Hypothese H_0 lautet: Die Anzahl von Personen in der Grundgesamtheit, die aufgrund von spezifischen Beschwerden behandelt werden muss, ist unabhängig von der Medikation. Mithilfe der Prüfgröße kann dieses folgendermaßen operationalisiert werden: $E(\Delta_X) = 0$. Die Hypothese H_1 behauptet hingegen, dass mit der Einnahme von „Force" das Risiko von gravierenden Nebenwirkungen steigt: $E(\Delta_X) > 0$. Der Test ist rechtsseitig.

d) Festlegung der Signifikanzzahl α und des Ablehnungsbereichs

Angesichts der horrenden Schadenssummen die entstünden, wenn ein Medikament mit schlimmen Nebenwirkungen auf den Markt käme, und der persönlichen Tragödien, die das auslösen kann, sollte der β-Fehler hier klein angesetzt werden. Die Signifikanzzahl sollte deshalb relativ groß sein, also z. B. 30 %. Dann ist allerdings die Wahrscheinlichkeit, ein für die Menschen möglicherweise gutes und nützliches Medikament nicht zuzulassen, relativ hoch, was ebenfalls teuer ist und ggf. einen lebensbedrohlichen Nachteil für Kranke bedeutet. Die Signifikanzzahl wird auf 15 % festgelegt.

e) Stichprobenergebnis und Entscheidung

Die Prüfgröße ist eine lineare Kombination zweier Zufallsvariablen. Da die Varianz der Prüfgröße nicht bekannt ist, muss man sie aus den Stichproben schätzen. Das ist unschön, da man die Stichproben nicht nur für die Ermittlung der Prüfgröße, sondern nun auch noch zur Bestimmung der Varianz verwendet. Damit werden die Stichproben doppelt belastet (Stichprobenfehler!). Aber es geht nicht anders. Da die Stichproben sehr groß sind (jeweils 7500), kann man die Varianz hieraus mit ziemlicher Zuverlässigkeit bestimmen. Die Varianz der Prüfgröße lautet bei Unabhängigkeit der Messungen wie folgt: $Var(\Delta_X) = Var(X_2) + Var(X_1)$. Die Einzelvarianzen berechneten sich auf der Grundlage der Binomialverteilung gemäß $\mathrm{Var}(X) = np(1 - p)$. Damit hätte man z gefunden:

$$z = \frac{x_2 - x_1 - E(\Delta_X)}{\sqrt{n_1 p_1 (1 - p_1) + n_2 p_2 (1 - p_2)}}.$$

Da p_1 und p_2 unbekannt sind, könnte man ersatzweise die relativen Häufigkeiten $h_1 = \frac{x_1}{n_1}$ und $h_2 = \frac{x_2}{n_2}$ verwenden. In dem speziellen hier vorliegenden Fall, in dem gemäß der H_0-Hypothese $E(\Delta_X)$ null ist, widerspricht die Unterstellung zweier unterschiedlicher Varianzen aber der Nullhypothese, da man die Homogenität der Grundgesamtheiten behauptet. Man führt daher die beiden Stichprobenbefunde zusammen und errechnet die Varianz aus diesem gemeinsamen Ergebnis. Statt h_1 und h_2 wird die Häufigkeit $h = \frac{x_1 + x_2}{n_1 + n_1}$ verwendet:

$$z = \frac{x_2 - x_1 - E(\Delta_X)}{\sqrt{n_1 h (1 - h) + n_2 h (1 - h)}} = \frac{x_2 - x_1 - E(\Delta_X)}{\sqrt{nh (1 - h)}} \quad \text{mit} \quad n = n_1 + n_2.$$

Damit ergibt sich für das Stichprobenergebnis der Wert:

$$z = \frac{60 - 51}{\sqrt{15.000 \cdot \frac{51+60}{15.000} \cdot \left(1 - \frac{51+60}{15.000}\right)}} = 0{,}86 < 1{,}04.$$

Der Unterschied in den Stichprobenergebnissen ist nicht deutlich genug, um H_0 abzulehnen. Er spricht bei der vorgesehenen Signifikanzzahl $\alpha = 15\,\%$ nicht signifikant für einen Zusammenhang zwischen der Medikamenteneinnahme und der Anzahl der Fälle mit spezifischen Beschwerden.

f) Sensitivitätsanalyse

(1) Bei einem Unterschied von 12 Patienten mit spezifischen Beschwerden kann das Medikament nicht zugelassen werden:

$$z = \frac{63 - 51}{\sqrt{15.000 \cdot \frac{51+63}{15.000} \cdot \left(1 - \frac{51+63}{15.000}\right)}} = 1{,}13 > 1{,}04.$$

(2) Senken wir aber aus Furcht vor einem zu großen α-Fehler das Signifikanzniveau auf $10\,\%$ mit $z_{1-\alpha} = 1{,}28$ ab, dann kann das Medikament problemlos auch bei 12 Fällen spezifischer Beschwerden in den Markt gehen.

3.6.7 Kabeldicke vor und nach der Wartung

Es werden Kabel hergestellt. An 35 zufällig ausgewählten Kabeln wird die Dicke gemessen. Man stellt fest, dass im Mittel der Durchmesser 30,15 mm beträgt bei einer Varianz des einzelnen Messwertes in der Stichprobe von $1,07\,\text{mm}^2$. Nach einer größeren Wartungsmaßnahme wird wieder eine Stichprobe genommen. Diesmal sind es 50 Kabel. Jetzt beträgt das Messergebnis $\overline{x} = 30,30\,\text{mm}$ mit einer Einzelvarianz von $1,45\,\text{mm}^2$. Lässt sich mit einer Signifikanz von 5 % begründet behaupten, dass die Wartungsmaßnahme einen Einfluss auf das Messergebnis hat?

a) Grundgesamtheit

Es geht hier um zwei Grundgesamtheiten: Die produzierten Kabel vor und nach der Wartungsmaßnahme.

b) Merkmal, Stichprobe, Prüfgröße und deren Verteilung

Die Prüfgröße $\Delta_{\overline{X}}$ setzt sich aus den beiden Mittelwerten linear zusammen: $\Delta_{\overline{X}} = \overline{X}_2 - \overline{X}_1$. Die Mittelwerte stammen aus zwei unabhängigen Stichproben. Es gilt:

$$\text{Var}(\Delta_{\overline{X}}) = \text{Var}(\overline{X}_2 - \overline{X}_1) = \text{Var}(\overline{X}_2) + \text{Var}(\overline{X}_1) = \frac{\sigma_2^2}{n_2} + \frac{\sigma_1^2}{n_1}.$$

Wenn die Voraussetzungen des Zentralen Grenzwertsatzes gelten, dann ist die standardisierte Prüfgröße annähernd standardnormalverteilt mit

$$Z = \frac{\overline{X}_2 - \overline{X}_1 - E(\Delta_{\overline{X}})}{\sigma_\Delta}.$$

c) Formulierung einer Hypothese (H_0) und ihrer Gegenhypothese (H_1)

Mit der Hypothese H_0 wird behauptet, dass die erwartete Dicke der Kabel von der Wartungsmaßnahme unbeeinflusst ist: $E(\Delta_{\overline{X}}) = \mu_2 - \mu_1 = 0$. Mit der H_1-Hypothese wird hingegen vermutet, dass die Wartung einen Einfluss auf die Dicke der Kabel hat, wobei offen bleibt, ob der Einfluss sich in einer Erhöhung oder einer Verringerung des Durchmessers zeigt: $\mu_2 - \mu_1 \neq 0$. Der Test ist zweiseitig.

d) Festlegung der Signifikanzzahl α und des Ablehnungsbereichs

Die Signifikanzzahl ist mit $\alpha = 5\,\%$ vorgegeben. Der links- und der rechtsseitige Ablehnungsbereich beginnt bei $z_{\alpha/2} = -1,96$ bzw. bei $z_{1-\alpha/2} = 1,96$.

e) Stichprobenergebnis und Entscheidung

$$z = \frac{30,30\,\text{mm} - 30,15\,\text{mm}}{\sqrt{\frac{1,07\,\text{mm}^2}{35} + \frac{1,45\,\text{mm}^2}{50}}} = \frac{0,15\,\text{mm}}{0,244\,\text{mm}} = 0,6148.$$

Wegen $-1,96 < z < 1,96$ sprechen die Daten nicht signifikant für einen Zusammenhang zwischen der Wartungsmaßnahme und dem durchschnittlichen Kabeldurchmesser.

f) Sensitivitätsanalyse

(1) Wenn die Signifikanzzahl auf 20 % angehoben wird, dann liegen die Grenzen des Ablehnungsbereichs bei $z_{\alpha/2} = -1{,}28$ und $z_{1-\alpha/2} = 1{,}28$.

(2) Wenn die Stichprobe nach Durchführung der Wartungsmaßnahme eine durchschnittliche Dicke von 30,65 mm anzeigt, dann ist z gleich 2,05. Damit liegt die Prüfgröße bei $\alpha = 5\,\%$ im Ablehnungsbereich, bei $\alpha = 20\,\%$ sowieso.

(3) Sind die Stichproben 16 Mal so groß, dann berechnet sich die Prüfgröße mit den ursprünglichen Mittelwerten folgendermaßen:

$$z = \frac{30{,}30\,\text{mm} - 30{,}15\,\text{mm}}{\sqrt{\frac{1{,}07\,\text{mm}^2}{560} + \frac{1{,}45\,\text{mm}^2}{800}}} = \frac{0{,}15\,\text{mm}}{0{,}061\,\text{mm}} = 2{,}46 > 1{,}96.$$

H_0 ist dann abzulehnen.

3.6.8   Ausschussquote

Ein Lieferant verspricht eine Ausschussquote von maximal 10 %. Der Kunde prüft den Wareneingang und plant, die Lieferung zurück zu senden, wenn die Ausschussquote in der Stichprobe signifikant über 10 % liegt, bei einem Signifikanzniveau von $\alpha = 2\,\%$. Eine Stichprobe vom Umfang n = 400 ergibt einen Ausschussanteil von 11 %. Wie ist zu entscheiden?

a) Grundgesamtheit
Wir gehen hier von einer großen Stückzahl der eingehenden Ware aus.

b) Merkmal, Stichprobe, Prüfgröße und deren Verteilung
Es wird eine große Stichprobe ohne Zurücklegen genommen (einfaches Stichprobenverfahren). Das Merkmal „Ausschuss" mit den Ausprägungen „intakt" und „defekt" ist binär. Die Anzahl der defekten Teile in der Stichprobe ist binomialverteilt. Wegen $n\,p(1-p) > 9$ kann die Binomialverteilung durch die Normalverteilung approximiert werden. Als p wird hierbei zweckmäßig der Ausschussanteil unter H_0 in Höhe von maximal $p_0 = 10\,\%$ verwendet. Es wird in der Stichprobe die relative Häufigkeit h der defekten Teile bestimmt (Prüfgröße).

c) Formulierung einer Hypothese (H_0) und ihrer Gegenhypothese (H_1)
Die Hypothesen über den Anteil p in der Grundgesamtheit lauten $p \le 10\,\%$ (H_0) und $p > 10\,\%$ (H_1). Der Test ist also rechtsseitig.

d) Festlegung der Signifikanzzahl α und des Ablehnungsbereichs
Die Signifikanzzahl wird mit 2 % angegeben. Damit ist $z_{1-\alpha} = 2{,}05$.

e) Stichprobenergebnis und Entscheidung

In der Stichprobe bestimmen wir die relative Häufigkeit h der defekten Teile. Der Wert für Z berechnet sich folgendermaßen:

$$Z = \frac{X - E(X)}{\sqrt{Var(X)}} = \frac{\frac{X}{n} - \frac{np}{n}}{\frac{\sqrt{np(1-p)}}{n}} = \frac{h - p}{\sqrt{\frac{p(1-p)}{n}}}.$$

Unter H_0 gilt dann:

$$Z = \frac{h - p_0}{\sqrt{\frac{p_0(1-p_0)}{n}}} \sim N(0,1).$$

Mit den verfügbaren Daten kann jetzt die Prüfgröße berechnet werden:

$$z = \frac{0,11 - 0,10}{\sqrt{\frac{0,1 \cdot 0,9}{400}}} = 0,67 < 2,05.$$

Die Ausschussquote in der Stichprobe liegt nicht signifikant über 10 %. Die Lieferung wird nicht an den Lieferanten zurückgeschickt.

f) Sensitivitätsanalyse

(1) Erst bei einer Differenz von 3,075 % zwischen dem Anteil h in der Stichprobe und dem behaupteten Anteil $p_0 = 10$ % in der Grundgesamtheit weist man die Lieferung zurück:

$$z = \frac{0,03075}{\sqrt{\frac{0,1 \cdot 0,9}{400}}} = 2,05.$$

(2) Eine Stichprobengröße von 1000 Teilen führt bei sonst gleichen Daten zu z = 1,05. Die Hypothese H_0 wird dann nicht abgelehnt und die Lieferung nicht zurückgesendet.

3.6.9 Ausschussanteile vor und nach der Wartung

Wir verwenden jetzt das Beispiel „Kabeldicke vor und nach der Wartung" ein zweites Mal, bauen aber eine Variante ein:

Es werden Kabel hergestellt. An 240 zufällig ausgewählten Kabeln wird die Dicke gemessen. Man stellt fest, dass der Durchmesser bei 7,5 % der Messungen zu groß oder zu klein ist. Deshalb führt man eine Wartungsmaßnahme im Produktionsablauf durch. Danach sind in einer Kontrollstichprobe, die ebenfalls einen Umfang von 240 Kabeln hat, 5 % der Kabel im Durchmesser zu groß oder zu klein. Lässt sich mit einer Signifikanz von 5 % begründet behaupten, dass die Wartungsmaßnahme einen positiven Einfluss auf das Messergebnis hat?

a) Grundgesamtheit

Es liegen zwei Grundgesamtheiten vor: Kabel vor und nach der Wartungsmaßnahme. Wir gehen von großen Grundgesamtheiten aus.

b) Merkmal, Stichprobe, Prüfgröße und deren Verteilung

Es werden zwei große Stichproben ohne Zurücklegen genommen (einfaches Stichprobenverfahren). Die Prüfgröße besteht aus der Differenz der Ausschussanteile in den Stichproben: $\Delta_h = h_2 - h_1$, wobei der Index 1 sich auf die Grundgesamtheit vor und der Index 2 sich auf die Grundgesamtheit nach der Wartungsmaßnahme bezieht. Es gibt zwei Merkmalsausprägungen: „zu groß oder zu klein" und „in Ordnung". Das Merkmal ist demnach binär. Die Anzahl der nicht normgerechten Kabel ist in jeder Stichprobe (angenähert) binomialverteilt. Es ist nun zu prüfen, ob die Verteilungen der Stichprobenwerte durch Normalverteilungen approximiert werden können. Da in der ersten Stichprobe der Wert für $nh(1 - h)$ größer als 9 ist, nämlich 16,65, und in der zweiten Stichprobe 11,4 beträgt, können die jeweiligen Verteilungen der Stichprobenergebnisse durch Normalverteilungen angenähert werden. Die Summe (bzw. Differenz) zweier unabhängiger Normalverteilungen ist wieder eine Normalverteilung, weshalb Δ_h (angenähert) normalverteilt ist.

c) Formulierung einer Hypothese (H_0) und ihrer Gegenhypothese (H_1)

Die Hypothese H_0 lautet: $E(\Delta_h) = p_2 - p_1 = 0$. Die Wartungsmaßnahme hätte demnach keine Wirkung hinterlassen. Die H_1-Hypothese behauptet, dass der Ausschussanteil hierdurch gesenkt wurde: $E(\Delta_h) = p_2 - p_1 < 0$. Der Test ist also linksseitig.

d) Festlegung der Signifikanzzahl α und des Ablehnungsbereichs

Diese wird in der Problembeschreibung mit 5 % angegeben. Damit beträgt

$$z_\alpha = -z_{1-\alpha} = -1{,}645.$$

e) Stichprobenergebnis und Entscheidung

In dem hier betrachteten Fall, dass unter H_0 die Grundgesamtheiten gleich sind, müssen auch die Ausschussanteile als gleich angenommen werden. Die Varianz von Δ_h berechnet sich folgendermaßen:

$$\text{Var}(\Delta_h) = \frac{p_2 (1 - p_2)}{n_2} + \frac{p_1 (1 - p_1)}{n_1} = p (1 - p) \left(\frac{1}{n_2} + \frac{1}{n_1} \right).$$

Der unbekannte Anteil p wird hier auf Basis von relativen Häufigkeiten geschätzt:

$$\text{Var}(\Delta_h) = h (1 - h) \left(\frac{1}{n_2} + \frac{1}{n_1} \right).$$

Der Anteil h ergibt sich aus dem gewichteten Mittel der relativen Häufigkeiten in den beiden Stichproben:

$$h = \frac{n_1 h_1 + n_2 h_2}{n_1 + n_2},$$

$$h = \frac{240 \cdot 0{,}075 + 240 \cdot 0{,}05}{480} = \frac{30}{480} = 0{,}0625.$$

Es kann jetzt die Prüfgröße bestimmt werden:

$$z = \frac{0{,}05 - 0{,}075}{\sqrt{0{,}0625 \cdot 0{,}9375 \cdot \left(\frac{1}{240} + \frac{1}{240}\right)}} = \frac{-0{,}025}{0{,}0221} = -1{,}13 > -1{,}645.$$

Die Ausschussquote hat sich durch die Wartungsmaßnahme nicht signifikant verringert.

f) Sensitivitätsanalyse

(1) Sinkt die Ausschussquote von 7,5 % auf 4 %, dann kommt man zu dem Schluss, dass die Wartungsmaßnahme gegriffen hat:

$$z = \frac{-0{,}035}{0{,}02125} = -1{,}65 < -1{,}645.$$

(2) Bei einem geringeren Stichprobenumfang wird der Test unschärfer, da die Varianz des Stichprobenergebnisses zunimmt. Bildlich gesprochen wird die Normalverteilung flacher, es werden Wahrscheinlichkeitsgewichte von der Mitte an die Enden verschoben. Bei halbem Stichprobenumfang beträgt die Standardabweichung der Ausschussquotendifferenz 0,031 gegenüber 0,0221 zuvor:

$$\sqrt{0{,}0625 \cdot 0{,}9375 \cdot \left(\frac{1}{120} + \frac{1}{120}\right)} = 0{,}031.$$

3.6.10 Varianzen von Differenztests im Überblick

1. Fall: Gesucht ist die Varianz der Differenz der absoluten Häufigkeiten $X_2 - X_1$

- X_1 und X_2 sind stochastisch unabhängige Zufallsvariablen.
- X_1 und X_2 sind binomialverteilt.
- Die Parameter p_1 und p_2 der Binomialverteilungen sind bekannt.
- Man geht unter H_0 nicht davon aus, dass die Anteilswerte in beiden Grundgesamtheiten gleich sein müssen.

$$\mathrm{Var}(X_2 - X_1) = n_1 \cdot p_1 \cdot (1 - p_1) + n_2 \cdot p_2 \cdot (1 - p_2).$$

2. Fall: Gesucht ist die Varianz der Differenz der absoluten Häufigkeiten $X_2 - X_1$

- Wie der 1. Fall, wobei jetzt die Parameter p_1 und p_2 der Grundgesamtheiten aus den Stichproben zu schätzen sind.
- Außerdem geht man jetzt unter H_0 davon aus, dass die Anteilswerte in den beiden Grundgesamtheiten gleich sind.

$$\text{Var}(X_2 - X_1) = (n_1 + n_2) \cdot p \cdot (1 - p).$$

Als Schätzwert für p wird die relative Häufigkeit in der gesamten Stichprobe $\frac{x_1 + x_2}{n_1 + n_2}$ genommen.

3. Fall: Gesucht ist die Varianz der Differenz der Mittelwerte $\overline{X}_2 - \overline{X}_1$

- $\overline{X}_1$ und $\overline{X}_2$ sind stochastisch unabhängige Zufallsvariablen.
- $\text{Var}(\overline{X}_1)$ und $\text{Var}(\overline{X}_2)$ sind bekannt.

$$\text{Var}(\overline{X}_1 - \overline{X}_2) = \text{Var}(\overline{X}_1) + \text{Var}(\overline{X}_2) = \sigma_{\overline{X}_1}^2 + \sigma_{\overline{X}_2}^2.$$

4. Fall: Gesucht ist die Varianz der Differenz der Mittelwerte $\overline{X}_2 - \overline{X}_1$

- $\overline{X}_1$ und $\overline{X}_2$ sind stochastisch unabhängige Zufallsvariablen.
- Die Varianzen σ_1^2 und σ_2^2 der einzelnen Messwerte in der ersten bzw. der zweiten Stichprobe sind bekannt.

$$\text{Var}(\overline{X}_1 - \overline{X}_2) = \text{Var}(\overline{X}_1) + \text{Var}(\overline{X}_2) = \frac{\sigma_1^2}{n_1} + \frac{\sigma_2^2}{n_2}.$$

5. Fall: Gesucht ist die Varianz der Anteilsdifferenz $h_2 - h_1$

- X_1 und X_2 sind stochastisch unabhängige Zufallsvariablen,
- Die Anteilswerte p_1 und p_2 sind unbekannt und werden aus X_1, X_2, n_1 und n_2 geschätzt.
- Man geht unter H_0 nicht davon aus, dass die Anteilswerte in den beiden Grundgesamtheiten gleich sind.

$$\text{Var}(h_2 - h_1) = \frac{1}{n_1^2}\text{Var}(X_1) + \frac{1}{n_2^2}\text{Var}(X_2) = \frac{p_1(1 - p_1)}{n_1} + \frac{p_2(1 - p_2)}{n_2}.$$

6. Fall: Gesucht ist die Varianz der Anteilsdifferenz $h_2 - h_1$

- Wie der 5. Fall, wobei man jetzt unter H_0 davon ausgeht, dass beide Grundgesamtheiten gleich sind.

$$\text{Var}(h_2 - h_1) = p \cdot (1 - p) \cdot \left(\frac{1}{n_1} + \frac{1}{n_2}\right).$$

Als Schätzwert für p wird die relative Häufigkeit in der Stichprobe $\frac{x_1 + x_2}{n_1 + n_2}$ genommen.

3.6.11 Tabellen

Abb. 3.21 und 3.22 zeigen die Punktwahrscheinlichkeiten der binomialverteilten Zufallsvariablen $X \sim B(n, p)$.

n	x	0,05	0,10	0,15	0,20	0,25	0,30	0,35	0,40	0,45	0,50
1	0,0	0,9500	0,9000	0,8500	0,8000	0,7500	0,7000	0,6500	0,6000	0,5500	0,5000
1	1,0	0,0500	0,1000	0,1500	0,2000	0,2500	0,3000	0,3500	0,4000	0,4500	0,5000
2	0,0	0,9025	0,8100	0,7225	0,6400	0,5625	0,4900	0,4225	0,3600	0,3025	0,2500
2	1,0	0,0950	0,1800	0,2550	0,3200	0,3750	0,4200	0,4550	0,4800	0,4950	0,5000
2	2,0	0,0025	0,0100	0,0225	0,0400	0,0625	0,0900	0,1225	0,1600	0,2025	0,2500
3	0,0	0,8574	0,7290	0,6141	0,5120	0,4219	0,3430	0,2746	0,2160	0,1664	0,1250
3	1,0	0,1354	0,2430	0,3251	0,3840	0,4219	0,4410	0,4436	0,4320	0,4084	0,3750
3	2,0	0,0071	0,0270	0,0574	0,0960	0,1406	0,1890	0,2389	0,2880	0,3341	0,3750
3	3,0	0,0001	0,0010	0,0034	0,0080	0,0156	0,0270	0,0429	0,0640	0,0911	0,1250
4	0,0	0,8145	0,6561	0,5220	0,4096	0,3164	0,2401	0,1785	0,1296	0,0915	0,0625
4	1,0	0,1715	0,2916	0,3685	0,4096	0,4219	0,4116	0,3845	0,3456	0,2995	0,2500
4	2,0	0,0135	0,0486	0,0975	0,1536	0,2109	0,2646	0,3105	0,3456	0,3675	0,3750
4	3,0	0,0005	0,0036	0,0115	0,0256	0,0469	0,0756	0,1115	0,1536	0,2005	0,2500
4	4,0	0,0000	0,0001	0,0005	0,0016	0,0039	0,0081	0,0150	0,0256	0,0410	0,0625
5	0,0	0,7738	0,5905	0,4437	0,3277	0,2373	0,1681	0,1160	0,0778	0,0503	0,0313
5	1,0	0,2036	0,3281	0,3915	0,4096	0,3955	0,3602	0,3124	0,2592	0,2059	0,1563
5	2,0	0,0214	0,0729	0,1382	0,2048	0,2637	0,3087	0,3364	0,3456	0,3369	0,3125
5	3,0	0,0011	0,0081	0,0244	0,0512	0,0879	0,1323	0,1811	0,2304	0,2757	0,3125
5	4,0	0,0000	0,0005	0,0022	0,0064	0,0146	0,0284	0,0488	0,0768	0,1128	0,1563
5	5,0	0,0000	0,0000	0,0001	0,0003	0,0010	0,0024	0,0053	0,0102	0,0185	0,0313
6	0,0	0,7351	0,5314	0,3771	0,2621	0,1780	0,1176	0,0754	0,0467	0,0277	0,0156
6	1,0	0,2321	0,3543	0,3993	0,3932	0,3560	0,3025	0,2437	0,1866	0,1359	0,0938
6	2,0	0,0305	0,0984	0,1762	0,2458	0,2966	0,3241	0,3280	0,3110	0,2780	0,2344
6	3,0	0,0021	0,0146	0,0415	0,0819	0,1318	0,1852	0,2355	0,2765	0,3032	0,3125
6	4,0	0,0001	0,0012	0,0055	0,0154	0,0330	0,0595	0,0951	0,1382	0,1861	0,2344
6	5,0	0,0000	0,0001	0,0004	0,0015	0,0044	0,0102	0,0205	0,0369	0,0609	0,0938
6	6,0	0,0000	0,0000	0,0000	0,0001	0,0002	0,0007	0,0018	0,0041	0,0083	0,0156
7	0,0	0,6983	0,4783	0,3206	0,2097	0,1335	0,0824	0,0490	0,0280	0,0152	0,0078
7	1,0	0,2573	0,3720	0,3960	0,3670	0,3115	0,2471	0,1848	0,1306	0,0872	0,0547
7	2,0	0,0406	0,1240	0,2097	0,2753	0,3115	0,3177	0,2985	0,2613	0,2140	0,1641
7	3,0	0,0036	0,0230	0,0617	0,1147	0,1730	0,2269	0,2679	0,2903	0,2918	0,2734
7	4,0	0,0002	0,0026	0,0109	0,0287	0,0577	0,0972	0,1442	0,1935	0,2388	0,2734
7	5,0	0,0000	0,0002	0,0012	0,0043	0,0115	0,0250	0,0466	0,0774	0,1172	0,1641
7	6,0	0,0000	0,0000	0,0001	0,0004	0,0013	0,0036	0,0084	0,0172	0,0320	0,0547
7	7,0	0,0000	0,0000	0,0000	0,0000	0,0001	0,0002	0,0006	0,0016	0,0037	0,0078

Abb. 3.21 Tabelle der Binomialverteilung

n	x	p 0,05	0,10	0,15	0,20	0,25	0,30	0,35	0,40	0,45	0,50
8	0,0	0,6634	0,4305	0,2725	0,1678	0,1001	0,0576	0,0319	0,0168	0,0084	0,0039
8	1,0	0,2793	0,3826	0,3847	0,3355	0,2670	0,1977	0,1373	0,0896	0,0548	0,0313
8	2,0	0,0515	0,1488	0,2376	0,2936	0,3115	0,2965	0,2587	0,2090	0,1569	0,1094
8	3,0	0,0054	0,0331	0,0839	0,1468	0,2076	0,2541	0,2786	0,2787	0,2568	0,2188
8	4,0	0,0004	0,0046	0,0185	0,0459	0,0865	0,1361	0,1875	0,2322	0,2627	0,2734
8	5,0	0,0000	0,0004	0,0026	0,0092	0,0231	0,0467	0,0808	0,1239	0,1719	0,2188
8	6,0	0,0000	0,0000	0,0002	0,0011	0,0038	0,0100	0,0217	0,0413	0,0703	0,1094
8	7,0	0,0000	0,0000	0,0000	0,0001	0,0004	0,0012	0,0033	0,0079	0,0164	0,0313
8	8,0	0,0000	0,0000	0,0000	0,0000	0,0000	0,0001	0,0002	0,0007	0,0017	0,0039
9	0,0	0,6302	0,3874	0,2316	0,1342	0,0751	0,0404	0,0207	0,0101	0,0046	0,0020
9	1,0	0,2985	0,3874	0,3679	0,3020	0,2253	0,1556	0,1004	0,0605	0,0339	0,0176
9	2,0	0,0629	0,1722	0,2597	0,3020	0,3003	0,2668	0,2162	0,1612	0,1110	0,0703
9	3,0	0,0077	0,0446	0,1069	0,1762	0,2336	0,2668	0,2716	0,2508	0,2119	0,1641
9	4,0	0,0006	0,0074	0,0283	0,0661	0,1168	0,1715	0,2194	0,2508	0,2600	0,2461
9	5,0	0,0000	0,0008	0,0050	0,0165	0,0389	0,0735	0,1181	0,1672	0,2128	0,2461
9	6,0	0,0000	0,0001	0,0006	0,0028	0,0087	0,0210	0,0424	0,0743	0,1160	0,1641
9	7,0	0,0000	0,0000	0,0000	0,0003	0,0012	0,0039	0,0098	0,0212	0,0407	0,0703
9	8,0	0,0000	0,0000	0,0000	0,0000	0,0001	0,0004	0,0013	0,0035	0,0083	0,0176
9	9,0	0,0000	0,0000	0,0000	0,0000	0,0000	0,0000	0,0001	0,0003	0,0008	0,0020
10	0,0	0,5987	0,3487	0,1969	0,1074	0,0563	0,0282	0,0135	0,0060	0,0025	0,0010
10	1,0	0,3151	0,3874	0,3474	0,2684	0,1877	0,1211	0,0725	0,0403	0,0207	0,0098
10	2,0	0,0746	0,1937	0,2759	0,3020	0,2816	0,2335	0,1757	0,1209	0,0763	0,0439
10	3,0	0,0105	0,0574	0,1298	0,2013	0,2503	0,2668	0,2522	0,2150	0,1665	0,1172
10	4,0	0,0010	0,0112	0,0401	0,0881	0,1460	0,2001	0,2377	0,2508	0,2384	0,2051
10	5,0	0,0001	0,0015	0,0085	0,0264	0,0584	0,1029	0,1536	0,2007	0,2340	0,2461
10	6,0	0,0000	0,0001	0,0012	0,0055	0,0162	0,0368	0,0689	0,1115	0,1596	0,2051
10	7,0	0,0000	0,0000	0,0001	0,0008	0,0031	0,0090	0,0212	0,0425	0,0746	0,1172
10	8,0	0,0000	0,0000	0,0000	0,0001	0,0004	0,0014	0,0043	0,0106	0,0229	0,0439
10	9,0	0,0000	0,0000	0,0000	0,0000	0,0000	0,0001	0,0005	0,0016	0,0042	0,0098
10	10,0	0,0000	0,0000	0,0000	0,0000	0,0000	0,0000	0,0000	0,0001	0,0003	0,0010

Abb. 3.22 Tabelle der Binomialverteilung (Fortsetzung)

Abb. 3.23 zeigt die Werte der Verteilungsfunktion $F_{St}(z)$ der standardnormalverteilten Zufallsvariablen Z.

z	0,00	0,01	0,02	0,03	0,04	0,05	0,06	0,07	0,08	0,09
0,0	0,5000	0,5040	0,5080	0,5120	0,5160	0,5199	0,5239	0,5279	0,5319	0,5359
0,1	0,5398	0,5438	0,5478	0,5517	0,5557	0,5596	0,5636	0,5675	0,5714	0,5753
0,2	0,5793	0,5832	0,5871	0,5910	0,5948	0,5987	0,6026	0,6064	0,6103	0,6141
0,3	0,6179	0,6217	0,6255	0,6293	0,6331	0,6368	0,6406	0,6443	0,6480	0,6517
0,4	0,6554	0,6591	0,6628	0,6664	0,6700	0,6736	0,6772	0,6808	0,6844	0,6879
0,5	0,6915	0,6950	0,6985	0,7019	0,7054	0,7088	0,7123	0,7157	0,7190	0,7224
0,6	0,7257	0,7291	0,7324	0,7357	0,7389	0,7422	0,7454	0,7486	0,7517	0,7549
0,7	0,7580	0,7611	0,7642	0,7673	0,7704	0,7734	0,7764	0,7794	0,7823	0,7852
0,8	0,7881	0,7910	0,7939	0,7967	0,7995	0,8023	0,8051	0,8078	0,8106	0,8133
0,9	0,8159	0,8186	0,8212	0,8238	0,8264	0,8289	0,8315	0,8340	0,8365	0,8389
1,0	0,8413	0,8438	0,8461	0,8485	0,8508	0,8531	0,8554	0,8577	0,8599	0,8621
1,1	0,8643	0,8665	0,8686	0,8708	0,8729	0,8749	0,8770	0,8790	0,8810	0,8830
1,2	0,8849	0,8869	0,8888	0,8907	0,8925	0,8944	0,8962	0,8980	0,8997	0,9015
1,3	0,9032	0,9049	0,9066	0,9082	0,9099	0,9115	0,9131	0,9147	0,9162	0,9177
1,4	0,9192	0,9207	0,9222	0,9236	0,9251	0,9265	0,9279	0,9292	0,9306	0,9319
1,5	0,9332	0,9345	0,9357	0,9370	0,9382	0,9394	0,9406	0,9418	0,9429	0,9441
1,6	0,9452	0,9463	0,9474	0,9484	0,9495	0,9505	0,9515	0,9525	0,9535	0,9545
1,7	0,9554	0,9564	0,9573	0,9582	0,9591	0,9599	0,9608	0,9616	0,9625	0,9633
1,8	0,9641	0,9649	0,9656	0,9664	0,9671	0,9678	0,9686	0,9693	0,9699	0,9706
1,9	0,9713	0,9719	0,9726	0,9732	0,9738	0,9744	0,9750	0,9756	0,9761	0,9767
2,0	0,9772	0,9778	0,9783	0,9788	0,9793	0,9798	0,9803	0,9808	0,9812	0,9817
2,1	0,9821	0,9826	0,9830	0,9834	0,9838	0,9842	0,9846	0,9850	0,9854	0,9857
2,2	0,9861	0,9864	0,9868	0,9871	0,9875	0,9878	0,9881	0,9884	0,9887	0,9890
2,3	0,9893	0,9896	0,9898	0,9901	0,9904	0,9906	0,9909	0,9911	0,9913	0,9916
2,4	0,9918	0,9920	0,9922	0,9925	0,9927	0,9929	0,9931	0,9932	0,9934	0,9936
2,5	0,9938	0,9940	0,9941	0,9943	0,9945	0,9946	0,9948	0,9949	0,9951	0,9952
2,6	0,9953	0,9955	0,9956	0,9957	0,9959	0,9960	0,9961	0,9962	0,9963	0,9964
2,7	0,9965	0,9966	0,9967	0,9968	0,9969	0,9970	0,9971	0,9972	0,9973	0,9974
2,8	0,9974	0,9975	0,9976	0,9977	0,9977	0,9978	0,9979	0,9979	0,9980	0,9981
2,9	0,9981	0,9982	0,9982	0,9983	0,9984	0,9984	0,9985	0,9985	0,9986	0,9986

Abb. 3.23 Tabelle der Standardnormalverteilung

3.7 Konfidenzintervalle

3.7.1 Vorbemerkung: Stichprobenintervall

Angenommen, man würde den wahren Mittelwert μ eines bestimmten Merkmals der Grundgesamtheit kennen, und wäre daran interessiert zu erfahren, wie Stichprobenmittelwerte um diesen wahren Wert streuen. Zum Beispiel wählt man zufällig 35 Namen aus der Gruppe der eingeschriebenen Studenten und Studentinnen der Hochschule Saartal aus, kontaktiert diese Personen, fragt nach deren Körpergrößen und berechnet aus den Einzelangaben den Wert $\overline{x} = 1{,}74\,\text{cm}$. Wenn man erneut eine Stichprobe im Umfang von 35 zieht und wiederum den Stichprobenmittelwert berechnet, dann dürfte dieser im Allgemeinen woanders liegen, zum Beispiel bei $\overline{x} = 1{,}69\,\text{cm}$. Der dritte Stichprobenmittelwert liegt z. B. bei 1,76 cm und der vierte bei z. B. 1,87 cm. Beträgt der wahre Wert 174,5 cm, dann kann man beobachten, wie die Stichprobenmittelwerte um diesen wahren Wert streuen.

Jetzt geht man einen Schritt weiter: Man möchte gerne ein Intervall um den wahren Mittelwert μ schlagen in dem der Stichprobenmittelwert $\overline{X}$ mit einer Wahrscheinlichkeit $1 - \alpha$ liegt. Hierzu wird α festgelegt. Bei einem Stichprobenumfang von 30 oder darüber (Daumenregel) ist der Stichprobenmittelwert annähernd normalverteilt. Davon gehen wir im Folgenden aus. Es wird das Quantil $z_{1-\alpha/2}$ aus der Tabelle der Standardnormalverteilung bestimmt (Abb. 3.23). Man kann jetzt folgern, dass die standardisierten Stichprobenergebnisse mit der Wahrscheinlichkeit α kleiner als $-z_{1-\alpha/2}$ oder größer als $z_{1-\alpha/2}$ sind und mit der Wahrscheinlichkeit $1 - \alpha$ in das Intervall $[-z_{1-\alpha/2}, z_{1-\alpha/2}]$ fallen:

$$P\left(-z_{1-\alpha/2} \leq \frac{\overline{X} - \mu}{\sigma_{\overline{X}}} \leq z_{1-\alpha/2}\right) = 1 - \alpha \qquad | \cdot \sigma_{\overline{X}}$$

$$P\left(-z_{1-\alpha/2} \cdot \sigma_{\overline{X}} \leq \overline{X} - \mu \leq z_{1-\alpha/2} \cdot \sigma_{\overline{X}}\right) = 1 - \alpha \qquad | + \mu$$

$$P\left(\mu - z_{1-\alpha/2} \cdot \sigma_{\overline{X}} \leq \overline{X} \leq \mu + z_{1-\alpha/2} \cdot \sigma_{\overline{X}}\right) = 1 - \alpha.$$

Mit dieser Gleichung kann man ein Intervall berechnen, in das der Stichprobenmittelwert mit einer vorgegebenen Wahrscheinlichkeit $1 - \alpha$ fällt. Zur Erinnerung: Der wahre Mittelwert μ der Grundgesamtheit ist hier als bekannt vorausgesetzt worden.

Angenommen, der wahre Mittelwert der Körpergrößen der Studenten und Studentinnen der Hochschule Saartal beträgt $\mu = 174{,}5\,\text{cm}$ bei einer geschätzten Standardabweichung des einzelnen Messwertes von 9 cm. Der Stichprobenumfang sei 35. Der Wert für α wird mit 5 % festgelegt. Gemäß Tabelle der Standardnormalverteilung (Abb. 3.23) ist $z_{1-\alpha/2} = 1{,}96$. Das gesuchte Intervall ergibt sich dann aus

$$P\left(174{,}5\,\text{cm} - 1{,}96 \cdot \frac{9\,\text{cm}}{\sqrt{35}} \leq \overline{X} \leq 174{,}5\,\text{cm} + 1{,}96 \cdot \frac{9\,\text{cm}}{\sqrt{35}}\right) = 95\,\%.$$

Das Intervall lautet: $[171{,}52\,\text{cm}; 177{,}48\,\text{cm}]$.

3.7.2 Konfidenzintervall für den Erwartungswert

In einem Konfidenzintervall, welches um das zufällige Stichprobenergebnis $\overline{X}$ liegt, befindet sich der wahre Wert μ mit der Wahrscheinlichkeit $1 - \alpha$ und mit der Wahrscheinlichkeit α befindet sich der wahre Wert μ nicht in diesem Intervall.

Um den bekannten Stichprobenmittelwert $\overline{X}$ wird eine linke und eine rechte Schranke geschlagen: $-z_{1-\alpha/2} \cdot \sigma_{\overline{X}}$ bzw. $z_{1-\alpha/2} \cdot \sigma_{\overline{X}}$. Es wird nun nicht etwa behauptet, dass der wahre Wert μ sich in diesem Intervall befindet, sondern dass die Wahrscheinlichkeit, dass er sich darin befindet, $1 - \alpha$ beträgt. Formal kann das Konfidenzintervall für wahre Mittelwerte μ bei normalverteilten Stichprobenmittelwerten $\overline{X}$ folgendermaßen beschrieben werden:

$$P\left(\overline{X} - z_{1-\alpha/2} \cdot \sigma_{\overline{X}} \leq \mu \leq \overline{X} + z_{1-\alpha/2} \cdot \sigma_{\overline{X}}\right) = 1 - \alpha.$$

Wie kommt man zu dieser Berechnungsgleichung des Konfidenzintervalls? Aus dem vorherigen Abschnitt kennen wir bereits die nachfolgende Gleichung, gehen jetzt aber davon aus, dass $\overline{X}$ bekannt und μ unbekannt ist:

$$P\left(-z_{1-\alpha/2} \leq \frac{\overline{X} - \mu}{\sigma_{\overline{X}}} \leq z_{1-\alpha/2}\right) = 1 - \alpha \qquad \mid \; \cdot \sigma_{\overline{X}}$$

$$P\left(-z_{1-\alpha/2} \cdot \sigma_{\overline{X}} \leq \overline{X} - \mu \leq z_{1-\alpha/2} \cdot \sigma_{\overline{X}}\right) = 1 - \alpha \qquad \mid \; -\overline{X}$$

$$P\left(-\overline{X} - z_{1-\alpha/2} \cdot \sigma_{\overline{X}} \leq -\mu \leq -\overline{X} + z_{1-\alpha/2} \cdot \sigma_{\overline{X}}\right) = 1 - \alpha.$$

Wenn wir die Ungleichung mit -1 multiplizieren und die linke und rechte Seite tauschen, dann folgt die Definition des Konfidenzintervalls

$$P\left(\overline{X} - z_{1-\alpha/2} \cdot \sigma_{\overline{X}} \leq \mu \leq \overline{X} + z_{1-\alpha/2} \cdot \sigma_{\overline{X}}\right) = 1 - \alpha.$$

Mithilfe dieser Gleichung schließt man von einem bekannten Stichprobenergebnis auf den unbekannten wahren Wert μ in dem Sinne, dass man ein Intervall angibt, welches um das zufällige Stichprobenergebnis liegt, in dem der wahre Wert μ mit der vorgegebenen Wahrscheinlichkeit $1 - \alpha$ liegt.

Beispiel

Man weiß aus Erfahrung, dass die Dicke von Kabelsträngen normalverteilt ist. Im Auslieferungslager wird eine Stichprobe im Umfang von $n = 80$ genommen, die folgendes Resultat liefert: $\overline{x} = 30{,}15\,\text{mm}$ mit einer Varianz der einzelnen Dicke in der Stichprobe von $1{,}07\,\text{mm}^2$. Der Kunde möchte gerne die tatsächliche durchschnittliche Dicke der Kabelstränge mitgeteilt bekommen. Die kennt man nicht und muss sie aus der Stichprobe schätzen. Aufgrund des Stichprobenfehlers ist das aber nicht mit Sicherheit möglich. Man ist aber in der Lage, dem Kunden ein Intervall zu nennen, in dem die tatsächliche durchschnittliche Dicke vermutlich liegt. Hierzu einigt man sich mit dem Kunden auf eine Irrtumswahrscheinlichkeit von 5 %.

Das Konfidenzintervall lautet: $29{,}92\,\text{mm} \leq \mu \leq 30{,}38$. Es ergibt sich aus der folgenden Berechnung:

$$30{,}15\,\text{mm} - 1{,}96 \cdot \sqrt{\frac{1{,}07\,\text{mm}^2}{80}} \leq \mu \leq 30{,}15 + 1{,}96 \cdot \sqrt{\frac{1{,}07\,\text{mm}^2}{80}}.$$

Würde man die Irrtumswahrscheinlichkeit auf $2\,\%$ absenken, dann nimmt $z_{1-\alpha/2}$ zu: $z_{1-\alpha/2} = 2{,}33$. Entsprechend weiten sich die Grenzen des Intervalls: $29{,}88\,\text{mm} \leq \mu \leq 30{,}42$.

Die geringere Irrtumswahrscheinlichkeit „erkauft" man sich also mit einem größeren Intervall, also einer größeren Ungenauigkeit.

3.7.3 Weitere Konfidenzintervalle

Die nachfolgenden Konfidenzintervalle werden relativ kurz abgehandelt, da auf den Inhalten des vorausgegangenen Abschnitts „Schließende Statistik" aufgebaut wird. Zu den Testbeispielen des vorangegangenen Kapitels werden wir nachfolgend zeigen, wie Konfidenzintervalle zu konstruieren sind. Dabei gehen wir im Folgenden davon aus, dass

a) einfache Stichprobenverfahren durchgeführt werden,
b) die Bedingungen für die Approximation der Verteilung der Stichprobenvariablen durch die Normalverteilung gegeben ist.

(1) Binomialverteilte Variable

In einer Grundgesamtheit gibt es n Elemente, die ein bestimmtes Merkmal aufweisen können. Die Zufallsvariable X sei folgendermaßen definiert:

$$X = \sum_{i=1}^{n} X_i \quad \text{mit } X_i = \begin{cases} 1, & \text{Merkmal vorhanden} \\ 0, & \text{Merkmal nicht vorhanden.} \end{cases}$$

Sind die X_i stochastisch unabhängig, dann ist X binomialverteilt und kann durch die Normalverteilung approximiert werden, wenn $np(1-p) \geq 9$. Wir bestimmen das Konfidenzintervall für den wahren unbekannten Anteil p der Merkmalsträger in der Grundgesamtheit. Die standardisierte Variable Z der binomialverteilten Stichprobengröße X lautet:

$$Z = \frac{X - np}{\sqrt{np\,(1-p)}} \qquad \left| \quad \cdot \frac{\frac{1}{n}}{\frac{1}{n}} \right.$$

Durch die Multiplikation von Zähler und Nenner mit $1/n$ erhalten wir Z ausgedrückt durch die Anteile h bzw. die Wahrscheinlichkeit p:

$$Z = \frac{\frac{1}{n}X - p}{\frac{1}{n}\sqrt{np\,(1-p)}} = \frac{h - p}{\sqrt{\frac{p(1-p)}{n}}}.$$

Da p unbekannt ist, muss die Varianz aus der Stichprobe geschätzt werden und wir ersetzen im Nenner p durch h:

$$Z = \frac{h - p}{\sqrt{\frac{h(1-h)}{n}}}.$$

Das Konfidenzintervall für p ergibt sich aus:

$$P\left(h - z_{1-\alpha/2}\sqrt{\frac{h(1-h)}{n}} \leq p \leq h + z_{1-\alpha/2}\sqrt{\frac{h(1-h)}{n}}\right) = 1 - \alpha.$$

Sucht man das Konfidenzintervall des wahren ganzzahligen Wertes Np in der Grundgesamtheit, dann sind die Grenzen des Intervalls mit N zu multiplizieren:

$$P\left(N \cdot \left(h - z_{1-\alpha/2}\sqrt{\frac{h(1-h)}{n}}\right) \leq Np \leq N \cdot \left(h - z_{1-\alpha/2}\sqrt{\frac{h(1-h)}{n}}\right)\right) = 1 - \alpha.$$

Beispiel
Wir testen 2000 Gehäuse aus einer Produktion von 1 Mio. Stück und finden 120 defekte Teile. Es wird nun ein Intervall berechnet, dass die tatsächliche Anzahl defekter Teile in der Grundgesamtheit mit einer Wahrscheinlichkeit von 95 % enthält:

$$\frac{120}{2000} - 1{,}96\sqrt{\frac{\frac{120}{2000} \cdot \left(1 - \frac{120}{2000}\right)}{2000}} \leq p \leq \frac{120}{2000} + 1{,}96\sqrt{\frac{\frac{120}{2000} \cdot \left(1 - \frac{120}{2000}\right)}{2000}}.$$

Das Konfidenzintervall für p lautet: $[0{,}04959; 0{,}07041]$ und für die Anzahl Np: $[49.590;$ $70.410]$.

(2) Differenzen der Anteile binomialverteilter Variablen
Aus jeder Grundgesamtheit nimmt man eine einfache Stichprobe und bestimmt die Stichprobenwerte X_1 und X_2, die binomialverteilt sein sollen. Die Approximation durch die Normalverteilung sei zulässig. Es ist nun das Konfidenzintervall für die Differenz der wahren Anteile $\Delta_p = p_2 - p_1$ zu bestimmen.

Wenn X_1 und X_2 approximativ normalverteilt sind, dann gilt dieses auch für $h_1 = \frac{X_1}{n_1}$ und $h_2 = \frac{X_2}{n_2}$. Wir definieren die Zufallsvariable $\Delta_h = h_2 - h_1$. Diese ist die Summe zweier approximativ normalverteilter Zufallsvariablen und damit ebenfalls approximativ normalverteilt mit der Varianz:

$$\sigma_{\Delta_h}^2 = \text{Var}\left(\frac{1}{n_1}X_1\right) + \text{Var}\left(\frac{1}{n_2}X_2\right) = \frac{1}{n_1^2}\text{Var}(X_1) + \frac{1}{n_2^2}\text{Var}(X_2)$$
$$= \frac{1}{n_1^2}\left(n_1 p_1 (1 - p_1)\right) + \frac{1}{n_2^2}\left(n_2 p_2 (1 - p_2)\right) = \frac{p_1(1 - p_1)}{n_1} + \frac{p_2(1 - p_2)}{n_2}.$$

Die standardisierte Zufallsvariable lautet dann

$$Z = \frac{h_2 - h_1 - \Delta_p}{\sqrt{\frac{p_1(1-p_1)}{n_1} + \frac{p_2(1-p_2)}{n_2}}}.$$

Die unbekannten Anteile p_i in der Varianz werden aus den Stichproben mithilfe der relativen Häufigkeiten h_i geschätzt.

Das Konfidenzintervall für Δ_p ergibt sich aus:

$$P\left(\Delta_h - z_{1-\alpha/2} \cdot \sqrt{\frac{h_1(1-h_1)}{n_1} + \frac{h_2(1-h_2)}{n_2}} \leq \Delta_p\right.$$

$$\left. \leq \Delta_h + z_{1-\alpha/2} \cdot \sqrt{\frac{h_1(1-h_1)}{n_1} + \frac{h_2(1-h_2)}{n_2}}\right)$$

$$= 1 - \alpha.$$

Unter der Prämisse, dass die beiden Grundgesamtheiten gleich groß sind: $N = N_1 = N_2$, können wir jetzt das Konfidenzintervall für die wahre absolute Differenz der Merkmalsträger $N \cdot \Delta_p$ ermitteln:

$$N \cdot \left(\Delta_h - z_{1-\alpha/2} \cdot \sqrt{\frac{h_1(1-h_1)}{n_1} + \frac{h_2(1-h_2)}{n_2}}\right) \leq N \cdot \Delta_p$$

$$\leq N \cdot \left(\Delta_h + z_{1-\alpha/2} \cdot \sqrt{\frac{h_1(1-h_1)}{n_1} + \frac{h_2(1-h_2)}{n_2}}\right).$$

Beispiel

Die Stichproben haben jeweils einen Umfang von n = 7500. In der ersten Stichprobe liegen 60 und in der zweiten Stichprobe 51 Merkmalsträger mit einem bestimmten Merkmalswert vor. Die Grundgesamtheiten haben eine Größe von je 4 Millionen. Es ist die wahre absolute Differenz der Merkmalsträger in den Grundgesamtheiten so genau wie möglich zu bestimmen, wobei hierfür eine Irrtumswahrscheinlichkeit von 5 % zugelassen ist.

$$\frac{9}{7500} - 1{,}96\sqrt{\frac{\frac{60}{7500} \cdot \frac{7500-60}{7500}}{7500} + \frac{\frac{51}{7500} \cdot \frac{7500-51}{7500}}{7500}} \leq p_2 - p_1$$

$$\leq \frac{9}{7500} + 1{,}96\sqrt{\frac{\frac{60}{7500} \cdot \frac{7500-60}{7500}}{7500} + \frac{\frac{51}{7500} \cdot \frac{7500-51}{7500}}{7500}}.$$

Das Konfidenzintervall für Δ_p lautet $[-0{,}001543; 0{,}003943]$.

Die Multiplikation mit N = 4 Mio. ergibt das Konfidenzintervall für die wahre absolute Differenz der Merkmalsträger in der Grundgesamtheit $N \cdot \Delta_p$: $[-6172; 15.772]$

(3) Differenz der Mittelwerte

Bei dem folgenden Konfidenzintervall geht es um die wahre Differenz von Mittelwerten $(\mu_2 - \mu_1)$ zweier Grundgesamtheiten. Zunächst ist die Varianz des Stichprobenwertes $\Delta_{\overline{X}} = \overline{X}_2 - \overline{X}_1$ zu bestimmen:

$$\text{Var}(\Delta_{\overline{X}}) = \text{Var}(\overline{X}_2 - \overline{X}_1) = \text{Var}(\overline{X}_1) + \text{Var}(\overline{X}_2) = \frac{\sigma_1^2}{n_1} + \frac{\sigma_2^2}{n_2}.$$

Mit diesen Daten kann die standardisierte Variable Z definiert werden:

$$Z = \frac{\overline{X}_2 - \overline{X}_1 - E(\Delta_{\overline{X}})}{\sigma_{\Delta_{\overline{X}}}}.$$

Das dazugehörige Konfidenzintervall berechnet sich folgendermaßen:

$$P\left(\Delta_{\overline{X}} - z_{1-\alpha/2} \cdot \sigma_{\Delta_{\overline{X}}} \leq (\mu_2 - \mu_1) \leq \Delta_{\overline{X}} + z_{1-\alpha/2} \cdot \sigma_{\Delta_{\overline{X}}}\right) - 1 - \alpha.$$

Beispiel

Es werden aus einer Grundgesamtheit $n_1 = 35$ und aus einer anderen Grundgesamtheit $n_2 = 50$ Messwerte genommen. Die Stichprobenergebnisse liefern die Mittelwerte $\overline{X}_1 = 30{,}15\,\text{mm}$ und $\overline{X}_2 = 30{,}30\,\text{mm}$. Die Varianzen der einzelnen Messwerte in den Stichproben betragen $1{,}07\,\text{mm}^2$ bzw. $1{,}45\,\text{mm}^2$. Es ist die wahre Differenz der Mittelwerte in der Grundgesamtheit bei einer Irrtumswahrscheinlichkeit von 5 % möglichst genau anzugeben.

$$(30{,}30\,\text{mm} - 30{,}15\,\text{mm}) - 1{,}96 \cdot \sqrt{\frac{1{,}07}{35} + \frac{1{,}45}{50}} \leq (\mu_2 - \mu_1)$$

$$\leq (30{,}30\,\text{mm} - 30{,}15\,\text{mm}) + 1{,}96 \cdot \sqrt{\frac{1{,}07}{35} + \frac{1{,}45}{50}}.$$

Das Konfidenzintervall lautet: $[-0{,}3284; 0{,}6284]$.

3.8 Regressionsrechnung

Mit dem Korrelationskoeffizienten wurde eine Kennzahl entwickelt, die Informationen über den Zusammenhang zweier streuender Merkmale gibt. Aus dem Vorzeichen des Koeffizienten kann man auf eine gleichgerichtete oder gegengerichtete Beziehung schließen. Es soll jetzt dieser Zusammenhang stärker untersucht werden: Ziel ist die Bestimmung einer „durchschnittlichen" funktionalen Beziehung zwischen den Merkmalen. Wir werden Folgendes sehen: Je höher der Betrag des Korrelationskoeffizienten, desto „besser" lässt sich die Beziehung zwischen den Merkmalen X und Y durch eine Gerade beschreiben.

Beispiele von Merkmalszusammenhängen können sein:

- Luftwiderstandskraft und Geschwindigkeit eines Fahrzeugs,
- Rückstellkraft und Auslenkung einer Feder von der Ruheposition,
- Lebensdauer und Belastungsintensität einer Maschine,
- Absatzmenge und Preis eines Produkts.

Aus den Messungen der Luftwiderstandskraft und der Geschwindigkeit eines Fahrzeugs kann i. d. R. nicht unmittelbar der funktionale Zusammenhang zwischen diesen beiden Größen festgestellt werden. Gründe hierfür sind, dass Messungen häufig fehlerhaft sind, dass Experimente ungewollt durch weitere Faktoren beeinflusst werden oder dass der untersuchte Zusammenhang in seiner physikalischen Natur stochastisch ist.

Mit Hilfe der einfachen linearen Regressionsrechnung kann ein funktionaler Zusammenhang zwischen den interessierenden Merkmalen bestimmt werden, der „möglichst gut" zu den Beobachtungen passt.

3.8.1 Einfache lineare Regression

Anwendungsbeispiel: Motoren

Es soll untersucht werden, wie der Normverbrauch von Pkws [in l/100 km] von der Leistung [in KW] abhängt. Für ein bestimmtes Fahrzeugmodell liegen für unterschiedliche Motorisierungen entsprechende Daten vor (Abb. 3.24).

Einen ersten Eindruck über den Zusammenhang zwischen der Leistung in KW und dem gemessenen Testverbrauch in l/100 km gewinnt man mit Hilfe eines Streudiagramms. Wenn man die Abb. 3.25 betrachtet, dann vermutet man eine positive Korrelation. Des Weiteren ist zu erkennen, dass die Unterstellung einer Linearität eine grobe Näherung an den tatsächlichen Zusammenhang darstellt. Allerdings wurde nicht zwischen Otto- und Dieselmotoren unterschieden.

Da im Rahmen einer einfachen linearen Regression nur der Einfluss einer unabhängigen Variable X (Merkmal Leistung) auf eine abhängige Variable Y (Merkmal Verbrauch) untersucht wird, und somit die Wirkung der Technologie als zweite erklärende Größe außen vor bleibt, ist der Zusammenhang zwischen Leistung und Verbrauch diffus.

Typ	2.0 B	2.8a B	2.8b B	3.0 B	2.0a D	2.0b D	2.7 D
Leistung	125	140	162	213	100	125	140
Verbrauch	8,1	9,0	9,2	10,0	6,1	6,6	6,8

Abb. 3.24 Leistung [KW] und Verbrauch [l/100 km]

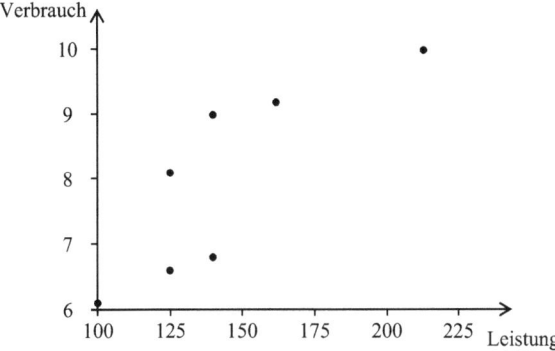

Abb. 3.25 Streudiagramm

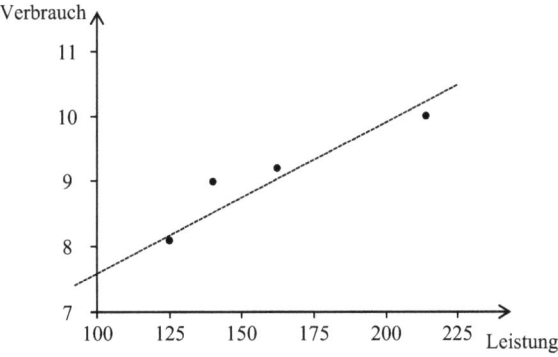

Abb. 3.26 Intuitive Regressionsgerade

Das Modell wird genauer, wenn man es in eines für Dieselmotoren und eines für Ottomotoren zerlegt. Mit der Beschränkung auf Ottomotoren erhält man die folgenden Messwerte:

Typ	2.0 B	2.8a B	2.8b B	3.0 B
Leistung [KW]	125	140	162	213
Verbrauch [l/100 km]	8,1	9,0	9,2	10,0

Die Abb. 3.26 zeigt eine Gerade, die „relativ gut" den Zusammenhang zwischen den Merkmalen widerspiegelt. Die Gerade wurde hier aber nur nach Augenschein in die „Punktewolke" gelegt. Zur eindeutigen und optimierten Bestimmung der sogenannten Regressionsgeraden muss zuvor ein operationales Optimierungsziel formuliert werden.

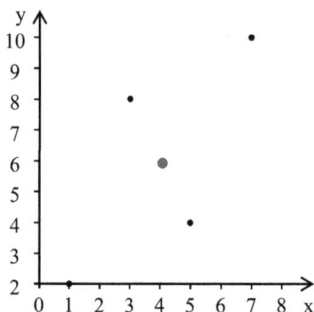

Abb. 3.27 Streudiagramm mit Schwerpunkt

Methode der kleinsten Quadrate

Ziel der Optimierung ist es, eine Gerade bestimmen zu können, die „am besten" den Zusammenhang in den Beobachtungswerten wiedergibt. Die Beobachtungswerte sollen „möglichst nah" an dieser sogenannten Regressionsgeraden liegen.

Das Optimalitätskriterium benötigt somit ein Maß für den Abstand der Beobachtungswerte von der Geraden. Es stellt sich die Frage, ob der Abstand, gemessen durch den Betrag der Abweichung, geeignet ist oder eine Alternative sinnvoller wäre. Diese Frage wird im nachfolgenden Beispiel erörtert.

Beispiel

Ausgangspunkt sind die in der folgenden Tabelle gegebenen Beobachtungspaare (x_i, y_i):

i	1	2	3	4
x_i	1	3	5	7
y_i	2	8	4	10

Im Streudiagramm der Abb. 3.27 sind die einzelnen Beobachtungspaare sowie der Schwerpunkt $(\overline{x}, \overline{y}) = (4, 6)$ dargestellt (auch Abb. 3.18 und 3.19). Um den Abstand der Beobachtungswolke von einer Geraden zu bestimmen, könnte man die Summe der Beträge der vertikalen Abstände zur Gerade berechnen. Allerdings wäre das Ergebnis nicht eindeutig (Abb. 3.28). Die Geraden $\hat{y} = 2{,}5 + 0{,}5x$ und $\hat{y} = 4{,}0 + 0{,}5x$ würden beide zu einem Abstand von 10 führen und wären damit gleich gut geeignet, den Zusammenhang zwischen den Merkmalen näherungsweise zu beschreiben.

Zusätzlich zu dieser Mehrdeutigkeit muss man auch kritisch feststellen, dass die linke Gerade in Abb. 3.28 nicht in der Mitte der Punktewolke liegt. Die rechte Gerade folgt eher einem intuitiv mittigen Verlauf. Diese intuitive Sicht sollte durch das Abstandsmaß auch zum Ausdruck kommen.

Die minimale Summe der vertikalen Abstände zwischen den Beobachtungswerten und der Geraden ist alleine schon wegen der möglichen Mehrdeutigkeit kein geeignetes Opti-

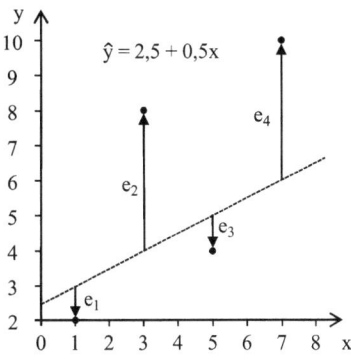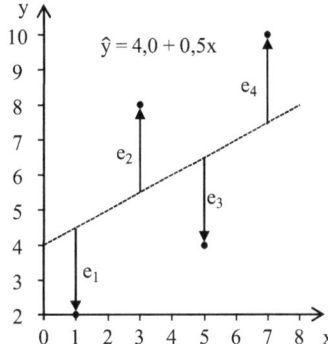

Abb. 3.28 Mehrdeutige „Optimalität"

malitätskriterium. Statt der Summe der vertikalen Abstände wird deshalb die Summe der quadrierten vertikalen Abweichungen der y-Werte zur Gerade als Abstandsmaß herangezogen. Dies entspricht konzeptionell der Idee der Varianz, die als Streuungsmaß und somit als aggregiertes Abstandsmaß vom Mittelwert eingeführt wurde.

Bei der Gerade $\hat{y} = 2{,}5 + 0{,}5x$ beträgt die Summe der quadrierten Abweichungen 34, bei der Gerade $\hat{y} = 4{,}0 + 0{,}5x$ hingegen nur 25. Auf Basis der Summe der Abweichungen erhalten wir jetzt ein eindeutiges Ergebnis. Die zweite Gerade beschreibt den Zusammenhang zwischen den Merkmalen besser. Dieses Ergebnis entspricht der Intuition.

Wir schließen aus dieser Diskussion, dass die Werte a und b der Regressionsgeraden $y = a + bx$ so zu wählen sind, dass die Summe der quadrierten vertikalen Abstände der y-Werte von der Geraden minimal wird. Mit Hilfe dieses Optimalitätskriteriums ist es möglich, zwischen den hier betrachteten zwei Geraden eine klare Präferenz anzugeben.

Im Folgenden werden Bestimmungsgleichungen für a und b hergeleitet, die die Summe der quadrierten vertikalen Abstände der y-Werte minimieren.

Wir bezeichnen mit $\hat{y}_i$ den zu jedem x_i gehörenden, geschätzten y-Wert auf der Geraden

$$\hat{y}_i = a + bx_i \quad (i = 1, \ldots, n).$$

Wir bezeichnen mit e_i den senkrechten Abstand zwischen den tatsächlichen Beobachtungswerten und der geschätzten Geraden

$$e_i = y_i - \hat{y}_i \quad (i = 1, \ldots, n).$$

Die sogenannten Residuen e_i können hierbei positiv, null oder negativ sein. Für die n Beobachtungswerte y_i gilt somit

$$y_i = a + bx_i + e_i \quad (i = 1, \ldots, n).$$

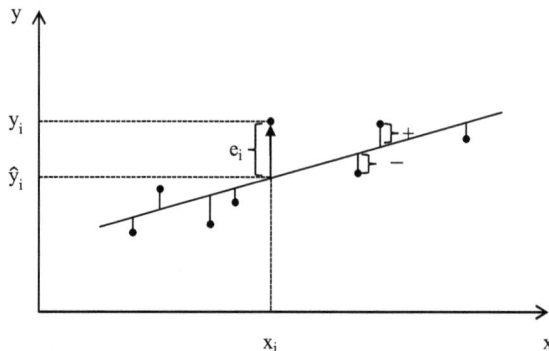

Abb. 3.29 Lineare Regression

Der Zusammenhang zwischen den Werten der unabhängigen Variablen x_i und den zugehörigen Werten der abhängigen Variablen y_i und $\hat{y}_i$ sowie den Residuen e_i sind in der Abb. 3.29 graphisch dargestellt.

Die Parameter a und b der Regressionsgeraden sind so zu bestimmen, dass die Summe der quadrierten Abweichungen SQA(a, b) minimal wird:

$$SQA(a, b) = \sum_{i=1}^{n} e_i^2 = \sum_{i=1}^{n} (y_i - \hat{y}_i)^2 = \sum_{i=1}^{n} (y_i - a - bx_i)^2 \rightarrow \text{Min.}$$

Hierzu werden die partiellen Ableitungen nach a und b bestimmt und null gesetzt:

$$\frac{\partial}{\partial a} \sum_{i=1}^{n} (y_i - a - bx_i)^2 = \sum_{i=1}^{n} 2 \cdot (y_i - a - bx_i) \cdot (-1) = 2 \left(-\sum_{i=1}^{n} y_i + a \cdot n + b \sum_{i=1}^{n} x_i \right)$$
$$= 0$$

$$\frac{\partial}{\partial b} \sum_{i=1}^{n} (y_i - a - bx_i)^2 = \sum_{i=1}^{n} 2 \cdot (y_i - a - bx_i) \cdot (-x_i)$$
$$= 2 \cdot \left(-\sum_{i=1}^{n} x_i y_i + a \cdot \sum_{i=1}^{n} x_i + b \cdot \sum_{i=1}^{n} x_i^2 \right) = 0.$$

Es liegt ein lineares System mit zwei Gleichungen und zwei Unbekannten a und b vor:

$$
\begin{array}{rcccc}
\text{I.} & a \cdot n & + & b \cdot \sum_{i=1}^{n} x_i & = & \sum_{i=1}^{n} y_i \\
\text{II.} & a \cdot \sum_{i=1}^{n} x_i & + & b \cdot \sum_{i=1}^{n} x_i^2 & = & \sum_{i=1}^{n} x_i y_i.
\end{array}
$$

Durch Lösung des linearen Gleichungssystems erhält man die gesuchten Parameter a und b:

$$
\begin{array}{llll}
\text{I.} & a \cdot n & + & b \cdot \sum_{i=1}^{n} x_i & = & \sum_{i=1}^{n} y_i & \quad \cdot \sum_{i=1}^{n} x_i \\
\text{II.} & a \cdot \sum_{i=1}^{n} x_i & + & b \cdot \sum_{i=1}^{n} x_i^2 & = & \sum_{i=1}^{n} x_i y_i & \quad \cdot n
\end{array}
$$

Es folgt:

$$
\begin{array}{lll}
\text{I.} & a \cdot n \cdot \sum x_i + b \cdot \sum x_i \cdot \sum x_i & = & \sum x_i \cdot \sum y_i \\
\text{II.} & a \cdot n \cdot \sum x_i + b \cdot n \cdot \sum x_i^2 & = & n \cdot \sum x_i y_i \\
\text{II.} - \text{I.} & b \cdot \left(n \sum x_i^2 - \sum x_i \cdot \sum x_i \right) & = & n \cdot \sum x_i y_i - \sum x_i \cdot \sum y_i .
\end{array}
$$

Durch Auflösen nach b erhält man:

$$
b = \frac{n \cdot \sum x_i y_i - \sum x_i \sum y_i}{n \cdot \sum x_i^2 - \sum x_i \sum x_i} .
$$

Damit ist die Bestimmungsgleichung für das optimale b gefunden.

Mit bekanntem b kann man die Gleichung I durch Umstellung nach a lösen:

$$
a = \frac{1}{n} \sum y_i - b \cdot \frac{1}{n} \sum x_i = \overline{y} - b \overline{x} .
$$

Damit wäre auch die Bestimmungsgleichung für das optimale a hergeleitet. Wenn man nun die Daten x_i und y_i für $i = 1, \ldots, n$ in die Bestimmungsgleichungen einsetzt und a und b berechnet, dann erhält man die gesuchte Regressionsgerade $\hat{y} = a + bx$.

Die Bestimmungsgleichung für b existiert in mehreren Varianten, die alle in der Praxis verwendet und deshalb nachfolgend hergeleitet werden. Durch Multiplikation von Zähler und Nenner mit $1/n$ erhält man:

$$
\begin{aligned}
b &= \frac{n \cdot \sum x_i y_i - \sum x_i \sum y_i}{n \cdot \sum x_i^2 - \sum x_i \cdot \sum x_i} = \frac{\sum x_i y_i - \sum x_i \cdot \frac{1}{n} \sum y_i}{\sum x_i^2 - \sum x_i \cdot \frac{1}{n} \sum x_i} = \frac{\sum x_i y_i - n \frac{1}{n} \sum x_i \cdot \frac{1}{n} \sum y_i}{\sum x_i^2 - n \frac{1}{n} \sum x_i \cdot \frac{1}{n} \sum x_i} \\
&= \frac{\sum x_i y_i - n \overline{x}\,\overline{y}}{\sum x_i^2 - n \overline{x}^2} = \frac{\frac{1}{n} \sum x_i y_i - \overline{x}\,\overline{y}}{\frac{1}{n} \sum x_i^2 - \overline{x}^2} = \frac{\overline{xy} - \overline{x}\,\overline{y}}{\overline{x^2} - \overline{x}^2} = \frac{s_{XY}}{s_X^2} .
\end{aligned}
$$

Wir fassen zusammen:

Sind (x_i, y_i) beobachtete Wertepaare, so ist $\hat{y} = a + bx$ die berechnete Regressionsgerade einer Regression von Y auf X. Die Parameter a und b berechnen sich folgendermaßen aus den Wertepaaren:

$$
b = \frac{n \cdot \sum x_i y_i - \sum x_i \sum y_i}{n \cdot \sum x_i^2 - \sum x_i \sum x_i} = \frac{\sum x_i y_i - n \overline{x}\,\overline{y}}{\sum x_i^2 - n \overline{x}^2} = \frac{\overline{xy} - \overline{x}\,\overline{y}}{\overline{x^2} - \overline{x}^2} \quad \text{und} \quad a = \overline{y} - b \overline{x} .
$$

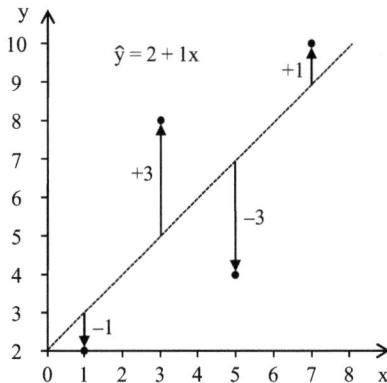

Abb. 3.30 Regressionsgerade Zahlenbeispiel

Die zu den einzelnen x_i gehörenden Werte $\hat{y}_i$ auf der Regressionsgeraden $\hat{y}_i = a + bx_i$ heißen Regressionswerte. Die Abweichungen e_i zwischen den beobachteten Werten y_i und den Regressionswerten $\hat{y}_i$ heißen Residuen (Abb. 3.29). Die Summe der quadrierten Residuen ist bei dieser Wahl der Parameter a und b minimal.

Beispiel
Für die im Beispiel gegebenen Beobachtungspaare $(1, 2)$, $(3, 8)$, $(5, 4)$ und $(7, 10)$ soll die Regressionsgerade analytisch bestimmt werden (Abb. 3.30). Die Berechnung der optimalen Werte für a und b kann schrittweise in einer Tabelle erfolgen:

	x_i	y_i	x_i^2	$x_i y_i$
	1	2	1	2
	3	8	9	24
	5	4	25	20
	7	10	49	70
Summe	16	24	84	116

Aus den Bestimmungsgleichungen ergibt sich:

$$b = \frac{n \cdot \sum x_i y_i - \sum x_i \sum y_i}{n \cdot \sum x_i^2 - \sum x_i \sum x_i} = \frac{4 \cdot 116 - 16 \cdot 24}{4 \cdot 84 - 16^2} = \frac{80}{80} = 1$$

$$a = \frac{1}{n} \sum y_i - b \cdot \frac{1}{n} \sum x_i = \frac{24}{4} - 1 \cdot \frac{16}{4} = 2.$$

Die resultierende Regressionsgerade $\hat{y} = 2 + 1 \cdot x$, die unter allen Geraden am besten die Abhängigkeit der Merkmale beschreibt, ist in der Abb. 3.30 graphisch dargestellt. Die

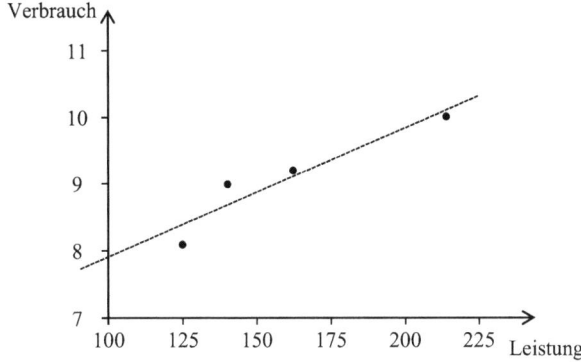

Abb. 3.31 Regressionsgerade Ottomotoren

Summe der quadrierten Residuen beträgt hier $1+9+9+1 = 20$. Andere Werte für a und b würden zu einem höheren Abstandswert, d. h. zu einer schlechteren Näherung führen.

Beispiel
Die Tabelle nennt die Leistungs- und Verbrauchsdaten für Ottomotoren:

Typ	2.0 B	2.8a B	2.8b B	3.0 B
Leistung [KW]	125	140	162	213
Verbrauch [l/100 km]	8,1	9,0	9,2	10,0

Die SQA-Methode führt zu der folgenden Regressionsgeraden: $\hat{y} = 6{,}01 + 0{,}019x$. Abb. 3.31 stellt die Regressionsgerade dar.

3.8.2 Bestimmtheitsmaß

Beispiel
Angenommen, die kausale Theorie sagt uns, dass sich die Verbrauchswerte auch auf die Leistung der Motoren zurückführen lassen. Wir haben in einem solchen kausalen Modell die „zu erklärenden" Messwerte y_i (Verbrauch) und die „erklärenden" Werte x_i (Leistung). Die Regressionsrechnung erlaubt es, den Einfluss, den die Leistung x auf die Verbrauchswerte y hat, von den anderen möglichen Einflussgrößen abzutrennen, abzuschätzen und als Funktion $\hat{y} = 6{,}01 + 0{,}019x$ darzustellen. Es sind aber andere Einflussgrößen dennoch wirksam. Das führt dazu, dass die „zu erklärenden" Messwerte y_i von den jeweiligen geschätzten Werten $\hat{y}_i$ abweichen: $e_i = y_i - \hat{y}_i$.

Die nachfolgende Tabelle zeigt die Werte x_i, y_i, $\hat{y}_i$ und $e_i = y_i - \hat{y}_i$. Hierbei sind x_i die Messwerte der „erklärenden" Größen, y_i sind die Messwerte der „zu erklärenden" Größen, $\hat{y}_i$ sind die Werte der durch die Regression „erklärten" Größen und $e_i = y_i - \hat{y}_i$ steht für die „unerklärte" Differenz:

Symbol	Typ	2.0 B	2.8a B	2.8b B	3.0 B
x_i	Leistung [KW]	125	140	162	213
y_i	Verbrauch [l/100 km]	8,1	9,0	9,2	10,0
$\hat{y}_i = 6{,}01 + 0{,}019x$	Regressionswerte [l/100 km]	8,4	8,7	9,1	10,1
$e_i = y_i - \hat{y}_i$	Fehler [l/100 km]	$-0{,}3$	0,3	0,1	$-0{,}1$

Wir können uns jetzt fragen, welchen Anteil die Veränderungen der „erklärenden" Werte x_i (Leistung) an Veränderungen der „zu erklärenden" Messwerte y_i (Verbrauch) haben. Das wollen wir als den „Erklärungswert" des Modells bezeichnen[4].

Der Anteil der Streuung der beobachtbaren y-Werte, der durch die Regression erklärt werden kann, wird als Bestimmtheitsmaß bezeichnet:

$$R^2 = \frac{s_{\hat{Y}}^2}{s_Y^2}.$$

s_Y^2 steht für die empirische Streuung der beobachteten (tatsächlichen) Verbrauchswerte y_i. Die Streuung der geschätzten Verbrauchswerte ist mit $s_{\hat{Y}}^2$ gekennzeichnet. Das Bestimmtheitsmaß vermittelt einen Eindruck von dem „Erklärungswert" des quantitativen Modells. Wieso ist das so?

Wir gehen im Allgemeinen von sich verändernden Werten x_i aus. Auch die beobachteten Werte schwanken: $s_Y^2 > 0$. Insofern gibt es durch die Regressionsrechnung auch etwas zu „erklären" (Abb. 3.31). Jetzt konstruieren wir ein Extrem: Wenn die geschätzten Verbrauchwerte immer gleich bleiben, dann ist $s_{\hat{Y}}^2 = 0$. Dann stellen wir fest, dass die Regressionsgleichung $\hat{y}_i = a + bx_i$ nichts von den Schwankungen von y_i „erklärt" (Abb. 3.32). Das Bestimmtheitsmaß ist in diesem Falle null, da der Zähler $s_{\hat{Y}}^2$ den Wert Null besitzt. Ein solcher Fall heißt „stochastisches Rauschen". Die Beobachtungswerte

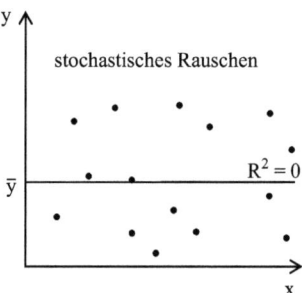

Abb. 3.32 Minimales Bestimmtheitsmaß

---

[4] Dabei muss aber Folgendes klar sein: Nur die kausale Theorie kann Kausalitäten begründen. Die Regressionsrechnung kann hierzu lediglich Korrelationen messen und analysieren.

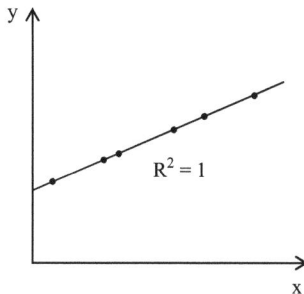

Abb. 3.33 Maximales Bestimmtheitsmaß

„flattern" nur zufällig um eine horizontale Gerade. Wir halten fest: Wenn kein Erklärungswert des Modells vorhanden ist, dann ist das Bestimmtheitsmaß null.

Jetzt konstruieren wir das andere Extrem: Die Schwankungen der „zu erklärenden"
Werte sind gleich den Schwankungen der geschätzten Werte: $s_Y^2 = s_{\hat{Y}}^2$. Dieser Fall tritt
ein, wenn alle beobachteten (tatsächlichen) Wertepaare (x_i, y_i) auf der Regressionsgeraden
liegen (Abb. 3.33). Dann stellen wir fest, dass die Regressionsgleichung $\hat{y}_i = a + bx_i$ alles
von den Schwankungen von y_i „erklärt". Das Bestimmtheitsmaß ist in diesem Falle eins,
da Zähler und Nenner gleich sind.

Wir halten fest: Wenn der Erklärungswert des Modells maximal ist, dann ist das Bestimmtheitsmaß eins.

Beispiel
Wir setzten das Motorenbeispiel fort und analysieren die Zusammenhänge zwischen der
Varianz der gemessenen Verbrauchswerte, der Varianz der geschätzten Verbrauchswerte
und der Varianz der Residualwerte.

Symbol	Typ	2.0 B	2.8a B	2.8b B	3.0 B
x_i	Leistung [KW]	125	140	162	213
y_i	Verbrauch [l/100 km]	8,1	9,0	9,2	10,0
$\hat{y}_i = 6{,}01 + 0{,}019 x_i$	Regressionswerte [l/100 km]	8,4	8,7	9,1	10,1
$e_i = y_i - \hat{y}_i$	Fehler [l/100 km]	−0,3	0,3	0,1	−0,1

Für die tatsächlichen Verbrauchswerte y_i, die Regressionswerte $\hat{y}_i$ und die Abweichungen zur Regressionsgeraden e_i ergeben sich folgende Messgrößen:

$$\bar{y} = 9{,}075 \quad \bar{\hat{y}} = 9{,}075 \quad \bar{e} = 0 \quad s_Y^2 = 0{,}46 \quad s_{\hat{Y}}^2 = 0{,}41 \quad s_E^2 = 0{,}05.$$

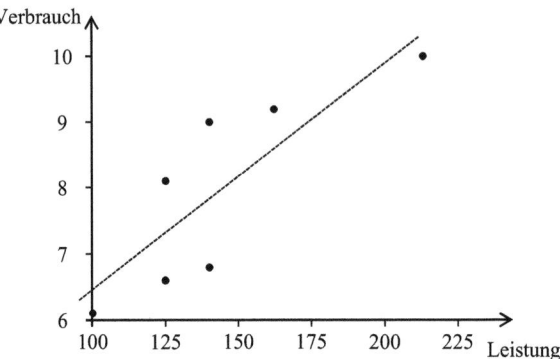

Abb. 3.34 Regressionsgerade Motoren

Interpretation

a) Die empirische Varianz $s_Y^2 = 0{,}46$ der Verbräuche entspricht der Summe der empirischen Varianz $s_{\hat{Y}}^2 = 0{,}41$ der Regressionswerte und der empirischen Varianz $s_E^2 = 0{,}05$ der Residuen: $s_Y^2 = s_{\hat{Y}}^2 + s_E^2$. Es kann gezeigt werden, dass diese Beziehung bei einer linearen Regression immer gilt.

b) Die Varianz $s_E^2 = 0{,}05$ ist der Teil der Streuung der beobachteten Verbräuche, der nicht durch die Unterschiede in der Leistung der Motoren zu erklären ist.

c) Die Varianz $s_{\hat{Y}}^2 = 0{,}41$ ist der Teil der Streuung, der durch Unterschiede in der Motorleistung zu erklären ist.

d) Das Bestimmtheitsmaß beträgt 0,89. Durch die Regression kann demnach 89 % der Streuung der Verbräuche erklärt werden.

Beispiel

Hätte man für die Daten der Otto- und Dieselmotoren zusammen eine einfache lineare Regression durchgeführt, so wären die Abweichungen der Beobachtungen von der Regressionsgeraden $\hat{y} = 3{,}01 + 0{,}035x$ in Durchschnitt größer (Abb. 3.34). Die Güte der Approximation des Zusammenhangs durch die Gerade wäre geringer ausgefallen. Das Bestimmtheitsmaß hätte 0,69 betragen. In diesem Fall wären 31 % der Streuung in den Verbrauchswerten nicht auf die unterschiedliche Motorleistung zurückzuführen.

Dass in diesem Fall ein größerer Anteil der Streuung nicht durch die Regression statistisch erklärbar ist, entspricht den Erwartungen. Schließlich wurde der Einflussfaktor „Typ des Motors" (Otto- bzw. Dieselmotor) nicht berücksichtigt, so dass die Güte der Schätzung abnimmt.

Steigung b, Schwerpunktkoordinaten, Korrelation

Es gilt, dass die Regressionsgerade immer durch den sogenannten Schwerpunkt $S = (\bar{x}, \bar{y})$ verläuft (Abb. 3.35). Dieses lässt sich aus der Bestimmungsgleichung für a folgern: $a = \bar{y} - b\bar{x}$.

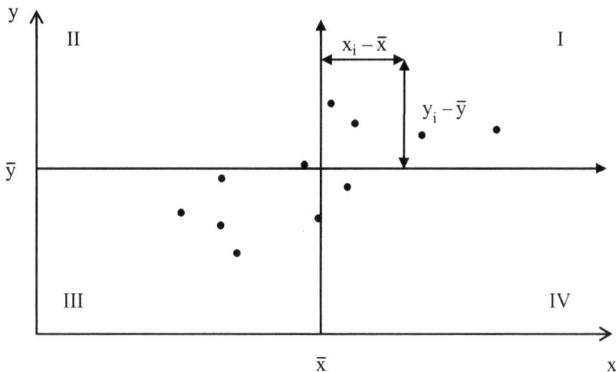

Abb. 3.35 Schwerpunktkoordinaten

Die Umstellung nach $\overline{y}$ liefert: $\overline{y} = a + b\overline{x}$. Es gilt also, dass an der Stelle $x = \overline{x}$ der durch die Regressionsgerade geschätzte Wert $\hat{y}$ immer gleich $\overline{y}$ ist.

Wir führen die folgenden Symbole für die Schwerpunktkoordinaten ein: $x_i^* = x_i - \overline{x}$ und $y_i^* = y_i - \overline{y}$. Es lässt sich zeigen, dass der Parameter b unmittelbar aus den Schwerpunktkoordinaten bestimmt werden kann:

$$b = \frac{\sum(x_i - \overline{x})(y_i - \overline{y})}{\sum(x_i - \overline{x})^2} = \frac{\sum x_i^* y_i^*}{\sum x_i^{*2}}.$$

Nach Multiplikation von Zähler und Nenner mit $1/n$ erkennt man deutlich den Zusammenhang zwischen der Steigung der Regressionsgeraden b und dem Korrelationskoeffizienten r_{XY}:

$$b = \frac{\sum(x_i - \overline{x})(y_i - \overline{y})}{\sum(x_i - \overline{x})^2} = \frac{\frac{1}{n}\sum(x_i - \overline{x})(y_i - \overline{y})}{\frac{1}{n}\sum(x_i - \overline{x})^2} = \frac{s_{XY}}{s_X^2} = \frac{s_X s_Y r_{XY}}{s_X^2} = \frac{s_Y}{s_X} \cdot r_{XY}.$$

Die Steigung der Regressionsgeraden ergibt sich also unmittelbar aus der empirischen Korrelation zwischen den Beobachtungswerten x und y und den Standardabweichungen von x und y.

Bestimmtheitsmaß und Korrelation

Zwischen dem Bestimmtheitsmaß und dem Korrelationskoeffizienten gibt es ebenfalls einen sehr engen Zusammenhang. Wir rufen uns Rechenregeln für die Varianz in Erinnerung:

Die Varianz der linearen Transformation $Y = a + bX$ berechnet sich nach der folgenden Regel: $\mathrm{Var}(Y) = b^2 \mathrm{Var}(X)$. Diese Rechenregel wenden wir jetzt auf die Regressionsgerade $\hat{y} = a + bx$ und das Bestimmtheitsmaß an:

$$R^2 = \frac{s_{\hat{Y}}^2}{s_Y^2} = \frac{s_{a+bX}^2}{s_Y^2} = \frac{b^2 s_X^2}{s_Y^2}.$$

Aus $b = \frac{s_Y}{s_X} \cdot r_{XY}$ ergibt sich $b^2 s_X^2 = s_Y^2 \cdot r_{XY}^2$ und es folgt unmittelbar: $R^2 = r_{XY}^2$.

Für die einfache lineare Regression gilt also: Der quadrierte Korrelationskoeffizient ist identisch mit dem Bestimmtheitsmaß!

Beispiel

Für das bereits mehrfach behandelte Beispiel mit den Beobachtungspaaren $(1, 2)$, $(3, 8)$, $(5, 4)$, $(7, 10)$ soll die Regressionsgerade sowie das Bestimmtheitsmaß durch Schwerpunktkoordinaten bestimmt werden. Die Berechnung der Regressionsgeraden kann schrittweise mit Hilfe einer Tabelle erfolgen:

	x_i	y_i	x_i^*	y_i^*	$\left(x_i^*\right)^2$	$x_i^* y_i^*$	$\left(y_i^*\right)^2$
	1	2	−3	−4	9	12	16
	3	8	−1	2	1	−2	4
	5	4	1	−2	1	−2	4
	7	10	3	4	9	12	16
Summe	16	24	0	0	$\sum\left(x_i^*\right)^2 = 20$	$\sum x_i^* y_i^* = 20$	$\sum\left(y_i^*\right)^2 = 40$
Mittel	$\bar{x} = 4$	$\bar{y} = 6$	$\bar{x}^* = 0$	$\bar{y}^* = 0$	$s_X^2 = 5$	$s_{XY} = 5$	$s_Y^2 = 10$

Es ergibt sich somit:

$$b = \frac{\sum x_i^* y_i^*}{\sum x_i^{*2}} = \frac{20}{20} = 1$$

$$a = \bar{y} - b\bar{x} = 6 - 1 \cdot 4 = 2.$$

Das Bestimmtheitsmaß $R^2 = \frac{\sum (\hat{y}_i^*)^2}{\sum (y_i^*)^2}$ wird jetzt ebenfalls mithilfe von Schwerpunktkoordinaten berechnet.

$\hat{y}_i^* = 1 \cdot x_i^*$	$\left(\hat{y}_i^*\right)^2$	$\left(y_i^*\right)^2$
−3	9	16
−1	1	4
1	1	4
3	9	16
$\sum$	20	40

Das Bestimmtheitsmaß lautet:

$$R^2 = \frac{\sum \left(\hat{y}_i^*\right)^2}{\sum \left(y_i^*\right)^2} = \frac{20}{40} = 0,50.$$

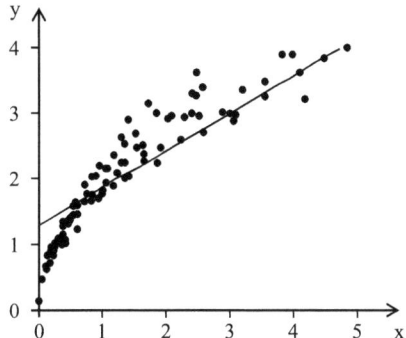

Abb. 3.36 Nichtlinearer Zusammenhang und Regressionsgerade

Wie gezeigt wurde, kann das Bestimmtheitsmaß auch durch den quadrierten Korrelationskoeffizienten zwischen den Merkmalen X und Y bestimmt werden:

$$r_{XY} = \frac{s_{XY}}{s_X \cdot s_Y} = \frac{s_{XY}}{\sqrt{s_X^2 \cdot s_Y^2}} = \frac{5}{\sqrt{5 \cdot 10}} = \frac{1}{\sqrt{2}}$$

$$R^2 = r_{XY}^2 = \frac{1}{2} = 0{,}50.$$

50 % der Streuung der y-Werte können durch die lineare Regression erklärt werden.

3.8.3 Nichtlineare Regression

Wenn man feststellt, dass der Erklärungswert des Modells zu gering ist, dann kann das u. a. daran liegen, dass der wahre Zusammenhang zwischen X und Y nichtlinear ist (Abb. 3.36). Hat man diesen Verdacht, dann ist zunächst zu untersuchen, ob ein bestimmter nichtlinearer Zusammenhang theoretisch kausal begründet werden kann.

Zur Bestimmung eines nichtlinearen funktionalen Zusammenhangs mit Hilfe der Regressionsrechnung ist im ersten Schritt ein passender Funktionstyp vorzugeben. In vielen Fällen wird eine Exponentialfunktion oder eine Potenzfunktion angenommen. Diese Funktionstypen sind sehr flexibel anpassbar und erlauben bei logarithmischer Skalierung die Darstellung als Gerade (Abb. 3.37). Den gesuchten nichtlinearen Zusammenhang zwischen den Merkmalen X und Y erhält man anschließend durch Rücktransformation der Achsenskalierung (Abb. 3.38).

Dass der so bestimmte nichtlineare Zusammenhang zwischen X und Y besser zu den Daten passt, als eine einfache Regressionsgerade, ist in Abb. 3.37 und 3.38 deutlich zu

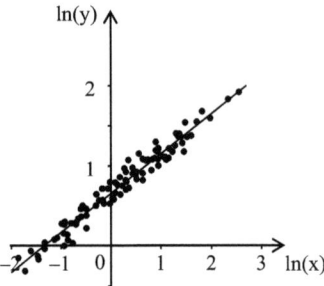

Abb. 3.37 Logarithmierte Merkmalswerte und Regressionsgerade

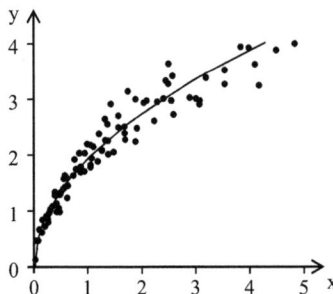

Abb. 3.38 Nichtlinearer Zusammenhang und nichtlineare Regressionsfunktion

erkennen. Nachfolgend wird die Vorgehensweise der nichtlinearen Regression dargestellt und durch ein Beispiel verdeutlicht.

Exponentialfunktion:

$$y = a \cdot b^x \quad (a > 0, b > 0).$$

Die Logarithmierung der Exponentialfunktion führt zu: $\ln(y) = \ln(a) + x \ln(b).$

Wir definieren y^+, a^+ und b^+ folgendermaßen: $\underbrace{\ln(y)}_{y^+} = \underbrace{\ln(a)}_{a^+} + x \underbrace{\ln(b)}_{b^+}.$

Dann erkennt man die lineare Struktur im einfachlogarithmierten Netz: $y^+ = a^+ + x \cdot b^+$.

Zur Berechnung der Werte a und b werden die Beobachtungen y_i logarithmiert und anschließend die transformierten Werte $y_i^+ = \ln(y_i)$ in die Bestimmungsgleichungen für a^+ und b^+ eingesetzt.

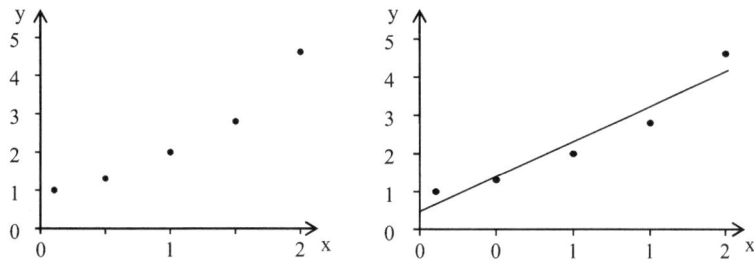

Abb. 3.39 Exponentielle Abhängigkeit und Regressionsgerade

Die Bestimmungsgleichungen für a^+ und b^+ lauten:

$$b^+ = \frac{n \cdot \sum x_i y_i^+ - \sum x_i \sum y_i^+}{n \cdot \sum x_i^2 - \left(\sum x_i\right)^2} = \frac{\sum x_i y_i^+ - n\overline{x}\overline{y^+}}{\sum x_i^2 - n\overline{x}^2} = \frac{\sum (x_i - \overline{x}) \cdot (y_i^+ - \overline{y^+})}{\sum (x_i - \overline{x})^2}$$

$$a^+ = \overline{y^+} - b^+\overline{x}.$$

Die Merkmalswerte x werden nicht transformiert. Die gesuchten Werte für a und b ergeben sich durch Rücktransformation: $a = e^{a^+}$, $b = e^{b^+}$. Es folgt die Regressionsfunktion $\hat{y} = a \cdot b^x$.

Um den Erklärungswert des Modells zu bestimmen, muss das Bestimmtheitsmaß berechnet werden. Man bestimmt es im logarithmierten Modell in der folgenden Weise:

$$R^2 = \frac{s^2_{\widehat{y^+}}}{s^2_{y^+}} = \frac{\frac{1}{n} \sum \left(\widehat{y_i^+} - \overline{y^+}\right)^2}{\frac{1}{n} \sum \left(y_i^+ - \overline{y^+}\right)^2}.$$

Beispiel

Es liegen Messwerte der Merkmale X und Y vor:

x	0,10	0,50	1,00	1,50	2,00
y	1,00	1,30	2,00	2,80	4,60

Diese Werte deuten auf eine nichtlineare, möglicherweise exponentielle Abhängigkeit des Merkmals Y von X hin. Die Berechnung der einfachen Regressionsgeraden führt in diesem Fall zu einem unbefriedigenden Ergebnis (Abb. 3.39).

Deshalb soll die Regression auf Basis der Exponentialfunktion durchgeführt werden. Hierzu sind gemäß $\ln(y) = \ln(a) + x \ln(b)$ die y-Werte zu logarithmieren:

x	0,10	0,50	1,00	1,50	2,00
ln(y)	0,00	0,26	0,69	1,03	1,53

Die Berechnung von a^+ und b^+ liefert die Gleichung $\widehat{y^+} = -0{,}11 + 0{,}80x$. Sie ist in Abb. 3.40 dargestellt. Durch Rücktransformation mit

$$a = e^{a^+} = e^{-0{,}11} = 0{,}90$$
$$b = e^{b^+} = e^{+0{,}80} = 2{,}23$$

ergibt sich die gesuchte Regressionsfunktion (Abb. 3.41):

$$\hat{y} = 0{,}90 \cdot 2{,}23^x.$$

Der Vergleich der Bestimmtheitsmaße zwischen dem metrisch skalierten und dem logarithmisch skalierten Modell zeigt den Vorteil der Transformation:

$$R^2_{\text{nicht transformiert}} = 0{,}927$$
$$R^2_{\text{transformiert}} = 0{,}996.$$

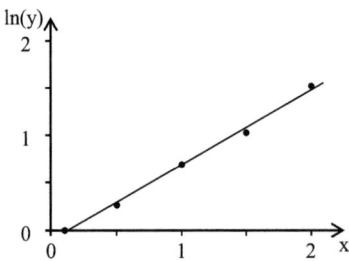

Abb. 3.40 Exponentialfunktion, einfach logarithmisch

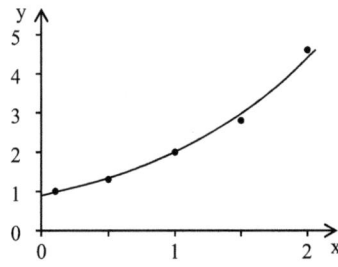

Abb. 3.41 Rücktransformation

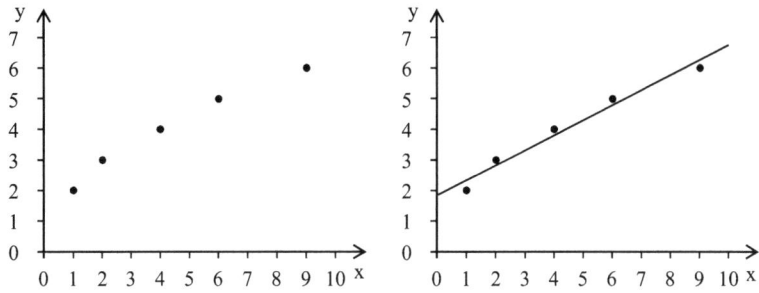

Abb. 3.42 Potenzfunktion und Regressionsgerade

Potenzfunktion:

$$y = a \cdot x^b \quad (a > 0, x > 0)$$

Die Logarithmierung der Potenzfunktion führt zu: $\ln(y) = \ln(a) + b\ln(x)$.

bzw. $y^+ = a^+ \quad + bx^+$.

Zur Berechnung der Werte a^+ und b werden also die Beobachtungen x_i und y_i logarithmiert und anschließend die transformierten Werte $x_i^+ = \ln(x_i)$ und $y_i^+ = \ln(y_i)$ in die Bestimmungsgleichungen für a^+ und b eingesetzt.

Die Bestimmungsgleichungen für a^+ und b lauten:

$$b = \frac{n \cdot \sum x_i^+ y_i^+ - \sum x_i^+ \sum y_i^+}{n \cdot \sum x_i^{+2} - \left(\sum x_i^+\right)^2} = \frac{\sum x_i^+ y_i^+ - n\overline{x^+}\,\overline{y^+}}{\sum x_i^{+2} - n\overline{x^+}^2} = \frac{\sum \left(x_i^+ - \overline{x^+}\right) \cdot \left(y_i^+ - \overline{y^+}\right)}{\sum \left(x_i^+ - \overline{x^+}\right)^2}$$

und

$$a^+ = \overline{y^+} - b\overline{x^+}.$$

Der Parameter b ergibt sich unmittelbar und a resultiert aus der Rücktransformation: $a = e^{a^+}$. Es folgt dann die Regressionsfunktion $\hat{y} = a \cdot x^b$.

Beispiel

Es liegen Messwerte der Merkmale X und Y vor:

x	1,00	2,00	4,00	6,00	9,00
y	2,00	3,00	4,00	5,00	6,00

Diese Werte deuten auf eine mögliche nichtlineare Abhängigkeit hin, wie in Abb. 3.42 zu sehen.

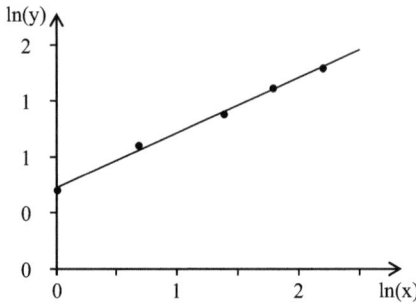

Abb. 3.43 Potenzfunktion, beide Achsen logarithmiert

Deshalb soll die Regression auf Basis der Potenzfunktion durchgeführt werden. Hierzu sind gemäß $\ln(y) = \ln(a) + b \ln(x)$ die x- und die y-Werte zu logarithmieren:

$\ln(x)$	0,00	0,69	1,39	1,79	2,20
$\ln(y)$	0,69	1,10	1,39	1,61	1,79

Die Berechnung von a^+ und b liefert die folgende Regressionsgleichung:

$$\widehat{y^+} = 0{,}72 + 0{,}49 \cdot x^+.$$

Die Regressionsgerade ist in der Abb. 3.43 dargestellt. Durch Rücktransformation mit

$$a = e^{a^+} = e^{0{,}72} = 2{,}05$$

ergibt sich die gesuchte Regressionsfunktion (Abb. 3.44):

$$\hat{y} = 2{,}05 \cdot x^{0{,}49} \approx 2 \cdot \sqrt{x}.$$

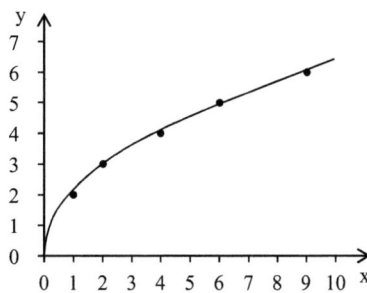

Abb. 3.44 Rücktransformation der Potenzfunktion

Der Vergleich der Bestimmtheitsmaße zwischen dem metrisch skalierten und dem logarithmisch skalierten Modell bestätigt wieder den Vorteil der Transformation:

$$R^2_{\text{nicht transformiert}} = 0{,}971 \quad \text{und} \quad R^2_{\text{transformiert}} = 0{,}997.$$

3.8.4 Modellannahmen und Eigenschaften

Das Ziel der linearen Regression besteht darin, aus dem beobachteten Datensatz auf den unbekannten wahren Zusammenhang zu schließen. Durch die Bestimmung der Regressionskoeffizienten a und b werden die wahren aber unbekannten Parameter A und B geschätzt:

- wahrer Zusammenhang

$$y_i = \underbrace{A + Bx_i}_{\substack{\text{systematischer} \\ \text{Zusammenhang}}} + \underbrace{u_i}_{\text{Störgröße}} \quad (i = 1, 2, \ldots, n),$$

- berechneter Zusammenhang

$$y_i = \underbrace{a + bx_i}_{\substack{\text{Regressionsgerade} \\ \text{(geschätzte Gerade)}}} + \underbrace{e_i}_{\text{Residuen}} \quad (i = 1, 2, \ldots, n).$$

Zwischen der Regressionsrechnung, der Stochastik und der schließenden Statistik gibt es enge Verbindungen:

a) So können die Messwerte der Merkmale X und Y in der Regressionsanalyse als Stichprobenziehungen aus einer Grundgesamtheit möglicher Messwerte begriffen werden.
b) Die Beobachtungen x_i und y_i folgen dann bestimmten Verteilungsfunktionen. Auch die hieraus abgeleiteten geschätzten Parameter a und b, die Werte $\hat{y}_i$ und die Residuen e_i besitzen dann bestimmte Verteilungsfunktionen.
c) Für die wahren Parameter A und B lassen sich auf Basis der Schätzungen von a und b Signifikanztest durchführen und Konfidenzintervalle bestimmen.

Die Berechnung einer Regressionsgeraden ist nur dann sinnvoll, wenn man grundsätzlich unterstellt, dass es einen wahren linearen, kausalen Zusammenhang zwischen X und Y gibt. Die Abb. 3.45 zeigt beispielhaft den unbekannten, wahren, systematischen Zusammenhang $y = A + Bx$ mit den unbekannten, wahren Parametern A und B. Der unbekannte, wahre Zusammenhang zwischen X und Y wird durch die stochastische Störgröße U überlagert: $y_i = A + Bx_i + u_i$. Diese stochastische Überlagerung führt dazu, dass die Beobachtungen y_i i. d. R. nicht auf der wahren Geraden $y = A + Bx$ liegen, sondern streuen.

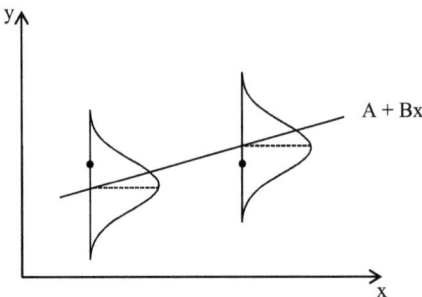

Abb. 3.45 Stochastische Störgröße U

Mithilfe der Methode der Kleinsten Quadrate wird auf Basis der beobachteten Werte die Gerade berechnet, die am besten die Beobachtungen abbildet. Da die Beobachtungen jedoch Realisationen von zufällig um die wahre Gerade schwankenden Zufallsvariablen sind, wird die Regressionsgerade bei Vorliegen eines konkreten Datensatzes im Allgemeinen von der wahren Geraden abweichen.

Tatsächlich sind die beobachteten y_i-Werte bei jeder Wiederholung einer Messreihe mehr oder weniger unterschiedlich. Die Ermittlung des Datensatzes gleicht einer Stichprobenentnahme. Die Wiederholung der Messung führt zu einem neuen Datensatz und damit auch zu einer anderen berechneten Regressionsgeraden. Die Abb. 3.46 zeigt die wahre Regressionsgerade (dicke Linie) und, je nach konkreten Datensätzen, mögliche berechnete Regressionsgeraden (dünne Linien).

Die wahre Regressionsgerade ist zwar unbekannt, man kann aber ein Konfidenzintervall konzipieren, dass mit einer Wahrscheinlichkeit von $(1 - \alpha)$ die wahre Regressionsgerade umschließt. In der Abb. 3.47 sind berechnete Regressionsgeraden auf der Basis unterschiedlicher Datensätze (Stichproben) zusammen mit den Konfidenzgrenzen dargestellt.

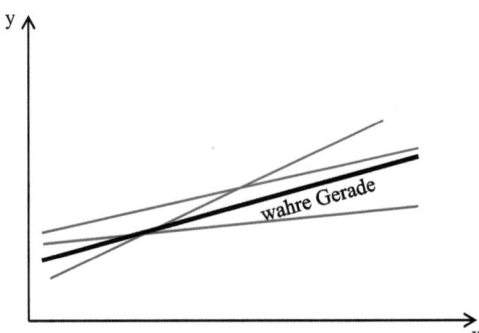

Abb. 3.46 Stichproben und Regressionsgeraden

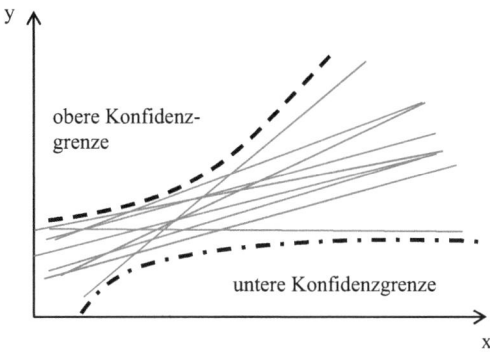

Abb. 3.47 Regression und Konfidenzintervall

Das hier gezeigte einfache Regressionsmodell fußt auf den folgenden wichtigen Verteilungseigenschaften der Störgröße U:

a) Der Erwartungswert der Störgröße ist null: $E(U) = 0$.
b) Die Varianz der Störgrößen u_i ist für beliebige x_i konstant (Homoskedastie): $Var(U) = \sigma_U^2, (i = 1, 2, \ldots, n)$. Mit wachsendem x nimmt die Varianz der y-Werte nicht zu oder ab. Andernfalls bezeichnet man dies als Heteroskedastie.
c) Die Kovarianz zwischen den Störgrößen u_i und $u_j (i \neq j)$ ist null, d. h. es liegt keine Autokorrelation vor: $Cov(U_i, U_j) = 0, (i \neq j)$. Andernfalls wären die Werte y_i und y_j, $(i \neq j)$ stochastisch abhängig.

Unter diesen Voraussetzungen kann gezeigt werden, dass die Erwartungswerte von a und b den wahren Parametern A und B entsprechen.

3.9 Aufgaben

1. Aufgabe

Wenn Sie einen Würfel zweimal werfen, dann gehört zu diesem Zufallsexperiment eine Menge möglicher Ergebnisse (Ergebnismenge), die aus 36 verschiedenen Zahlenpaaren (x, y) besteht.

Es werden nun zwei Ereignisse unterschieden: Die Augensumme aus beiden Würfen (x, y) ist acht (Ereignis A), der erste von beiden Würfen (x, y) zeigt die Fünf (Ereignis B).

a) Bitte gehen Sie von der Ergebnismenge M aus und ermitteln Sie die Teilmengen von M, die den Ereignissen A, A ∩ B und B entsprechen.
b) Berechnen Sie die Wahrscheinlichkeit für das Ereignis A unter der Bedingung von Ereignis B mithilfe der Formel der bedingten Wahrscheinlichkeit unter Verwendung oben genannter Teilmengen.

2. Aufgabe

a) Nennen Sie fundamentale Eigenschaften, die relative Häufigkeiten und Wahrscheinlichkeiten gemeinsam haben.
b) Sie würfeln einmal. Was wäre das sichere Ereignis?
c) Vervollständigen Sie die Aussagen:

$$P(A \cup B) = P(A) + P(B), \text{ wenn} \dots$$
$$P(A \cap B) = P(A) \cdot P(B), \text{ wenn} \dots$$

d) Zeigen Sie: $P(A \cap B) = P(A \mid B) \cdot P(B) = P(B \mid A) \cdot P(A)$.

3. Aufgabe

Es ist bekannt, dass zwei Fehler auftreten können. Fehler A tritt mit der Wahrscheinlichkeit $P(A) = 3\%$, Fehler B mit der Wahrscheinlichkeit $P(B) = 12\%$ auf. Mit einer Wahrscheinlichkeit von 88 % tritt kein Fehler auf. Wie groß sind die Wahrscheinlichkeiten der folgenden Ereignisse:

a) Es tritt mindestens einer der Fehler auf.
b) Fehler A und B treten auf.
c) Fehler A tritt auf, wenn bekannt ist, dass Fehler B aufgetreten ist.

4. Aufgabe

A und B sind zwei stochastisch unabhängige Ereignisse mit $P(A) = 40\%$, $P(B) = 30\%$. Wie groß sind die Wahrscheinlichkeiten für folgende Ereignisse?

a) A tritt nicht ein,
b) Ereignisse A und B treten ein,
c) Ereignisse A oder B treten ein.

5. Aufgabe

In einer Produktionshalle stehen die beiden Maschinen Nr. 1 und Nr. 2. Es gibt zwei Zustände: intakt (ja) und nicht intakt (nein). Die Ausfälle sind voneinander unabhängig.

a) Wie lautet die Ergebnismenge?
b) Wie groß ist die Wahrscheinlichkeit dafür, dass beide Maschinen nicht ausgefallen sind, wenn die Ausfallwahrscheinlichkeiten jeweils 10 % betragen und
   (1) keine sonstigen Angaben vorliegen?
   (2) bekannt ist, dass mindestens eine Maschine intakt ist?
   (3) bekannt ist, dass die Maschine Nr. 1 intakt ist?

6. Aufgabe

In einer Kiste liegen 10 Bauteile, von denen 2 defekt sind. Es werden 3 Bauteile zufällig ohne Zurücklegen entnommen, 7 bleiben in der Kiste. Wie groß ist die Wahrscheinlichkeit, dass sich unter diesen 3 Bauteile ...

a) ... kein defektes Bauteil befindet.
b) ... ein defektes Bauteil befindet.
c) ... drei defekte Bauteile befinden.

7. Aufgabe

Für die Herstellung eines bestimmten Lackes zum Beschichten von Gehäusen eignen sich zwei verschiedene Lösemittel:

- 40 % der Gehäuselacke enthalten nur das Lösemittel A,
- 30 % enthalten nur das Lösemittel B,
- 10 % enthalten beide Lösemittel,
- 20 % sind auf Wasserbasis.

a) Wie groß ist die Wahrscheinlichkeit, dass lösemittelhaltiger Gehäuselack eingesetzt wird?
b) Ein zufällig ausgewähltes Gebinde enthält lösemittelhaltigen Lack. Wie groß ist die Wahrscheinlichkeit, dass es sich hierbei ausschließlich um das Lösemittel A handelt?
c) Wie groß ist die Wahrscheinlichkeit, dass ein Lack das Lösemittel A enthält, wenn bekannt ist, dass es das Lösemittel B enthält?

8. Aufgabe

Jede Woche werden zwei fabrikneue Filter vom Typ M und vom Typ N in die Anlage eingebaut. Manchmal überleben die Filter die Woche allerdings nicht. In den letzten 20 Wochen wurde für Filter M und N aufgeschrieben, ob diese in der betreffenden Woche intakt blieben oder nicht. Die nachfolgende Tabelle zeigt die Verfügbarkeiten:

In der Wo- che intakt	Teil M	Teil N
1	ja	ja
2	nein	nein
3	ja	ja
4	ja	ja
5	ja	ja
6	nein	ja
7	ja	ja
8	ja	ja
9	nein	ja
10	ja	ja

11	ja	ja
12	nein	ja
13	nein	nein
14	ja	ja
15	ja	ja
16	ja	nein
17	ja	ja
18	ja	ja
19	nein	ja
20	ja	nein

a) Schätzen Sie für die 21. Woche die Wahrscheinlichkeit des Ereignisses „Teil M bleibt intakt".

b) Schätzen Sie für die 21. Woche die Wahrscheinlichkeit des Ereignisses „Teil N bleibt intakt".

c) Schätzen Sie für die 21. Woche die Wahrscheinlichkeit des Ereignisses „Teil M und Teil N bleiben intakt".

d) Sind die beiden Ereignisse „Teil M bleibt intakt" und „Teil N bleibt intakt" stochastisch unabhängig? Bitte prüfen. Hierbei könnte es Ihnen helfen, zu klären, was $W(M \cap N)$ ist.

e) Schätzen Sie für die 21. Woche die Wahrscheinlichkeit des Ereignisses „wenigstens ein Teil bleibt intakt".

f) Es gibt eine Formel für $W(M \cup N)$, mit der man die Wahrscheinlichkeit des Ereignisses „wenigstens ein Teil bleibt intakt" unter Verwendung der Wahrscheinlichkeiten von a), b) und c) ermitteln kann. Geben Sie die Formel an und prüfen Sie mithilfe der Formel die Berechnung von e).

9. Aufgabe

Ein Gerät C besteht aus den Komponenten A und B. Beide Komponenten müssen intakt sein, damit C funktioniert. Defekte treten annahmegemäß stochastisch unabhängig voneinander auf. Die Komponente A wird von zwei Lieferanten geliefert: H und K. Bei 40 % der Geräte C sind die Komponenten „A von H" eingebaut und bei 60 % die Komponenten „A von K".

Die Zuverlässigkeiten der Komponenten werden auf den Produktdatenblättern mit folgenden Wahrscheinlichkeiten angegeben: 97 % (A von H), 86 % (A von K), 92 % (B).

Berechnen Sie die Fehlerwahrscheinlichkeit des Gerätes C.

10. Aufgabe

Gegeben ist eine Messreihe A.

a) Wie lautet eine Messreihe B, wenn der Korrelationskoeffizient der Reihen A und B +1 beträgt? Bitte eintragen!
b) Wie lautet eine Messreihe C, wenn der Korrelationskoeffizient der Reihen A und C −1 beträgt? Bitte eintragen!

Reihe A	300	200	500	500	600
Reihe B					
Reihe C					

11. Aufgabe

Es sind die folgenden Wertereihen für die Größen q_1 und q_2 zu beobachten:

t	1	2	3	4	5	6	7	8	9	10	11	12
q_1	80	30	120	80	30	80	160	120	30	80	100	80
q_2	7	19	20	28	32	25	9	12	15	15	12	25

a) Berechnen Sie die Koordinaten des Schwerpunkts.
b) Berechnen Sie die Kovarianz und den Korrelationskoeffizienten.

12. Aufgabe

Zeigen Sie für diskrete Zufallsvariablen X und Y:

a) $\mathrm{Var}(Y) = b^2 \mathrm{Var}(X)$ für $Y = a + bX$.
b) $\mathrm{Var}(X) = E(X^2) - (E(X))^2$.
c) Aus der Unkorreliertheit folgt, dass der Erwartungswert des Produkts zweier Zufallsvariablen gleich dem Produkt der Erwartungswerte ist.
d) Wenn $Z = aX + bY$, dann ist $\sigma_Z^2 = a^2 \cdot \sigma_X^2 + b^2 \cdot \sigma_Y^2 + 2ab \cdot \sigma_{XY}$.
e) $\mathrm{Var}(X - Y) = \mathrm{Var}(X) + \mathrm{Var}(Y)$. Nennen Sie die Annahmen.
f) $\mathrm{Var}(\overline{X}) = \frac{\sigma_X^2}{n}$. Nennen Sie die Annahmen.

13. Aufgabe

An einem senkrechten Stahlstift greifen zwei horizontale Stangen im Winkel von 180° an. Die eine Stange zieht (positiver Wert) bzw. drückt (negativer Wert) mit der Kraft X an dem Stift von links und die andere Stange mit der Kraft Y von rechts. In der Tabelle sind die Kräfte und ihre Eintrittswahrscheinlichkeiten aufgeführt.

Wahrscheinlichkeit	X	Y
10 %	12	14
30 %	9	5
10 %	1	9
50 %	8	−3

Z soll nun die Summenkraft sein, die an den Stift angreift. Berechnen Sie den Erwartungswert und Varianz von Z.

14. Aufgabe

Ein Unternehmer will für das folgende Jahr Produktionseinheiten mit jeweils 10.000 Regenschirmen (A) und parallel dazu Produktionseinheiten mit jeweils 10.000 Sonnenschirmen (B) realisieren. Der Gewinn einer Produktionseinheit ist von der nachgefragten Menge und somit vom nicht vorhersehbaren Wetter abhängig. In der Tabelle sind die Daten einer Produktionseinheit mit 10.000 Stück A und einer Produktionseinheit mit 10.000 Stück B dargestellt:

Projekt / Zustand	Regen Gewinn	Sonne Gewinn	μ_{Gewinn}	σ_{Gewinn}
Regenschirme (A)	24	−6	0	12
Sonnenschirme (B)	−30	15	6	18
Wahrscheinlichkeit	20%	80%		

Der Unternehmer kann die Produktionseinheiten parallel und mehrfach tätigen, also z. B. 5 mal 10.000 Stück von A und 12 mal 10.000 Stück von B. Entsprechend verändert sich sein Gesamtgewinn. Wie viele Produktionseinheiten von A und wie viele von B sollte er realisieren, damit er einen sicheren Gesamtgewinn erhält ($\sigma_{Gesamtgewinn} = 0$)?

15. Aufgabe

Zeigen Sie den Weg auf, wie a) die Binomialverteilung durch die Normalverteilung zunächst approximiert und dann b) die Normalverteilung auf den Erwartungswert von 0 und die Varianz von 1 standardisiert werden kann.

16. Aufgabe

Zeigen Sie, dass für eine normalverteilte Zufallsvariable X mit $E(X) = \mu$ und $Var(X) = \sigma^2$ gilt: $P(X \leq \mu + 2\sigma) = F_{St}(2)$.

17. Aufgabe

Welche der folgenden Aussagen sind richtig und welche sind falsch?

(1) E(Z) der standardnormalverteilten Zufallsvariablen ist null, weil dieses eine Annahme bei der Standardisierung ist.
(2) E(Z) der Standardnormalverteilung ist null, weil dieses ein Ergebnis der Approximation ist.

(3) E(Z) der Standardnormalverteilung ist null, weil an der Stelle E(Z) die Standardabweichung σ_X gegen unendlich geht.

(4) E(Z) der Standardnormalverteilung ist für $Z = \frac{X-E(X)}{\sigma_X}$ null, weil $E(\frac{X-E(X)}{\sigma_X})$ gleich null ist.

(5) E(Z) der Standardnormalverteilung ist null, weil an dieser Stelle gilt: $(\frac{X-E(X)}{\sigma_X}) - (\frac{X-E(X)}{\sigma_X}) = 0$.

18. Aufgabe

In völlig unregelmäßigen Abständen rufen Kunden in der Telefonzentrale an. Innerhalb von 10 Sekunden kommt mindestens ein Anruf, im Durchschnitt pro Minute zwölf. Es ist jetzt 11:32:00 Uhr. Die Mitarbeiter der Telefonzentrale warten auf den nächsten Anruf. Wie könnten die Dichte- und die Verteilungsfunktionen der Wartezeit aussehen. Berechnen Sie den Erwartungswert und die Varianz der Wartezeit bis zum nächsten Anruf.

19. Aufgabe

In einer Produktionslinie werden die Reparaturdauern gemessen. Es stellt sich heraus, dass die so gemessenen Zeiten der Reparaturmaßnahmen zwischen 20 und 60 Minuten schwanken und ungefähr gleichverteilt sind.

a) Wie groß ist die Wahrscheinlichkeit, dass eine Reparaturmaßnahme weniger als 30 Minuten dauert?

b) Mit welcher Wahrscheinlichkeit dauert die Reparaturmaßnahme über 45 Minuten?

c) Was ist der Erwartungswert und die Varianz der Reparaturzeiten?

20. Aufgabe

In einem Bürokomplex befinden sich 10.000 neu installierte Leuchtstoffröhren. Es werden 30 Wochen lang die Ausfälle x notiert:

t	1	2	3	4	5	6	7	8	9	10	11	12	13	14	15
x	140	192	148	246	194	254	141	241	204	239	186	185	170	171	224

t	16	17	18	19	20	21	22	23	24	25	26	27	28	29	30
x	199	200	208	182	210	240	182	203	171	234	235	150	154	221	215

Wenn eine Röhre ausgefallen ist, wird sie erst nach Ablauf der 30 Wochen ersetzt.

a) Wie groß ist die Wahrscheinlichkeit, dass eine Röhre in diesen 30 Wochen ausfällt?

b) Die Ausfälle X pro Woche schwanken in einer Bandbreite zwischen 140 und 254. Geben Sie eine Verteilung $F(y) = P(X \leq y) = \sum_{x=140}^{y} f(x)$ an, die den realen Verhältnissen nahekommt.

c) Zeigen Sie, wie man den Erwartungswert und die Standardabweichung der Ausfälle pro Woche auf der Grundlage der geschätzten Verteilung berechnen kann.

21. Aufgabe

X sei eine normalverteilte Zufallsvariable mit dem Erwartungswert 3 und der Varianz 4. Welche Aussage ist richtig, welche falsch?

a) $P(X \le 4) = 50\%$,

b) $P(X \le 3) = P(X \ge 3)$,

c) $P(X \le 1) = P(X \ge 5)$,

d) $P(X \ge 5) = F_{St}(1)$,

e) $F_{St}(0) = 0$.

22. Aufgabe

X ist normalverteilt mit dem Erwartungswert 5 und der Varianz 25 und x_1 sei 7. Die Wahrscheinlichkeit $P(X \ge x_2)$ liegt 20 % unter der Wahrscheinlichkeit $P(X \le x_1)$. Wie groß ist dann x_2? Lösen Sie das Problem mithilfe der Tabelle der Standardnormalverteilung.

23. Aufgabe

Ein Produzent von Kakaopulver weiß aus Erfahrung, dass das Füllgewicht seiner 125 g-Packungen einer Normalverteilung mit $\mu = 125$ g und einer Standardabweichung von $\sigma = 5$ g unterliegt. Zeigen Sie deutlich und vollständig Ihren Lösungsweg!

a) Wie groß ist die Wahrscheinlichkeit, dass eine Füllung weniger als 110 g wiegt?

b) Wie groß ist die Wahrscheinlichkeit, dass eine Füllung zwischen 120 und 130 g wiegt?

c) Welches Gewicht unterschreitet eine Packung mit einer Wahrscheinlichkeit von 0,05?

24. Aufgabe

In einem Betrieb werden aus der laufenden Serienproduktion 100 Teile zufällig entnommen und daraufhin untersucht, ob sie funktionsfähig sind oder nicht. Aus der Fertigungsdokumentation ist bekannt, dass die Fehlerquote in der Produktion 2 % beträgt.

Berechnen Sie

a) die Wahrscheinlichkeit, dass in der Stichprobe 5 % der untersuchten Teile nicht intakt sind,

b) die Wahrscheinlichkeit, dass in der Stichprobe über 3 % der untersuchten Teile nicht intakt sind.

25. Aufgabe

Zeichnen Sie eine Dichtefunktion (Normalverteilung unter H_0) und dann eine zweite Dichtefunktion mit leicht nach rechts verschobenem Erwartungswert (Normalverteilung unter H_1). Beide Dichtefunktionen sollen sich deutlich „überlappen".

a) Angenommen, H_0 sei richtig und die Dichtefunktion unter H_1 sei falsch. Dennoch könnte unser Stichprobentest H_0 ablehnen und H_1 bestätigen. Bitte zeichnen Sie die Wahrscheinlichkeit dafür ein, dass H_0 abgelehnt wird, obwohl H_0 richtig ist (α-Fehler).

b) Angenommen, H_0 sei falsch und die Dichtefunktion unter H_1 sei richtig. Dennoch könnte unser Stichprobentest H_0 bestätigen und H_1 ablehnen. Bitte zeichnen Sie die Wahrscheinlichkeit dafür ein, dass H_0 bestätigt wird, obwohl H_1 richtig ist (β-Fehler).

26. Aufgabe

In einem Betrieb werden aus der laufenden Serienproduktion 1000 Teile zufällig entnommen und daraufhin untersucht, ob sie funktionsfähig sind oder nicht. Aus der Fertigungsdokumentation ist bekannt, dass die Fehlerquote 3,5 % beträgt.

a) Berechnen Sie die Wahrscheinlichkeit, dass in der Stichprobe höchstens 5 % der untersuchten Teile nicht intakt sind.

b) Berechnen Sie die Wahrscheinlichkeit, dass in der Stichprobe über 3 % der untersuchten Teile nicht intakt sind.

27. Aufgabe

Der Erwartungswert der annähernd normalverteilten Zufallsvariable mit einer abzählbaren Anzahl möglicher Realisationen beträgt laut H_0-Hypothese 7 und die Varianz sei 16. Sie beobachten einen einzelnen zufälligen Messwert in Höhe von 12. Widerspricht diese Beobachtung der H_0-Hypothese in einem rechtsseitigen Test bei einem Signifikanzniveau von 1 %? Zeigen Sie alle Berechnungen bzw. Entscheidungslogiken.

28. Aufgabe

Bei der Kontrolle der laufenden Produktion eines Automaten zur Kabelummantelung werden stündlich fünf Messungen durchgeführt. Es werden die Kabeldurchmesser gemessen und daraus das arithmetische Mittel berechnet. Aus langfristiger Erfahrung weiß man, dass die Varianz des Durchmessers unverändert 0,45 mm^2 beträgt und die Dicke sehr gut angenähert normalverteilt ist. Der Mittelwert schwankt jedoch gelegentlich, und der Automat muss neu eingestellt werden.

Bei welcher Abweichung des Stichprobenmittelwertes vom Sollwert würden Sie den Automaten anhalten, wobei Sie sichergehen wollen, dass der Automat nur mit einer Wahrscheinlichkeit von 0,03 irrtümlich angehalten wird.

29. Aufgabe

Bei den Studenten zweier Studiengänge A und B werden Umfragen zur Zufriedenheit mit ihrem Studium durchgeführt. Es werden Stichproben von je 5 Studenten zufällig gezogen. Auf einer Skala von 1 bis 15 geben die A-Studenten die folgenden Zufriedenheitswerte X_A an: 12,7; 13,3; 13,0; 12,9; 13,1. Der aus den Antworten von 5 A-Studenten gebildete durchschnittliche Zufriedenheitswert ist näherungsweise normalverteilt mit einer Varianz von 0,8. Die B-Studenten äußern sich zu der gleiche Frage folgendermaßen: X_B beträgt 14,0; 14,5; 6,0; 10,0 und 12,5. Der aus den Antworten von 5 B-Studenten gebildete durchschnittliche Zufriedenheitswert ist ebenfalls näherungsweise normalverteilt mit einer Varianz von 1,4. Wird bei einem Signifikanzniveau von 5 % die Behauptung bestätigt, dass die A-Studenten im Durchschnitt zufriedener sind?

30. Aufgabe

Einem Versandhaus ist bekannt, dass 15 % seiner Kunden innerhalb von drei Monaten nach Erscheinen eines neuen Katalogs eine Bestellung aufgeben. Um den Umsatz zu erhöhen, plant das Versandhaus, jede Bestellung durch ein kleines Werbegeschenk zu ergänzen. Eine solche Aktion würde sich allerdings nur dann rentieren, wenn dadurch die Bestellquote von 15 auf über 20 % angehoben werden könnte. Bevor die Werbeaktion gestartet wird sollen anhand einer Zufallsstichprobe vom Umfang n = 2000 die Erfolgsaussichten getestet werden. Wenn innerhalb von drei Monaten mindestens 424 Kunden aus der Zufallsstichprobe eine Bestellung aufgegeben haben, möchte das Versandhaus die Werbeaktion starten. Kann hierdurch mit einer Irrtumswahrscheinlichkeit von $\alpha = 0,01$ die Erfolgsaussicht der Werbeaktion garantiert werden?

31. Aufgabe

Eine Maschine schneidet Stahlbleche automatisch auf eine geforderte Länge zu. Man weiß, dass die tatsächlichen Längen geringfügige Schwankungen aufweisen können. Untersuchungen über einen längeren Zeitraum haben ergeben, dass die Standardabweichung der Länge der Bleche für diesen älteren Maschinentyp $\sigma = 2,2$ cm beträgt. Es soll bei der derzeitigen Einstellung der Maschine die mittlere Länge μ der Stahlbleche geschätzt werden. Wie lautet das 95 %-Konfidenzintervall für μ, wenn eine Stichprobe vom Umfang n = 40 die mittlere Länge $\overline{X} = 80,5$ cm ergeben hat?

32. Aufgabe

Vier Anlagen eines Unternehmens stellen Pralinen her. Die Pralinen werden auf ein Förderband geschoben und verschwinden dann in Schachteln. Auf dem Band liegen immer genau 200 Pralinen. Anlage A1 erstellt 40 %, Anlage A2 10 %, Anlage A3 30 % und Anlage A4 20 % der Pralinen. Die Wahrscheinlichkeit, dass die Pralinen nicht fehlerhaft sind, soll lt. Hersteller für die einzelnen Anlagen $p_1 = 99\%$, $p_2 = 96\%$, $p_3 = 94\%$ und $p_4 = 90\%$ betragen.

a) Wie groß ist die Wahrscheinlichkeit, dass eine vom Band genommene Praline fehlerhaft ist?
b) Man entdeckt auf dem Band eine defekte Praline. Wie groß ist vermutlich die Wahrscheinlichkeit, dass die Anlage A3 diese Praline produziert hat?
c) Zur Qualitätssicherung werden Pralinen vom Band genommen und die Ausschussquote in dieser Stichprobe festgestellt. In der aktuellen Stichprobe sind 5,2 % von 1000

Pralinen nicht normgerecht. Bestimmen Sie ein zweiseitiges Konfidenzintervall mit der Sicherheitswahrscheinlichkeit 95 % für die wahre Ausschussquote p in der Produktion.

d) Die Stichprobe hat einen Ausschussanteil in Höhe von 5,2 % ergeben. Es soll die Produktion angehalten werden, falls dieses Ergebnis signifikant dafür spricht, dass die Ausschussquote mehr als 4,8 % beträgt. Der Produktionsstillstand ist teuer und soll in höchstens 5 % der Fälle irrtümlicherweise erzwungen werden. Führen Sie den hierzu geeigneten Hypothesentest durch.

33. Aufgabe

Es wird die Zuverlässigkeit eines Bauteils gemessen. Hierzu werden 60 Bauteile eingespannt und periodisch belastet. Die folgende Tabelle gibt die Prozente der Bauteile an, die bis zum ersten, zweiten, dritten, vierten und fünften Tag brechen.

Tag	1	2	3	4	5
Prozent	0,9	2,1	4,5	7,6	15,8

a) Regressieren Sie die kumulierten relativen Häufigkeiten auf die Zeit. Verwenden Sie die folgenden Funktionstypen: Gerade, Exponential- und Potenzfunktion.

b) Welche Funktion liefert die beste Anpassung?

c) Geben Sie für die drei Funktionen den jeweiligen Tag an, an dem alle Teile voraussichtlich ausgefallen sind (Prognose).

34. Aufgabe

a) Leiten Sie die Bestimmungsgleichungen für a und b aus $SQA(a, b) \to Min$ her.

b) Zeigen Sie: $b = \frac{n \cdot \sum x_i y_i - \sum x_i \sum y_i}{n \cdot \sum x_i^2 - \sum x_i \cdot \sum x_i} = \frac{\overline{xy} - \overline{x}\,\overline{y}}{\overline{x^2} - \overline{x}^2} = \frac{\sum (x_i - \overline{x}) \cdot (y_i - \overline{y})}{\sum (x_i - \overline{x})^2} = \frac{s_Y}{s_X} \cdot r_{XY}$.

c) Zeigen Sie dass $R^2 = \frac{s_{\hat{Y}}^2}{s_Y^2} = \frac{b^2 s_X^2}{s_Y^2} = r_{XY}^2$.

35. Aufgabe

Das klassische Modell der linearen Einfachregression basiert auf Annahmen, die über die Störgrößen U_i getroffen werden. Formulieren Sie diese Annahmen und schreiben Sie dazu, was sie bedeuten.

3.10 Lösungshinweise

1. Aufgabe

a) $A = \{(2, 6), (3, 5), (4, 4), (5, 3), (6, 2)\}$, $B = \{(5, 1), (5, 2), (5, 3), (5, 4), (5, 5), (5, 6)\}$, $A \cap B = \{(5, 3)\}$

b) $P(A \mid B) = \frac{P(A \cap B)}{P(B)} = \frac{1/36}{6/36} = \frac{1}{6}$

2. Aufgabe

a)
$$h(\Omega) = 1 \text{ bzw. } W(\Omega) = 1$$

$$h(A) \geq 0, \text{ für alle Ereignisse A bzw. } W(A) \geq 0, \text{ für alle Ereignisse A}$$

$$h(A \cup B) = h(A) + h(B), \text{ falls } (A \cap B) = \{\} \text{ bzw.}$$

$$W(A \cup B) = W(A) + W(B), \text{ falls } (A \cap B) = \{\}$$

b) $\Omega = \{1, 2, 3, 4, 5, 6\}$

c) ... wenn $A \cap B = \{\}$

... wenn $P(A \mid B) = P(A)$ bzw. $P(B \mid A) = P(B)$, d.h. wenn A, B stochastisch unabhängig sind.

d)
$$P(A \mid B) = \frac{P(A \cap B)}{P(B)} \Leftrightarrow P(A \cap B) = P(A \mid B) \cdot P(B)$$

$$P(B \mid A) = \frac{P(A \cap B)}{P(A)} \Leftrightarrow P(A \cap B) = P(B \mid A) \cdot P(A)$$

Es folgt: $P(A \cap B) = P(A \mid B) \cdot P(B) = P(B \mid A) \cdot P(A)$.

3. Aufgabe

a) $P(A \cup B) = 1 - P(\overline{A \cup B}) = 1 - 0,88 = 12\,\%$

b) $P(A \cap B) = 3\,\%$

c) $P(A \mid B) = \frac{P(A \cap B)}{P(B)} = \frac{3\,\%}{12\,\%} = 25\,\%$

4. Aufgabe

a) $60\,\%$

b) $P(A \cap B) = P(A) \cdot P(B) = 0,4 \cdot 0,3 = 12\,\%$

c) $P(A \cup B) = P(A) + P(B) - P(A \cap B) = 0,4 + 0,3 - 0,4 \cdot 0,3 = 0,58$

5. Aufgabe

a) $M_1 = \{(\text{ja, ja}), (\text{ja, nein}), (\text{nein, ja}), (\text{nein, nein})\}$

b1) $P(\text{ja, ja}) = 0,9 \cdot 0,9 = 0,81$

b2) $M_2 = \{(\text{ja, ja}), (\text{ja, nein}), (\text{nein, ja})\}$

$$P\left((\text{ja, ja}) \mid M_2\right) = \frac{P((\text{ja, ja}) \cap M_2)}{P(M_2)} = \frac{P(\text{ja, ja})}{P(M_2)} = \frac{0,9 \cdot 0,9}{0,9 \cdot 0,9 + 0,9 \cdot 0,1 + 0,1 \cdot 0,9}$$

$$= 0,8182$$

b3) $M_3 = \{(\text{ja, ja}), (\text{ja, nein})\}$

$$\frac{P((\text{ja, ja}) \cap M_3)}{P(M_3)} = \frac{P(\text{ja, ja})}{P(M_3)} = \frac{0,9 \cdot 0,9}{0,9 \cdot 0,9 + 0,9 \cdot 0,1} = 0,9$$

6. Aufgabe

a) $\frac{8}{10} \cdot \frac{7}{9} \cdot \frac{6}{8} = \frac{7}{15}$

b) $\frac{2}{10} \cdot \frac{8}{9} \cdot \frac{7}{8} + \frac{8}{10} \cdot \frac{2}{9} \cdot \frac{7}{8} + \frac{8}{10} \cdot \frac{7}{9} \cdot \frac{2}{8} = \frac{7}{15}$

c) 0

7. Aufgabe

a) $P(A \cup B) = 80\,\%$

b) $P(A \mid A \cup B) = \frac{P(A \cap (A \cup B))}{P(A \cup B)} = \frac{P(A)}{P(A \cup B)} = \frac{0{,}4}{0{,}8} = 50\,\%$

c) $P(A \mid B) = \frac{P(A \cap B)}{P(B)} = \frac{0{,}1}{0{,}4} = 25\,\%$

8. Aufgabe

a) $14/20$

b) $16/20$

c) $12/20$

d) stochastisch abhängig, da $W(M \cap N) = \frac{12}{20} = 0{,}6 \neq W(M) \cdot W(N) = \frac{14}{20} \cdot \frac{16}{20} = 0{,}56$

e) $18/20$

f) $W(M \cup N) = W(M) + W(N) - W(M \cap N) = \frac{14}{20} + \frac{16}{20} - \frac{12}{20} = \frac{18}{20}$

9. Aufgabe

$$P(C) = P(A \cap B) = P(A) \cdot P(B) = (0{,}4 \cdot 0{,}97 + 0{,}6 \cdot 0{,}86) \cdot 0{,}92 = 0{,}83268$$

$$P(\overline{C}) = 1 - P(C) = 16{,}832\,\%$$

10. Aufgabe

Reihe A	300	200	500	500	600
Reihe B	300	200	500	500	600
Reihe C	−300	−200	−500	−500	−600

11. Aufgabe

a) $(\overline{q}_1, \overline{q}_2) = (82{,}5;\ 18{,}25)$

b) $s_{xy} = -133{,}96,\ r_{xy} = -0{,}463512$

12. Aufgabe

a) $\text{Var}(Y)$

$$= \sum_i w_i(y_i - \mu_Y)^2 = \sum_i w_i((a + bx_i) - (a + b\mu_X))^2$$

$$= \sum_i w_i b^2(x_i - \mu_X)^2 = b^2 \sum_i w_i(x_i - \mu_X)^2 = b^2\text{Var}(Y)$$

b) $\text{Var}(X)$

$$= \sum_i w_i(x_i - \mu_i)^2 = \sum_i w_i\left(x_i^2 - 2x_i\mu_X + \mu_X^2\right)$$

$$= \sum_i \left(w_i x_i^2 - 2w_i x_i\mu_X + w_i\mu_X^2\right)$$

$$= \sum_i w_i x_i^2 - 2\mu_X \sum_i w_i x_i + \mu_X^2 \sum_i w_i$$

$$= \sum_i \left(w_i x_i^2\right) - 2\mu_X\mu_X + \mu_X^2 \cdot 1 = \sum_i \left(w_i x_i^2\right) - \mu_X^2$$

$$= E\left(X^2\right) - (E(X))^2$$

c) $\text{Cov}(X, Y)$

$$= 0 = E((X - \mu_X)(Y - \mu_Y)) = E(XY - \mu_X Y - \mu_Y X + \mu_X\mu_Y)$$

$$= E(XY) - E(X)E(Y) \quad \Rightarrow E(XY) = E(X)E(Y)$$

d) $\text{Var}(Z)$

$$= \text{Var}(aX + bY) = \text{Var}(aX) + \text{Var}(bY) + 2\text{Cov}(aX, bY)$$

$$= a^2\text{Var}(X) + b^2\text{Var}(Y) + 2ab\text{Cov}(X, Y)$$

e) $\text{Var}(X - Y)$

$$= 1^2\text{Var}(X) + (-1)^2\text{Var}(Y) + 1 \cdot (-1) \cdot 2 \cdot \text{Cov}(X, Y)$$

$$= \text{Var}(X) + \text{Var}(Y) - 2\text{Cov}(X, Y)$$

$$= \text{Var}(X) + \text{Var}(Y) \text{ bei Unkorreliertheit}$$

f) $\text{Var}\left(\overline{X}\right)$

$$= \text{Var}\left(\frac{1}{n}\sum_{i=1}^n X_i\right) = \frac{1}{n^2}\text{Var}\left(\sum_{i=1}^n X_i\right) = \frac{1}{n^2}n\sigma^2 = \frac{1}{n}\sigma^2$$

bei stochastisch unabhängigen und identisch verteilten Zufallsvariablen mit Varianz σ^2.

13. Aufgabe

1. Weg: $\text{Var}(Z) = \text{Var}(X - Y) = \text{Var}(X) + \text{Var}(Y) - 2\text{Cov}(X, Y)$
2. Weg (einfacher):

Wahrscheinlichkeit	$Z = X - Y$
10 %	−2
30 %	4
10 %	−8
50 %	11

$E(Z) = 5{,}7$
$\text{Var}(Z) = 39{,}61$

14. Aufgabe

1. Weg: $Z = m \cdot \Pi_A + n \cdot \Pi_B$.

mit Π: Gewinn, m: Produktionseinheiten A, n: Produktionseinheiten B

$$\text{Var}(\Pi) = 0 = m^2 \cdot \text{Var}(\Pi_A) + n^2 \cdot \text{Var}(\Pi_B) + 2 \cdot m \cdot n \cdot \text{Cov}(\Pi_A, \Pi_B)$$

$$m^2 \cdot 144 + n^2 \cdot 324 - m \cdot n \cdot 432 = 0 \quad 144 + 324 \left(\frac{n}{m}\right)^2 - 432 \frac{n}{m} = 0$$

$$\frac{n}{m} = 2/3$$

2. Weg: Sicherheit bedeutet, dass $\Pi_R = \Pi_S$.

$$\text{Regen: } \Pi_R = 24m - 30n, \quad \text{Sonne: } \Pi_S = -6m + 15n$$

$$24 - 30 \frac{n}{m} = -6 + 15 \frac{n}{m} \Rightarrow \frac{n}{m} = \frac{2}{3}$$

15. Aufgabe

a) $X \sim B(n, p)$. Es gilt näherungsweise: $X \sim N(np, np(1 - p))$ d.h.

$$P(X \le a) = F(a) = \int\limits_{-\infty}^{a} \frac{1}{\sqrt{np(1 - p)} \cdot \sqrt{2\pi}} \cdot e^{-\frac{1}{2} \left(\frac{x - np}{\sqrt{np(1-p)}}\right)^2} dx.$$

b) $z = \frac{x - np}{\sqrt{np(1-p)}} \sim N(0, 1) \Leftrightarrow x = np + \sqrt{np(1 - p)} \cdot z$ und $dx = \sqrt{np(1 - p)} dz$

$$F(a) = \int\limits_{-\infty}^{\frac{a-np}{\sqrt{np(1-p)}}} \frac{1}{\sqrt{np(1 - p)} \cdot \sqrt{2\pi}} \cdot e^{-\frac{1}{2}(z)^2} \sqrt{np(1 - p)} \cdot dz$$

$$= \int\limits_{-\infty}^{\frac{a-np}{\sqrt{np(1-p)}}} \frac{1}{\sqrt{2\pi}} e^{-\frac{1}{2}(z)^2} dz = F_{St}(z)$$

16. Aufgabe

$$P(X \le \mu + 2\sigma) = F_{St} \left(\frac{\mu + 2\sigma - \mu}{\sigma}\right) = F_{St}(2)$$

17. Aufgabe

Richtige Aussagen: (4), falsche Aussagen: (1), (2), (3), (5).

18. Aufgabe

$$f(x) = \begin{cases} 1/10 & 0 \text{ sec} \le x \le 10 \text{ sec} \\ 0 & \text{sonst} \end{cases} \qquad F(x) = \int\limits_{x_1 = 0 \text{ sec}}^{x} \frac{1}{10} dt = \frac{1}{10} x \quad x \in [0, 10]$$

$E(X) = 5 \text{ sec}$

$Var(X) = 8{,}33 \text{ sec}$

19. Aufgabe

a) $P(20 \le X < 30) = F(30) - F(20) = \frac{30-20}{60-20} = \frac{1}{4} = 25\,\%$

b) $P(45 < X \le 60) = F(60) - F(45) = \frac{60-45}{60-20} = \frac{3}{8} = 37{,}5\,\%$

c)

$$E(X) = \int\limits_{20}^{60} x \cdot \frac{1}{40} dx = \frac{1}{40} \left[\left(\frac{1}{2} 60^2 \right) - \left(\frac{1}{2} 20^2 \right) \right] = 40$$

$$Var(X) = \int\limits_{20}^{60} (x - E(X))^2 \frac{1}{40} dx = 133{,}33$$

20. Aufgabe

a) $5939/10.000 = 59{,}39\,\%$

b) Klassenbreite von 5 Ausfällen. Häufigkeiten der einzelnen Klassen:

Anzahl	2	1	2	0	0	0	3	0	2	2	2
	140 bis	145 bis	150 bis	155 bis	160 bis	165 bis	170 bis	175 bis	180 bis	185 bis	190 bis

1	3	1	1	1	2	0	1	2	2	1	1
195 bis	200 bis	205 bis	210 bis	215 bis	220 bis	225 bis	230 bis	235 bis	240 bis	245 bis	250 bis

Interpretation: Es scheint in den 30 Wochen keine besondere Häufung einer bestimmten Klasse vorzuliegen, was eine Gleichverteilung der Anzahl der Ausfälle pro Woche nahelegt, überlagert von einem kleinen stochastischen Einfluss.

$$F(y) = P(X \le y) = \sum_{x=140}^{y} f(x)$$

$$\text{mit } f(x) = P(X = x) = \begin{cases} \frac{1}{115} & \text{für } x = 140, 141, \ldots, 254 \\ 0 & \text{sonst.} \end{cases}$$

c)

$$E(X) = \sum_{x=140}^{254} \frac{1}{115} \cdot x = \mu_X \quad Sta(X) = \sqrt{\sum_{x=140}^{254} (x - \mu_X)^2 \frac{1}{115}}$$

$$\text{Näherung: } E(X) = \int_{139,5}^{254,5} x \cdot \frac{1}{115} dx = \frac{1}{115} \cdot \frac{1}{2} \cdot x^2 \Big|_{139,5}^{254,5} = 197$$

$$Sta(X) = \sqrt{\int_{139,5}^{254,5} (x - 197)^2 \frac{1}{115} dx} = \sqrt{\frac{1}{115} \cdot \frac{1}{3} \cdot (x - 197)^3 \Big|_{139,5}^{254,5}} = 33,2$$

21. Aufgabe

Richtige Aussagen: b), c), falsche Aussagen: a), d), e).

22. Aufgabe

$$z_1 = \left(\frac{7 - 5}{\sqrt{25}} \right) = 0,4$$

$$P(X \le x_1) = F_{St}(z_1) = F_{St}(0,4) = 0,6554$$

$$P(X \ge x_2) = 1 - F_{St}(z_2) = 0,6554 - 0,2 = 0,4554$$

$$F_{St}(z_2) = 0,5446$$

$$z_2 = 0,11$$

$$z_2 = \left(\frac{x_2 - 5}{\sqrt{25}} \right) = 0,11 \Leftrightarrow x_2 = 0,11 \cdot \sqrt{25} + 5$$

$$x_2 = 5,56$$

23. Aufgabe

a) $F(110) = F_{St}(\frac{110-125}{5}) = 0,0014$,

b) $F(130) - F(120) = 0,6826$

c) $z_{1-\alpha} = 1,645 \quad \mu - z_{1-\alpha} \cdot \sigma = 125 - 1,645 \cdot 5 = 116,78$

24. Aufgabe

$100 \cdot 0,02 \cdot 0,98 = 1,96 < 9$ Die Verteilung der Prüfvariable lässt sich durch die Standardnormalverteilung nicht ausreichend annähern.

a) $f_{Bi}(5; 0,02, 100) = \binom{100}{5} \cdot 0,02^5 \cdot 0,98^{95} = 0,184\,\%$

b) $1 - F(3) = 1 - \sum_{x=0}^{3} \binom{100}{x} \cdot 0,02^x \cdot (0,98)^{100-x} = 1 - 0,8590 = 14,10\,\%$

25. Aufgabe

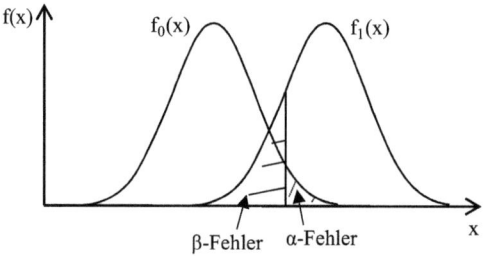

26. Aufgabe

$$1000 \cdot 0{,}035 \cdot (0{,}965) = 33{,}775 \geq 9.$$

Die Verteilung der Prüfvariablen lässt sich durch die Standardnormalverteilung ausrei-chend genau annähern.

a) $z = (\frac{50-35}{5{,}812}) = 2{,}58$, F(2,58) = 0,9951, $P(X \leq 50) = 99{,}51\,\%$

b) $z = (\frac{30-35}{5{,}812}) = -0{,}86$, F(−0,86) = 0,1949, $P(X > 3\,\%) = 1 - P(X \leq 3\,\%) = 80{,}51\,\%$

27. Aufgabe

H_0: $E(X) = 7$ und H_1: $E(X) > 7$

$$Z = \frac{X - E(X)}{\sigma(X)} \qquad z = \frac{12 - 7}{4} = \frac{5}{4} = 1{,}25 < z_{1-\alpha} = 2{,}33.$$ Die H_1-Hypothese wird nicht

bestätigt.

28. Aufgabe

$$z_{0{,}985} = 2{,}17 < \frac{|\Delta|}{\sqrt{\frac{0{,}45\,\mathrm{mm}^2}{5}}} \qquad \text{Anhalten, falls } |\Delta| > 0{,}651\,\mathrm{mm}.$$

29. Aufgabe

$$H_0\text{:}\ E(\Delta) = \mu_A - \mu_B = 0 \quad H_1\text{:}\ E(\Delta) = \mu_A - \mu_B > 0$$

$$Z = \frac{\overline{x}_A - \overline{x}_B - E(\Delta)}{\sqrt{\sigma_A^2 + \sigma_B^2}} z = \frac{13 - 11{,}4}{\sqrt{0{,}8 + 1{,}4}} = \frac{1{,}6}{1{,}483} = 1{,}079 < z_{1-\alpha} = 1{,}645.$$

Die Stichprobe spricht bei einem Signifikanzniveau von 5 % nicht signifikant für die Be-hauptung, dass die A-Studenten zufriedener sind.

30. Aufgabe

$$H_0: \quad p \leq 20\,\% \quad \text{und} \quad H_1: \quad p > 20\,\%$$

$$\sigma(h) = \sqrt{\frac{0{,}2 \cdot 0{,}8}{2000}}, \quad Z = \frac{h - p}{\sigma(h)}, \quad z = 1{,}34 < z_{1-\alpha} = 2{,}33.$$

Die H_1-Hypothese wird nicht bestätigt.

31. Aufgabe

$$P(\overline{X} - z_{1-\alpha/2} \cdot \sigma_{\overline{x}} \leq \mu \leq \overline{X} + z_{1-\alpha/2} \cdot \sigma_{\overline{x}}) = 0{,}95$$

$$80{,}5 - 1{,}96 \cdot \frac{2{,}2}{\sqrt{40}} \leq \mu \leq 80{,}5 + 1{,}96 \cdot \frac{2{,}2}{\sqrt{40}} \Rightarrow 79{,}818 \leq \mu \leq 81{,}182$$

32. Aufgabe

a) $P(\text{Fehler}) = 0{,}4 \cdot 0{,}01 + 0{,}1 \cdot 0{,}04 + 0{,}3 \cdot 0{,}06 + 0{,}2 \cdot 0{,}1 = 0{,}046$

b) $P(A3 \mid \text{Fehler}) = \frac{P(A3 \cap \text{Fehler})}{P(\text{Fehler})} = \frac{0{,}3 \cdot 0{,}06}{0{,}046} = 0{,}3913 = 39{,}13\,\%$

c)
$$P\left(0{,}052 - 1{,}96 \cdot \sqrt{\frac{0{,}052 \cdot 0{,}948}{1000}} \leq p \leq 0{,}052 + 1{,}96 \cdot \sqrt{\frac{0{,}052 \cdot 0{,}948}{1000}}\right) = 95\,\%$$

$5{,}1862\,\% < p < 5{,}2138\,\%$

d)
$$H_0: p \leq 4{,}8\,\% \quad \text{und} \quad H_1: p > 4{,}8\,\%$$

$$z = \frac{0{,}052 - 0{,}048}{\sqrt{\frac{0{,}048 \cdot 0{,}952}{1000}}} = \frac{0{,}004}{0{,}00676} = 0{,}59$$

Die Produktion wird nicht angehalten, weil $z = 0{,}59 < z_{0{,}95} = 1{,}645$.

33. Aufgabe

$\ln(x)$	0,0000000	0,6931472	1,0986123	1,3862944	1,6094379
$\ln(y)$	−0,1053605	0,7419373	1,5040774	2,0281482	2,7600099

a)
Gerade: $\qquad\qquad \hat{y} = -4{,}41 + 3{,}53x$

Exponentialfunktion: $\ln(y) = \ln(a) + x \cdot \ln(b)$

$a^+ = \ln(a) = -0{,}7193, \qquad a = e^{a^+} = 0{,}48708$

$b^+ = \ln(b) = 0{,}7017, \qquad b = e^{b^+} = 2{,}017169$

$\hat{y} = 0{,}48708 \cdot 2{,}017169^x$

Potenzfunktion: $\ln(y) = \ln(a) + b \cdot \ln(x)$

$$a^+ = \ln(a) = -0{,}2655, \quad a = e^{a^+} = 0{,}7668$$

$$b = 1{,}7246$$

$$\hat{y} = 0{,}7668 \cdot x^{1,7246}$$

b) Geradengleichung: $R^2 = 0{,}8781$
   linearisierte Exponentialfunktion: $R^2 = 0{,}9941$ (beste Anpassung)
   linearisierte Potenzfunktion: $\quad R^2 = 0{,}97$

c) Geradengleichung: $x = \dfrac{\hat{y} - a}{b} = \dfrac{100 + 4{,}41}{3{,}53} = 29{,}58$

   Exponentialfunktion: $x = \dfrac{\ln(\hat{y}) - \ln(a)}{\ln(b)} = \dfrac{\ln(100) + 0{,}7193}{0{,}7017} = 7{,}588$

   Potenzfunktion:

$$\ln(x) = \frac{\ln(\hat{y}) - \ln(a)}{b} = \frac{\ln(100) + 0{,}2655}{1{,}7246} = 2{,}8421$$

$$x = e^{2,8421} = 16{,}8490$$

34. Aufgabe

a) Partielle Ableitungen nach a und b bilden und null setzen. Es dann liegt ein lineares Gleichungssystem mit zwei Unbekannten vor.

$$\text{I. } a \cdot n + b \cdot \sum_{i=1}^{n} x_i = \sum_{i=1}^{n} y_i \quad \text{und} \quad \text{II. } a \cdot \sum_{i=1}^{n} x_i + b \cdot \sum_{i=1}^{n} x_i^2 = \sum_{i=1}^{n} x_i \cdot y_i.$$

Die Lösung des Gleichungssystems liefert die Bestimmungsgleichungen für die Parameter: $b = \dfrac{n \cdot \sum x_i y_i - \sum x_i \sum y_i}{n \cdot \sum x_i^2 - \sum x_i \cdot \sum x_i}$ und $a = \bar{y} - b\bar{x}$.

b)
$$b = \frac{\frac{1}{n^2} \cdot \left(n \sum x_i y_i - \sum x_i \sum y_i\right)}{\frac{1}{n^2} \cdot \left(n \sum x_i^2 - \sum x_i \sum x_i\right)} = \frac{\overline{xy} - \bar{x}\,\bar{y}}{\overline{x^2} - \bar{x}^2} = \frac{\sum x_i y_i + n\bar{x}\,\bar{y} - n\bar{x}\,\bar{y} - n\bar{x}\,\bar{y}}{\sum x_i^2 + n\bar{x}^2 - n\bar{x}^2 - n\bar{x}^2}$$

$$= \frac{\sum (x_i - \bar{x})(y_i - \bar{y})}{\sum (x_i - \bar{x})^2} = \frac{\frac{1}{n} \sum (x_i - \bar{x})(y_i - \bar{y})}{\frac{1}{n} \sum (x_i - \bar{x})^2} = \frac{s_{XY}}{s_X{}^2} = \frac{s_Y}{s_X} \cdot r_{XY}.$$

c)
$$R^2 = \frac{s_{\hat{Y}}^2}{s_Y^2} = \frac{s_{a+bx}^2}{s_Y^2} = \frac{b^2 \cdot s_X^2}{s_Y^2}$$

Aus $b = \dfrac{s_Y}{s_X} \cdot r_{XY}$ ergibt sich $b^2 \cdot s_X^2 = s_Y^2 \cdot r_{XY}^2$ und es folgt: $R^2 = r_{XY}^2$.

35. Aufgabe

1. Der Erwartungswert der Störgröße ist null. Das bedeutet, dass die Störgröße selbst keine systematische Veränderung von Y bewirkt.

2. Die Varianz der Störgrößen U_i ist für beliebige x_i konstant. Mit wachsendem X nimmt die Varianz der Y-Werte nicht zu oder ab.

3. Die Kovarianz zwischen den Störgrößen U_i und $U_j (i \neq j)$ ist null, d.h. es liegt keine Autokorrelation vor. Andernfalls wären die Werte y_i und $y_j (i \neq j)$ stochastisch abhängig.

Sachverzeichnis

© Springer Fachmedien Wiesbaden GmbH 2018
T. Bonart, J. Bär, *Quantitative Betriebswirtschaftslehre Band I*,
https://doi.org/10.1007/978-3-658-18394-3

MIX
Papier aus verantwortungsvollen Quellen
Paper from responsible sources
FSC® C105338

If you have any concerns about our products,
you can contact us on
ProductSafety@springernature.com

In case Publisher is established outside the EU,
the EU authorized representative is:
**Springer Nature Customer Service Center GmbH
Europaplatz 3, 69115 Heidelberg, Germany**

Printed by Libri Plureos GmbH
in Hamburg, Germany